SCRIPTORVM CLASSICORVM
BIBLIOTHECA OXONIENSIS

OXONII
E TYPOGRAPHEO CLARENDONIANO

C. VALERII CATVLLI
CARMINA

RECOGNOVIT
BREVIQVE ADNOTATIONE CRITICA INSTRVXIT
R. A. B. MYNORS

OXONII
E TYPOGRAPHEO CLARENDONIANO

OXFORD
UNIVERSITY PRESS

Great Clarendon Street, Oxford OX2 6DP

Oxford University Press is a department of the University of Oxford. It furthers the University's objective of excellence in research, scholarship, and education by publishing worldwide in

Oxford New York

Auckland Cape Town Dar es Salaam Hong Kong Karachi Kuala Lumpur Madrid Melbourne Mexico City Nairobi New Delhi Shanghai Taipei Toronto

With offices in

Argentina Austria Brazil Chile Czech Republic France Greece Guatemala Hungary Italy Japan Poland Portugal Singapore South Korea Switzerland Thailand Turkey Ukraine Vietnam

Oxford is a registered trade mark of Oxford University Press in the UK and in certain other countries

Published in the United States by Oxford University Press Inc., New York

ISBN 978-0-19-814604-9

24 23

Printed in Great Britain on acid-free paper by CPI Antony Rowe, Chippenham, Wiltshire

PRAEFATIO

Catvlli carmina, quotquot supersint, exeunte demum saeculo post Christum natum tertio decimo ex obliuione in Italorum studiosorum notitiam prodiisse iam satis constat; unicum illud exemplar repperisse (quo in loco, nescimus) notarium quendam Veronensem testatur epigramma Beneuenuti de Campexanis Vicentini, quod ad libri nostri calcem lector inuenies.[1] Archetypi huius, post breue tempus (quoad scimus) deperditi, textum redintegrare nobis labor primus incumbit; quo functuri ne inter codices manu scriptos diutius haereamus (extant enim fere centum decem),[2] inuenit praedecessorum nostrorum diligentia tres saeculo quarto decimo in Italia septentrionali exaratos, qui haud minus fide quam aetate ceteris praestent.

Antiquissimus, nisi fallor, et quodam modo sincerissimus codex est Oxoniensis bibliothecae Bodleianae Canonicianus class. lat. 30 (*O*), optime scriptus ab homine uix satis docto, sedulo tamen ac modesto, et qui saepe quod non intellexisset describere mallet quam textum coniecturis sollicitare. Desunt et litterae initiales et tituli carminum, quos tamen notis indicauit addendos; addita est tantum imago pulchra auctoris. In lucem protulit anno MDCCCLXVII R. Ellis, fundamentum textus cum Parisino posuit anno MDCCCLXXIV Aemilius Baehrens.

Oxoniensi proximus, permaximi et ipse pretii, accedit

[1] De his rebus scripserunt inter alios R. Ellis, *Catullus in the XIVth Century* (Londini MCMV), et B. L. Ullman, *Studies in the Italian Renaissance* (Romae MCMLV), 81–115, 195–200; de Beneuenuto nuper egit R. Weiss in *Bollettino del Museo Civico di Padova* xliv (MCMLV).

[2] Codicum laterculum publici iuris fecit anno MCMVIII W. G. Hale (*Classical Philology*, iii. 233–56); de recuperando archetypi textu optime disseruit A. Morgenthaler, *De Catulli codicibus* (Argentorati MCMIX).

Parisinus bibl. nationalis lat. 14137, olim Sangermanensis (*G*), qui (si qua fides scribae) anno MCCCLXXV exaratus est; habet enim ad calcem post Beneuenuti uersus supra dictos:

> Tu lector quicumque ad cuius manus hic libellus obuenerit scriptori da ueniam si tibi coruptus uidebitur, quoniam a corruptissimo exemplari transcripsit; non enim quodpiam aliud extabat, unde posset libelli huius habere copiam exemplandi. Et ut ex ipso salebroso aliquid tantum sugger<er>et, decreuit potius tamen coruptum habere quam omnino carere, sperans adhuc ab alliquo alio fortuite emergente hunc posse corigere. Valebis si ei imprecatus non fueris. 1375 mensis octobris 19° quando Cansignorius laborabat in extremis etc. Lesbia damnose bibens interpretatur.

Qui Cansignorius çum Veronae dominus fuerit, coniectari licet in ipsa Verona ciuitate scriptum esse codicem; scripsisse Antonium de Leniaco Cansignori ipsius cancellarium suspicatur uir harum rerum peritissimus Ioseppus Billanouich. Quinto decimo saeculo se possedisse testatur 'Bonifatius Perutius prothonotarius apostolicus in Roma', cuius etiam stemma gentilicium primae paginae extat appictum. Titulos exhibet minio ascriptos partim in textu partim in margine, sed haud scio an omnes eadem manu. Correctorem passus est, a nobis *g* dictum, cuius idcirco hic exscripsimus notulas, ut quam plenissima codicis pretiosi notitia studiosis exhibeatur; monemus tamen diserte nullam eis esse auctoritatem. Parisino primus usus uidetur esse anno MDCCCXXX C. I. Sillig.

Parisini frater, ut ita dicam, non multis annis natu minor Vaticanus est Ottobonianus lat. 1829 (*R*), optime scriptus et litteris initialibus ornatus; qui eo tamen editoris nescio cuius manum fatetur et se Parisino minus sincerum prodit, quod et Beneuenuti uersus a calce ad frontem libri in modum prooemii migrare iussit et titulos omnes, morem sui temporis secutus, e marginibus intra textum redegit. Primus aetatis nostrae inuenit anno MDCCCXCVI W. G. Hale. Peculium fuerat hominis litteratissimi Colucii Salutati, Florentinae r.p. cancellarii, qui anno MCCCCVI obiit; correxerunt plures manus, quas hic omnes praeter recentissimas inuitus *r* appello, dum spero quendam de Colucii eiusque amicorum studiis peritissimum nos tandem aliquando plenius esse docturum. Hic codex cum Florentiae in manibus uiri doctorum amicissimi extiterit, non mirum si apographa progenuit, ex quibus nonnulla adhuc seruantur. Quippe a Romano originem duxisse credo codices Florentinos bibl. Mediceae Laurentianae 36. 23 (et ipsum fortasse saeculo quarto decimo exeunti ascribendum) et 33. 12 (anno MCCCCLVII in usum Iohannis de Medicis pulcherrime exaratum) necnon cartaceum Vaticanum Ottobonianum lat. 1550; a Romano correcto, uel ab aliquo eius apographo deperdito, cartaceum alterum Venetum Marcianum lat. xii. 80 (4167). Cuius hic illic sub nota *m* mentionem feci, cum correctori codicis *G* uel ipse uel eius consimilis praesto fuisse uideatur (sicut dispexit Hale), ne quis nimiam iam auctoritatem eis lectionibus tribuat, quas hucusque codici *G* imputauerunt editores, sed re uera *Rmg* uel *rmg* uel *mg* originem habent. Sed in his minutiis me semper recte iudicasse affirmare non ausim.[1]

Ceterum codices *G* et *R* a communi fonte (*X*) deriuatos esse docent non tantum uersus xcii. 3, 4 in utroque praetermissi, quod cuiuis accidere potuit, quantum artissima inter eos necessitudo unaquaque in pagina obuia (ita tamen ut *R* ex *G* deriuari uix possit), eaedem in marginibus annotationes, eaedem inter uersus lectiones uariae utrique ab ipso scriba ascriptae et a communi fonte deductae. Ea enim erat codicis

[1] Parisini imaginem phototypicam uix satis fidam anno MDCCCXC Parisiis edidit E. Chatelain, Marciani MDCCCXCIII C. Nigra. Scripturae specimina e codicibus *OG* et Thuaneo annis MDCCCLXXXIV et 'XCII dedit idem Chatelain (*Paléographie des Classiques latins*, tabulae xiv–xv a), e codice *O* R. Ellis in editione Oxoniensi anni MDCCCLXXVIII, e cod. *R* W. G. Hale anno 'XCVII (*American Journal of Archaeology*, series noua, i).

archetypi scriptura, ut ipsis antiquariis non unum in modum se legendum praebuerit: scriba codicis *O* illud unum posuit quod sibi legere uisus est, scriba cod. *X* legendi incertus inter duas lectiones eligendam ueritatem saepius reliquit, unde plerumque illa in *GR* lectionum uarietas siglo *al.* (= *aliter*) ab ipsis scribis insignita; cuius tamen aliquam partem coniecturae deberi non negauerim. Quisquis igitur ad Catulli textum stabiliendum testimonia conquirit, primum ex codicibus *G* et *R* textum codicis deperditi *X* redintegrare debet (id quod fere semper fieri potest); collatis deinde codd. *O* et *X*, ad archetypum illud tanquam ascendere, quod fortasse sexaginta ante annis inuenerat ignotus ille noster Veronensis. Quodsi requirimus, quaenam fuerit archetypi forma et aetas, iam demonstrauit u.d. B. L. Ullman eandem fuisse et carminum et titulorum dispositionem, quae etiamnum in codicibus *O* et *G* seruetur, in *R* editoris alicuius curis sublata sit (aliquo modo ad calcem huius praefationis eam effingere conatus sum); apicum formam est unde suspicemur eiusmodi fuisse, qualis in codicibus saeculo tertio decimo in Italia septentrionali exaratis usu fuerit. Sed quam lubrica res sit, ipsam codicis deperditi faciem ex apographis repraesentare uelle, quis non uidet?

Quod ad ceteros codices attinet, omnes in Italia saeculo quinto decimo (uel sexto decimo ineunte) exaratos, ex quibus plus quam octoginta in manibus habui, aliorum decem notitiam praedecessoribus meis debeo, omnes a codicibus *OGR* originem aut duxerunt aut, quod nobis idem ualet, duxisse possunt. Vnus in tanta testium penuria succurrit Parisinus bibl. nat. lat. 8071 (*T*), florilegium quod dicunt Thuaneum, codex nono saeculo non ita sedulo scriptus, qui carmen lxii continet; quem tamen ex eadem qua ceteri stirpe progenitum arguit lacuna post uersum 32 obuia erroresque alii.

Permultis igitur mendis, plerumque minoribus, textum in

archetypo nostro seruatum scatuisse non mirum est, ex quibus satis multa iam ineunte saeculo quinto decimo a correctoribus *r*(*m*)*g* suo marte sublata sunt. Insequitur deinde series longa hominum doctorum, praesertim Italorum, qui ad purgandum textum Catullianum operam nauauerunt. Ex eis quidem, qui ante inuentam artem typographicam uixerunt, quis quid quo anno correxerit, nondum possumus affirmare; attamen in emendationibus ordinem quendam, ut ita dicam, dispicere mihi uideor, quem graecis apicibus insignire commodum duxi.

α—ante annum MCCCCXII necesse est factae sint fere sedecim, quas praebet codex Bononiensis bibl. uniuersitatis 2621, qui eo anno ab Hieronymo Donato patricio Veneto finitus postea in manus deuenit u.d. Hermolai Barbari. Liber alioquin non magni pretii uetustissimus est ex eis (extant numero plus minus triginta quinque; inter uetustiores est Florentinus bibl. Med. Laur. 33.13), in quibus uersus xliv. 21–lxii. 66 post xxiv. 2 (uel xxiv. 10, uel xxv. 13) locum inuenerunt.[1]

β—ante annum MCCCCXXIV triginta ad minus, quas suppeditat codex insignis Parisinus bibl. nat. lat. 7989 in usum docti cuiusdam, cuius nomen nondum innotuit, exaratus; finitus est enim Catulli textus mense nouembri anni 'XXIII. Hic primus ex superstitibus Tibullum et Propertium cum Catullo in unum uolumen redegit.[2]

γ—ante annum MCCCCLII uiginti fere, quas codex Antenoris Balbi anni 'LI (in quo desunt omnia post u. lxi. 127),[3] Leidensis Vossianus lat. oct. 59 anni 'LIII[4] cum gemello suo Oxoniensi

[1] Imaginem quandam typis adumbratam edidit anno MCML u.d. I. B. Pighi. Ipse crediderim permultas emendationes ipsius Barbari manu additas ab editione typis impressa emanasse, quam anno MCCCCLXXXI eidem Hermolao dedicauit Iohannes Calphurnius.

[2] Ultimam Catulli paginam lucis ope depingendam curauit S. Gaselee, *Petronii codex Traguriensis* (Cantabrigiae MCMXV).

[3] Huius libri copiam debuit Ellis Waltero Ashburner, nos amico qui hodie eum possidet Iohanni Waynflete Carter, studiorum Catullianorum fautori.

[4] Vossianum hunc, qui titulum exhibet saeculo quinto decimo manu Angli cuiusdam additum, olim in Anglia in bibliotheca regia Iacobaea sub numero 8636 asseruatum esse me docuit Gerardus Lieftinck meus; unde

Bodleiano Canoniciano class. lat. 33, Vaticanus Palatinus lat. 910, Hamburgensis philol. L 139, Mediolanensis Ambrosianus H 46 supra.

δ—ante medium saeculum quintum decimum sublata sunt menda alia quindecim, quae iam correcta uidemus in textu Parisini bibl. nat. lat. 8234 (quem dicunt Colbertinum), quibus aliquid de suo conferunt Berolinensis Diezianus B. Sant. 36 et Mediolanensis Ambrosianus M 38 supra, necnon

ε—uiginti quinque, quae in Mediolanensi Braidensi AD. xii. 37, no. 2 anni fortasse MCCCCL; quem longo satis interuallo sequuntur gemini Brixianus bibl. Querinianae A. vii. 7 et Londinensis musei Britannici Harleianus 2574.

Illuxisse deinde studiis Catullianis diem, nisi potius aestatem quandam dicendum, nos docet messis uberrima emendationum ante annum MCCCCLXI factarum plures in codices recondita, qui in duas tanquam societates discedunt. Sunt autem hi:

ζ—Londinensis mus. Brit. inter additicios 11,915 anno MCCCCLX a notario Taruisino completus, Florentinus bibl. nat. Magliabechianus vii 1158, Florentinus bibl. Riccardianae 606, Berolinensis Diezianus B. Sant. 37 anni 'LXIII (hic bis terque aliquid utile ultro etiam profert), quos sequitur plerumque Londinensis inter additicios 11,674;

η—Vicentinus bibl. Bertolianae G. 2. 8. 12 Patauii transcriptus anno MCCCCLX, Oxoniensis Bodleianus Laudianus lat. 78 eiusdem anni,[1] Guelferbytanus Gudianus lat. 332, Leidensis Vossianus lat. oct. 81, una cum recentioribus Vaticano Chisiano H. iv. 121 et Veneto Marciano lat. 12. 153 (4453), Vaticano Vat. lat. 1608 anni MCCCCLXXIX et Ven. Marc. lat. 12. 86 (4170). Quantum uiris doctis illius aetatis debeamus Catulli studiosi, ex hoc liquet, quod emendationes quinquaginta fere nota ζη insigniendas inuenio, nota ζ quinquaginta, plures etiam η; spero aliquando fieri posse, ut aliquae ex eis nominatim auctoribus suis reddantur.[2]

crediderim hoc esse textus Catulliani (haud scio an et Tibulliani) exemplar, quod primum in ultimos Britannos deuenerit.

[1] Laudiani periit ultimum folium; seruatur anni mentio apud editionem Cantabrigiensem anni MDCCII, p. 494.

[2] Codices quos supra sub littera ζ nominaui (praeter Londin. addit.

θ—Post quos tanquam spicilegium minime spernendum egit uir quidam doctus (si is uere unus, ut suspicor, fuit), cuius emendationes fere quinquaginta suppeditat codex Londinensis mus. Brit. Egertonianus 3027 anno MCCCCLXVII Perusiae scriptus (Cuiacianus est Scaligeri), quocum plerumque faciunt Neapolitanus bibl. nat. iv. F. 61, Londinensis mus. Brit. Burneianus 133 et Pisaurensis bibl. Oliuerianae 1167 finitus Senis anno 'LXX.[1]

In his igitur codicibus manu scriptis eorumque similibus textum uidemus per sexaginta annos Italorum diligentia et mentis acumine defaecari. Necdum omnia sublata sunt menda, cum subito ars typographica inuenta magnum his studiis impetum addidit. Editus est enim Catullus typis impressus primum Venetiis anno MCCCCLXXII; deinde 'LXXIII Parmae cura Francisci Puteolani; circa annum 'LXXV Romae (haec editio, quam sub 'antiquissimae' nomine primus asciuit Ellis, fundamentum habet Venetam, ab imperitissimo typotheta sed non sine ingenio et alicuius codicis manu scripti adiumento interpolatam); 'LXXXI Vicentiae cura Iohannis

11,915), sicut iam secundis curis Paris. lat. 7989, in locum uersus deperditi lxv. 9 suffecerunt *Alloquar audiero numquam tua loquentem*, quod parum prudenter amplexi sunt editores nonnulli; ita, sed *tua uerba loquentem* addit. 11,915 cum aliquot recentioribus; . . . *tua fata loquentem* *η*. Pro u. lxviii. 47 exhibent libri sub notis *βζη* supra nominati *Omnibus et triuiis uulgetur fabula passim*, quod testibus Paris. lat. 7989 et Ambros. H 46 supra 'suppleuit Seneca', teste Magliabechiano (cui minorem fidem habendam crediderim) 'Philelphus suppleuit'. Recentiores fere omnes ex eis qui lxv. 9 *uerba* proferunt, hic habent *Omnibus inque locis celebretur fama sepulti*, quod teste Paris. lat. 8232 'Petrus Odus suppleuit', sicut qua est humanitate me certiorem fecit Gilbertus Ouy. Ecce grammaticorum industriam, Thomae Senecae scilicet de Camerino et Petri Odi Montopolitani, qui Pomponii Laeti magister fuit et scripsit Vaticanum Palatinum 1652 (ipsius Laeti manu exaratus dicitur Vaticanus lat. 3269).

[1] Berolinensium duorum notitiam mihi commodauit Lachmann, Hamburgensis Schwabe editionibus Berolinensibus ille anni MDCCCXXIX, hic 'LXVI; Brixiani V. Cremona, qui imaginem typis effictam Bononiae edidit anno MCMLIV, Pisaurensis M. Zicàri in *Studiis Oliuerianis*, i (MCMLIII).

Calphurnii;[1] Brixiae 'LXXXV cum commentario Antonii Parthenii. Qui editores utrum a codicibus recentioribus lectiones suas nuper emendatas mutuati sint an de suo excogitauerint, saepe difficile est dictu, cum illa aetate mutuum, ut ita dicam, fuerit commercium inter typis impressos codices et manu scriptos; hoc saltem constat, scriptos nonnullos a uiris doctis identidem adhibitos nihil utile continere, nisi quod ab impressis compilauerint. Anno MCCCCXCV Venetiis prodeunt Hieronymi Auantii emendationes in Catullum; 'XCVI textus una cum commentario Palladii Fusci; MDII prima editio Aldina, accurante eodem Auantio; MDXXI textus multis antea annis a Baptista Guarino emendatus cum expositionibus filii eius Alexandri; Auantius, uir in Catullo emendando indefessus, textum tertio correxit in editione hodie rarissima, a Trincauellio typotheta circa annum MDXXXV typis mandata, quam idem Ellis inuenit. Sequuntur Marcus Antonius Muretus francogallus MDLIV, Achilles Statius lusitanus MDLXVI, Iosephus Scaliger batauus MDLXXVII, alii permulti.

Has editiones omnes perlustrauimus, ut quam plenissime discamus quid a quoque et quo ordine ad corrigendum textum Catullianum prolatum sit. Veritatem tamen omnibus in locis me inuenisse prorsus non credo; quod potui enim feci, non quod uolui. In adferendis codicum lectionibus meros scribarum errores, praesertim scribae codicis O, et quisquilias orthographicas (ex. gr. *Catulus*, *sinediorem*, *nec quicquam* ubi scribendum erat *Catullus*, *cinaediorem*, *nequiquam*) plerumque praetermisi; in expiscandis praesertim antiquioribus uerborum formis codici archetypo, ut qui ipse recentioris aetatis esse potest, non nimiam fidem tribui. Quod ad uersus deprauatos attinet, qui post tot uirorum doctorum labores

[1] Viri de Catullo optime meriti uitam scripsit anno MCMX V. Cian (*Archivio storico lombardo*, series quarta, xiv. 221–48).

Oedipum suum adhuc flagitant, mihi nec doctrinam neque ingenium ad eos tandem enucleandos suffecisse uix est cur moneam.

In appendice, permittentibus amicis uu.dd. E. Lobel, D. L. Page, R. Pfeiffer, textum graecum subiunxi carminum Sapphici et Callimachei, quae imitatus est noster.

Restat ut gratias ex animo agam, cum tot bibliothecarum curatoribus qui me benigne exceperunt, tum amicis I. W. Carter, C. I. Fordyce, E. Fraenkel, R. W. Hunt, R. G. C. Leuens, R. G. M. Nisbet qui consiliorum et librorum copia studiis meis opitulati sunt.

R. A. B. M.

Dabam Oxonii
e collegio Corporis Christi,
mense Maio MCMLVII

CARMINVM IN ARCHETYPO DISCRIPTIO

CARMINVM in archetypo haec uidetur fuisse dispositio ( ] indicat extitisse titulum in contextu positum, cum littera initiali fortasse minio picta; § paragraphum tantum primo carminis uersui appictam, cum titulo in margine posito, sine littera picta):

] i Ad Cornelium
] ii–iii Fletus passeris Lesbie
] iv De Phasello
] v Ad Lesbiam
] vi Ad Flauium
] vii Ad Lesbiam
] viii Ad se ipsum
] ix–x Ad Verannium
§ xi Ad Furium et Aurelium
] xii Ad Matrucinum Asinium
] xiii Ad Fabullum
] xiv–xivb Ad Caluum Poetam
] xv–xvi Ad Aurelium
§ xvii *sine titulo*
] xxi Ad Aurelium
§ xxii Ad Varum
§ xxiii–iv Ad Furium
§ xxv Ad Tallum
§ xxvi Ad Furium
§ xxvii Ad Pincernam suum
§ xxviii Ad Verannium et Fabullum
§ xxix In Romulum cathamitum
§ xxx Ad Alphenum
§ xxxi Ad Sirmium insulam
§ xxxii–xxxiii Ad Ipsicillam
§ xxxiv Carmen diane
§ xxxv Ad Cecilium iubet libello loqui
§ xxxvi Ad lusi cacatam
§ xxxvii 1–16 Ad contubernales
§ xxxvii 17–xxxix 21 Ad Egnatium
§ xl–xlviii Ad Rauidum
] xlix Ad Romulum (?)
] l Ad Lucinium
] li Ad Lesbiam
] lii 1–liii 4 In Nouium
§ liii 5–liv 5 De Octonis capite
§ liv 6–lv 22 In Camerium
] lvi 1–lviiib 10 Ad Catonem
§ lix–lx In Rufum
] lxi Epythalamius Junie et Mallii
] lxii Exametrum carmen nuptiale
] lxiii De Berecinthia et Athi
] lxiv 1–322 Argonautia
§ lxiv 323–408 Epythalamium Thetidis et Pelei
] lxv–lxvii Ad Ortalem

] lxviii Ad Mallium
] lxix–lxxi In Rufum
] lxxii–lxxvi Ad Lesbiam
] lxxvii–lxxix Ad Rufum
] lxxx–lxxxviii Ad Gellium
] lxxxix–xci In Gellium
§ (?) xcii–xcix In Cesarem
§ (?) c In Celium et Quintium
§ (?) ci–cxvi Fletus de morte fratris

SIGLA

CODICES:

V = archetypum (fons communis codd. *O* et *X*)

O = Oxoniensis Canonicianus class. lat. 30 s. XIV

X = fons communis codd. *G* et *R*

G = Parisinus lat. 14137 anni MCCCLXXV

R = Vaticanus Ottobonianus lat. 1829 s. XIV ex.

T = Parisinus lat. 8071 s. IX (*continet carmen lxii*)

O1 = *O nondum correctus, similiter G1 R1.*

FONTES CONIECTVRARVM MANV SCRIPTI:

r = corrector(es) cod. *R*

m = Venetus Marcianus lat. xii. 80 (4167) s. XV in.

g = corrector(es) cod. *G*

Coniecturae e codicibus recentioribus ductae his notis insignitae sunt:

α =	nescio quis ante annum MCCCCXII
β =	„ „ „ MCCCCXXIV
γ =	„ „ „ MCCCCLII
δ, ε =	„ „ medium s. XV
ζ, η =	„ „ annum MCCCCLX
θ =	„ „ „ MCCCCLXVIII

FONTES CONIECTVRARVM TYPIS IMPRESSI:

1472 = editio Veneta anni MCCCCLXXII; *1473* = Parmensis a. 'LXXIII; *ed. Rom.* = anonyma a. circa 'LXXV; *Calph(urnius)* = Vicentina a. 'LXXXI; *Parth(enius)* = Brixiensis a. 'LXXXV; *Auantius* = Emendationes eius a. 'XCV; *Pall(adius)* = Veneta a. 'XCVI; *Aldina* = Veneta a. MDII; *Guarinus* = Veneta a. MDXXI; *Auantius*[3] = Veneta apud Trincauellium a. circa MDXXXV.

CATVLLI CARMINA

I

CVI dono lepidum nouum libellum
arida modo pumice expolitum?
Corneli, tibi: namque tu solebas
meas esse aliquid putare nugas
iam tum, cum ausus es unus Italorum
omne aeuum tribus explicare cartis
doctis, Iuppiter, et laboriosis.
quare habe tibi quidquid hoc libelli
qualecumque; quod, ⟨o⟩ patrona uirgo,
plus uno maneat perenne saeclo.

II

PASSER, deliciae meae puellae,
quicum ludere, quem in sinu tenere,
cui primum digitum dare appetenti

I 1 *citat Ausonius eclogarum* i. 1 (*p.* 120 *Schenkl*, *p.* 86 *Peiper*); 1–2 *Isidorus etymologiarum* vi. 12. 3; 1, 2 *et* 4 *Marius Victorinus*, *ars gramm.* (*p.* 148 *Keil*), *Caesius Bassus de metris* (*p.* 261 *K.*), *Terentianus de metris* 2562–4 (*p.* 401 *K.*); *cf. Atilium Fortunatianum*, *ars* (*p.* 298 *K.*). 2 *Seruius ad Vergilii aen.* xii. 587 'in pumice' autem masculino genere posuit . . . licet Catullus dixerit feminino. 3–4 *Plinius hist. nat.* i *praef.* 1 namque tu solebas nugas esse aliquid meas putare, ut obiter emolliam Catullum conterraneum meum.

II 1 *citant Caesius Bassus* (*p.* 260 *K.*), *Atilius Fort.* (*p.* 293 *K.*), *fragmentum quod Censorini dicitur de metris* (*p.* 614 *K.*).

I 2 arida *ex Seruio Itali*: arido *V* 5 tum . . . es ε: tamen . . . est *V* 8 tibi habe *V*: *corr.* η libelli al. mei *X* (al. mei *del. r*) 9 o *add.* θ qualecunque quidem est, patroni ut ergo *Bergk* 10 perire *O*

II 3 cui *O* (*in margine*) *r*: qui *V* appetenti *r*: at petenti *V* (al. patenti *X*, al. parenti *g*)

et acris solet incitare morsus,
cum desiderio meo nitenti
carum nescio quid lubet iocari,
et solaciolum sui doloris,
credo, ut tum grauis acquiescat ardor:
tecum ludere sicut ipsa possem
et tristis animi leuare curas!

II^{b}

* * *

tam gratum est mihi quam ferunt puellae
pernici aureolum fuisse malum,
quod zonam soluit diu ligatam.

III

LVGETE, o Veneres Cupidinesque,
et quantum est hominum uenustiorum:
passer mortuus est meae puellae,
passer, deliciae meae puellae,
quem plus illa oculis suis amabat.
nam mellitus erat suamque norat
ipsam tam bene quam puella matrem,
nec sese a gremio illius mouebat,
sed circumsiliens modo huc modo illuc

II^{b} 3 *citat Priscianus*, *inst.* i. 22 quod z. s. d. ligatam; *cf. Carmina epigraphica* 1504. 49 (*Buecheler*) zonulam ut soluas diu ligatam.

---

6 karum *V* libet *V* (al. iubet *O*) 7 et *V*: ut *B. Guarinus* 8 tum . . . acquiescat *B. Guarinus*: cum . . . acquiescet *V* (*locus nondum expeditus*) 9 tecum al. secum *O* ludere al. luderem *G* (luderem *fortasse O1*) posse *Vossius* (*deinde* curas,)

II^{b} *Ad* ii. 10: '*Post hoc carmen in codice antiquissimo et manu scripto ingens sequitur fragmentum*' *A. Guarinus* 3 ligatam (*in margine* '*erat* negatam') *r*, ligatam al. negatam *m*, al. ligatam *add. g*: negatam *V*

III 9 circum siliens *rg*: circum silens *V* (al. siliens *O*) illuc *O*, illuc mouebat *X* (*corr. rg*)

ad solam dominam usque pipiabat;
qui nunc it per iter tenebricosum
illud, unde negant redire quemquam.
at uobis male sit, malae tenebrae
Orci, quae omnia bella deuoratis:
tam bellum mihi passerem abstulistis.
o factum male! o miselle passer!
tua nunc opera meae puellae
flendo turgiduli rubent ocelli.

IV

PHASELVS ille, quem uidetis, hospites,
ait fuisse nauium celerrimus,
neque ullius natantis impetum trabis
nequisse praeterire, siue palmulis
opus foret uolare siue linteo.
et hoc negat minacis Hadriatici
negare litus insulasue Cycladas
Rhodumque nobilem horridamque Thraciam

III 12 *citat Seneca, ludus de morte Claudii* 11. 6; *cf. Carm. epigr.* 1504. 11. 16 *Cf. Carm. epigr.* 1512. 4 o factum male, Myia, quod peristi.

IV *imitatur auctor carminis Vergiliani catalepton* x. 1 *citant Marius Victorinus, ars gramm.* (*p.* 134 *K. et alibi*), *Terentianus de metris* 2277 (*p.* 393 *K.*), *'Censorini' de metris* (*p.* 612 *K.*). 25–26 *Priscianus, inst.* ix. 49; 25–27 *Charisius, ars gramm.* (*p.* 252 *K.*) *et Diomedes, ars gramm.* (*p.* 344 *K.*).

---

10 pipiabat *codd. Harl. et Brix. in margine* (*idem Vossius*), pipilabat ζη: piplabat *V* 11 tenebricosum *Parth.*: tenebrosum *V* 12 illud *V* (al. illuc *O*) 14 Orci quae *r*: orcique *V* (al. quae *G*) bella, *supra scripto* id est pulcra *OG*(*V?*) 16 o (*1°*) *r*: bonum *V* o miselle *1473*: bonus ille *V* (bellus ille *r*)

IV 2 ait *Calph.*: aiunt *V* celerrimus *Parth.*: celer(r)imum *V* 3 ullius *Calph.*: illius *V* trabis *Auantius* (trabis *ante* impetum *iam Calph.*): tardis *V* 4 nequisse *θ*: neque esse *V* 4–5 siue . . . siue *r*: sine . . . sine *V* 6 negant *r* minacis *r*: mina ei *V* 8 traciam *r*: tractam *V*

Propontida trucemue Ponticum sinum,
ubi iste post phaselus antea fuit
comata silua; nam Cytorio in iugo
loquente saepe sibilum edidit coma.
Amastri Pontica et Cytore buxifer,
tibi haec fuisse et esse cognitissima
ait phaselus: ultima ex origine
tuo stetisse dicit in cacumine,
tuo imbuisse palmulas in aequore,
et inde tot per impotentia freta
erum tulisse, laeua siue dextera
uocaret aura, siue utrumque Iuppiter
simul secundus incidisset in pedem;
neque ulla uota litoralibus deis
sibi esse facta, cum ueniret a mari
nouissimo hunc ad usque limpidum lacum.
sed haec prius fuere: nunc recondita
senet quiete seque dedicat tibi,
gemelle Castor et gemelle Castoris.

V

VIVAMVS, mea Lesbia, atque amemus,
rumoresque senum seueriorum
omnes unius aestimemus assis!
soles occidere et redire possunt:
nobis cum semel occidit breuis lux,
nox est perpetua una dormienda.

11 cytorio η, citherio *r*: citeorio *V* (citeono *O*) 13 cytore η, cithori *r*: citheri *V* 14 cognotissima *V* 17 tuas *X* 20 uocare cura *V*: *corr. r* 23 a mari *r* (-rei *Lachmann*): amaret *V* 24 nouissimo ζη: -ime *V* 25 hoc *X* (*corr. r*) 27 castor *r*: castrum *O*, castrum al. castorum *X*

V 3 estinemus *O*, extimemus *X*

CARMEN V

da mi basia mille, deinde centum,
dein mille altera, dein secunda centum,
deinde usque altera mille, deinde centum.
dein, cum milia multa fecerimus,
conturbabimus illa, ne sciamus,
aut ne quis malus inuidere possit,
cum tantum sciat esse basiorum.

VI

FLAVI, delicias tuas Catullo,
ni sint illepidae atque inelegantes,
uelles dicere nec tacere posses.
uerum nescio quid febriculosi
scorti diligis: hoc pudet fateri.
nam te non uiduas iacere noctes
nequiquam tacitum cubile clamat
sertis ac Syrio fragrans oliuo,
puluinusque peraeque et hic et ille
attritus, tremulique quassa lecti
argutatio inambulatioque.
†nam inista preualet† nihil tacere.
cur? non tam latera ecfututa pandas,
ni tu quid facias ineptiarum.
quare, quidquid habes boni malique,

8 dein mille *Aldina*, deinde mi *rmg*: deinde mille *V* dein *Aldina*, da *rmg*: deinde *V* 10 dein *η*: deinde *V* 11 conturbauimus *V*: *corr. θ* 13 tantum *r*: tantus *V*

VI 2 ni *θ* (nei *Lachmann*): ne *V* 8 ac syrio *Auantius*, et syrio *Aldina*: asirio *V* fragrans *et* fraglans *Itali*: flagrans *V* 9 et h(a)ec et illo *V* (al. hic . . . al. ille *X*) 12 inista (ni ista *X*) preualet *V*: mi praeualet ista (*deinde* nil) *Aldina*, nil ista ualet *Lachmann*, nil stupra ualet *post Scaligerum Haupt*, mi ista ipse ualet *post Bernardum Schmidt Baehrens* 13 ecfututa *Lachmann* (exf- *iam 1472*): et futura *V* pandas *ζη*: panda *V* 14 ni *A. Guarinus* (nei *Marcilius*): nec *V* 15 boni *X*, bonique *O*

dic nobis. uolo te ac tuos amores
ad caelum lepido uocare uersu.

VII

QVAERIS, quot mihi basiationes
tuae, Lesbia, sint satis superque.
quam magnus numerus Libyssae harenae
lasarpiciferis iacet Cyrenis
oraclum Iouis inter aestuosi
et Batti ueteris sacrum sepulcrum;
aut quam sidera multa, cum tacet nox,
furtiuos hominum uident amores:
tam te basia multa basiare
uesano satis et super Catullo est,
quae nec pernumerare curiosi
possint nec mala fascinare lingua.

VIII

MISER Catulle, desinas ineptire,
et quod uides perisse perditum ducas.
fulsere quondam candidi tibi soles,
cum uentitabas quo puella ducebat
amata nobis quantum amabitur nulla.
ibi illa multa cum iocosa fiebant,
quae tu uolebas nec puella nolebat,
fulsere uere candidi tibi soles.
nunc iam illa non uolt: tu quoque inpote⟨ns noli⟩,

17 uersu *rmg*: uersum *V*

VII 1 quot α: quod *V* 4 lasarpici feris al. fretis *X*, lasarpici fecis *O* tyrenis *O*, tyrrenis *ut uidetur G1*, tyrenis al. cyrenis *Rmg* 5 oradum *V*: *corr. r* 6 batti *ed. Rom.*: beati *O*, beati al. beari *X* 9 basia] basiei *O*, basiei al. basia *X*

VIII 4 quo *rmg*: quod *V* 6 cum *V*: tum *Rmg* 9 impotens *r*: inpote *V* (imp- *X*) noli *om. V*: *add. Auantius*

nec quae fugit sectare, nec miser uiue,
sed obstinata mente perfer, obdura.
uale, puella. iam Catullus obdurat,
nec te requiret nec rogabit inuitam.
at tu dolebis, cum rogaberis nulla.
scelesta, uae te, quae tibi manet uita?
quis nunc te adibit? cui uideberis bella?
quem nunc amabis? cuius esse diceris?
quem basiabis? cui labella mordebis?
at tu, Catulle, destinatus obdura.

IX

VERANI, omnibus e meis amicis
antistans mihi milibus trecentis,
uenistine domum ad tuos penates
fratresque unanimos anumque matrem?
uenisti. o mihi nuntii beati!
uisam te incolumem audiamque Hiberum
narrantem loca, facta, nationes,
ut mos est tuus, applicansque collum
iucundum os oculosque suauiabor.
o quantum est hominum beatiorum,
quid me laetius est beatiusue?

X

VARVS me meus ad suos amores
uisum duxerat e foro otiosum,
scortillum, ut mihi tum repente uisum est,

15 uae *B. Venator*: ne *V*   18 cui *X*, cum *O*
IX 1 uerani ζ: ueranni *V*   e *om.* *O*   2 antistans *Auantius*: antistas *V* (antistes *r*)   4 unanimos η: uno animo *V*   anumque *Faernus*: sanamque *O*, suamque al. sanam *X*   9 suabior *V*: *corr.* ζη
X 1 uar(r)us γ: uarius *V*   mens *OGr*   3 tum *Gr*: tunc *V*

non sane illepidum neque inuenustum.
huc ut uenimus, incidere nobis
sermones uarii, in quibus, quid esset
iam Bithynia, quo modo se haberet,
et quonam mihi profuisset aere.
respondi id quod erat, nihil neque ipsis
nec praetoribus esse nec cohorti,
cur quisquam caput unctius referret,
praesertim quibus esset irrumator
praetor, nec faceret pili cohortem.
'at certe tamen,' inquiunt 'quod illic
natum dicitur esse, comparasti
ad lecticam homines.' ego, ut puellae
unum me facerem beatiorem,
'non' inquam 'mihi tam fuit maligne,
ut, prouincia quod mala incidisset,
non possem octo homines parare rectos.'
at mi nullus erat nec hic neque illic,
fractum qui ueteris pedem grabati
in collo sibi collocare posset.
hic illa, ut decuit cinaediorem,
'quaeso', inquit 'mihi, mi Catulle, paulum
istos commoda: nam uolo ad Serapim
deferri.' 'mane,' inquii puellae,
'istud quod modo dixeram me habere,

7 se *r*: posse *V* 8 et quoniam *O*, et quoniam al. quonam *X*: ecquonam *Statius*, *fortasse recte* (*cf.* xxviii. 6) aere ζ: here *V* 9 neque ipsis *1472*, nec ipsis ζη: neque nec in ipsis *V* (al. neque ipsis nec *G*, al. neque ipsis *R*), neque in ipsis *mg* 10 nec (*1°*) *om.* *R* (al. nec *in margine*): nunc *Westphal* 11 referet *R* 13 nec *O*, non al. nec *X* facerent *r* 16 leticam hominis *V* 22 fractum qui *r*: fractumque *V* 24 decuit θ: docuit *V* 26 com(m)oda *X*, comodam *O* sarapim al. -e- (*i.e.* serapim) *G* 27 deserti *O*, deserti al. deferri *X* inquii *Scaliger*: me inquit *V*

fugit me ratio: meus sodalis—
Cinna est Gaius,—is sibi parauit.
uerum, utrum illius an mei, quid ad me?
utor tam bene quam mihi pararim.
sed tu insulsa male et molesta uiuis,
per quam non licet esse neglegentem.'

XI

FVRI et Aureli, comites Catulli,
siue in extremos penetrabit Indos,
litus ut longe resonante Eoa
  tunditur unda,
siue in Hyrcanos Arabasue molles,
seu Sagas sagittiferosue Parthos,
siue quae septemgeminus colorat
  aequora Nilus,
siue trans altas gradietur Alpes,
Caesaris uisens monimenta magni,
Gallicum Rhenum horribile aequor ulti-
  mosque Britannos,
omnia haec, quaecumque feret uoluntas
caelitum, temptare simul parati,
pauca nuntiate meae puellae
  non bona dicta.
cum suis uiuat ualeatque moechis,
quos simul complexa tenet trecentos,

30 cinna est caius *1473*: cuma est grauis *V* 31 ad *r*: a *V* 33 tu insulsa *r*: tulsa *O*, tu insula *X*

XI 2 penetrauit *V*: *corr. 1473* 3 ut] ubi *r* resonans *Statius* eoa *X*, coa *O* 5 arabaesque *G*, -esque *R* 6 seu *θ*: siue *V* sagas *α*, sacas *1472*: sagax *V* 7 quae *V*: qua *η* 8 equora *X*, epra *O* 9 siue *X*, sui *O* 11 horribile aequor *Haupt*: horribilesque *V* (-que *del. r*) 11/12 ulti/mosque *rmg*: /ultimosque *V* 13 feret *η*: fere *V*

nullum amans uere, sed identidem omnium
   ilia rumpens;
nec meum respectet, ut ante, amorem,
qui illius culpa cecidit uelut prati
ultimi flos, praetereunte postquam
   tactus aratro est.

XII

MARRVCINE Asini, manu sinistra
non belle uteris: in ioco atque uino
tollis lintea neglegentiorum.
hoc salsum esse putas? fugit te, inepte:
quamuis sordida res et inuenusta est.
non credis mihi? crede Pollioni
fratri, qui tua furta uel talento
mutari uelit: est enim leporum
differtus puer ac facetiarum.
quare aut hendecasyllabos trecentos
exspecta, aut mihi linteum remitte,
quod me non mouet aestimatione,
uerum est mnemosynum mei sodalis.
nam sudaria Saetaba ex Hiberis
miserunt mihi muneri Fabullus
et Veranius: haec amem necesse est
ut Veraniolum meum et Fabullum.

22 qui ζη: cui *V*

XII 1 matrucine *V*: *corr. Parth* 2 uteris:] *ita distinxit X*, *tacet O* ioco al. loco *X*, loco *O* 4 salsum al. falsum *G*, falsum al. salsum *OR* (*cf.* xiv. 16, xxx. 1) 7 frater *O* 8 uoluit *O* 9 differtus *Passerat*: dissertus *O*, disertus *X* 13 est mnemosinon *Calph.*: est nemo sinum *X*, nemo est sinum *O* 14 settaba *O*, sethaba *X* ex hiberis *1472* (-eis *Lachmann*): exhibere *V* 15 numeri *O*, numeri al. muneri *X* 16 hec al. hoc *R* amem δ: ameni *V* (almeni *R1*) 17 ut θ: et *V*

XIII

CENABIS bene, mi Fabulle, apud me
paucis, si tibi di fauent, diebus,
si tecum attuleris bonam atque magnam
cenam, non sine candida puella
et uino et sale et omnibus cachinnis.
haec si, inquam, attuleris, uenuste noster,
cenabis bene; nam tui Catulli
plenus sacculus est aranearum.
sed contra accipies meros amores
seu quid suauius elegantiusue est:
nam unguentum dabo, quod meae puellae
donarunt Veneres Cupidinesque,
quod tu cum olfacies, deos rogabis,
totum ut te faciant, Fabulle, nasum.

XIV

NI te plus oculis meis amarem,
iucundissime Calue, munere isto
odissem te odio Vatiniano:
nam quid feci ego quidue sum locutus,
cur me tot male perderes poetis?
isti di mala multa dent clienti,
qui tantum tibi misit impiorum.
quod si, ut suspicor, hoc nouum ac repertum
munus dat tibi Sulla litterator,

XIV 9 *Martianus Capella* iii. 229 hoc etiam Catullus quidam, non insuauis poeta, commemorat dicens 'munus dat tibi Sylla litterator'.

XIII 6 inquam δ: unquam *V* 8 saculus *V* 9 meros *X*, meos *O* 10 quid γ: qui *O*, qui al. quod *X*

XIV 1 ni δ (nei *Lachmann*): ne *V* 5 male *1472*: malis *V* 6 dent ζη: dant *V* 9 sulla δ: si illa *V*

non est mi male, sed bene ac beate,
quod non dispereunt tui labores.
di magni, horribilem et sacrum libellum!
quem tu scilicet ad tuum Catullum
misti, continuo ut die periret,
Saturnalibus, optimo dierum!
non non hoc tibi, false, sic abibit.
nam, si luxerit, ad librariorum
curram scrinia, Caesios, Aquinos,
Suffenum, omnia colligam uenena,
ac te his suppliciis remunerabor.
uos hinc interea ualete abite
illuc, unde malum pedem attulistis,
saecli incommoda, pessimi poetae.

XIV^b

Si qui forte mearum ineptiarum
lectores eritis manusque uestras
non horrebitis admouere nobis,

* * *

XV

Commendo tibi me ac meos amores,
Aureli. ueniam peto pudentem,
ut, si quicquam animo tuo cupisti,
quod castum expeteres et integellum,

15 *Macrobius, sat.* ii. 1. 8 'Sat. opt. dierum', ut ait Veronensis poeta.

10 mi η: mi(c)hi *V* 14 misti η: misisti *V* 15 opimo al. optimo *X*, oppinio *O* 16 hoc γδ: hec *V* false *OR*, salse al. false *G* sic γδ: fit *OG*, sit *Rmg* abibit *rmg*: adhibit *O*, adbibit *X* 17 luserit al.-x- *G* 18 curram δ: curam *O*, cur tam *X* scrinea *Rmg* 19 suphenum *1472*: suffenam *V* 20 ac α: hac *V* tibi hiis supplitus *O* 23 secli η: seculi *V*

XIV^b *a praecedentibus seiunxerunt B. Guarinus et Auantius. 'In codice antiquo non leguntur hic' nescio quis in cod. Parisino lat.* 8458 *saec. xv exeuntis; similiter Romanus Corsinianus 43. D. 20*

conserues puerum mihi pudice,
non dico a populo—nihil ueremur
istos, qui in platea modo huc modo illuc
in re praetereunt sua occupati,—
uerum a te metuo tuoque pene
infesto pueris bonis malisque.
quem tu qua lubet, ut lubet, moueto
quantum uis, ubi erit foris paratum:
hunc unum excipio, ut puto, pudenter.
quod si te mala mens furorque uecors
in tantam impulerit, sceleste, culpam,
ut nostrum insidiis caput lacessas,
a tum te miserum malique fati!
quem attractis pedibus patente porta
percurrent raphanique mugilesque.

XVI

PEDICABO ego uos et irrumabo,
Aureli pathice et cinaede Furi,
qui me ex uersiculis meis putastis,
quod sunt molliculi, parum pudicum.
nam castum esse decet pium poetam
ipsum, uersiculos nihil necesse est;
qui tum denique habent salem ac leporem,
si sunt molliculi ac parum pudici,

XVI 5–8 *citat Plinius, epist.* iv. 14. 5; 5–6 *Apuleius, apologia* 11.

XV 10 bonis *η*: bonisque *V* (*cf.* vi. 15)   11 ut libet *1472*: ut al. iubet *O*, ut iubet *G*, *om. R* (al. ut iubet *in margine*)   13 pudenter *O*, prudenter *G* (al. pudenter *add. g*), pudenter al. prudenter *Rm*   16 nostrum *G*: nostrorum *V*   17 a] ha *O*, ah *X*   tum] tamen *O*, tamen al. tum *X*

XVI 1 *et* 14 pedicabo *β*: dedicabo *V*   3 me *rmg*: mi *V*   7 tum] tamen *O*, tamen al. tum *X*: tunc *Plinius*   ac *V*: et *Plinius*   8 sunt *Plinius*: sint *V*   ac *V*: et *Plinius*

et quod pruriat incitare possunt,
non dico pueris, sed his pilosis
qui duros nequeunt mouere lumbos.
uos, quod milia multa basiorum
legistis, male me marem putatis?
pedicabo ego uos et irrumabo.

XVII

O Colonia, quae cupis ponte ludere longo,
et salire paratum habes, sed uereris inepta
crura ponticuli axulis stantis in rediuiuis,
ne supinus eat cauaque in palude recumbat:
sic tibi bonus ex tua pons libidine fiat,
in quo uel Salisubsali sacra suscipiantur,
munus hoc mihi maximi da, Colonia, risus.
quendam municipem meum de tuo uolo ponte
ire praecipitem in lutum per caputque pedesque,
uerum totius ut lacus putidaeque paludis
liuidissima maximeque est profunda uorago.
insulsissimus est homo, nec sapit pueri instar
bimuli tremula patris dormientis in ulna.
cui cum sit uiridissimo nupta flore puella
et puella tenellulo delicatior haedo,
adseruanda nigerrimis diligentius uuis,
ludere hanc sinit ut lubet, nec pili facit uni,
nec se subleuat ex sua parte, sed uelut alnus

12 uos quod] hosque *O*, uosque *G*, uosque al. hos al. quod *R*: uos qui δ XVII 1 o culonia que δ (colonia quae θ): oculo in aque *V* ludere *ed. Rom.* (loedere *Scaliger*): ledere *V* 3 axulis *Hand* (acsuleis *Ellis*), assulis *Statius*: ac sulcis *V* stantis *Vossius*: tantis *V* 6 suscipiant *V*: *corr. Auantius* 10 putidaeque θ: pudiceque *V* paludis η: paludes *V* 14 cui cum *Pall.* (quoi cum *Scaliger*, quoi *iam* θ): cui iocum *V* 15 et δ: ut *V* edo *V* 17 uni al. uim *R* 18 se *1472*: me *V*

in fossa Liguri iacet suppernata securi,
tantundem omnia sentiens quam si nulla sit usquam;
talis iste meus stupor nil uidet, nihil audit,
ipse qui sit, utrum sit an non sit, id quoque nescit.
nunc eum uolo de tuo ponte mittere pronum,
si pote stolidum repente excitare ueternum,
et supinum animum in graui derelinquere caeno,
ferream ut soleam tenaci in uoragine mula.

XXI

Avreli, pater esuritionum,
non harum modo, sed quot aut fuerunt
aut sunt aut aliis erunt in annis,
pedicare cupis meos amores.
nec clam: nam simul es, iocaris una,
haerens ad latus omnia experiris.
frustra: nam insidias mihi instruentem
tangam te prior irrumatione.
atque id si faceres satur, tacerem:
nunc ipsum id doleo, quod esurire

XVII 19 *citat sub uoce 'suppernati' Festus p.* 396 *L.*

XVIII–XX: *Huc intrusit Muretus anno MDLIV carmina tria*, 'Hunc lucum' (*fragmentum* i) *et* 'Hunc ego', 'Ego haec' *quae libro Catalepton Vergiliano praefigi solent, inter Priapeia lxxxvi et lxxxv numerantur; exulare iussit Lachmann anno MDCCCXXIX.*

---

19 superata *V*: *corr. Statius* 21 meus *V*: merus *Passerat* (*fortasse recte, cf.* xiii. 9) nil] nichil *V* 22 qui *V*: quid *mg* 23 nunc cum *X* (al. hunc eum *R*), nunc uolo *O* 24 potest olidum *V*: *corr. Victorius* excitare *ζη*: exitare *V* 25 delinquere *X* 26 mulla *X*

XXI 1 exuricionum *V* 4 dedicare *V*: *corr.* δ 5 es iocaris *cod. Berol. anni mcccclxiii*: exiocaris *V* 6 haeres *Muretus* experiris *ed. Rom.*: experibis *V* (-bus al. -bis *G*) 8 irruminatione *V*: *corr. ζη* 9 id si δ: ipsi *V* 10 esuriere *Or*, exurire *X*

me me† puer et sitire discet.
quare desine, dum licet pudico,
ne finem facias, sed irrumatus.

XXII

SVFFENVS iste, Vare, quem probe nosti,
homo est uenustus et dicax et urbanus,
idemque longe plurimos facit uersus.
puto esse ego illi milia aut decem aut plura
perscripta, nec sic ut fit in palimpseston
relata: cartae regiae, noui libri,
noui umbilici, lora rubra membranae,
derecta plumbo et pumice omnia aequata.
haec cum legas tu, bellus ille et urbanus
Suffenus unus caprimulgus aut fossor
rursus uidetur: tantum abhorret ac mutat.
hoc quid putemus esse? qui modo scurra
aut si quid hac re scitius uidebatur,
idem infaceto est infacetior rure,
simul poemata attigit, neque idem umquam
aeque est beatus ac poema cum scribit:
tam gaudet in se tamque se ipse miratur.
nimirum idem omnes fallimur, neque est quisquam
quem non in aliqua re uidere Suffenum

11 me me *V*: meus iam *1473*, meus mi *B. Venator* (mei *Schwabe*) 12 desinat *V*: corr. *θ* 13 ne *1472* (nei *Baehrens*): nec *V* irruminatus sum *V*: *corr.* *η*

XXII 3 idemque al. itemque *G* 5 sic δ: sit *V* palimpsesto *1473* (-ton *Marcilius*): palmisepto *V* 6 noui *1473* (nouei *Lachmann*), nouem *β*: noue *V* 7 membrane *V*: membrana *Auantius* 8 derecta *Statius*: detecta *V* 13 scitius *L. Mueller*, tritius *Pontanus*, tersius *Peiper*: tristius *V* 14 infacetior *θ*: infaceto *V* 15 neque *X*, uel neque nec *O* (*cf.* xxiii. 2) 16 ac *β*: ha *V* 17 tamquam *V*: *corr.* *r* 18 neque *X*, nec *O*

possis. suus cuique attributus est error;
sed non uidemus manticae quod in tergo est.

XXIII

Fᴠʀɪ, cui neque seruus est neque arca
nec cimex neque araneus neque ignis,
uerum est et pater et nouerca, quorum
dentes uel silicem comesse possunt,
est pulcre tibi cum tuo parente
et cum coniuge lignea parentis.
nec mirum: bene nam ualetis omnes,
pulcre concoquitis, nihil timetis,
non incendia, non graues ruinas,
non facta impia, non dolos ueneni,
non casus alios periculorum.
atqui corpora sicciora cornu
aut siquid magis aridum est habetis
sole et frigore et esuritione.
quare non tibi sit bene ac beate?
a te sudor abest, abest saliua,
mucusque et mala pituita nasi.
hanc ad munditiem adde mundiorem,
quod culus tibi purior salillo est,
nec toto decies cacas in anno;
atque id durius est faba et lapillis,

XXII 21 *citat Porphyrion ad Horati serm.* ii. 3. 299.

XXIII 1 Furei *V* seruo *O*, seruo al. seruus *X* (*post* est *R1*) 2 neque (*1°*)] al. neque *O*, animal neque *X* (*habuitne* nec al. neque *V?*) 7 nec *G* (ni *g*), ne *O*, ne al. nec *R* 9 ruinas *G*, minas *OR* 10 facta *V*: fata *g*, furta *Haupt* (*cf.* lxviii. 140) 12 atqui *η*: aut qui *V* 13 aridum magis *V*: *corr. 1472* 15 sit *O*, si *X* 16 abest *alterum om. O* 17 muc(c)usque *ζη*: muccusue *V* 19 cuius *V*: cuius al. culus *R*, culus al. cuius *mg* 21 lupillis *Gulielmius*

quod tu si manibus teras fricesque,
non umquam digitum inquinare posses.
haec tu commoda tam beata, Furi,
noli spernere nec putare parui,
et sestertia quae soles precari
centum desine: nam sat es beatus.

XXIV

O QVI flosculus es Iuuentiorum,
non horum modo, sed quot aut fuerunt
aut posthac aliis erunt in annis,
mallem diuitias Midae dedisses
isti, cui neque seruus est neque arca,
quam sic te sineres ab illo amari.
'qui? non est homo bellus?' inquies. est:
sed bello huic neque seruus est neque arca.
hoc tu quam lubet abice eleuaque:
nec seruum tamen ille habet neque arcam.

XXV

CINAEDE Thalle, mollior cuniculi capillo
uel anseris medullula uel imula oricilla
uel pene languido senis situque araneoso,
idemque, Thalle, turbida rapacior procella,

24 tu *η*: tua *V* 27 sat es beatus *Calph.*, satis beatu's *Bergk*: satis beatus *V*

XXIV 1 es *η*: est *V* 2 quot *β*: quod *V* 4 Midae dedisses *Vossius*: mi dededisses *O*, mi dedisses *X* 5 qui *V* (qui al. cui *Rmg*) neque (*1°*)] nec *O*, neque *G* (al. nec *add. g*), nec al. neque *Rm* neque (*2°*)] nec al. neque *R* 7 qui *X*, quid *O* 9 hec *G* quam *O*, qua *G*, quam al. qua *R*

XXV 1 *et* 4 talle *V* 2 medulla *X* oricilla *Scaliger*: moricula *O*, moricilla *G*, moricula al. moricilla *R* 3 anracoroso *O*, arancoroso *X* (al. araneoso *add. Rmg*)

cum diua †mulier aries† ostendit oscitantes,
remitte pallium mihi meum, quod inuolasti,
sudariumque Saetabum catagraphosque Thynos,
inepte, quae palam soles habere tamquam auita.
quae nunc tuis ab unguibus reglutina et remitte,
ne laneum latusculum manusque mollicellas
inusta turpiter tibi flagella conscribillent,
et insolenter aestues, uelut minuta magno
deprensa nauis in mari, uesaniente uento.

XXVI

FVRI, uillula uestra non ad Austri
flatus opposita est neque ad Fauoni
nec saeui Boreae aut Apheliotae,
uerum ad milia quindecim et ducentos.
o uentum horribilem atque pestilentem!

XXVII

MINISTER uetuli puer Falerni
inger mi calices amariores,
ut lex Postumiae iubet magistrae
ebrioso acino ebriosioris.

XXVII 1–4 *Aulus Gellius* vi. 20. 6 (*ut correxit Haupt*) Catullus quoque elegantissimus poetarum in hisce uersibus 'Minister . . . magistrae / ebria acina (ebriose ac in *codd.*) ebriosioris', cum dicere 'ebrio' (ebriosi *codd.*)

---

5 diua] luna *Heyse*   mulier aries *O*, mulier alios al. aues uel aries *G*, mulier aues al. aries uel alios *R*: munerarios *Lachmann*, mulierarios *Haupt*   ostendit *Rmg*: ostendet *V*   7 sathabum *O*, saethabum *G*, sathabum al. sethabum *R*   cathagraphosque thinos *V*   11 inusta *Calph.*: insula *V*   conscribilent *V*   12 minuta ϵ: inimica *V*   13 deprehensa *X*

XXVI 1 uestra *O*, nostra *X*   2 *uersum om. O*   fauonii *X*

XXVII 2 inger *Parth. ex Gellio*: ingere *V*   4 ebriose (-sae *1473*, -so *agnoscit Gellius*) acino *V*: ebria acina *Haupt*, ebriosa acina *Parth.*

at uos quo lubet hinc abite, lymphae,
uini pernicies, et ad seueros
migrate. hic merus est Thyonianus.

XXVIII

PISONIS comites, cohors inanis,
aptis sarcinulis et expeditis,
Verani optime tuque mi Fabulle,
quid rerum geritis? satisne cum isto
uappa frigoraque et famem tulistis?
ecquidnam in tabulis patet lucelli
expensum, ut mihi, qui meum secutus
praetorem refero datum lucello?
o Memmi, bene me ac diu supinum
tota ista trabe lentus irrumasti.
sed, quantum uideo, pari fuistis
casu: nam nihilo minore uerpa
farti estis. pete nobiles amicos!
at uobis mala multa di deaeque
dent, opprobria Romuli Remique.

posset, quod erat usitatius acinum in neutro genere appellare, amans tamen hiatus illius Homerici suauitatem 'ebriam' (ebriosam *codd.*) dixit propter insequentis 'a' litterae concentum. qui 'ebriosa' (ebrios *codd.*) autem Catullum dixisse putant aut 'ebrioso' (ebriosos *codd.*)—nam id quoque temere scriptum inuenitur—in libros scilicet de corruptis exemplaribus factos inciderunt.

---

5 at *X*, ad *O*   quod iubet *V*: *corr. θ*
XXVIII 4 satisue *O*   6 et quid nam *V*   6–8 *locus suspectus*   9 o memi *1473*: omne mi *O*, omnem mi *X* (omẽ mi *V*)   10 trabe *r*: trahe *V*   tentus *Vossius*   11 pari *O*, parum al. pari *X*   fuisti *V*: *corr. r*   12 urpa *O*, uerba *G*, uerba al. uerpa uel urpa *R*   14 nobis *V* (nobis al. uobis *R*): uobis al. nobis *mg*   15 romule *O*, romulei *X*

XXIX

Qvis hoc potest uidere, quis potest pati,
nisi impudicus et uorax et aleo,
Mamurram habere quod Comata Gallia
habebat uncti et ultima Britannia?
cinaede Romule, haec uidebis et feres?
et ille nunc superbus et superfluens
perambulabit omnium cubilia,
ut albulus columbus aut Adoneus?
cinaede Romule, haec uidebis et feres?
es impudicus et uorax et aleo.
eone nomine, imperator unice,
fuisti in ultima occidentis insula,
ut ista uestra diffututa mentula
ducenties comesset aut trecenties?
quid est alid sinistra liberalitas?
parum expatrauit an parum elluatus est?
paterna prima lancinata sunt bona,
secunda praeda Pontica, inde tertia
Hibera, quam scit amnis aurifer Tagus:
nunc Galliae timetur et Britanniae.
quid hunc malum fouetis? aut quid hic potest

XXIX 1–2 *citat Quintilianus, inst. orat.* ix. 4. 141; *cf. Suetonium, Diuus Iulius* 73. 3 *Plinius, hist. nat.* xxxvi. 48 Hic namque est Mamurra Catulli Veroniensis carminibus proscissus, quem . . . domus ipsius clarius quam Catullus dixit habere quidquid habuisset Comata Gallia.

XXIX 3 mamurram *θ*: nam murram *V* 4 uncti *Faernus*, ante *Statius*: cum te *V* 7 perambulauit *V*: *corr.* *ζ* 8 adoneus *Statius*: ydoneus *V* (idon- *R*) 13 uestra *ζ*: nostra *V* diffututa *η*: diffutura *V* 14 comesset *r*: comerset *O*, comeset *X* 15 alid *Statius*: alit *V* 16 parum (*1°*) *X*, partum *O* 17 prima *Auantius*[3] *et, teste Statio, Hadrianus*: primum *V* 19 libera *O* scit *O*, sit *X* amnis *δ*: amni *V* 20 nunc *γ* (*repugnantibus tamen numeris*): hunc *V* timetur *Froehlich*: timet *V* 21 hic *α*: hinc *V*

nisi uncta deuorare patrimonia?
eone nomine †urbis opulentissime†
socer generque, perdidistis omnia?

XXX

ALFENE immemor atque unanimis false sodalibus,
iam te nil miseret, dure, tui dulcis amiculi?
iam me prodere, iam non dubitas fallere, perfide?
nec facta impia fallacum hominum caelicolis placent.
quae tu neglegis ac me miserum deseris in malis.
eheu quid faciant, dic, homines cuiue habeant fidem?
certe tute iubebas animam tradere, inique, ⟨me⟩
inducens in amorem, quasi tuta omnia mi forent.
idem nunc retrahis te ac tua dicta omnia factaque
uentos irrita ferre ac nebulas aereas sinis.
si tu oblitus es, at di meminerunt, meminit Fides,
quae te ut paeniteat postmodo facti faciet tui.

XXXI

PAENE insularum, Sirmio, insularumque
ocelle, quascumque in liquentibus stagnis
marique uasto fert uterque Neptunus,
quam te libenter quamque laetus inuiso,

XXIX 24 *Cf. librum Vergilianum Catalepton* vi. 6 gener socerque perdidistis omnia.

---

23 urbis o piissime *Lachmann*, orbis, o piissimei *Haupt*

XXX 1 alphene *V* false δ: salse *V* 2 nil *1472*: nichil *V* 3 non *codex Antenoris Balbi*: non me *V* *Post hunc uersum duos excidisse credidit Ellis* 5 quae] que *V*: quos *B. Guarinus*, quod *L. Mueller* 6 eheu *Pall.*: o heu *V* dic *Auantius*[3], dice *Ellis*: dico *V* cuiue *rmg*: cuine *V* 7 me *add. B. Guarinus et Auantius* 8 tuta omnia *β*: omnia *O*, omnia tuta *X* 9 idem *O*, inde *G*, inde al. idem *R* 10 uento *V*: *corr.* δ 11 at ζη: ut *V* meminerunt] meminere, at *e codice nescio quo Muretus*

XXXI 3 neptumnus *X* 4 libente *V*: *corr.* *β*

uix mi ipse credens Thuniam atque Bithunos
liquisse campos et uidere te in tuto.
o quid solutis est beatius curis,
cum mens onus reponit, ac peregrino
labore fessi uenimus larem ad nostrum,
desideratoque acquiescimus lecto?
hoc est quod unum est pro laboribus tantis.
salue, o uenusta Sirmio, atque ero gaude
gaudente, uosque, o Lydiae lacus undae,
ridete quidquid est domi cachinnorum.

XXXII

AMABO, mea dulcis Ipsitilla,
meae deliciae, mei lepores,
iube ad te ueniam meridiatum.
et si iusseris, illud adiuuato,
ne quis liminis obseret tabellam,
neu tibi lubeat foras abire,
sed domi maneas paresque nobis
nouem continuas fututiones.
uerum si quid ages, statim iubeto:
nam pransus iaceo et satur supinus
pertundo tunicamque palliumque.

XXXIII

O FVRVM optime balneariorum
Vibenni pater et cinaede fili

5 mi η: mihi *V* crederis *G* (al. credens *add. g*) Thuniam *Schwabe* (thyniam *iam B. Guarinus*): thimiam *V* Bithunos *Schwabe* (bithynos *iam m*, -inos *g*): bithinios *V* 12 hero al. bero *R* 13 gaudente *Bergk*: gaude *O*, gaudete *X* uosque (*nisi potius* uosque o) η: uos quoque *V*
XXXII 1 mea *Rmg*: meas *V* Ipsitilla *post Italos Buecheler*: ipsi illa *O*, ipsithila *X* (al. ipsicilla *R*) 4 adiubeto *Turnebus* 5 luminis *O* 6 libeat *R1*, lube *O*

(nam dextra pater inquinatiore,
culo filius est uoraciore),
cur non exilium malasque in oras
itis? quandoquidem patris rapinae
notae sunt populo, et natis pilosas,
fili, non potes asse uenditare.

XXXIV

DIANAE sumus in fide
puellae et pueri integri:
⟨Dianam pueri integri⟩
  puellaeque canamus.
o Latonia, maximi
magna progenies Iouis,
quam mater prope Deliam
  deposiuit oliuam,
montium domina ut fores
siluarumque uirentium
saltuumque reconditorum
  amniumque sonantum:
tu Lucina dolentibus
Iuno dicta puerperis,
tu potens Triuia et notho es
  dicta lumine Luna.
tu cursu, dea, menstruo
metiens iter annuum,

XXXIII 4 uoratiore *V* (al. uolantiore *Rmg*) 5 oras β: horas *V* 8 potest ase uendicare *V*: *corr.* η (asse *iam* ϵ)

XXXIV 3 *uersum om. V*: Dianae pueri integri '*in uetustiore exemplari inuentum*' *restituit Pall.* (*idem teste Perreio Pontanus*), Dianam *Auantius*[3] 8 deposuit *V*: *corr. Pall.* 12 amniumque *cod. Pisaurensis*: omniumque *V* (omnium *X*) sonantium *V*: *corr. Pall.* 15 notho es *V* (al. et noto es *Rmg*): notho's (*et* solita's *u.* 23) *L. Mueller* 17 menstrua *V*: *corr. B. Guarinus*

rustica agricolae bonis
  tecta frugibus exples.
sis quocumque tibi placet
sancta nomine, Romulique,
antique ut solita es, bona
  sospites ope gentem.

XXXV

POETAE tenero, meo sodali,
uelim Caecilio, papyre, dicas
Veronam ueniat, Noui relinquens
Comi moenia Lariumque litus.
nam quasdam uolo cogitationes
amici accipiat sui meique.
quare, si sapiet, uiam uorabit,
quamuis candida milies puella
euntem reuocet, manusque collo
ambas iniciens roget morari.
quae nunc, si mihi uera nuntiantur,
illum deperit impotente amore.
nam quo tempore legit incohatam
Dindymi dominam, ex eo misellae
ignes interiorem edunt medullam.
ignosco tibi, Sapphica puella
musa doctior; est enim uenuste
Magna Caecilio incohata Mater.

XXXV 12 *citat Charisius, ars gramm.* (*p.* 134 *K.*).

---

21 sis quecumque t. placet *O*, scis quecumque t. placent *X* (al. sis quocumque t. placet *Rmg*)

XXXV 2 cecilio *V* (occilio *O*) 4 menia *Rmg*: ueniam *O*, meniam *G* 11 mihi si *R* 12 inpotente *ζη et* amore *rmg* (*ita Charisius*): impotentem amorem *V* 13 legit *1472*: eligit *O*, elegit *X* incohatam *B. Guarinus*, inchoatam *Pall.*: indotatam *V* 18 cecilia *V*: *corr. 1473*

XXXVI

ANNALES Volusi, cacata carta,
uotum soluite pro mea puella.
nam sanctae Veneri Cupidinique
uouit, si sibi restitutus essem
desissemque truces uibrare iambos,
electissima pessimi poetae
scripta tardipedi deo daturam
infelicibus ustulanda lignis.
et hoc pessima se puella uidit
iocose lepide uouere diuis.
nunc o caeruleo creata ponto,
quae sanctum Idalium Vriosque apertos
quaeque Ancona Cnidumque harundinosam
colis quaeque Amathunta quaeque Golgos
quaeque Durrachium Hadriae tabernam,
acceptum face redditumque uotum,
si non illepidum neque inuenustum est.
at uos interea uenite in ignem,
pleni ruris et inficetiarum
annales Volusi, cacata carta.

XXXVII

SALAX taberna uosque contubernales,
a pilleatis nona fratribus pila,

XXXVII 1 *citat Atilius Fortunatianus, ars* (*p.* 293 *K.*).

XXXVI *1 et* 20 annales uolusi *θ*: anuale (annuale *X*) suo lusi *V* 5 dedissemque *V*: *corr. Auantius* 10 ioco se lepido *Scaliger* diuis *ζη*: se diuis *V* 11 o *om. O* poncto *O*, punto *X* 12 adalium *O*, adalium al. ydalium *X* utriosque al. uriosque *G* 13 gnidumque *V* 14 colis quaeque *ζη*: colisque *V* golgos *H. Barbarus* (*teste Mureto ad* lxiv. 96): alcos *V* 15 durachium *V* 18 uenite al. uenire *R* 19 ruris *Pall.*: turis *V*

XXXVII 2 pileatis *rmg*

solis putatis esse mentulas uobis,
solis licere, quidquid est puellarum,
confutuere et putare ceteros hircos?
an, continenter quod sedetis insulsi
centum an ducenti, non putatis ausurum
me una ducentos irrumare sessores?
atqui putate: namque totius uobis
frontem tabernae sopionibus scribam.
puella nam mi, quae meo sinu fugit,
amata tantum quantum amabitur nulla,
pro qua mihi sunt magna bella pugnata,
consedit istic. hanc boni beatique
omnes amatis, et quidem, quod indignum est,
omnes pusilli et semitarii moechi;
tu praeter omnes une de capillatis,
cuniculosae Celtiberiae fili,
Egnati, opaca quem bonum facit barba
et dens Hibera defricatus urina.

XXXVIII

MALEST, Cornifici, tuo Catullo,
malest, me hercule, et laboriose,
et magis magis in dies et horas.
quem tu, quod minimum facillimumque est,
qua solatus es allocutione?

17–18 *Priscianus, inst.* v. 77 *et* vii. 22.

---

5 confutere *V*: *corr.* η   11 nam mi *Heinsius* (mei *Schwabe*) *uix latine* (*cf.* xxi. 11), namque *Auantius*: nam me *V*   16 semitani *V*: *corr. rmg*   17 une *V*: uno al. une *m* (al. uno *add. g*)   18 celtiberi *X*   20 et *X*, e *O*

XXXVIII 1 malest *Lachmann* (male est *iam Calph.*): male est si *V*   cornifici *Auantius*: carnifici *V*   2 malest *Lachmann*: male si *V* (male est si *r*), *cf.* lxii. 8   et *V*: ei et *Lachmann*, et est *Sillig*

irascor tibi. sic meos amores?
paulum quid lubet allocutionis,
maestius lacrimis Simonideis.

XXXIX

EGNATIVS, quod candidos habet dentes,
renidet usque quaque. si ad rei uentum est
subsellium, cum orator excitat fletum,
renidet ille; si ad pii rogum fili
lugetur, orba cum flet unicum mater,
renidet ille. quidquid est, ubicumque est,
quodcumque agit, renidet: hunc habet morbum,
neque elegantem, ut arbitror, neque urbanum.
quare monendum est ⟨te⟩ mihi, bone Egnati.
si urbanus esses aut Sabinus aut Tiburs
aut pinguis Vmber aut obesus Etruscus
aut Lanuuinus ater atque dentatus
aut Transpadanus, ut meos quoque attingam,
aut quilubet, qui puriter lauit dentes,
tamen renidere usque quaque te nollem:
nam risu inepto res ineptior nulla est.
nunc Celtiber ⟨es⟩: Celtiberia in terra,
quod quisque minxit, hoc sibi solet mane

XXXIX 11 *Liber Glossarum* (*Glossaria Latina* i. 443 *Lindsay*, *Corpus Gloss. Lat.* v.233 *Goetz*) Pinguis: crassus. nam obesus plus est quam pinguis. Catulus ait 'aut pinguis ubera aut obesus et grossus'.

XXXIX 2 si] sei *O*, seu *G*, seu al. sei *R* 3 subscellum *O*, subsellum *X* excitat orator *V*: *corr. θ* 4 pii *X* (al. impii *Rmg*), impii *O* rogum *α*: regum *V* filii *V* 9 mon. est te *Maebly*, mon. te est *Spengel*, monendus es *Calph.* 11 pinguis *ex glossario Lindsay*: parcus *V* etruscus *g*: et truscus *V* (al. etruscus *Rm*) 12 lamiuinus *V*: *corr. m* 13 ut *ε*: aut *V* 14 pariter al. puriter *R* 17 es *add. Corr. de Allio*

dentem atque russam defricare gingiuam,
ut, quo iste uester expolitior dens est,
hoc te amplius bibisse praedicet loti.

XL

QVAENAM te mala mens, miselle Rauide,
agit praecipitem in meos iambos?
quis deus tibi non bene aduocatus
uecordem parat excitare rixam?
an ut peruenias in ora uulgi?
quid uis? qualubet esse notus optas?
eris, quandoquidem meos amores
cum longa uoluisti amare poena.

XLI

AMEANA puella defututa
tota milia me decem poposcit,
ista turpiculo puella naso,
decoctoris amica Formiani.
propinqui, quibus est puella curae,
amicos medicosque conuocate:
non est sana puella, nec rogare
qualis sit solet aes imaginosum.

19 *Apuleius*, *apologia* 6 ut ait Catullus . . . 'dentem atque russam pumicare gingiuam'.

---

19 rusam *V* 20 noster *O* expolitior *g*: expolitor *V* (al. expolitior *Rm*) 21 loti *cod. Pisaurensis*: lotus *V*

XL 1 raude *Itali* 3 auocatus *V*: *corr. mg* 5 perueniamus *V*: *corr. θ* 8 pena *O*, poema *G*, poema al. poena *Rmg*

XLI 1 A me an a *V*, *uix sanabile* defutura *R* 4 formani *V corr. rmg* 5 puelle *V*: *corr. δ* 6 conuocare *V*: *corr. 1473* 8 aes *Froehlich*: et *V*

XLII

Adeste, hendecasyllabi, quot estis
omnes undique, quotquot estis omnes.
iocum me putat esse moecha turpis,
et negat mihi nostra reddituram
pugillaria, si pati potestis.
persequamur eam et reflagitemus.
quae sit, quaeritis? illa, quam uidetis
turpe incedere, mimice ac moleste
ridentem catuli ore Gallicani.
circumsistite eam, et reflagitate,
'moecha putida, redde codicillos,
redde, putida moecha, codicillos!'
non assis facis? o lutum, lupanar,
aut si perditius potes quid esse.
sed non est tamen hoc satis putandum.
quod si non aliud potest, ruborem
ferreo canis exprimamus ore.
conclamate iterum altiore uoce
'moecha putida, redde codicillos,
redde, putida moecha, codicillos!'
sed nil proficimus, nihil mouetur.
mutanda est ratio modusque uobis,
siquid proficere amplius potestis:
'pudica et proba, redde codicillos.'

XLII 5 *Charisius, ars gramm.* (*p.* 97 *K.*) Haec pugillaria saepius neutraliter dicit idem Catullus in hendecasyllabis.

XLII 3 locum *O*, locum al. iocum *X* 4 nostra *Auantius*[3]: uestra *V* 7 illam *X* (*corr. r*) 8 mimice *Turnebus*: mirmice *V* 9 catulli *V*: *corr. β* 12 *uersum om. R1* 15 satis hoc *R* 21 nil *1472*: nichil *V* nihil] nil *g* 22 uobis *θ*: nobis *V*

XLIII

SALVE, nec minimo puella naso
nec bello pede nec nigris ocellis
nec longis digitis nec ore sicco
nec sane nimis elegante lingua,
decoctoris amica Formiani.
ten prouincia narrat esse bellam?
tecum Lesbia nostra comparatur?
o saeclum insapiens et infacetum!

XLIV

O FVNDE noster seu Sabine seu Tiburs
(nam te esse Tiburtem autumant, quibus non est
cordi Catullum laedere; at quibus cordi est,
quouis Sabinum pignore esse contendunt),
sed seu Sabine siue uerius Tiburs,
fui libenter in tua suburbana
uilla, malamque pectore expuli tussim,
non inmerenti quam mihi meus uenter,
dum sumptuosas appeto, dedit, cenas.
nam, Sestianus dum uolo esse conuiua,
orationem in Antium petitorem
plenam ueneni et pestilentiae legi.
hic me grauedo frigida et frequens tussis
quassauit usque, dum in tuum sinum fugi,
et me recuraui otioque et urtica.

XLIII 8 seclum *Rmg*: sedum *V* et] atque *mg*

XLIV 2 cum quibus *Gr* 4 pignoris *V*: *corr. δ* 7 malamque p. expuli tussim *cod. Edinensis anni mccccxcv* (expui *Scaliger*): aliamque p. expulsus sim *V* 8 meus uenter *Faernus*: mens uertur *V* 10 festianus *O* conuiuia *X* (*corr. gr*) 11 oratione (-nem *X*) minantium *V*: *corr. Statius* petitorum *rmg* 13 hoc *O* grauido *V*: *corr. δ*

quare refectus maximas tibi grates
ago, meum quod non es ulta peccatum.
nec deprecor iam, si nefaria scripta
Sesti recepso, quin grauedinem et tussim
non mi, sed ipsi Sestio ferat frigus,
qui tunc uocat me, cum malum librum legi.

XLV

ACMEN Septimius suos amores
tenens in gremio 'mea' inquit 'Acme,
ni te perdite amo atque amare porro
omnes sum assidue paratus annos,
quantum qui pote plurimum perire,
solus in Libya Indiaque tosta
caesio ueniam obuius leoni.'
hoc ut dixit, Amor sinistra ut ante
dextra sternuit approbationem.
at Acme leuiter caput reflectens
et dulcis pueri ebrios ocellos
illo purpureo ore suauiata,
'sic', inquit 'mea uita Septimille,
huic uni domino usque seruiamus,
ut multo mihi maior acriorque
ignis mollibus ardet in medullis.'
hoc ut dixit, Amor sinistra ut ante
dextra sternuit approbationem.

19 sexti recepso *ed. Rom.*: sestire cepso *V* quin ζ: qui *V* 20 mi] mihi *V* sectio *V* (al. sestio *R*) 21 legi *Lachmann*: legit *V*
XLV 1 ac men *X* septimios *O*, septimos *X* 3 perditi *V*: *corr. r* 5 potest *V*: *corr. r* 9 dextram ζη approbationem θ: -one *V* (*locus nondum expeditus*) 10 at acme *r*: ad hac (hanc *X*) me *V* 12 sauiata *r*: saniata *V* 13 septimille *r*: septinulle *V* (al. septinuelle *R*) 14 uno *X* (*corr. rmg*) 17 sinistra ut *r*: sinistrauit *V* 18 dextra *1472*: dextram *V*

nunc ab auspicio bono profecti
mutuis animis amant amantur.
unam Septimius misellus Acmen
mauult quam Syrias Britanniasque:
uno in Septimio fidelis Acme
facit delicias libidinesque.
quis ullos homines beatiores
uidit, quis Venerem auspicatiorem?

XLVI

IAM uer egelidos refert tepores,
iam caeli furor aequinoctialis
iucundis Zephyri silescit aureis.
linquantur Phrygii, Catulle, campi
Nicaeaeque ager uber aestuosae:
ad claras Asiae uolemus urbes.
iam mens praetrepidans auet uagari,
iam laeti studio pedes uigescunt.
o dulces comitum ualete coetus,
longe quos simul a domo profectos
diuersae uarie uiae reportant.

XLVII

PORCI et Socration, duae sinistrae
Pisonis, scabies famesque mundi,
uos Veraniolo meo et Fabullo
uerpus praeposuit Priapus ille?

21 septumius *V* agmen *V*: *corr. r* 22 siriasque *V* (syr- *X*): *corr.* *γδ* 24 libidinisque *X* (*corr. r*)

XLVI 1 uere gelidos *V*: *corr.* *θ* 3 aureis *V* (auris *r*) 5 uber *Auantius*: ruber *V* estuose *r*: estuore *V* 10 quos *r*: quo *V* (quoque *R*) 11 diuerse uarie *V*: diuersae uariae *uulgo*

XLVII 2 mundae *Buecheler* 4 proposuit *V*: *corr. r*

uos conuiuia lauta sumptuose
de die facitis, mei sodales
quaerunt in triuio uocationes?

XLVIII

MELLITOS oculos tuos, Iuuenti,
si quis me sinat usque basiare,
usque ad milia basiem trecenta
nec numquam uidear satur futurus,
non si densior aridis aristis
sit nostrae seges osculationis.

XLIX

DISERTISSIME Romuli nepotum,
quot sunt quotque fuere, Marce Tulli,
quotque post aliis erunt in annis,
gratias tibi maximas Catullus
agit pessimus omnium poeta,
tanto pessimus omnium poeta,
quanto tu optimus omnium patronus.

L

HESTERNO, Licini, die otiosi
multum lusimus in meis tabellis,
ut conuenerat esse delicatos:
scribens uersiculos uterque nostrum
ludebat numero modo hoc modo illoc,

XLVIII 1 inuenti *V*: *corr. r* 4 numquam *V* (*cf.* lxxvi. 3): umquam *r*, mi umquam *Statius* (*fort. recte*) uidear satur *B. Guarinus* (satur *iam* δ): inde corsater *V* 6 sint *V*: *corr. rmg*
XLIX 7 omniums *R* patronus *Or*, patronum *X*
L 2 in meis *V*: inuicem *Sabellicus*, '*an* in tueis?' *Schwabe* 5 ludebat al. le- *R*

reddens mutua per iocum atque uinum.
atque illinc abii tuo lepore
incensus, Licini, facetiisque,
ut nec me miserum cibus iuuaret
nec somnus tegeret quiete ocellos,
sed toto indomitus furore lecto
uersarer, cupiens uidere lucem,
ut tecum loquerer simulque ut essem.
at defessa labore membra postquam
semimortua lectulo iacebant,
hoc, iucunde, tibi poema feci,
ex quo perspiceres meum dolorem.
nunc audax caue sis, precesque nostras,
oramus, caue despuas, ocelle,
ne poenas Nemesis reposcat a te.
est uemens dea: laedere hanc caueto.

LI

Ille mi par esse deo uidetur,
ille, si fas est, superare diuos,
qui sedens aduersus identidem te
    spectat et audit
dulce ridentem, misero quod omnis

L 18 *Seruius ad Vergili aen.* iv. 409 Catullus cauĕre dixit (*cf.* lxi. 145).

---

7 abiit *V*: *corr. r* 8 lacini *V* facetiisque *r*: faceti tuique *V* 10 sompnus *r*: somnos *V* 12 uersaretur *V*: *corr. r* 13 omnem *X* (al. essem *add. Rmg*), *cf.* lxiii. 90 14 at α: ad *V* 18 caue sis *Pall.*, caueas *r*: caueris *V* 19 ocello *V*: *corr. B. Guarinus* 20 nemesis δε: ne messis *V* resposcat O_1 reposcat *G*, reponat *R* 21 uehemens *V*

LI 1 mi *rg*: mi(c)hi *V* par θ: impar *V* 3/4 te / spectat *rg*: / te spectat *V* 5 misero quod *g*: miseroque *V* (al. quod *Rm*)

eripit sensus mihi: nam simul te,
Lesbia, aspexi, nihil est super mi

. . .

lingua sed torpet, tenuis sub artus
flamma demanat, sonitu suopte
tintinant aures, gemina teguntur
lumina nocte.

otium, Catulle, tibi molestum est:
otio exsultas nimiumque gestis:
otium et reges prius et beatas
perdidit urbes.

LII

QVID est, Catulle? quid moraris emori?
sella in curuli struma Nonius sedet,
per consulatum peierat Vatinius:
quid est, Catulle? quid moraris emori?

LIII

RISI nescio quem modo e corona,
qui, cum mirifice Vatiniana

LII 2 *citant Marius Victorinus, ars gramm.* (*p.* 136 *K.*), *Caesius Bassus de metris* (*p.* 257 *K.*); *cf. Plinium, hist. nat.* xxxvii. 81, *Boethium de consolatione philosophiae* iii. 4.

---

8 *uersum om. V*: quod loquar amens *exempli gratia suppleuit Parth., alii alia* 10 flamma *r*: flamina *V* 11 tintiant *O*, tintinant *Gr*, tintinnat *R* 12 limina *X* 13–16 *hos uu. fragmentum carminis deperditi esse censuerunt Statius, alii* (*haud scio an recte*) 13 catuli *O*, catulli *X*: *corr.* θ

LII 1 *et* 4 emori η: mori *V* 2 struma *V*: scrofa *Mar. Vict.* nonius *ex Plinio Parth.*: nouius *V* 3 peierat *r*: perierat *V* uacinius *X*

LIII 1 e ζ: et *V*

meus crimina Caluos explicasset,
admirans ait haec manusque tollens,
'di magni, salaputium disertum!'

LIV

OTHONIS caput oppido est pusillum,
†et erit† rustice semilauta crura,
subtile et leue peditum Libonis,
si non omnia, displicere uellem
tibi et Sufficio seni recocto . . .
irascere iterum meis iambis
inmerentibus, unice imperator.

LV

ORAMVS, si forte non molestum est,
demonstres ubi sint tuae tenebrae.
te Campo quaesiuimus minore,
te in Circo, te in omnibus libellis,
te in templo summi Iouis sacrato.
in Magni simul ambulatione
femellas omnes, amice, prendi,

LIII 5 *Seneca, controuersiae* vii. 4 (19) 7 erat enim (Caluus) paruolus statura, propter quod etiam Catullus in hendecasyllabis uocat illum 'salaputtium disertum'.

---

3 meos *V*: *corr. r* crimina al. carmina *X*(?), carmina *m* caluus *r* 4 manusque al. inanius *R* 5 salaputium *ε*: salapantium *V* (al. salapputium *R*) disertum *ζη*: desertum *V*

LIV *Carmen uix integre traditum* 1 otonis *V* apido *O* *Post* pusillum *add. V* hoc iocunde . . . dolorem *ex* l. 16, 17 *repetita* 2 et eri *V* (et heri *Rmg*): Heri *Muretus*, Hirri *Hermes* rustica *Turnebus* 5 Fufficio *Scaliger* seniore cocto *V* (al. -p- *G*, copto *Rm*): *corr. Calph.*

LV 1 molestus es *V*: *corr. β* 3 quaesiuimus in *V*: in *del. Scaliger*, *ante* Campo *traiecit Sillig*; quaesimus in *Birt* te quaesiuimus in minore campo *η* 4 in (1°)] id *O*, id al. in *X* libellis *uix sanum*: ligellis *B. Guarinus* 7 prehendi *X*

quas uultu uidi tamen sereno.
†aueltet†, sic ipse flagitabam,
Camerium mihi pessimae puellae.
quaedam inquit, nudum reduc . . .
'en hic in roseis latet papillis.'
sed te iam ferre Herculei labos est;
tanto te in fastu negas, amice.
dic nobis ubi sis futurus, ede
audacter, committe, crede luci.
nunc te lacteolae tenent puellae?
si linguam clauso tenes in ore,
fructus proicies amoris omnes.
uerbosa gaudet Venus loquella.
uel, si uis, licet obseres palatum,
dum uestri sim particeps amoris.

LVI

O REM ridiculam, Cato, et iocosam,
dignamque auribus et tuo cachinno!
ride quidquid amas, Cato, Catullum:
res est ridicula et nimis iocosa.
deprendi modo pupulum puellae
trusantem; hunc ego, si placet Dionae,
protelo rigida mea cecidi.

8 sereno β, serenas δ: serena *V* 9 auelte sic *V*: auelli sinite *Auantius* 10 camerum *r* pessime *V* 11 quedam *Or*, quendam *X* reduc *V*: sinum recludens *Riese* 12 en *r*, hem *g*: em *V* hic *R*: hec *V* 13 herculis *r* 14 te in *V*: ten *Muretus* 16 audacter (audaciter *O*) hoc *V*: hoc *hinc summouit 1472* crede al. crude *X* luci *cod. Vaticanus lat.* 1608 *anni mccccLxxix* (lucei *Scaliger*): lucet *V* 18 tenens *V*: *corr. r* 19 prohicies *O*, proijcies *X* 22 uestri *V* (al. nostri *X*) sim *cod. Pisaurensis*, sim ego *Auantius*: sis *V*
LVI 5 populum *V*: *corr. Parth.* 6 dyone *X* 7 pro telo *G*

LVII

PVLCRE conuenit improbis cinaedis,
Mamurrae pathicoque Caesarique.
nec mirum: maculae pares utrisque,
urbana altera et illa Formiana,
impressae resident nec eluentur:
morbosi pariter, gemelli utrique,
uno in lecticulo erudituli ambo,
non hic quam ille magis uorax adulter,
riuales socii puellularum.
pulcre conuenit improbis cinaedis.

LVIII

CAELI, Lesbia nostra, Lesbia illa,
illa Lesbia, quam Catullus unam
plus quam se atque suos amauit omnes,
nunc in quadríuiis et angiportis
glubit magnanimi Remi nepotes.

LVIIIb

NON custos si fingar ille Cretum,
non Ladas ego pinnipesue Perseus, 3
non si Pegaseo ferar uolatu, 2
non Rhesi niueae citaeque bigae;

LVII 3 pares *θ*: paris *V* 5 nece luentur *V*: *corr. θ* 7 lectulo *X* 9 socii *Auantius*[3] (sociei *Scaliger*): socii et *V* (*fort. recte*)

LVIII 1 nostra *R*, uestra *OG* 4 quadruuiis *G*, quadriuis *R* 5 magnanimi Remi *Vossius*, -imos Remi *cod. Vat. lat.* 1608 *et Calpb.*: magna amiremini (adm- *X*) *V*

LVIIIb *post* lv. 12 *collocant paucissimi codd. recentiores*, *post* lv. 13 *ed. Rom.*, *post* lv. 22 *Aldina* *uersus* 3, 2 *hoc ordine Muretus* 3 primipes *V* (al. pinnipes *Rmg*) 4 niuee *G*, uinee *OR* niueis citisque bigis *Muretus*

adde huc plumipedas uolatilesque,
uentorumque simul require cursum,
quos iunctos, Cameri, mihi dicares:
defessus tamen omnibus medullis
et multis languoribus peresus
essem te mihi, amice, quaeritando.

LIX

BONONIENSIS Rufa Rufulum fellat,
uxor Meneni, saepe quam in sepulcretis
uidistis ipso rapere de rogo cenam,
cum deuolutum ex igne prosequens panem
ab semiraso tunderetur ustore.

LX

NVM te leaena montibus Libystinis
aut Scylla latrans infima inguinum parte
tam mente dura procreauit ac taetra,
ut supplicis uocem in nouissimo casu
contemptam haberes, a nimis fero corde?

LXI

COLLIS o Heliconii
cultor, Vraniae genus,
qui rapis teneram ad uirum
uirginem, o Hymenaee Hymen,
o Hymen Hymenaee;

7 iunctos *g*: uictos *O*, uinctos *X*

LIX 1 rufulum *Avantius*, *alii alia*: rufum *V* fellat *O*, fallat *G*, fallat al. fellat *R*

LX 1 libissinis *O*, libisinis *X*: *corr. Scaliger* 2 scylla *ε*: silla *V* 4 suplicus *O*, suppliciis *X* 5 contentam *O1*, conteptam *X*

LXI 1 bellicon iei *O*, eliconei *X* 4 hymen *om. V*: *add. Gr* 5 hymen (*om. G*) o hymenee hymen *V*: *corr. Aldina* (Hymen o *alii*)

cinge tempora floribus
suaue olentis amaraci,
flammeum cape laetus, huc
huc ueni, niueo gerens
  luteum pede soccum;

excitusque hilari die,
nuptialia concinens
uoce carmina tinnula,
pelle humum pedibus, manu
  pineam quate taedam.

namque Iunia Manlio,
qualis Idalium colens
uenit ad Phrygium Venus
iudicem, bona cum bona
  nubet alite uirgo,

floridis uelut enitens
myrtus Asia ramulis
quos Hamadryades deae
ludicrum sibi roscido
  nutriunt umore.

quare age, huc aditum ferens,
perge linquere Thespiae
rupis Aonios specus,
nympha quos super irrigat
  frigerans Aganippe.

7 amarici *V*: *corr. O* 8 flameum *V* 12 continens *V*, concines *r* 13 tinnuula *V*: *corr. gr* 15 spineam *Parth.* 16 iunia *V*: Vibia *Syme* manlio *θ*: mallio *V* 21 uelut] uult *O* (*cf. uu.* 102, 187) 24 ludricum *V*: *corr. R* rosido *V*

ac domum dominam uoca
coniugis cupidam noui,
mentem amore reuinciens,
ut tenax hedera huc et huc
   arborem implicat errans.

uosque item simul, integrae
uirgines, quibus aduenit
par dies, agite in modum
dicite, o Hymenaee Hymen,
   o Hymen Hymenaee.

ut lubentius, audiens
se citarier ad suum
munus, huc aditum ferat
dux bonae Veneris, boni
   coniugator amoris.

quis deus magis est ama-
tis petendus amantibus?
quem colent homines magis
caelitum, o Hymenaee Hymen,
   o Hymen Hymenaee?

te suis tremulus parens
inuocat, tibi uirgines
zonula soluunt sinus,

31 ac *V*: ad *r*   33 reuincens *V*: *corr.* *ε*   34 hac et hac *r*   38 in nodum *V* (al. in modum *R*)   40 o hymenee (hymen o *r*) hymenee hymen *V*   46/47 est ama-/tis *Bergk*, anxiis / est *Haupt*: amatis / est *V*   *Inter* 49 *et* 50 *exhibuit V* comperarier (conperaries *O*) ausit (*cf. uu.* 65, 70, 75): *del. r*   50 o hymen (hymen o *r*) hymenee hymen *V*   51 suis tremulus *η*: sui si remulus *V* (suis remulus *r*, sui si remus al. remulus *m*, al. remus *add. g*)

te timens cupida nouos
captat aure maritus.

tu fero iuueni in manus
floridam ipse puellulam
dedis a gremio suae
matris, o Hymenaee Hymen,
o Hymen Hymenaee.

nil potest sine te Venus,
fama quod bona comprobet,
commodi capere, at potest
te uolente. quis huic deo
compararier ausit?

nulla quit sine te domus
liberos dare, nec parens
stirpe nitier; at potest
te uolente. quis huic deo
compararier ausit?

quae tuis careat sacris,
non queat dare praesides
terra finibus: at queat
te uolente. quis huic deo
compararier ausit?

claustra pandite ianuae.
uirgo adest. uiden ut faces

55 maritos *V*: *corr. Muretus* 58–60 dedis a g. s. matris / o hymenee hymen hymenee (o hymenee *mg*) *V* 61 nil *rmg*: nichil *V* 68 nitier *β*: uities *O*, uicier *X* 77 ades *Schrader*

splendidas quatiunt comas?
. . . .
. . . .

. . . .
. . . .
tardet ingenuus pudor.
quem tamen magis audiens,
   flet quod ire necesse est.

flere desine. non tibi Au-
runculeia periculum est,
ne qua femina pulcrior
clarum ab Oceano diem
   uiderit uenientem.

talis in uario solet
diuitis domini hortulo
stare flos hyacinthinus.
sed moraris, abit dies.
   ⟨prodeas noua nupta.⟩

prodeas noua nupta, si
iam uidetur, et audias
nostra uerba. uiden? faces
aureas quatiunt comas:
   prodeas noua nupta.

non tuus leuis in mala
deditus uir adultera,

Post u. 78 lacunam quattuor uersuum statuunt edd. 82 arunculeia *X* 88 ortullo *V* (ortulo *Rmg*) 89 iactintinus *O*, iacintinus *X* 90 (*idem* 105, 112) abiit *V* 91 *uersum om. V*: *add. Aldina* 94 uiden *θ*, uide ut *Parth.*: uiden (uideri *O*) ut *V*

probra turpia persequens,
a tuis teneris uolet
  secubare papillis,

lenta sed uelut adsitas
uitis implicat arbores,
implicabitur in tuum
complexum. sed abit dies:
  prodeas noua nupta.

o cubile, quod omnibus
. . . .
. . . .
. . . .
  candido pede lecti,

quae tuo ueniunt ero,
quanta gaudia, quae uaga
nocte, quae medio die
gaudeat! sed abit dies:
  prodeas noua nupta.

tollite, ⟨o⟩ pueri, faces:
flammeum uideo uenire.
ite concinite in modum
'io Hymen Hymenaee io,
  io Hymen Hymenaee.'

99 probra turpia *Calph.*: procatur pia *V*   102 sed *O*, -que *X*: qui *Aldina*, quin *Auantius*[3]   uelut] uult *O*   *Post* 107 *lacunam trium uersuum statuunt edd.*   110, 111 quae *r*: -que *V*   114 o *add. r*   115 flamineum *V* (flammineum *O*)   117, 118, 116 *hoc ordine X*; 117, 116 *omisso uersu* 118 *O*   118 (*idem semper in sequentibus*) io *in fine add. V*

ne diu taceat procax
Fescennina iocatio,
nec nuces pueris neget
desertum domini audiens
  concubinus amorem.

da nuces pueris, iners
concubine! satis diu
lusisti nucibus: lubet
iam seruire Talasio.
  concubine, nuces da.

sordebant tibi uilicae,
concubine, hodie atque heri:
nunc tuum cinerarius
tondet os. miser a miser
  concubine, nuces da.

diceris male te a tuis
unguentate glabris marite
abstinere, sed abstine.
io Hymen Hymenaee io,
  ⟨io Hymen Hymenaee.⟩

scimus haec tibi quae licent
sola cognita, sed marito
ista non eadem licent.
io Hymen Hymenaee io,
  io Hymen Hymenaee.

119 taceat *r*: taceatis *V* 120 fosceninna *O* iocatio *Heinsius*: locatio *V* (locutio *m*, al. locutio *add. g*) 125 diu] domini *O* 127 iam] nam *O* 129 iulice *O*, uillice *X* 132 miser a] misera *O*, miser ah *X* 134 diceris *1473*: diceres *V* male *Gr*, malle *ORmg* 138 *add. β* 143 *om. O*

nupta, tu quoque quae tuus
uir petet caue ne neges,
ni petitum aliunde eat.
io Hymen Hymenaee io,
  io Hymen Hymenaee.

en tibi domus ut potens
et beata uiri tui,
quae tibi sine seruiat
(io Hymen Hymenaee io,
  io Hymen Hymenaee)

usque dum tremulum mouens
cana tempus anilitas
omnia omnibus annuit.
io Hymen Hymenaee io,
  io Hymen Hymenaee.

transfer omine cum bono
limen aureolos pedes,
rasilemque subi forem.
io Hymen Hymenaee io,
  io Hymen Hymenaee.

aspice intus ut accubans
uir tuus Tyrio in toro
totus immineat tibi.
io Hymen Hymenaee io,
  io Hymen Hymenaee.

144 tuis *X* 146 ni *V* (ne *R in margine*) 148 *om. V*: *add. Rmg* 151 seruiat *Parth.*: seruit *V* (fine seruit *r*) 153 (*et* 158, 163) *om. O* 155 anilitas *η*: anilis (ann- *X*) etas *V* 161 nassilemque *O*, rass- *X*: *corr. rmg* subi *r*: sibi *V* 164 intus *Statius*: unus *V*

illi non minus ac tibi
pectore uritur intimo
flamma, sed penite magis.
io Hymen Hymenaee io,
  io Hymen Hymenaee.

mitte brachiolum teres,
praetextate, puellulae:
iam cubile adeat uiri.
io Hymen Hymenaee io,
  io Hymen Hymenaee.

⟨uos⟩ bonae senibus uiris
cognitae bene feminae
collocate puellulam.
io Hymen Hymenaee io,
  io Hymen Hymenaee.

iam licet uenias, marite:
uxor in thalamo tibi est,
ore floridulo nitens,
alba parthenice uelut
  luteumue papauer.

at, marite, ita me iuuent
caelites, nihilo minus

169 ac *R*: hac *V*   170 uritur *V* (urimur *Rm*, al. urimur *add. g*)   175 puellule η: puelle *V*   176 adeant *X*   179 uos *add. Auantius* uiris *cod. Leidensis anni mccccliii*: unis *V*   180 bene *Calph.* (beue *iam ed. Rom.*): berue *V*   181 puellulam η: puellam *V*   185 tibi est *Bentley*: est tibi *V*   187 uelut β: uult *O*, uultu *X* (al. uult *g*)   189–93 *post u.* 198 *V*: *huc reuocauit Scaliger*   189 ad maritum tamen iuuenem *V*: *corr. Scaliger*

pulcer es, neque te Venus
neglegit. sed abit dies:
  perge, ne remorare.

non diu remoratus es:
iam uenis. bona te Venus
iuuerit, quoniam palam
quod cupis cupis, et bonum
  non abscondis amorem.

ille pulueris Africi
siderumque micantium
subducat numerum prius,
qui uestri numerare uolt
  multa milia ludi.

ludite ut lubet, et breui
liberos date. non decet
tam uetus sine liberis
nomen esse, sed indidem
  semper ingenerari.

Torquatus uolo paruulus
matris e gremio suae
porrigens teneras manus
dulce rideat ad patrem
  semihiante labello.

191 pulcher es *'alii' apud Robortellum*: pulcre res *V* neque *θ*: nec *V* 192 abiit *V* 193 rememorare *X* 194 remoratus *Calph.*: remota *O*, remorata *X* 196 iuuerit *θ*: inuenerit *V* 197 cupis cupis *OR*(*V?*), cupis capis *Gr* 198 abscondas *V*: *corr.* *ζη* 199 africi *Heinsius* (-cei *Lachmann*): ericei *V* 202 uestri *β* (uostri *Itali*): nostri *V* uult *Calph.*: uolunt *V* 203 ludi *ed. Rom.* (ludei *Scaliger*): ludere *V* 204 ludite ut *Parth.* (ut *iam Calph.*): et ludite et *V* (et *2º del. r*) 208 ingenerati *O* 209 torcutus *O* 210 e] et *O* 213 semihiante *Scaliger*: sed mihi ante *V*

sit suo similis patri
Manlio et facile insciis
noscitetur ab omnibus,
et pudicitiam suae
  matris indicet ore.

talis illius a bona
matre laus genus approbet,
qualis unica ab optima
matre Telemacho manet
  fama Penelopeo.

claudite ostia, uirgines:
lusimus satis. at boni
coniuges, bene uiuite et
munere assiduo ualentem
  exercete iuuentam.

LXII

VESPER adest, iuuenes, consurgite: Vesper Olympo
exspectata diu uix tandem lumina tollit.
surgere iam tempus, iam pinguis linquere mensas,
iam ueniet uirgo, iam dicetur hymenaeus.
Hymen o Hymenaee, Hymen ades o Hymenaee!

215 maulio *O*, manlio *X*: mallio δ   insciis *r* (-ieis *Lachmann*): insciens *V*   215/16 omnibus / nosc. ab insciis *Dawes*   217 suae *Calph.*, suo *r*: suam *V*   219/20 bona matre / laus *V*   221 ab *om. O*   222 thelamacho *O*, theleamaco *X*   223 penolopeo *X*   224 hostia *V*   225 at boni ζη: ad bonlei *O*, ad bolnei *X* (al. bonei *Rmg*)   226 bene uiuite *r*: bone uite *V*   227 assiduo ζη: assidue *V*   228 exercere *O*

LXII (*adest codex Paris. lat.* 8071, *olim Thuaneus* = *T*)   Epithalamium Catulli *praescribit T*   *Versui* 1 *adscribit* Turba uirorum *X* (uirum *R*); *uu.* 6, 11, 20, 32, 39 Puelle; *uu.* 26, 49 Iuuenes   3 pingues *X*   liquere *O*

Cernitis, innuptae, iuuenes? consurgite contra;
nimirum Oetaeos ostendit Noctifer ignes.
sic certest; uiden ut perniciter exsiluere?
non temere exsiluere, canent quod uincere par est.
Hymen o Hymenaee, Hymen ades o Hymenaee!

Non facilis nobis, aequales, palma parata est;
aspicite, innuptae secum ut meditata requirunt.
non frustra meditantur: habent memorabile quod sit;
nec mirum, penitus quae tota mente laborant.
nos alio mentes, alio diuisimus aures;
iure igitur uincemur: amat uictoria curam.
quare nunc animos saltem conuertite uestros;
dicere iam incipient, iam respondere decebit.
Hymen o Hymenaee, Hymen ades o Hymenaee!

Hespere, quis caelo fertur crudelior ignis?
qui natam possis complexu auellere matris,
complexu matris retinentem auellere natam,
et iuueni ardenti castam donare puellam.
quid faciunt hostes capta crudelius urbe?
Hymen o Hymenaee, Hymen ades o Hymenaee!

Hespere, quis caelo lucet iucundior ignis?
qui desponsa tua firmes conubia flamma,

6 consurgi eretera *T* 7 oeta eos *T*, hoc eos *V* ignes *Pall.*: imbres *T*, imber *V* 8 certest *Haupt* (certe est *iam Statius*): certes ·i· (id est) *T*, certe si *V* (certe *rmg*) 9 quod *T*, quo *V* uincere *B. Guarinus*: uisere *TV* par est *T*, parent *V* 11 nobis *V*, nobilis *T* (a)equalis *TV* 12 aspice *O* que (querunt *O1*) secum *V* meditata requirunt *Tr*: meditare querunt *V* 13 habent] hunc *O* memora psilc *T* 14 *om. V*, *ex Thuaneo primus recepit Muretus* 15 nos *V*, non *T* 17 nunc *T*, non *V* conuertite *T*, committite *V* 20 quis *T*, qui *V* 22 auelle *T* 25 Kymeno kymeneae kymenades o kymeneae (*et similia in sequentibus*) *T* 26 quis *T*, qui *V* 27 firmes *V*, fines *T*

quae pepigere uiri, pepigerunt ante parentes,
nec iunxere prius quam se tuus extulit ardor.
quid datur a diuis felici optatius hora?
Hymen o Hymenaee, Hymen ades o Hymenaee!

Hesperus e nobis, aequales, abstulit unam.
. . . .

. . . .
namque tuo aduentu uigilat custodia semper,
nocte latent fures, quos idem saepe reuertens,
Hespere, mutato comprendis nomine Eous.
at lubet innuptis ficto te carpere questu.
quid tum, si carpunt, tacita quem mente requirunt?
Hymen o Hymenaee, Hymen ades o Hymenaee!

Vt flos in saeptis secretus nascitur hortis,
ignotus pecori, nullo conuolsus aratro,
quem mulcent aurae, firmat sol, educat imber;
multi illum pueri, multae optauere puellae:
idem cum tenui carptus defloruit ungui,
nulli illum pueri, nullae optauere puellae:
sic uirgo, dum intacta manet, dum cara suis est;

LXII 45 *Quintilianus, inst. orat.* ix. 3. 16 Catullus in Epithalamio: 'dum innupta manet, dum cara suis est', cum prius 'dum' significet 'quoad', sequens 'usque eo'.

28 quae *T*, quo *V* (quod *r*) uir *T* 29 uinxere *O* 30 a *om. T* 32 equales *V* (equalem *rmg*), aequalis *T* *Post u.* 32 *lacunam statuit Auantius*[3] 35 comprendis *V* (comprehendis *X*), comperendis *T* eous *Schrader*: eospem *T*, eosdem *V* 36 at libet *V*, adlucet *T* 37 quittum *T*, quid (quod al. quid *X*) tamen (al. tum *R*) *V* carpiunt *T* quem a *T*, quam *V* 40 conuolsus *T*, conclusus *O*, contusus *Gr* (*quid R1, latet*) 41 quae mulcens aure firma *T* *Post u.* 41 *uersum unum excidisse censuit Spengel* 43, 44 *om. T*; *seruauit V* (*om. O*) 45 dum cara α: tum (cum *R1*) cara *TV* suis est *T*, sui sed *V* (suis sed *r*)

cum castum amisit polluto corpore florem,
nec pueris iucunda manet, nec cara puellis.
Hymen o Hymenaee, Hymen ades o Hymenaee!

Vt uidua in nudo uitis quae nascitur aruo,
numquam se extollit, numquam mitem educat uuam,
sed tenerum prono deflectens pondere corpus
iam iam contingit summum radice flagellum;
hanc nulli agricolae, nulli coluere iuuenci:
at si forte eadem est ulmo coniuncta marito,
multi illam agricolae, multi coluere iuuenci:
sic uirgo dum intacta manet, dum inculta senescit;
cum par conubium maturo tempore adepta est,
cara uiro magis et minus est inuisa parenti.
⟨Hymen o Hymenaee, Hymen ades o Hymenaee!⟩ 58b

Et tu ne pugna cum tali coniuge, uirgo.
non aequom est pugnare, pater cui tradidit ipse,
ipse pater cum matre, quibus parere necesse est.
uirginitas non tota tua est, ex parte parentum est,
tertia pars patrist, pars est data tertia matri,
tertia sola tua est: noli pugnare duobus,
qui genero sua iura simul cum dote dederunt.
Hymen o Hymenaee, Hymen ades o Hymenaee!

49 ut *V*, et *T*   50 numquam mitem (uitem *O*) educat *V*, quam muniteam ducat *T*   51 deflectens *V*, perflectens *T*   53 nulli coluere (coll- *X*) *V*, multi acoluere *T*   54 at si *V*, apsi *T*   marita *T*   55 acoluere *T*, accol- *V*   56 intacta *TV*: innupta (*cf. Quintil. ad u.* 45 *laudatum*) *Weber*   dum (2°) *V*, tum *T*   58 cara *r*: cura *TV*   58b *add. Muretus*   59 tua *T*   ne *B. Guarinus*: nec *TV*   60 equom *T*, equo *V*   61 ipse *om. R1*   62 *uersum om. T*   63 pars patrist *Haupt*, pars patris est *Muretus*: patris *T*, pars patri *V*   pars est *T*, est *O*, data pars *X*   64 solit tu est noli tuignare *T*

LXIII

SVPER alta uectus Attis celeri rate maria,
Phrygium ut nemus citato cupide pede tetigit
adiitque opaca siluis redimita loca deae,
stimulatus ibi furenti rabie, uagus animis,
deuolsit ili acuto sibi pondera silice,
itaque ut relicta sensit sibi membra sine uiro,
etiam recente terrae sola sanguine maculans,
niueis citata cepit manibus leue typanum,
typanum tuum, Cybebe, tua, mater, initia,
quatiensque terga tauri teneris caua digitis
canere haec suis adorta est tremebunda comitibus.
'agite ite ad alta, Gallae, Cybeles nemora simul,
simul ite, Dindymenae dominae uaga pecora,
aliena quae petentes uelut exules loca
sectam meam exsecutae duce me mihi comites
rapidum salum tulistis truculentaque pelagi,
et corpus euirastis Veneris nimio odio;
hilarate erae citatis erroribus animum.
mora tarda mente cedat: simul ite, sequimini

LXIII 1 *citant Marius Victorinus, ars gramm.* (*p.* 154 *K.*) *et Terentianus de metris* 2900 (*p.* 411 *K.*); 2 *Caesius Bassus de metris* (*p.* 262 *K.*).

LXIII 1 actis *V* celeri *θ*: celere *V* 4 ibi *Auantius*[3]: ubi *V* animis *Lachmann*, animi *Parth.*: amnis *V* 5 deuolsit *Haupt*: deuoluit *V* ilei *Bergk*: iletas *V* pondera silice *Auantius*: pondere silices *V* 7 maculas *V*: *corr.* *ζη* 8, 9 typanum *Scaliger*: timpanum (tymp-*semel X*) *V* 9 tuom *Lachmann*: tubam *V* Cybebe *Sillig* (Cybebes *iam Bentley*): cibeles *V* tua *Calph.*: tu *V* 10 quatiensque *α*: quatiens quod *V* tauri *ζ* (-rei *Lachmann*): tauri et *V* 12 (*similiter* 68 *et* 76) cibelles *O*, cibeles *X* 13 dindimenee *mg* pectora *V*: *corr. Auantius* (*cf.* 77) 14 alienaque *V* loca *B. Guarinus*: loca celeri *V* 15 execute *V* (excute *r*) 16 pelage *Victorius* 17 euitastis *Om* 18 herae citatis *Auantius*, aere citatis *Lachmann* (aere *iam 1473*): erocitatis *O*, crocitatis *X* (al. ere citatis *R*) an animum *V*: *corr. ε* 19 cedit *G* (cedat al. cedit *g*)

Phrygiam ad domum Cybebes, Phrygia ad nemora deae,
ubi cymbalum sonat uox, ubi tympana reboant,
tibicen ubi canit Phryx curuo graue calamo,
ubi capita Maenades ui iaciunt hederigerae,
ubi sacra sancta acutis ululatibus agitant,
ubi sueuit illa diuae uolitare uaga cohors,
quo nos decet citatis celerare tripudiis.'
  simul haec comitibus Attis cecinit notha mulier,
thiasus repente linguis trepidantibus ululat,
leue tympanum remugit, caua cymbala recrepant,
uiridem citus adit Idam properante pede chorus.
furibunda simul anhelans uaga uadit animam agens
comitata tympano Attis per opaca nemora dux,
ueluti iuuenca uitans onus indomita iugi;
rapidae ducem sequuntur Gallae properipedem.
itaque, ut domum Cybebes tetigere lassulae,
nimio e labore somnum capiunt sine Cerere.
piger his labante languore oculos sopor operit;
abit in quiete molli rabidus furor animi.
sed ubi oris aurei Sol radiantibus oculis
lustrauit aethera album, sola dura, mare ferum,
pepulitque noctis umbras uegetis sonipedibus,
ibi Somnus excitam Attin fugiens citus abiit;
trepidante eum recepit dea Pasithea sinu.

38 *citat sub uoce 'rabidus' Festus p.* 338 *L.*

---

20 (*similiter* 35, 84, 91) Cybebes *Bentley*: cibelles *O*, cibeles *X* 23 menade sui *V* ederigere *Calph.*: ei derigere *V* 27 actis *ζη*: atris *V* notha *O*, nota *X*: noua *η* 28 thiasus δ: thiasis *O*, -iis *X* 31 animam agens *Lachmann*: animagens *V* (*quid G1, non liquet*) 32 actis *V* 33 iugi *1472*: luci *V* 34 rapide *V* propere pedem *V*: *corr. B. Venator* 38 abiit *X* mollis *V*: *corr. θ* 39 horis aureis *V*: *corr. θ* 42 excitam *Lachmann*: excitum *V* 43 trepidantem *r* eum α: cum *V* pasitheo *V*: *corr. ζ*

ita de quiete molli rapida sine rabie
simul ipsa pectore Attis sua facta recoluit,
liquidaque mente uidit sine quis ubique foret,
animo aestuante rusum reditum ad uada tetulit.
ibi maria uasta uisens lacrimantibus oculis,
patriam allocuta maestast ita uoce miseriter.
  'patria o mei creatrix, patria o mea genetrix,
ego quam miser relinquens, dominos ut erifugae
famuli solent, ad Idae tetuli nemora pedem,
ut aput niuem et ferarum gelida stabula forem,
et earum omnia adirem furibunda latibula,
ubinam aut quibus locis te positam, patria, reor?
cupit ipsa pupula ad te sibi derigere aciem,
rabie fera carens dum breue tempus animus est.
egone a mea remota haec ferar in nemora domo?
patria, bonis, amicis, genitoribus abero?
abero foro, palaestra, stadio et gyminasiis?
miser a miser, querendum est etiam atque etiam, anime.
quod enim genus figuraest, ego non quod obierim?
ego mulier, ego adolescens, ego ephebus, ego puer,
ego gymnasi fui flos, ego eram decus olei:
mihi ianuae frequentes, mihi limina tepida,
mihi floridis corollis redimita domus erat,
linquendum ubi esset orto mihi Sole cubiculum.

45 ipsa *B. Guarinus*: ipse *V* attis *G*, actis *R*, atris *O* 46 sineque is *O*, sineque his *X* 47 aestuante *γ et* rusum *Victorius*: estuanter usum *V* retulit *V*: *corr. Calph.* 49 maestast ita uoce miseriter *Auantius*[3]: est ita uoce miseritus (al. miseriter *Rmg*) maiestas (magestates *O*, maiestas al. maiestates *R*) *V* 52 tetuli *O*, retuli *X* 53 apud ϵ: caput *V* (capud *R*) stabilia *V*: *corr. r* (stabilla *mg*) 54 earum omnia *multis suspectum* 55 patriam *O* 56 pupula *η*: popula *V* ad te *β*: atte *V* 60 guminasiis *Ellis*: gummasiis *O*, ginnasiis *X* (gymn- *g*) 61 a] ha *O*, ah *X* (*cf.* lxiv. 71) 62 figuraest *Lachmann*: figura est *V* quid abierim *V*: *corr. Statius* 64 gimnasti *V* sui *X* oley *V* 66 corolis *Calph.*: circulis *V* 67 liquendum *V* sole *ζ*: solo *V*

ego nunc deum ministra et Cybeles famula ferar?
ego Maenas, ego mei pars, ego uir sterilis ero?
ego uiridis algida Idae niue amicta loca colam?
ego uitam agam sub altis Phrygiae columinibus,
ubi cerua siluicultrix, ubi aper nemoriuagus?
iam iam dolet quod egi, iam iamque paenitet.'
  roseis ut huic labellis sonitus ⟨citus⟩ abiit,
geminas deorum ad aures noua nuntia referens,
ibi iuncta iuga resoluens Cybele leonibus
laeuumque pecoris hostem stimulans ita loquitur.
'agedum', inquit 'age ferox ⟨i⟩, fac ut hunc furor ⟨agitet⟩,
fac uti furoris ictu reditum in nemora ferat,
mea libere nimis qui fugere imperia cupit.
age caede terga cauda, tua uerbera patere,
fac cuncta mugienti fremitu loca retonent,
rutilam ferox torosa ceruice quate iubam.'
ait haec minax Cybebe religatque iuga manu.
ferus ipse sese adhortans rapidum incitat animo,
uadit, fremit, refringit uirgulta pede uago.
at ubi umida albicantis loca litoris adiit,
teneramque uidit Attin prope marmora pelagi,
facit impetum. illa demens fugit in nemora fera;
ibi semper omne uitae spatium famula fuit.

68 nunc *Santen*: nec *V*   ferar γ: ferarum *V*   70 niue *Calph.*: nene *V*   71 columnibus *V*: *corr.* θ 74 huic θ: hinc *V* (*fort. recte*) citus *add. Bentley*   abiit η: adiit *V*   75 adauris *O*   76 ibi ζ: ubi *V*   77 pecoris *cod. Vaticanus lat.* 1608: pectoris *V*   78 i *add. Scaliger* face *ed. Rom.* (*idem* 79 *et* 82)   agitet *add. ed. Cantabrigiensis anni mdccii*   79 uti *Lachmann*, ut hunc $\zeta\eta$: ut *V*   ictu *r*: ictum *V*   81 a cede *G* (al. age cede *add. g*)   tergo *X*   ueruera *V* (uerum uera *legerunt OX*): *corr. Calph.*   85 adhortans *Aldina altera*: adortalis *O*, adhorta lis *X* (adorta lis *r*)   87 bumida *O*, humida *X*   88 teneramque *Lachmann* (*cf.* 42, 45, 89; *an recte, dubitari potest*): tenerumque *V*   actin *R*   marmorea pelago *V*: *corr.* γ 89 facit *Calph.*: ficit *O*, fecit *X*   illa *Lachmann*: ille *V*   90 omne *X*, esse *O*

dea, magna dea, Cybebe, dea domina Dindymi,
procul a mea tuos sit furor omnis, era, domo:
alios age incitatos, alios age rabidos.

LXIV

PELIACO quondam prognatae uertice pinus
dicuntur liquidas Neptuni nasse per undas
Phasidos ad fluctus et fines Aeeteos,
cum lecti iuuenes, Argiuae robora pubis,
auratam optantes Colchis auertere pellem
ausi sunt uada salsa cita decurrere puppi,
caerula uerrentes abiegnis aequora palmis.
diua quibus retinens in summis urbibus arces
ipsa leui fecit uolitantem flamine currum,
pinea coniungens inflexae texta carinae.
illa rudem cursu prima imbuit Amphitriten;
quae simul ac rostro uentosum proscidit aequor
tortaque remigio spumis incanuit unda,
emersere freti candenti e gurgite uultus
aequoreae monstrum Nereides admirantes.
illa, atque ⟨haud⟩ alia, uiderunt luce marinas
mortales oculis nudato corpore Nymphas
nutricum tenus exstantes e gurgite cano.

LXIV 1 *citat Marius Victorinus, ars gramm.* (*p.* 125 *K.*).

---

91 dindimei *V* (-menei *mg*) 92 tuos *Ellis* (tuus *iam* δ): tuo *V* 93 rabidos θ: rapidos *V*

LXIV 1 pelliaco *V* 2 neptumni *rmg* 3 fasidicos *O*, fascidicos *X*: al. phasidos *add.* (*nisi fallor*) *rmg* aeetheios *Parth.*: ceticos *O* (al. tetidicos *in margine*), oeticos *X* 4 pupis *O*, puppis *X* 7 uerentes *V*: *corr. rmg* 10 testa *X* 11 prima β: proram *O*, primam *X* amphitritem *X* (al. amphitrionem *R*), aphitritem *O* (-te *O corr.*) 12 procidit *V*: *corr. Rmg* 13 totaque *V*: *corr. Auantius*[3] incanuit *Aldina*: incanduit *V* 14 freti *Schrader*: feri *V* 16 atque haud *Bergk*, alia atque *Vahlen*: atque *X*, *om. O* uidere *V*: *corr.* ζη

tum Thetidis Peleus incensus fertur amore,
tum Thetis humanos non despexit hymenaeos,
tum Thetidi pater ipse iugandum Pelea sensit.
o nimis optato saeclorum tempore nati
heroes, saluete, deum genus! o bona matrum
progenies, saluete iter⟨um . . . 23b
uos ego saepe, meo uos carmine compellabo.
teque adeo eximie taedis felicibus aucte,
Thessaliae columen Peleu, cui Iuppiter ipse,
ipse suos diuum genitor concessit amores;
tene Thetis tenuit pulcerrima Nereine?
tene suam Tethys concessit ducere neptem,
Oceanusque, mari totum qui amplectitur orbem?
   quae simul optatae finito tempore luces
aduenere, domum conuentu tota frequentat
Thessalia, oppletur laetanti regia coetu:
dona ferunt prae se, declarant gaudia uultu.
deseritur Cieros, linquunt Pthiotica Tempe
Crannonisque domos ac moenia Larisaea,
Pharsalum coeunt, Pharsalia tecta frequentant.
rura colit nemo, mollescunt colla iuuencis,
non humilis curuis purgatur uinea rastris,
non glebam prono conuellit uomere taurus,

23 *Scholia Veronensia ad Verg. aen.* v. 80 Catullus: Saluete deum gens o bona matrum progenies saluete iter . . . .

---

19 tum *X*, cum *O*   20 tum *m*: cum *V*   21 tum *Aldina*: cum *V* sensit *V*: sanxit *Pontanus*   22 seclorum *r*: seculorum *V*   23 gens *Madvig*   matrum *scholia Vergiliana*: mater *V* (al. matre *Rmg*)   23b *om. V*: *ex scholiis huc reuocauit Orioli*   25 tedis *O*, thetis *X*   28 nereine *Haupt*: nectine *V* (al. neptine al. neutumne *R*, al. neptine *mg*)   29 tethys *γ*: thetis *V*   31 optate *ζ*: optato *V*   finite *O*   32 aduenere *ζη*: adlenire *V*   35 cieros *Meineke*, scyros *η*: siros *O*, syros *X*   36 graumonisque *O*, graiunonisque *X*: *corr. Victorius*   moenia larissea *θ*: nicenis alacrissea (-isea *X*) *V*   37 Pharsalum *Pontanus*: farsaliam *V*

non falx attenuat frondatorum arboris umbram,
squalida desertis rubigo infertur aratris.
ipsius at sedes, quacumque opulenta recessit
regia, fulgenti splendent auro atque argento.
candet ebur soliis, collucent pocula mensae,
tota domus gaudet regali splendida gaza.
puluinar uero diuae geniale locatur
sedibus in mediis, Indo quod dente politum
tincta tegit roseo conchyli purpura fuco.
  haec uestis priscis hominum uariata figuris
heroum mira uirtutes indicat arte.
namque fluentisono prospectans litore Diae,
Thesea cedentem celeri cum classe tuetur
indomitos in corde gerens Ariadna furores,
necdum etiam sese quae uisit uisere credit,
utpote fallaci quae tum primum excita somno
desertam in sola miseram se cernat harena.
immemor at iuuenis fugiens pellit uada remis,
irrita uentosae linquens promissa procellae.
quem procul ex alga maestis Minois ocellis,
saxea ut effigies bacchantis, prospicit, eheu,
prospicit et magnis curarum fluctuat undis,
non flauo retinens subtilem uertice mitram,
non contecta leui uelatum pectus amictu,
non tereti strophio lactentis uincta papillas,
omnia quae toto delapsa e corpore passim

65 *Isidorus*, *etym.* xix. 33. 3 (strophium) de quo ait Cinna 'strofio lactantes cincta papillas'.

---

43 at *cod. Parisinus lat.* 8234: ad *V* 52 litora *R* die ε: dia *OR*, dya *G* 54 adriana *V*: *corr.* η 55 quae uisit uisere *Vossius*: -que sui tui se *V* 56 tum *X*, tunc *O* 61 saxea *rmg*: saxa *V* eheu *Bergk*, euoe *Aldina*: heue *V* 62 et *rmg*: con *O*, *quid G et R latet* 64 contenta *O* 66 delapsa e ζη: delapse *O*, delapso *G*, delapso e *R*

ipsius ante pedes fluctus salis alludebant.
sed neque tum mitrae neque tum fluitantis amictus
illa uicem curans toto ex te pectore, Theseu,
toto animo, tota pendebat perdita mente.
a misera, assiduis quam luctibus externauit
spinosas Erycina serens in pectore curas,
illa tempestate, ferox quo ex tempore Theseus
egressus curuis e litoribus Piraei
attigit iniusti regis Gortynia templa.
  nam perhibent olim crudeli peste coactam
Androgeoneae poenas exsoluere caedis
electos iuuenes simul et decus innuptarum
Cecropiam solitam esse dapem dare Minotauro.
quis angusta malis cum moenia uexarentur,
ipse suum Theseus pro caris corpus Athenis
proicere optauit potius quam talia Cretam
funera Cecropiae nec funera portarentur.
atque ita naue leui nitens ac lenibus auris
magnanimum ad Minoa uenit sedesque superbas.
hunc simul ac cupido conspexit lumine uirgo
regia, quam suauis exspirans castus odores
lectulus in molli complexu matris alebat,
quales Eurotae praecingunt flumina myrtus
auraue distinctos educit uerna colores,
non prius ex illo flagrantia declinauit

71–72 *citat sub uoce 'externauit' Nonius p.* 154 *L.*

---

68 sed ζη, sic *Vahlen*: si *V*   tum *bis*] tamen *O*   69 te *om. O*   71 a] ha *O*, ah *X*   73 ferox quo ex *Italos secutus Lachmann* (quo η): feroxque et *V*   75 cortinia *V*: *corr. Pall.*   templa ε, '*alibi* tecta *legitur*' *Parth.*: tempta *V*   77 cum androgeanee (-ne *O*) *V*: -oneae η, cum *del. Calph.*   80 moenia] incenia *O*   82 prohicere *O*, proiicere *X*   89 eurotae *1472*: europe *V*   praecingunt *Baehrens*, progignunt θ: pergignunt *V*   mirtos *O*, mirtus *X* (al. -tos *R*)

lumina, quam cuncto concepit corpore flammam
funditus atque imis exarsit tota medullis.
heu misere exagitans immiti corde furores
sancte puer, curis hominum qui gaudia misces,
quaeque regis Golgos quaeque Idalium frondosum,
qualibus incensam iactastis mente puellam
fluctibus, in flauo saepe hospite suspirantem!
quantos illa tulit languenti corde timores!
quanto saepe magis fulgore expalluit auri,
cum saeuum cupiens contra contendere monstrum
aut mortem appeteret Theseus aut praemia laudis!
non ingrata tamen frustra munuscula diuis
promittens tacito succepit uota labello.
nam uelut in summo quatientem brachia Tauro
quercum aut conigeram sudanti cortice pinum
indomitus turbo contorquens flamine robur,
eruit (illa procul radicitus exturbata
prona cadit, late quaeuis cumque obuia frangens),
sic domito saeuum prostrauit corpore Theseus
nequiquam uanis iactantem cornua uentis.
inde pedem sospes multa cum laude reflexit
errabunda regens tenui uestigia filo,
ne labyrintheis e flexibus egredientem
tecti frustraretur inobseruabilis error.
　sed quid ego a primo digressus carmine plura
commemorem, ut linquens genitoris filia uultum,
ut consanguineae complexum, ut denique matris,

96 quaeque (*1º*) *β*: quod neque *O*, quique *X*　golgos *Hermolaus Barbarus teste Mureto, teste Statio Petrus Bembus*: cholcos *O*, colchos *X*　100 quanto] quam tum *Faernus*　102 oppeteret *X*　104 succepit *Statius* (subscepit *Laetus*): succendit *V*　105 uelut] uult *O*　106 cornigeram *V*: *corr. θ*　sudanti *rmg*: fundanti *V*　109 late quaeuis cumque *Ellis*: lateque cum eius *V*　obuia *O*, omnia al. obuia *X*　114 laberinthis *O*, -theis *X*　116 a *r*: cum *V*

quae misera in gnata deperdita laeta⟨batur⟩,
omnibus his Thesei dulcem praeoptarit amorem:
aut ut uecta rati spumosa ad litora Diae
⟨uenerit,⟩ aut ut eam deuinctam lumina somno
liquerit immemori discedens pectore coniunx?
saepe illam perhibent ardenti corde furentem
clarisonas imo fudisse e pectore uoces,
ac tum praeruptos tristem conscendere montes,
unde aciem ⟨in⟩ pelagi uastos protenderet aestus,
tum tremuli salis aduersas procurrere in undas
mollia nudatae tollentem tegmina surae,
atque haec extremis maestam dixisse querellis,
frigidulos udo singultus ore cientem:
'sicine me patriis auectam, perfide, ab aris,
perfide, deserto liquisti in litore, Theseu?
sicine discedens neglecto numine diuum,
immemor a! deuota domum periuria portas?
nullane res potuit crudelis flectere mentis
consilium? tibi nulla fuit clementia praesto,
immite ut nostri uellet miserescere pectus?
at non haec quondam blanda promissa dedisti
uoce mihi, non haec miserae sperare iubebas,
sed conubia laeta, sed optatos hymenaeos,

119 ingnata *V* (ignata *R*) laetabatur *Lachmann*: leta *V* 120 praeoptarit *Statius* (-ret *iam Laetus*, -uit *θ*): portaret *V* 121 ut *om.* *O* uecta *Rmg*: necta *V* rati *Passerat*: ratis *V* 122 uenerit *add.* *Lachmann* ratis . . ., / aut ut eam placido *Laetus* deuinctam *Laetus*, deuictam *η*: deuincta *V* 123 inmemori *G* (al. nemori *add. g*) 125 e *X*, ex *O* 126 tristem *ζ*: tristes *V* 127 in *add.* *ζη* protenderet *R*: pretenderet *V* 130 hoc *R*(*X*?) 132 patris *O* auectam *rg* (al. auectam *m*): auertam *V* 133 in *om.* *O* 134 discendens *G* 135 a] ha *O*, ah *X* 136 nullaue *V*: *corr.* *β* crudeles . . . mentes *V*: *corr. rmg* 138 mirescere *O*, mitescere *X*: *corr. Calph.* 139 blanda *O*, nobis *X* 140 non *β*: nec *V* misere *V*: miseram *1472*

quae cuncta aerii discerpunt irrita uenti.
nunc iam nulla uiro iuranti femina credat,
nulla uiri speret sermones esse fideles;
quis dum aliquid cupiens animus praegestit apisci,
nil metuunt iurare, nihil promittere parcunt:
sed simul ac cupidae mentis satiata libido est,
dicta nihil metuere, nihil periuria curant.
certe ego te in medio uersantem turbine leti
eripui, et potius germanum amittere creui,
quam tibi fallaci supremo in tempore dessem.
pro quo dilaceranda feris dabor alitibusque
praeda, neque iniacta tumulabor mortua terra.
quaenam te genuit sola sub rupe leaena,
quod mare conceptum spumantibus exspuit undis,
quae Syrtis, quae Scylla rapax, quae uasta Carybdis,
talia qui reddis pro dulci praemia uita?
si tibi non cordi fuerant conubia nostra,
saeua quod horrebas prisci praecepta parentis,
attamen in uestras potuisti ducere sedes,
quae tibi iucundo famularer serua labore,
candida permulcens liquidis uestigia lymphis,
purpureaue tuum consternens ueste cubile.
sed quid ego ignaris nequiquam conquerar auris,
externata malo, quae nullis sensibus auctae
nec missas audire queunt nec reddere uoces?
ille autem prope iam mediis uersatur in undis,

142 disserpunt *X*, dess- *O* 143 nunc *B. Guarinus*, hinc *Froehlich*: tum *V* 144 fidelis *O* 145 quis *V* (*supra scripto* pro quibus *X*): qui *r* postgestit *V*: *corr. rmg* adipisci *V*: *corr. O et Rmg* 149 lecti *O* 153 praeda] p'ea (postea) *O* iniacta *Ellis* (iniecta *iam Calph.*): intacta *V* 156 sirtix *O* scilla *O*, silla *X* 157 taliaque redis *O* 159 peremtis *O* 160 nostras *O* *Post u.* 160 *collocat u.* 163 *O* 164 sed *X*, si *O* auris *rmg* (aureis *Baehrens*): aures *V* 165 extenuata *X* aucte *V* (aucto al. -te *m*, al. -to *add. g*)

nec quisquam apparet uacua mortalis in alga.
sic nimis insultans extremo tempore saeua
fors etiam nostris inuidit questibus auris.
Iuppiter omnipotens, utinam ne tempore primo
Cnosia Cecropiae tetigissent litora puppes,
indomito nec dira ferens stipendia tauro
perfidus in Cretam religasset nauita funem,
nec malus hic celans dulci crudelia forma
consilia in nostris requiesset sedibus hospes!
nam quo me referam? quali spe perdita nitor?
Idaeosne petam montes? at gurgite lato
discernens ponti truculentum diuidit aequor.
an patris auxilium sperem? quemne ipsa reliqui
respersum iuuenem fraterna caede secuta?
coniugis an fido consoler memet amore?
quine fugit lentos incuruans gurgite remos?
praeterea nullo colitur sola insula tecto,
nec patet egressus pelagi cingentibus undis.
nulla fugae ratio, nulla spes: omnia muta,
omnia sunt deserta, ostentant omnia letum.
non tamen ante mihi languescent lumina morte,
nec prius a fesso secedent corpore sensus,
quam iustam a diuis exposcam prodita multam
caelestumque fidem postrema comprecer hora.

171–2 *citat Macrobius, sat.* vi. 1. 42.

---

171 ne *V*: non *Macrobius* 174 creta *O*, *fort. recte* 175 hic *X*, haec *O* 176 consilia in *η*: consilium (consc- *R*) *V* nostris *om. O* requiesset *η*: requisisset *V* 177 nitar *r* 178 Idaeosne *B. Guarinus et Parth.*: idoneos (idoneos al. idmoneos *X*) ne *V* at *Muretus*, ah *B. Guarinus*: a *V* 179 ponti *O*, pontum *X* ubi diuidit *V*: ubi *del. Auantius*[3] 180 an patris *Rmg*: impatris *O*, in patris *G* quem ne] quem uae *r* 182 consoles me manet *O* 183 quiue *X* lentos *O*, uentos *X* 184 colitur *A. Palmer*: litus *V* 185 pater *R* 190 mulctam *O*, mulctam *X* 191 comprecor *V*: *corr. ζη*

quare facta uirum multantes uindice poena
Eumenides, quibus anguino redimita capillo
frons exspirantis praeportat pectoris iras,
huc huc aduentate, meas audite querellas,
quas ego, uae misera, extremis proferre medullis
cogor inops, ardens, amenti caeca furore.
quae quoniam uerae nascuntur pectore ab imo,
uos nolite pati nostrum uanescere luctum,
sed quali solam Theseus me mente reliquit,
tali mente, deae, funestet seque suosque.'
  has postquam maesto profudit pectore uoces,
supplicium saeuis exposcens anxia factis,
annuit inuicto caelestum numine rector;
quo motu tellus atque horrida contremuerunt
aequora concussitque micantia sidera mundus.
ipse autem caeca mentem caligine Theseus
consitus oblito dimisit pectore cuncta,
quae mandata prius constanti mente tenebat,
dulcia nec maesto sustollens signa parenti
sospitem Erectheum se ostendit uisere portum.
namque ferunt olim, classi cum moenia diuae
linquentem gnatum uentis concrederet Aegeus,
talia complexum iuueni mandata dedisse:
'gnate mihi longa iucundior unice uita,
gnate, ego quem in dubios cogor dimittere casus,
reddite in extrema nuper mihi fine senectae,
quandoquidem fortuna mea ac tua feruida uirtus

192 mulctantes *V*   195 meas *O*, et meas *X* (*corr. rmg*)   198 uere *V*   200 quali solam ζη (solam *iam r*): qualis sola *V*   201 funestent *r*   204 inuito *V*: *corr.* α   205 quo motu *Heyse*: quō (quomodo) tunc *V*   207 mentem θ, mentis η: mente *V*   211 Erechtheum *Vossius*: ereptum *V*   212 moenico *V*: *corr. r*   die *r*   213 cum crederet egens *V*: *corr. r*   215 longe *Hoeufft*   217 extremae *r*.

eripit inuito mihi te, cui languida nondum
lumina sunt gnati cara saturata figura,
non ego te gaudens laetanti pectore mittam,
nec te ferre sinam fortunae signa secundae,
sed primum multas expromam mente querellas,
canitiem terra atque infuso puluere foedans,
inde infecta uago suspendam lintea malo,
nostros ut luctus nostraeque incendia mentis
carbasus obscurata dicet ferrugine Hibera.
quod tibi si sancti concesserit incola Itoni,
quae nostrum genus ac sedes defendere Erecthei
annuit, ut tauri respergas sanguine dextram,
tum uero facito ut memori tibi condita corde
haec uigeant mandata, nec ulla oblitteret aetas;
ut simul ac nostros inuisent lumina collis,
funestam antennae deponant undique uestem,
candidaque intorti sustollant uela rudentes,
quam primum cernens ut laeta gaudia mente
agnoscam, cum te reducem aetas prospera sistet.'
haec mandata prius constanti mente tenentem
Thesea ceu pulsae uentorum flamine nubes
aereum niuei montis liquere cacumen.
at pater, ut summa prospectum ex arce petebat,
anxia in assiduos absumens lumina fletus,
cum primum infecti conspexit lintea ueli,
praecipitem sese scopulorum e uertice iecit,

219 cui *O*, quem *X* (cui *rm*, al.˙ cụi *add. g*) 224 infulso *V*: *corr. rmg* 227 obscura *r* 228 Itoni *A. Guarinus*: ithomi *O*, ythomi *X* 229 ac ζ: has *V* · Erechthei *Vossius*: freti *V* 230 annuat *r* 231 tum *O*, tu *X* 232 obliferet al. obliteret *mg* 233 ac ζ: hec *V* 234 antennene ne *ut uidetur V*: *corr. Rmg* 235 sustollant *rmg*: sustolant (subs- *G*) *V* 237 aetas *V*: sors *A. Guarinus* sistet *O*, sistens *G*, sistant *R*: sistent *rmg* 239 ceu *rmg*: seu *V* 243 infecti *Sabellicus* (*teste Auantio*) *et B. Guarinus*: inflati *V*

amissum credens immiti Thesea fato.
sic funesta domus ingressus tecta paterna
morte ferox Theseus, qualem Minoidi luctum
obtulerat mente immemori, talem ipse recepit.
quae tum prospectans cedentem maesta carinam
multiplices animo uoluebat saucia curas.
  at parte ex alia florens uolitabat Iacchus
cum thiaso Satyrorum et Nysigenis Silenis,
te quaerens, Ariadna, tuoque incensus amore.
. . . .
quae tum alacres passim lymphata mente furebant
euhoe bacchantes, euhoe capita inflectentes.
harum pars tecta quatiebant cuspide thyrsos,
pars e diuolso iactabant membra iuuenco,
pars sese tortis serpentibus incingebant,
pars obscura cauis celebrabant orgia cistis,
orgia quae frustra cupiunt audire profani;
plangebant aliae proceris tympana palmis,
aut tereti tenuis tinnitus aere ciebant;
multis raucisonos efflabant cornua bombos
barbaraque horribili stridebat tibia cantu.
  talibus amplifice uestis decorata figuris
puluinar complexa suo uelabat amictu.
quae postquam cupide spectando Thessala pubes
expleta est, sanctis coepit decedere diuis.
hic, qualis flatu placidum mare matutino

245 facto *O* 247 minoidi *ut uidetur r*: minoida *V* 249 quae] quem *G1* tum *r*: tamen *V* prospectans *V* (prospectans al. aspectans *R*, aspectans al. prospectans *m*, aspectans *g*) 251 parte δ: pater *V* 252 cum] tum *O* 253 te *rmg*: et *V* adriana *V*: *corr.* η 254 quae *Bergk, unum uersum excidisse ratus*: qui *V* 255 euhoe . . . euhoe α: euche . . . euche *V* (euohe *rmg*) 262 tintinitus *X* (*corr. rmg*) 263 multi *V*: *corr. Auantius*[3] efflebant *V*: *corr.* β 267 thesalia *X* (*corr. rmg*) 269 hec *O*

horrificans Zephyrus procliuas incitat undas,
Aurora exoriente uagi sub limina Solis,
quae tarde primum clementi flamine pulsae
procedunt leuiterque sonant plangore cachinni,
post uento crescente magis magis increbescunt,
purpureaque procul nantes ab luce refulgent:
sic tum uestibuli linquentes regia tecta
ad se quisque uago passim pede discedebant.
quorum post abitum princeps e uertice Pelei
aduenit Chiron portans siluestria dona:
nam quoscumque ferunt campi, quos Thessala magnis
montibus ora creat, quos propter fluminis undas
aura parit flores tepidi fecunda Fauoni,
hos indistinctis plexos tulit ipse corollis,
quo permulsa domus iucundo risit odore.
confestim Penios adest, uiridantia Tempe,
Tempe, quae siluae cingunt super impendentes,
†Minosim linquens †doris celebranda choreis,
non uacuos: namque ille tulit radicitus altas
fagos ac recto proceras stipite laurus,
non sine nutanti platano lentaque sorore
flammati Phaethontis et aerea cupressu.
haec circum sedes late contexta locauit,

270 procliuit *O1* 271 sub limina *β*: sublimia *V* 273 leuiterque *Or*, leuiter *X*: leni *θ* resonant *ηθ* 275 refulgens *V*: *corr. r* 276 tum *β*: tamen *O*, tamen al. tibi *X* linquentis *V*: *corr. r* 277 ad *θ*: at *V* (a *r*) 278 habitum *X* (*corr. g*) 280 quoscumque *ut uidetur r*: quodcumque *V* campis *V*: *corr. r* thesala *X*, thesalia *O* 282 aurea *V*: *corr. rmg* parit *g*, perit *V* (*nisi fallor*): aperit *Housman* 283 corulis *V*, curulis al. corollis *Rmg* 284 quo *cod. Berolinensis anni mccccl xiii*, quis *r*: quod *O*, quot *X* 285 penies *V* (penios *r*, penies al. -os *mg*) adest ut *V*: *corr. r* 287 minosim *V*: Haemonisin *Heinsius, alii alia* doris *V*; *locus multum uexatus* 288 non uacuos *Bergk* (-uus *iam B. Guarinus*): non accuos *O*, non acuos al. nonacrios (-as *Gr*) *X* 290 mutanti *V*: *corr. rmg* sororum *V*: *corr. r* 291 flamati *O*, flamanti *X* phetontis *V* 292 contesta *V* (*corr. R*)

uestibulum ut molli uelatum fronde uireret.
post hunc consequitur sollerti corde Prometheus,
extenuata gerens ueteris uestigia poenae,
quam quondam silici restrictus membra catena
persoluit pendens e uerticibus praeruptis.
inde pater diuum sancta cum coniuge natisque
aduenit caelo, te solum, Phoebe, relinquens
unigenamque simul cultricem montibus Idri:
Pelea nam tecum pariter soror aspernata est,
nec Thetidis taedas uoluit celebrare iugalis.
  qui postquam niueis flexerunt sedibus artus,
large multiplici constructae sunt dape mensae,
cum interea infirmo quatientes corpora motu
ueridicos Parcae coeperunt edere cantus.
his corpus tremulum complectens undique uestis
candida purpurea talos incinxerat ora,
at roseae niueo residebant uertice uittae,
aeternumque manus carpebant rite laborem.
laeua colum molli lana retinebat amictum,
dextera tum leuiter deducens fila supinis
formabat digitis, tum prono in pollice torquens
libratum tereti uersabat turbine fusum,
atque ita decerpens aequabat semper opus dens,
laneaque aridulis haerebant morsa labellis,
quae prius in leui fuerant exstantia filo:
ante pedes autem candentis mollia lanae
uellera uirgati custodibant calathisci.

293 uellatum *V*: *corr. rmg*   296 quam ζ: qua *V*   298 diui *V*: *corr. m*   natisque α: gnatisque *V* (gratisque *m*, al. gratis *add. g*)   300 ydri *V* (*uerum adhuc latere suspicor*)   301 palea *V* (*corr. G*)   307 his] hic *m*, al. hic *add. g*   uestis *Parth.*: questus *V*   308 talos *B. Guarinus*: tuos *V*   intinxerat *OR*   309 roseae niueo '*alii*' *apud A. Guarinum*: roseo niuee (uinee *O*) *V*   311 collum *V*: *corr. rmg*   313 police *V*   319 custodiebant *X*

haec tum clarisona pellentes uellera uoce
talia diuino fuderunt carmine fata,
carmine, perfidiae quod post nulla arguet aetas.
  o decus eximium magnis uirtutibus augens,
Emathiae tutamen, Opis carissime nato,
accipe, quod laeta tibi pandunt luce sorores,
ueridicum oraclum: sed uos, quae fata sequuntur,
  currite ducentes subtegmina, currite, fusi.
adueniet tibi iam portans optata maritis
Hesperus, adueniet fausto cum sidere coniunx,
quae tibi flexanimo mentem perfundat amore,
languidulosque paret tecum coniungere somnos,
leuia substernens robusto brachia collo.
  currite ducentes subtegmina, currite, fusi.
nulla domus tales umquam contexit amores,
nullus amor tali coniunxit foedere amantes,
qualis adest Thetidi, qualis concordia Peleo.
  currite ducentes subtegmina, currite, fusi.
nascetur uobis expers terroris Achilles,
hostibus haud tergo, sed forti pectore notus,
qui persaepe uago uictor certamine cursus
flammea praeuertet celeris uestigia ceruae.
  currite ducentes subtegmina, currite, fusi.
non illi quisquam bello se conferet heros,
cum Phrygii Teucro manabunt sanguine ⟨campi,⟩

327 *citat Macrobius, sat.* vi. 1. 41.

---

320 pellentes *V*, *uix recte*: uellentes *Fruterius*, pectentes *Statius* 324 tutum opus *O*, tutum opus al. tu tamen opis *X*: *expediuit Housman* 326 oraculum *V* facta *O* 328 aptata *V*: *corr. rmg* 330 *uersum om. O* flexo animo *X* mentis p. amorem *X*: *corr. Muretus* 331 sonos *V*: *corr. β* 332 leuia] uenia *O* 334 umquam tales *V*: *corr. cod. Oxoniensis Laudianus anni mccccl x* 341 preuertet *β*: peruertet *O*, preuertit *X* 344 teucro] teuero *ut uidetur G1* campi *Statius*, riui *Calph.*, trunci *β*: teuen *O*, tenen *G*, tenen al. teuen *R*

Troicaque obsidens longinquo moenia bello,
periuri Pelopis uastabit tertius heres.
 currite ducentes subtegmina, currite, fusi.
illius egregias uirtutes claraque facta
saepe fatebuntur gnatorum in funere matres,
cum incultum cano soluent a uertice crinem,
putridaque infirmis uariabunt pectora palmis.
 currite ducentes subtegmina, currite, fusi.
namque uelut densas praecerpens messor aristas
sole sub ardenti flauentia demetit arua,
Troiugenum infesto prosternet corpora ferro.
 currite ducentes subtegmina, currite, fusi.
testis erit magnis uirtutibus unda Scamandri,
quae passim rapido diffunditur Hellesponto,
cuius iter caesis angustans corporum aceruis
alta tepefaciet permixta flumina caede.
 currite ducentes subtegmina, currite, fusi.
denique testis erit morti quoque reddita praeda,
cum teres excelso coaceruatum aggere bustum
excipiet niueos perculsae uirginis artus.
 currite ducentes subtegmina, currite, fusi.
nam simul ac fessis dederit fors copiam Achiuis
urbis Dardaniae Neptunia soluere uincla,
alta Polyxenia madefient caede sepulcra;
quae, uelut ancipiti succumbens uictima ferro,
proiciet truncum summisso poplite corpus.

347 (*et saepius*) sub tegmine *R* 350 *ita Baebrens*, incuruo canos . . . crines *Ellis* incultum] in ciuos *O* (in ciuum *O corr.*), in ciuium *X*: in cinerem *β* canos *V* soleunt *O* crimen *O*, crines *X* 353 praecerpens *Statius*, prosternens *η*: precernens *V* (*quid G1*, *latet*) messor *O*, cultor *X* *Post u.* 354 *uersum excidisse censuit Vossius* 355 prosternet *V* (prosternens *Rmg*) ferrum *O* 358 elesponto *V* 359 cessis *O* 360 flumina *V* (lumina *G*): flumine al. lumina uel flumina *m*, al. flumine *add. g* 364 percussae *Parth.* 366 ac *ζ*: hanc *V* 368 madefient *η*, mitescent *ζ*: madescent *V*

currite ducentes subtegmina, currite, fusi.
quare agite optatos animi coniungite amores.
accipiat coniunx felici foedere diuam,
dedatur cupido iam dudum nupta marito.
currite ducentes subtegmina, currite, fusi.
non illam nutrix orienti luce reuisens
hesterno collum poterit circumdare filo,
anxia nec mater discordis maesta puellae
secubitu caros mittet sperare nepotes.
currite ducentes subtegmina, currite, fusi.

talia praefantes quondam felicia Pelei
carmina diuino cecinerunt pectore Parcae.
praesentes namque ante domos inuisere castas
heroum, et sese mortali ostendere coetu,
caelicolae nondum spreta pietate solebant.
saepe pater diuum templo in fulgente reuisens,
annua cum festis uenissent sacra diebus,
conspexit terra centum procumbere tauros.
saepe uagus Liber Parnasi uertice summo
Thyiadas effusis euantis crinibus egit,
cum Delphi tota certatim ex urbe ruentes
acciperent laeti diuum fumantibus aris.
saepe in letifero belli certamine Mauors

372 animi] añ (ante) *O* 377 esterno *O*, externo *X* 378 currite ducentes subtegmina currite fusi *seclusit Bergk* 379–81 *om. O* 381 currite (2°)] ducite *X*: *corr. m* 383 cecinerunt *β* (*cf.* lxiv. 16), cecinere e *Baehrens*: cecinere *V* (cernere *O*) 385 heroum et *Sigicellus apud Statium* (et *iam 1472*), saepius et *Calph.*: nereus *V* *Post u.* 386 *exhibuit V* languidior tenera cui pedens (*sic*) sicula beta (lxvii. 21): *eiecit Parth.* 387 reuisens *suspectum*: residens *Baehrens* 388 cum *η*: dum *V* uenisset *V*: *corr. η* 389 terram *O* procurrere (currus) *γ* tauros *Italos secutus Lachmann*: currus *V* 391 thiadas *O*, thyadas *X* ouantis *rmg* 392 certatum *V*: *corr. α* tuentes *V*: *corr. ζη* 393 acciperet *V*: *corr. ζη* lacti *V* (lacti al. leti *R*, leti al. lacti *m*, leti *g*) spumantibus *η* 394 mauros *G*

aut rapidi Tritonis era aut Amarunsia uirgo
armatas hominum est praesens hortata cateruas.
sed postquam tellus scelere est imbuta nefando
iustitiamque omnes cupida de mente fugarunt,
perfudere manus fraterno sanguine fratres,
destitit extinctos gnatus lugere parentes,
optauit genitor primaeui funera nati,
liber ut innuptae poteretur flore nouercae,
ignaro mater substernens se impia nato
impia non uerita est diuos scelerare penates.
omnia fanda nefanda malo permixta furore
iustificam nobis mentem auertere deorum.
quare nec talis dignantur uisere coetus,
nec se contingi patiuntur lumine claro.

LXV

Etsi me assiduo confectum cura dolore
 seuocat a doctis, Ortale, uirginibus,
nec potis est dulcis Musarum expromere fetus
 mens animi, tantis fluctuat ipsa malis—
namque mei nuper Lethaeo gurgite fratris
 pallidulum manans alluit unda pedem,
Troia Rhoeteo quem subter litore tellus
 ereptum nostris obterit ex oculis.

. . . .

 numquam ego te, uita frater amabilior,

395 Amarunsia *Baehrens*, ramnusia *1472*: ramunsia *O*, ranusia *X* (*cf.* lxvi. 71) 400 natos *X* 402 *uix sanum*, uti nuptae *Maehly* potiretur *V*: *corr.* η nouellae *Baehrens* 404 penates *1472*: parentes *V*

LXV 1 confectum *X* (al. defectum *R*), defectu *O* 2 seuocat ζη: sed uacat *V* 3 dulcis musarum ζθ (dulces η): dulcissimus harum *V* fretus *O*: fletus ε 5 letheo θ, lethaeo in *Parth.*: loethi *O*, lethei *X* fratris] factis *O* (*cf.* lxvi. 22) 7 Tydia al. troya (troia *R*) *X*, Tidia *ut uidetur O* retheo *O*, rhetheo *X* 9 *uersum om. V*

aspiciam posthac? at certe semper amabo,
  semper maesta tua carmina morte canam,
qualia sub densis ramorum concinit umbris
  Daulias, absumpti fata gemens Ityli.—
sed tamen in tantis maeroribus, Ortale, mitto
  haec expressa tibi carmina Battiadae,
ne tua dicta uagis nequiquam credita uentis
  effluxisse meo forte putes animo,
ut missum sponsi furtiuo munere malum
  procurrit casto uirginis e gremio,
quod miserae oblitae molli sub ueste locatum,
  dum aduentu matris prosilit, excutitur,
atque illud prono praeceps agitur decursu,
  huic manat tristi conscius ore rubor.

LXVI

OMNIA qui magni dispexit lumina mundi,
  qui stellarum ortus comperit atque obitus,
flammeus ut rapidi solis nitor obscuretur,
  ut cedant certis sidera temporibus,
ut Triuiam furtim sub Latmia saxa relegans
  dulcis amor gyro deuocet aereo:
idem me ille Conon caelesti in lumine uidit
  e Beroniceo uertice caesariem

11 at ζ: aut *V*   12 carmine *V*: *corr.* γ   canam ζ: tegam *V*   14 Bauilla *O*, Baiula *X* (al. Dauilas *R*, baiulas *g*)   assumpta *O*, as(s)umpti *X*   facta *O*   ithilei *O*, ythilei *G*, ithiley *R*   16 bactiade *r*: actiade *V*

LXVI 1 despexit *V*: *corr. Calph.*   2 habitus *V*: *corr.* ε   4 certis] ceteris *O*   5 sub latmia *Calph.*: sublamina *O*, sublimia *G*, sublimia al. sublamia uel sublimina (sublamina *r*) *R*   religans *V*: *corr.* η   6 gyro *1472* (guro *Ellis*), cliuo ε: guioclero *V*   7 in lumine *Vossius* (lumine *iam* ζ), in culmine *Maebly*: numine *V*   8 ebore niceo *V*: *corr.* η

fulgentem clare, quam multis illa dearum
  leuia protendens brachia pollicita est,
qua rex tempestate nouo auctus hymenaeo
  uastatum finis iuerat Assyrios,
dulcia nocturnae portans uestigia rixae,
  quam de uirgineis gesserat exuuiis.
estne nouis nuptis odio Venus? anne parentum
  frustrantur falsis gaudia lacrimulis,
ubertim thalami quas intra limina fundunt?
  non, ita me diui, uera gemunt, iuerint.
id mea me multis docuit regina querellis
  inuisente nouo proelia torua uiro.
et tu non orbum luxti deserta cubile,
  sed fratris cari flebile discidium?
quam penitus maestas exedit cura medullas!
  ut tibi tunc toto pectore sollicitae
sensibus ereptis mens excidit! at ⟨te⟩ ego certe
  cognoram a parua uirgine magnanimam.
anne bonum oblita es facinus, quo regium adepta es
  coniugium, quod non fortior ausit alis?
sed tum maesta uirum mittens quae uerba locuta es!
  Iuppiter, ut tristi lumina saepe manu!
quis te mutauit tantus deus? an quod amantes
  non longe a caro corpore abesse uolunt?
atque ibi me cunctis pro dulci coniuge diuis

11 quare ex *V*: *corr. 1473*   12 uastum *V*: *corr.* ζη   ierat *V*: *corr.* γ   15 anne θ: atque *V*   17 lumina *V*: *corr.* ζ   18 diui β: diu *V*   iuuerint *V*: *corr. 1472*   21 et *O*, et al. at *X*   22 fratris] factis *O*   23 quam *Bentley*: cum *V*   24 ibi *G*   tunc *O*, nunc al. tunc. *X*   solicitet *V*: *corr. 1473*   25 te *add. Auantius*^{3} 26 magnanima *V*: *corr.* ζη   27 quo *Auantius*^{3}: quam *V*   adepta es *Calph.* (-ta's *Lachmann*): adeptos *O*, adeptus *X*   28 quo (*ita* ζ) non fortius (*ita Iuntina*) *Muretus*   ausit '*antiqui codices*' *teste Petro Nicetto apud Robortellum*: aut sit *V*   29 cum *O*   32 adesse *G*   33 me *Colotius*: pro *V*

non sine taurino sanguine pollicita es,
si reditum tetulisset. is haut in tempore longo
captam Asiam Aegypti finibus addiderat.
quis ego pro factis caelesti reddita coetu
pristina uota nouo munere dissoluo.
inuita, o regina, tuo de uertice cessi,
inuita: adiuro teque tuumque caput,
digna ferat quod si quis inaniter adiurarit:
sed qui se ferro postulet esse parem?
ille quoque euersus mons est, quem maximum in oris
progenies Thiae clara superuehitur,
cum Medi peperere nouum mare, cumque iuuentus
per medium classi barbara nauit Athon.
quid facient crines, cum ferro talia cedant?
Iuppiter, ut Chalybon omne genus pereat,
et qui principio sub terra quaerere uenas
institit ac ferri stringere duritiem!
abiunctae paulo ante comae mea fata sorores
lugebant, cum se Memnonis Aethiopis
unigena impellens nutantibus aera pennis
obtulit Arsinoes Locridos ales equos,
isque per aetherias me tollens auolat umbras
et Veneris casto collocat in gremio.

34 taurino *om.* *O* 35 si] sed *O*, sed al. si *X* haut *Statius* (haud *iam Aldina*): aut *V* 41 ferat quod *X*, feratque *O* adiuraret *V*: *corr. Aldina* 43 quem *X*, quae *O* maximum '*alii*' *apud A. Guarinum*: maxima *V* 44 Thiae *Vossius*: phitie *O*, phytie *X* 45 cum *Rmg*: tum *V* peperere *η*: propere *V* cumque *O*, atque *G*, atque al. cumque *R* 48 Chalybon *Politianus*: celerum *O*, celitum *G*, celitum al. celorum *R* (al. celtum *add.* *r*) 50 ferri (*ita* *ζη*) stringere *Heyse*: ferris fringere (fingere *O*) *V* 51 facta *O* 52 menonis ethyopis *X* 54 arsinoes *Og*, asineos *G*, asineos al. arsinoes *Rm* Locridos *Bentley*, Locricos *Statius*: elocridicos *V* alis *V*: *corr.* *ζ* 55 isque (*V* is quia al. -que *m*, al. quia *add.* *g*) aduolat *X* 56 collocat *O*, aduolat *X* (al. collocat *Rmg*)

ipsa suum Zephyritis eo famulum legarat,
  Graiia Canopitis incola litoribus.
†hi dii uen ibi† uario ne solum in lumine caeli
  ex Ariadnaeis aurea temporibus
fixa corona foret, sed nos quoque fulgeremus
  deuotae flaui uerticis exuuiae,
uuidulam a fluctu cedentem ad templa deum me
  sidus in antiquis diua nouum posuit.
Virginis et saeui contingens namque Leonis
  lumina, Callisto iuncta Lycaoniae,
uertor in occasum, tardum dux ante Booten,
  qui uix sero alto mergitur Oceano.
sed quamquam me nocte premunt uestigia diuum,
  lux autem canae Tethyi restituit,
(pace tua fari hic liceat, Ramnusia uirgo,
  namque ego non ullo uera timore tegam,
nec si me infestis discerpent sidera dictis,
  condita quin ueri pectoris euoluam)
non his tam laetor rebus, quam me afore semper,
  afore me a dominae uertice discrucior,
quicum ego, dum uirgo quondam fuit omnibus expers
  unguentis, una uilia multa bibi.

57 zyphiritis *V* legerat *X* (al. legarat *Rmg*) 58 Graiia *Baehrens* (graia *iam Lachmann*): gratia *V* Canopitis *Statius*, canopieis *ed. Rom.*: canopicis (con- *O*) *V* 59 inde Venus *Postgate*, hic lumen *Mowat*; *locus multum uexatus* lumine γ, limine θ: numine *V* (mumine *R*) 60 adrianeis *V*: *corr.* η 61 uos *OG1*(?) 63 uuidulam *A. Guarinus* (-lum *iam* η), umidulum ζ: uindulum *V* (uiridulum *rmg*) fluctu *V*: fletu *Pall.* deum me ζ: decumme *V* 65 virgis *O* 66 Callistoe iuncta Lycaoniae *Parth.*: calixto (calisto γ) iuxta licaonia *V* 69 quicquam *O* 70 autem *cod. Berolinensis anni mcccclxiii*: aut *V* Tethyi *B. Guarinus*: theti *V* restituem *V*: *corr. Lachmann* 71 pace *r*: parce *V* ranumsia *O*, ranusia *X* 72 ullo *O*, nullo *X* 73 si me θ: sine *V* diserpent *V* 74 qui *V* (qui al. quin *R*) ueri *cod. Berol.* (uerei *Lachmann*): uere *V*, *fort. recte* euolue *V*: *corr. 1473* 75, 76 affore *V* 78 una *V*: nuptae *Morel* uilia *Lobel*: mil(l)ia *V*

nunc uos, optato quas iunxit lumine taeda,
non prius unanimis corpora coniugibus
tradite nudantes reiecta ueste papillas,
quam iucunda mihi munera libet onyx,
uester onyx, casto colitis quae iura cubili.
sed quae se impuro dedit adulterio,
illius a mala dona leuis bibat irrita puluis:
namque ego ab indignis praemia nulla peto.
sed magis, o nuptae, semper concordia uestras,
semper amor sedes incolat assiduus.
tu uero, regina, tuens cum sidera diuam
placabis festis luminibus Venerem,
unguinis expertem non siris esse tuam me,
sed potius largis affice muneribus.
sidera corruerint utinam! coma regia fiam,
proximus Hydrochoi fulgeret Oarion!

LXVII

O DVLCI iucunda uiro, iucunda parenti,
salue, teque bona Iuppiter auctet ope,
ianua, quam Balbo dicunt seruisse benigne
olim, cum sedes ipse senex tenuit,
quamque ferunt rursus gnato seruisse maligne,
postquam es porrecto facta marita sene.

79 quas *Calph.*: quem *V* (quem al. quam *R*) 80 prius *B. Guarinus et Pall.*: post *V* uno animus *V*: *corr. θ* 81 retecta *V*: *corr. η* 82 quam *V*: quin *Lachmann* (*seruato in u.* 80 post) 83 colitis] queritis *R* 85 leuis bibat dona *V*: *corr. 1472* 86 indignatis *O*, indigetis *G*, indigetis al. indignis al. indignatis *R* 87 nostras *V*: *corr. θ* 91 sanguinis *V*: *corr. Bentley* siris *Lachmann* (siueris *iam Scaliger*): uestris *V* tuam *Auantius*: tuum *V* 92 effice *V*: *corr. θ* 93 corruerint *Lachmann*, cur retinent? *Pontanus*: cur iterent *V* 94 id rochoi *V*: *corr. 1472*

LXVII 5 quamquam *O* nato *Froehlich*: uoto *V* maligno *X* 6 es *Aldina*: est *V* marite *V*: *corr. ζ*

dic agedum nobis, quare mutata feraris
  in dominum ueterem deseruisse fidem.
'Non (ita Caecilio placeam, cui tradita nunc sum)
  culpa mea est, quamquam dicitur esse mea,
nec peccatum a me quisquam pote dicere quicquam:
  uerum †istius populi ianua qui te† facit,
qui, quacumque aliquid reperitur non bene factum,
  ad me omnes clamant: ianua, culpa tua est.'
Non istuc satis est uno te dicere uerbo,
  sed facere ut quiuis sentiat et uideat.
'Qui possum? nemo quaerit nec scire laborat.'
  Nos uolumus: nobis dicere ne dubita.
'Primum igitur, uirgo quod fertur tradita nobis,
  falsum est. non illam uir prior attigerit,
languidior tenera cui pendens sicula beta
  numquam se mediam sustulit ad tunicam;
sed pater illius gnati uiolasse cubile
  dicitur et miseram conscelerasse domum,
siue quod impia mens caeco flagrabat amore,
  seu quod iners sterili semine natus erat,
ut quaerendum unde ⟨unde⟩ foret neruosius illud,
  quod posset zonam soluere uirgineam.'
Egregium narras mira pietate parentem,
  qui ipse sui gnati minxerit in gremium.
'Atqui non solum hoc dicit se cognitum habere
  Brixia Cycneae supposita speculae,

7 age dum *Calph.*: age de *V* nobis δ: uobis *V* 8 uenerem *X* 12 isti *r* populo ε qui te *V*: quidque *Statius* 17 qui *Muretus*: quid *V* possim ζ 18 nobis δ: uobis *V* 20 attigerat η 21 *uersum om. hinc O, habet post* lxiv. 386 22 ad *Calph.*: hanc *V* 27 ut *Bergk*: et *V* quaerendum unde unde *Statius*: querendus unde *V* 29 parentum *O* 30 sui] sunt *O* 31 hoc dicit se *O*, se dicit *G*, se dicit hoc *R* 32 Cycneae *Vossius*: chinea *V* suppositum specula *V*: *corr. Pontanus*

flauus quam molli praecurrit flumine Mella,
Brixia Veronae mater amata meae,
sed de Postumio et Corneli narrat amore,
cum quibus illa malum fecit adulterium.
dixerit hic aliquis: quid? tu istaec, ianua, nosti,
cui numquam domini limine abesse licet,
nec populum auscultare, sed hic suffixa tigillo
tantum operire soles aut aperire domum?
saepe illam audiui furtiua uoce loquentem
solam cum ancillis haec sua flagitia,
nomine dicentem quos diximus, utpote quae mi
speraret nec linguam esse nec auriculam.
praeterea addebat quendam, quem dicere nolo
nomine, ne tollat rubra supercilia.
longus homo est, magnas cui lites intulit olim
falsum mendaci uentre puerperium.'

LXVIII

QVOD mihi fortuna casuque oppressus acerbo
conscriptum hoc lacrimis mittis epistolium,
naufragum ut eiectum spumantibus aequoris undis
subleuem et a mortis limine restituam,
quem neque sancta Venus molli requiescere somno
desertum in lecto caelibe perpetitur,
nec ueterum dulci scriptorum carmine Musae
oblectant, cum mens anxia peruigilat:

33 percurrit *V*: *corr. Auantius*[3] Mella *1473*: melo *O*, mello *X* 37 dixit *O* hic *Gr*, hec *O*, his *R* quid *V*: qui *Aldina* iste *V*: *corr. R* 39 hic ζ, hoc ε: hec *V* 42 sola cum concillis (conciliis *X*) *V*: *corr. amicus Venetus F. Robortelli* 44 speraret *Calph.*: sperent *V* (speret *rmg*) 45 addebant *O* 46 ne α: te *V* 47 cui *B. Guarinus et Pall.* (quoi *Lachmann*): qui *V* 48 mendacii *V*: *corr.* β
LXVIII 1 quo *O* 2 hec *O* mittit *X* 3 naufragium *V*: *corr.* ζη 6 disertum *G*

id gratum est mihi, me quoniam tibi dicis amicum,
  muneraque et Musarum hinc petis et Veneris.
sed tibi ne mea sint ignota incommoda, Mani,
  neu me odisse putes hospitis officium,
accipe, quis merser fortunae fluctibus ipse,
  ne amplius a misero dona beata petas.
tempore quo primum uestis mihi tradita pura est,
  iucundum cum aetas florida uer ageret,
multa satis lusi: non est dea nescia nostri,
  quae dulcem curis miscet amaritiem.
sed totum hoc studium luctu fraterna mihi mors
  abstulit. o misero frater adempte mihi,
tu mea tu moriens fregisti commoda, frater,
  tecum una tota est nostra sepulta domus,
omnia tecum una perierunt gaudia nostra,
  quae tuus in uita dulcis alebat amor.
cuius ego interitu tota de mente fugaui
  haec studia atque omnes delicias animi.
quare, quod scribis Veronae turpe Catullo
  esse, quod hic quisquis de meliore nota
frigida deserto tepefactet membra cubili,
  id, Mani, non est turpe, magis miserum est.
ignosces igitur si, quae mihi luctus ademit,
  haec tibi non tribuo munera, cum nequeo.
nam, quod scriptorum non magna est copia apud me,
  hoc fit, quod Romae uiuimus: illa domus,
illa mihi sedes, illic mea carpitur aetas;
  huc una ex multis capsula me sequitur.

10 petit *G*   11 commoda *V*: *corr.* *γ*   Mani *Lachmann*, malli α, mi Alli *Schöll*: mali *V* (al. manli *R*)   12 seu *G*   16 *uersum om. hinc O, post u.* 49 *iteratum in V*   27 catulle *V*: *corr.* *ζ*   29 tepefactet *Bergk*, -faxit *Lachmann*, -fecit *γ*: tepefacit *V* (al. -factat *R*)   30 Mani *Lachmann*, Malli *Calph.*, mi Alli *Schöll*: mali *V*

quod cum ita sit, nolim statuas nos mente maligna
  id facere aut animo non satis ingenuo,
quod tibi non utriusque petenti copia posta est:
  ultro ego deferrem, copia siqua foret.

Non possum reticere, deae, qua me Allius in re
  iuuerit aut quantis iuuerit officiis,
ne fugiens saeclis obliuiscentibus aetas
  illius hoc caeca nocte tegat studium:
sed dicam uobis, uos porro dicite multis
  milibus et facite haec carta loquatur anus.
. . . .
  notescatque magis mortuus atque magis,
nec tenuem texens sublimis aranea telam
  in deserto Alli nomine opus faciat.
nam, mihi quam dederit duplex Amathusia curam,
  scitis, et in quo me torruerit genere,
cum tantum arderem quantum Trinacria rupes
  lymphaque in Oetaeis Malia Thermopylis,
maesta neque assiduo tabescere lumina fletu
  cessarent tristique imbre madere genae.
qualis in aerii perlucens uertice montis
  riuus muscoso prosilit e lapide,
qui cum de prona praeceps est ualle uolutus,
  per medium densi transit iter populi,

37 noli *O* 38 ingenio *V*: *corr.* α 39 posta *V*: praesto *Froehlich*, parta *Schwabe* 40 defferrem *1473*: differrem *V* (differem *G*) 41 qua me Allius *Scaliger*: quam fallius *V* 42 inuenit . . . uiuerit *O* 43 ne *Calph.*: nec *V* sedis *V*: *corr. 1472* 46 cerata *O*, certa *G*, certa al. carta *R*: cera *Statius* 47 *uersum om. V* (deficit *in margine X*) 48 notescamque *G* *Post u.* 49 *exhibuit* iocundum cometas florida ut ageret (u. 16) *V*: *del. 1473* 50 ali *X* 51 nam] non *G* 52 corruerit *V*: *corr. Turnebus* 54 cetheis *O*, eetheis *G*, oethis *R* maulia *V*: *corr.* ζ termopilis *O*, -philis *G*, -phylis *R* 55 lumina θ: nummula *O*, numula *X* 56 cessarent θ: cessare ne *V* 59 ualde *V*: *corr.* ζη

dulce uiatori lasso in sudore leuamen,
  cum grauis exustos aestus hiulcat agros,
ac uelut in nigro iactatis turbine nautis
  lenius aspirans aura secunda uenit
iam prece Pollucis, iam Castoris implorata,
  tale fuit nobis Allius auxilium.
is clausum lato patefecit limite campum,
  isque domum nobis isque dedit dominae,
ad quam communes exerceremus amores.
  quo mea se molli candida diua pede
intulit et trito fulgentem in limine plantam
  innixa arguta constituit solea,
coniugis ut quondam flagrans aduenit amore
  Protesilaeam Laudamia domum
inceptam frustra, nondum cum sanguine sacro
  hostia caelestis pacificasset eros.
nil mihi tam ualde placeat, Ramnusia uirgo,
  quod temere inuitis suscipiatur eris.
quam ieiuna pium desideret ara cruorem,
  docta est amisso Laudamia uiro,
coniugis ante coacta noui dimittere collum,
  quam ueniens una atque altera rursus hiems
noctibus in longis auidum saturasset amorem,
  posset ut abrupto uiuere coniugio,
quod scibant Parcae non longo tempore abesse,

61 dulce *Laetus*: duce *V*   uiatorum *O*, uiatori *X* (al. -rum *R*)   lasso η: basso *V*   leuamus *V*: *corr. Calph.*   63 ac] hec O_1 hic *X*   64 leuius *V*: *corr.* β 65 implorate *V*: *corr.* η 66 allius *O* (uel manllius *in margine*), manlius *X*: Manius *Lachmann*   67 classum *X*   68 dominae *Froehlich*: dominam *V*   73 amorem *V*: *corr. r*   74 protesileam (-thes- *X*) laudomia *V*   75 incepta *V*: *corr. Turnebus*   77 rammusia *O*, ranusia *X*   79 desideret θ (defideret β): deficeret *V*   80 laudomia *V*   uirgo *V*: *corr. rmg*   81 nouit *V* (nouit al. uouit *R*): *corr. Auantius*[3]   84 abrupto] abinnupto *O*   85 scirant *L. Mueller*, scibat *Lachmann*   abesse $\zeta\eta$: abisse *V*

si miles muros isset ad Iliacos.
nam tum Helenae raptu primores Argiuorum
coeperat ad sese Troia ciere uiros,
Troia (nefas!) commune sepulcrum Asiae Europaeque,
Troia uirum et uirtutum omnium acerba cinis,
quaene etiam nostro letum miserabile fratri
attulit. ei misero frater adempte mihi,
ei misero fratri iucundum lumen ademptum,
tecum una tota est nostra sepulta domus,
omnia tecum una perierunt gaudia nostra,
quae tuus in uita dulcis alebat amor.
quem nunc tam longe non inter nota sepulcra
nec prope cognatos compositum cineres,
sed Troia obscena, Troia infelice sepultum
detinet extremo terra aliena solo.
ad quam tum properans fertur ⟨lecta⟩ undique pubes
Graeca penetralis deseruisse focos,
ne Paris abducta gauisus libera moecha
otia pacato degeret in thalamo.
quo tibi tum casu, pulcerrima Laudamia,
ereptum est uita dulcius atque anima
coniugium: tanto te absorbens uertice amoris
aestus in abruptum detulerat barathrum,
quale ferunt Grai Pheneum prope Cyllenaeum
siccare emulsa pingue palude solum,
quod quondam caesis montis fodisse medullis

90 *Nonius p.* 291 *L.* (cinis) feminino aput Caesarem et Catullum et Caluum lectum est, quorum uaccillat auctoritas (*cf.* ci. 4).

---

87 cum *O* 91 quaene etiam *Heinsius*: que uetet id *V* frater *V* (frater al. fratri *R*) 92 hei *X* frateter *X* 93 hei *V* iocundumque limine *O* adeptum *V*: *corr.* α 97 quem η: que *V* 98 cineris *V* 101 tuum *G* lecta *add. Eldik*, simul *1472*, *alii alia* 103 nec *V*: *corr. G* 105 quod *V*: *corr.* ζ cum *G* laudomia *V* 109 peneum *V*: *corr. Auantius* 110 siccari *V* (sic- *O*): *corr. Schrader*

audit falsiparens Amphitryoniades,
tempore quo certa Stymphalia monstra sagitta
perculit imperio deterioris eri,
pluribus ut caeli tereretur ianua diuis,
Hebe nec longa uirginitate foret.
sed tuus altus amor barathro fuit altior illo,
qui tamen indomitam ferre iugum docuit.
nam nec tam carum confecto aetate parenti
una caput seri nata nepotis alit,
qui, cum diuitiis uix tandem inuentus auitis
nomen testatas intulit in tabulas,
impia derisi gentilis gaudia tollens
suscitat a cano uolturium capiti:
nec tantum niueo gauisa est ulla columbo
compar, quae multo dicitur improbius
oscula mordenti semper decerpere rostro,
quam quae praecipue multiuola est mulier.
sed tu horum magnos uicisti sola furores,
ut semel es flauo conciliata uiro.
aut nihil aut paulo cui tum concedere digna
lux mea se nostrum contulit in gremium,
quam circumcursans hinc illinc saepe Cupido
fulgebat crocina candidus in tunica.
quae tamen etsi uno non est contenta Catullo,
rara uerecundae furta feremus erae,
ne nimium simus stultorum more molesti.
saepe etiam Iuno, maxima caelicolum,

112 audet *V*: *corr. Palmerius* amphitrioniadis (amphyt- *X*) *V* 114 pertulit *V*: *corr.* β 115 tereretur *R*, terreretur *O*, treerretur *G*: terretur *rmg* 118 tamen *Heyse et* indomitam *Statius*: tuum domitum *V* 119 tam *O*, causa *X* (al. neque tam carum *R*) 124 scuscitata cano uoltarium *V* 128 quam quae *Auantius*[3], quantum *Calph.*: quamquam *V* 129 tu horum η: tuorum *V* 130 es flauo ζη: efflauo *O*, eflauo *X* 131 tum *Auantius*[3]: tu *V*

coniugis in culpa flagrantem concoquit iram,
   noscens omniuoli plurima furta Iouis.
atqui nec diuis homines componier aequum est,
   . . . .
. . . .
   ingratum tremuli tolle parentis onus.
nec tamen illa mihi dextra deducta paterna
   fragrantem Assyrio uenit odore domum,
sed furtiua dedit mira munuscula nocte,
   ipsius ex ipso dempta uiri gremio.
quare illud satis est, si nobis is datur unis
   quem lapide illa dies candidiore notat.

hoc tibi, quod potui, confectum carmine munus
   pro multis, Alli, redditur officiis,
ne uestrum scabra tangat rubigine nomen
   haec atque illa dies atque alia atque alia.
huc addent diui quam plurima, quae Themis olim
   antiquis solita est munera ferre piis.
sitis felices et tu simul et tua uita,
   et domus ⟨ipsa⟩ in qua lusimus et domina,
et qui principio nobis †terram dedit aufert†,
   a quo sunt primo omnia nata bona,
et longe ante omnes mihi quae me carior ipso est,
   lux mea, qua uiua uiuere dulce mihi est.

139 concoquit iram *Lachmann*: cotidiana (quot- *X*) *V*   140 furta ζ: facta *V* (*cf.* xxiii. 10)   141 atqui θ, at quia δ: atque *V*   componier *Calph.*: componere *V*   *Post u.* 141 *lacunam indicauit Marcilius*   143 dextra θ: deastra *O*, de astra *X*   144 flagrantem *V*   145 mira *uix recte V*: rara *Haupt*   147 is] hiis *O*, his *X*   148 diem *1473*, *fort. recte*   149 quo *Muretus*   150 Alli *Scaliger*: aliis *V*   155 sitis ζη: satis *V*   uita *r*: uice *O*, uite *G*, uirtute *R*   156 ipsa *add.* ζη, *post* qua *add.* nos *uel* olim *alii*   157 *locus conclamatus*   158 bona ζ: bono *V*   semina nata boni *Peiper*   159 qui *G*   160 d. mihi est β, d. mihi ζ: mihi d. est *V*

LXIX

NOLI admirari, quare tibi femina nulla,
  Rufe, uelit tenerum supposuisse femur,
non si illam rarae labefactes munere uestis
  aut perluciduli deliciis lapidis.
laedit te quaedam mala fabula, qua tibi fertur
  ualle sub alarum trux habitare caper.
hunc metuunt omnes, neque mirum: nam mala ualde est
  bestia, nec quicum bella puella cubet.
quare aut crudelem nasorum interfice pestem,
  aut admirari desine cur fugiunt.

LXX

NVLLI se dicit mulier mea nubere malle
  quam mihi, non si se Iuppiter ipse petat.
dicit: sed mulier cupido quod dicit amanti,
  in uento et rapida scribere oportet aqua.

LXXI

SI cui iure bono sacer alarum obstitit hircus,
  aut si quem merito tarda podagra secat,
aemulus iste tuus, qui uestrum exercet amorem,
  mirifice est †a te nactus utrumque malum.
nam quotiens futuit, totiens ulciscitur ambos:
  illam affligit odore, ipse perit podagra.

LXIX 2 ruffe *V*: *corr. m* 3 non illam rarae *Calph.* (si *add. Aldina*): nos illa mare *V* 4 pro luciduli *R* 5 qua *g*: que *V* 8 qui cum *β*: cui cum *V*

LXXI 1 cui *Calph.* (quoi *Vossius*): qua *V* (qua al. quo *R*) iure *Pall.*, Virro *B. Guarinus*: uiro *V* sacer alarum *Calph.*: sacratorum *O*, sacrorum *X* 2 quem *θ*: quam *V* podraga *X* secat *ζ*: secunt *O*, secum *X* 3 nostrum *g*

LXXII

DICEBAS quondam solum te nosse Catullum,
  Lesbia, nec prae me uelle tenere Iouem.
dilexi tum te non tantum ut uulgus amicam,
  sed pater ut gnatos diligit et generos.
nunc te cognoui: quare etsi impensius uror,
  multo mi tamen es uilior et leuior.
qui potis est, inquis? quod amantem iniuria talis
  cogit amare magis, sed bene uelle minus.

LXXIII

DESINE de quoquam quicquam bene uelle mereri
  aut aliquem fieri posse putare pium.
omnia sunt ingrata, nihil fecisse benigne
  ⟨prodest,⟩ immo etiam taedet obestque magis;
ut mihi, quem nemo grauius nec acerbius urget,
  quam modo qui me unum atque unicum amicum habuit.

LXXIV

GELLIVS audierat patruum obiurgare solere,
  si quis delicias diceret aut faceret.
hoc ne ipsi accideret, patrui perdepsuit ipsam
  uxorem et patruum reddidit Arpocratem.
quod uoluit fecit: nam, quamuis irrumet ipsum
  nunc patruum, uerbum non faciet patruus.

LXXII 8 *citat Donatus in Terentium, Andr.* 718.

LXXII 2 prae me *R*, prime *O*, per me *G*   6 mi tamen es *A. Guarinus*: ita me nec *V*   7 quod *β*: quam *V*

LXXIII 1 quicquam *ζ*: quisquam *V*   4 prodest *add. Auantius*[3], iuuerit *Baehrens*, iam iuuat *Munro*   obstetque *R* (stetque *r*)   magis *Aldina*: magisque magis *V*   5 quem *γ*: que *V*   6 habet *X* (habuit *in margine R*)

LXXIV 1 Selius *O* (Sellius *O corr.*), Lelius *G*, Lelius al. Gellius *R*   solere *B. Guarinus*: flere *V*   3 perdespuit *V*: *corr. 'uir eruditus' apud Statium*   4 harpocratem *V*

LXXV

Hvc est mens deducta tua mea, Lesbia, culpa
atque ita se officio perdidit ipsa suo,
ut iam nec bene uelle queat tibi, si optima fias,
nec desistere amare, omnia si facias.

LXXVI

Siqva recordanti benefacta priora uoluptas
est homini, cum se cogitat esse pium,
nec sanctam uiolasse fidem, nec foedere nullo
diuum ad fallendos numine abusum homines,
multa parata manent in longa aetate, Catulle,
ex hoc ingrato gaudia amore tibi.
nam quaecumque homines bene cuiquam aut dicere possunt
aut facere, haec a te dictaque factaque sunt.
omnia quae ingratae perierunt credita menti.
quare iam te cur amplius excrucies?
quin tu animo offirmas atque istinc teque reducis,
et dis inuitis desinis esse miser?
difficile est longum subito deponere amorem,
difficile est, uerum hoc qua lubet efficias:
una salus haec est, hoc est tibi peruincendum,
hoc facias, siue id non pote siue pote.
o di, si uestrum est misereri, aut si quibus umquam
extremam iam ipsa in morte tulistis opem,

LXXV 3 uelle queat *Lachmann* (queam θ): uelleque tot *V*

LXXVI 3 nullo *V* (*cf.* xlviii. 4): in ullo θ, *fort. recte* 5 manent $\zeta\eta$: manentum *O*, manenti *X* 8 sint *O* 9 omniaque *V* 10 iam te cur $\zeta\eta$: cur te iam *V* 11 quin θ: qui *V* tu *r*: tui *V* affirmas *R* istinc teque *Heinsius*: instincteque *O*, -toque *X* 12 dis γ, deis ϵ: des *V* 13 amicum *R1* 14 hec *O* quam lubet *V*: *corr.* ζ officias *O* 15 hoc *R*: hec *V* 16 hoc *R*: hec *V* faties *R* 17 miseri *O* 18 extremam *cod. Berol.*: extremo *V* (-ma *r*) ipsa in *Aldina*: ipsam *V*

me miserum aspicite et, si uitam puriter egi,
eripite hanc pestem perniciemque mihi,
quae mihi subrepens imos ut torpor in artus
expulit ex omni pectore laetitias.
non iam illud quaero, contra me ut diligat illa,
aut, quod non potis est, esse pudica uelit:
ipse ualere opto et taetrum hunc deponere morbum.
o di, reddite mi hoc pro pietate mea.

LXXVII

Rvfe mihi frustra ac nequiquam credite amice
(frustra? immo magno cum pretio atque malo),
sicine subrepsti mi, atque intestina perurens
ei misero eripuisti omnia nostra bona?
eripuisti, heu heu nostrae crudele uenenum
uitae, heu heu nostrae pestis amicitiae.

LXXVIII

Gallvs habet fratres, quorum est lepidissima coniunx
alterius, lepidus filius alterius.
Gallus homo est bellus: nam dulces iungit amores,
cum puero ut bello bella puella cubet.
Gallus homo est stultus, nec se uidet esse maritum,
qui patruus patrui monstret adulterium.

21 quae *Calph.*: seu *V* torpor *η*: corpore *V* 22 delitias *Rr* 23 me ut *β*, ut me *ζ*: me ut me *V* 26 dei *V* (dii *R*) mi *r*: michi *V* pro pietate *m*: proprietate *V*

LXXVII 1 ruffe *V*: *corr. m* amico *X* 3 surrepsti *Calph.*: subrepti *O*, subrecti *X* mei *V* 4 ei *Lachmann*, sic *ζ*: si *V* (si al. mi *R*) 5 *et* 6 heu heu *r*: heu *V* (he heu *G*) 6 nostro *X* pestis *B. Guarinus*: pectus *V*

LXXVIII[b]

* * * * * * * *

sed nunc id doleo, quod purae pura puellae
suauia comminxit spurca saliua tua.
uerum id non impune feres: nam te omnia saecla
noscent et, qui sis, fama loquetur anus.

LXXIX

LESBIVS est pulcer. quid ni? quem Lesbia malit
quam te cum tota gente, Catulle, tua.
sed tamen hic pulcer uendat cum gente Catullum,
si tria notorum suauia reppererit.

LXXX

QVID dicam, Gelli, quare rosea ista labella
hiberna fiant candidiora niue,
mane domo cum exis et cum te octaua quiete
e molli longo suscitat hora die?
nescio quid certe est: an uere fama susurrat
grandia te medii tenta uorare uiri?
sic certe est: clamant Victoris rupta miselli
ilia, et emulso labra notata sero.

LXXVIII[b] *Hos quattuor uersus post* lxxvii. 6 *posuit Scaliger, alibi alii* 2 conminxit *Scaliger*: connuxit *O*, coniunxit *X* 3 u. id non *O*, u. non id *G*, id u. non *R* 4 quis scis *X* fama loquetur anus *Calpb.*: famuloque tanus *V* (canus *G*, tanus al. -e- *R*)

LXXIX 1 ni quem *Calpb.* (ni *iam 1473*): inquam *V* mallit *X* 4 natorum *X* repererit *X*

LXXX 2 ruberna *O* 3 exis et ζη: exisset *V* 6 tanta *V* (tanta al. tenta *R*) 8 ilia et emulso *B. Guarinus* (*P. Valerianus et G. Faernus, teste Statio*): ille te mulso *V*

LXXXI

NEMONE in tanto potuit populo esse, Iuuenti,
bellus homo, quem tu diligere inciperes,
praeterquam iste tuus moribunda ab sede Pisauri
hospes inaurata pallidior statua,
qui tibi nunc cordi est, quem tu praeponere nobis
audes, et nescis quod facinus facias?

LXXXII

QVINTI, si tibi uis oculos debere Catullum
aut aliud si quid carius est oculis,
eripere ei noli, multo quod carius illi
est oculis seu quid carius est oculis.

LXXXIII

LESBIA mi praesente uiro mala plurima dicit:
haec illi fatuo maxima laetitia est.
mule, nihil sentis? si nostri oblita taceret,
sana esset: nunc quod gannit et obloquitur,
non solum meminit, sed, quae multo acrior est res,
irata est. hoc est, uritur et loquitur.

LXXXIV

CHOMMODA dicebat, si quando commoda uellet
dicere, et insidias Arrius hinsidias,
et tum mirifice sperabat se esse locutum,

LXXXI 1 uiuenti *V*: *corr. 1472* 3 ab *V*: a *m* pisanum *O* 5 qui *Calph.*: quid *V* 6 quod *ζη*: quid *V*
LXXXIII 3 mulle *X* 4 sanna *O*, samia *G*, samia al. sana *R* 6 hec *V*: *corr. G*
LXXXIV 1 chommoda *Calph.*, chomoda *Pontanus*: commoda *V* 2 hinsidias *Politianus et Calph.*: insidias he (hee *O*) *V* (he *del. r*) 3, 4 *hic collocauit Politianus, post u. 10 V*

cum quantum poterat dixerat hinsidias.
credo, sic mater, sic liber auunculus eius,
sic maternus auus dixerat atque auia.
hoc misso in Syriam requierant omnibus aures:
audibant eadem haec leniter et leuiter,
nec sibi postilla metuebant talia uerba,
cum subito affertur nuntius horribilis,
Ionios fluctus, postquam illuc Arrius isset,
iam non Ionios esse sed Hionios.

LXXXV

ODI et amo. quare id faciam, fortasse requiris?
nescio, sed fieri sentio et excrucior.

LXXXVI

QVINTIA formosa est multis. mihi candida, longa,
recta est: haec ego sic singula confiteor.
totum illud formosa nego: nam nulla uenustas,
nulla in tam magno est corpore mica salis.
Lesbia formosa est, quae cum pulcerrima tota est,
tum omnibus una omnis surripuit Veneres.

LXXXVI 4 *Quintilianus, inst. orat.* vi. 3. 18 et Catullus, cum dicit 'nulla est in corpore mica salis', non hoc dicit, nihil in corpore eius esse ridiculum.

---

4 hinsidias *Parth.*: insidias *V* 5 liber *multis suspectum* eius η: eius est *V* 7 hoc ϵ: hec *O*, hic *G*, hic al. hec *R* syriam *g*: syria *V* (sir- *O*) 8 audiebant *V*: *corr.* η 11 Arius *Calph.*: arcius *O*, artius *X* esset *G* 12 hionios θ *et Politianus*: ionios *V* (ionios . . . Ionios *X*)

LXXXV 1 ama *Rr* 2 sed] si *O*

LXXXVI 6 omnes *X*

LXXXVII

NVLLA potest mulier tantum se dicere amatam
uere, quantum a me Lesbia amata mea est.
nulla fides ullo fuit umquam foedere tanta,
quanta in amore tuo ex parte reperta mea est.

LXXXVIII

QVID facit is, Gelli, qui cum matre atque sorore
prurit et abiectis peruigilat tunicis?
quid facit is, patruum qui non sinit esse maritum?
ecquid scis quantum suscipiat sceleris?
suscipit, o Gelli, quantum non ultima Tethys
nec genitor Nympharum abluit Oceanus:
nam nihil est quicquam sceleris, quo prodeat ultra,
non si demisso se ipse uoret capite.

LXXXIX

GELLIVS est tenuis: quid ni? cui tam bona mater
tamque ualens uiuat tamque uenusta soror
tamque bonus patruus tamque omnia plena puellis
cognatis, quare is desinat esse macer?
qui ut nihil attingat, nisi quod fas tangere non est,
quantumuis quare sit macer inuenies.

XC

NASCATVR magus ex Gelli matrisque nefando
coniugio et discat Persicum aruspicium:

LXXXVII 1 potest] pone *G* 2 est *V*: es *Scaliger* 3 umquam in *Pall.* tanto *V*: *corr.* ζη
LXXXVIII 2 prurit β: prorurit *O*, proruit *X* 4 et quid *V* 5 thetis *V*: *corr. m*
LXXXIX 1 Tellius *O* 4 mater *V*: *corr. r* 6 fit *V*: *corr.* γ
XC 1 magnus *V*: *corr.* ζη

nam magus ex matre et gnato gignatur oportet,
si uera est Persarum impia religio,
gratus ut accepto ueneretur carmine diuos
omentum in flamma pingue liquefaciens.

XCI

Non ideo, Gelli, sperabam te mihi fidum
in misero hoc nostro, hoc perdito amore fore,
quod te cognossem bene constantemue putarem
aut posse a turpi mentem inhibere probro;
sed neque quod matrem nec germanam esse uidebam
hanc tibi, cuius me magnus edebat amor.
et quamuis tecum multo coniungerer usu,
non satis id causae credideram esse tibi.
tu satis id duxti: tantum tibi gaudium in omni
culpa est, in quacumque est aliquid sceleris.

XCII

Lesbia mi dicit semper male nec tacet umquam
de me: Lesbia me dispeream nisi amat.
quo signo? quia sunt totidem mea: deprecor illam
assidue, uerum dispeream nisi amo.

XCII 1–4 *Aulus Gellius* vii. 16. 2 (quispiam) cum esset uerbum 'deprecor' doctiuscule positum in Catulli carmine, quia id ignorabat, frigidissimos uersus esse dicebat omnium quidem iudicio uenustissimos, quos subscripsi: 'Lesbia . . . amo.'

---

3 magnus *V*: *corr.* *γ*   5 gratus *L. Mueller*: gnatus *V*   6 omentum*m* (?) *ε*: quintum *O*, omne tum *X*

XCI 3 constanterue *R*   4 a *ζη*: aut *V*   mente *V*: *corr.* *ζ*   9 induxti *V*: *corr. Aldina*

XCII 2–4 amat . . . nisi *om.* *X*   3 mea *Vossius*: ea *O et traditus Gelli textus*   4 uero *O*   amo al. amat *R*

XCIII

NIL nimium studeo, Caesar, tibi uelle placere,
  nec scire utrum sis albus an ater homo.

XCIV

MENTVLA moechatur. Moechatur mentula? Certe.
  Hoc est quod dicunt: ipsa olera olla legit.

XCV

ZMYRNA mei Cinnae nonam post denique messem
  quam coepta est nonamque edita post hiemem,
milia cum interea quingenta Hortensius uno
. . . .
Zmyrna cauas Satrachi penitus mittetur ad undas,
  Zmyrnam cana diu saecula peruoluent.
at Volusi annales Paduam morientur ad ipsam
  et laxas scombris saepe dabunt tunicas.

XCV^{b}

PARVA mei mihi sint cordi monimenta . . .,
  at populus tumido gaudeat Antimacho.

XCIII 2 *Quintilianus, inst. orat.* xi. 1. 38 negat se magni facere aliquis poetarum 'utrum Caesar ater an albus homo sit'.

XCIII 2 scire *'in uetustiori codice' testatur A. Guarinus*: si ore *V*   sis albus an ater *ex 'probatissimis codicibus' Beroaldus*: si saluus an alter *V*

XCV 1 Zinirna *OG*   mensem *O*   5, 6 Zinirna, -am *V*   5 canas *V*: *corr.* *ζη*   6 peruoluit *V*: *corr. Calph.*

XCVb *a praecedentibus seiunxit Statius, haud scio an recte*   1 sodalis *add. Aldina*, Catonis *Leo*, laboris *ζη*, *alii alia*   2 tumido *X*, uel tu timido *O*   eutimacho *V*

XCVI

Si quicquam mutis gratum acceptumue sepulcris
  accidere a nostro, Calue, dolore potest,
quo desiderio ueteres renouamus amores
  atque olim missas flemus amicitias,
certe non tanto mors immatura dolori est
  Quintiliae, quantum gaudet amore tuo.

XCVII

Non (ita me di ament) quicquam referre putaui,
  utrumne os an culum olfacerem Aemilio.
nilo mundius hoc, nihiloque immundius illud,
  uerum etiam culus mundior et melior:
nam sine dentibus est. hoc dentis sesquipedalis,
  gingiuas uero ploxeni habet ueteris,
praeterea rictum qualem diffissus in aestu
  meientis mulae cunnus habere solet.
hic futuit multas et se facit esse uenustum,
  et non pistrino traditur atque asino?
quem siqua attingit, non illam posse putemus
  aegroti culum lingere carnificis?

XCVII 6 *Quintilianus, inst. orat.* i. 5. 8 Catullus 'ploxenum' circa Padum inuenit; *Festus p.* 260 *L.* ploxinum appellari ait Catullus capsum in cisio capsamue, cum dixit 'gingiuas . . . ueteris'.

XCVI 1 et gratum *V*: *corr.* ε   3 que *O*   renouamur *O*   5 dolori β: dolor *V*   6 Quintilie *Rmg*: quintile *V*

XCVII 1 quicquid *V* (al. quicquam *R*)   2 utrumne *Auantius*[3]: utrum *V*   3 nilo *G*: nihilo *OR*   nihiloque θ: nobisque *V*   immundior ille *Lachmann*   5 hoc *cod. Vaticanus lat.* 1608, os *Froehlich* (dentis os *iam* ζ): hic *V*   seseque dedalis *V*: *corr.* ζ   6 ploxnio *O*, ploxonio *X*   7 diffissus *Statius*: deffessus *V* (defes- *X*)   aestu ζη: estum *V*   8 megentis *V*: *corr. r*   mulle *X*   9 fecit *X*

XCVIII

IN te, si in quemquam, dici pote, putide Victi,
  id quod uerbosis dicitur et fatuis.
ista cum lingua, si usus ueniat tibi, possis
  culos et crepidas lingere carpatinas.
si nos omnino uis omnes perdere, Victi,
  hiscas: omnino quod cupis efficies.

XCIX

SVRRIPVI tibi, dum ludis, mellite Iuuenti,
  suauiolum dulci dulcius ambrosia.
uerum id non impune tuli: namque amplius horam
  suffixum in summa me memini esse cruce,
dum tibi me purgo nec possum fletibus ullis
  tantillum uestrae demere saeuitiae.
nam simul id factum est, multis diluta labella
  guttis abstersisti omnibus articulis,
ne quicquam nostro contractum ex ore maneret,
  tamquam commictae spurca saliua lupae.
praeterea infesto miserum me tradere amori
  non cessasti omnique excruciare modo,
ut mi ex ambrosia mutatum iam foret illud
  suauiolum tristi tristius elleboro.
quam quoniam poenam misero proponis amori,
  numquam iam posthac basia surripiam.

XCVIII 1 in quenquam *Aldina*: inquam quam *V*   pote *om.* *O*   1 *et* 5 uicti *V*, *quod idem ac* uicci *sonat*: Vetti *Statius*, Vitti *Haupt*   4 carpantians *O*, carpatians *X* (carpatinas *in margine R*)   5 uos *O*   6 hiscas *Vossius*: discas *V*

XCIX 1 surripuit *V* (surmpuit *O*): *corr.* ζη   2 ambrosio *V*: *corr.* ε   7 id] ad *G*   8 abstersisti *Auantius*[3]: abstersti *O*, astersi *X*   9 ne ε: nec *V*   10 comitte *O*, commicte *G*, conmincte *R*   13 mi η: michi *V*   ambrosio *V*: *corr.* ζ

C

CAELIVS Aufillenum et Quintius Aufillenam
flos Veronensum depereunt iuuenum,
hic fratrem, ille sororem. hoc est, quod dicitur, illud
fraternum uere dulce sodalicium.
cui faueam potius? Caeli, tibi: nam tua nobis
perspecta ex igni est unica amicitia,
cum uesana meas torreret flamma medullas.
sis felix, Caeli, sis in amore potens.

CI

MVLTAS per gentes et multa per aequora uectus
aduenio has miseras, frater, ad inferias,
ut te postremo donarem munere mortis
et mutam nequiquam alloquerer cinerem.
quandoquidem fortuna mihi tete abstulit ipsum,
heu miser indigne frater adempte mihi,
nunc tamen interea haec, prisco quae more parentum
tradita sunt tristi munere ad inferias,
accipe fraterno multum manantia fletu,
atque in perpetuum, frater, aue atque uale.

CII

SI quicquam tacito commissum est fido ab amico,
cuius sit penitus nota fides animi,
meque esse inuenies illorum iure sacratum,
Corneli, et factum me esse puta Arpocratem.

C 1 Gellius *O*, Celius *X* aufilenum, -nam *V* 2 treronensum *O*, ueronensum *G*, trenorensum al. ueronensum *R* depereunt η: depereret *V* (al. -ant *R*) 6 perspecta ζ: perfecta *V* ex igni *Schöll* (*sed* ex *uix recte*), egregie *Baehrens*: est igitur *O*, est exigitur *G*, est igitur al. exigitur *R*

CI 6 hei misero *Auantius*[3] 7 hec *O*, hoc *X* priscoque *V* 8 tristis munera *Lachmann*

CII 1 amico *r*: antiquo *V*

CIII

AVT sodes mihi redde decem sestertia, Silo,
deinde esto quamuis saeuus et indomitus:
aut, si te nummi delectant, desine quaeso
leno esse atque idem saeuus et indomitus.

CIV

CREDIS me potuisse meae maledicere uitae,
ambobus mihi quae carior est oculis?
non potui, nec, si possem, tam perdite amarem:
sed tu cum Tappone omnia monstra facis.

CV

MENTVLA conatur Pipleium scandere montem:
Musae furcillis praecipitem eiciunt.

CVI

CVM puero bello praeconem qui uidet esse,
quid credat, nisi se uendere discupere?

CVII

SI quicquam cupido optantique optigit umquam
insperanti, hoc est gratum animo proprie.
quare hoc est gratum †nobis quoque† carius auro
quod te restituis, Lesbia, mi cupido.

CIII 1 sextercia *V* 2 esto] est *O*, est o *X* 3 mīmi *O*, mi mi *G*, mimi al. numi *R*

CIV 3 si *om. O* perdita *O* amare *V*: *corr.* ζ

CV 1 pipileium *V*: *corr. R* scindere *V*: *corr.* ζ 2 furcilis *V*: *corr. R*

CVI 1 bello *Aldina*: obelio *V* (obellio *Rmg*) esse *V* (ipse *R*)

CVII 1 quicquam ε, quoi quid *Ribbeck*: quid quid *O*, quicquid *X* cupidoque *Aldina* obtigit *X* 2 insperati *Heinsius* 3 nobis quoque *V*: nobisque est *Haupt*

restituis cupido atque insperanti, ipsa refers te
  nobis. o lucem candidiore nota!
quis me uno uiuit felicior, aut magis †hac est
  †optandus uita dicere quis poterit?

CVIII

Si, Comini, populi arbitrio tua cana senectus
  spurcata impuris moribus intereat,
non equidem dubito quin primum inimica bonorum
  lingua exsecta auido sit data uulturio,
effossos oculos uoret atro gutture coruus,
  intestina canes, cetera membra lupi.

CIX

Ivcvndvm, mea uita, mihi proponis amorem
  hunc nostrum inter nos perpetuumque fore.
di magni, facite ut uere promittere possit,
  atque id sincere dicat et ex animo,
ut liceat nobis tota perducere uita
  aeternum hoc sanctae foedus amicitiae.

CX

Avfillena, bonae semper laudantur amicae:
  accipiunt pretium, quae facere instituunt.
tu, quod promisti, mihi quod mentita inimica es,
  quod nec das et fers saepe, facis facinus.

5 inspiranti *O* 6 luce *V*: *corr. B. Guarinus* 7 hac *O*, me *X* hac res / optandas *Lachmann*

CVIII 1 sic homini *V*: *corr. B. Guarinus* populari *V*: *corr. Statius* (arbitrio populi *Calph.*) 4 execta ζ: exercta *O*, exerta *X*

CIX 1 amore *V*: *corr.* ζη 6 eterne *O*

CX 1 Auffilena *V* 2 quae] quia *O* 3 promisisti *V*: *corr.* γ 4 et *B. Guarinus*: nec *V*

aut facere ingenuae est, aut non promisse pudicae,
Aufillena, fuit: sed data corripere
fraudando officiis, plus quam meretricis auarae ⟨est⟩,
quae sese toto corpore prostituit.

CXI

AVFILLENA, uiro contentam uiuere solo,
nuptarum laus ex laudibus eximiis:
sed cuiuis quamuis potius succumbere par est,
quam matrem fratres ex patruo . . .

CXII

MVLTVS homo es, Naso, neque tecum multus homo ⟨est quin⟩
te scindat: Naso, multus es et pathicus.

CXIII

CONSVLE Pompeio primum duo, Cinna, solebant
Maeciliam: facto consule nunc iterum
manserunt duo, sed creuerunt milia in unum
singula. fecundum semen adulterio.

CXIV

FIRMANO saltu non falso Mentula diues
fertur, qui tot res in se habet egregias,

5 promisse *B. Guarinus et Parth.*: promissa *V* 6 aut fillena *O*, auffilena *X* 7 officiis *Bergk*, effectis *Ellis*, effecit *β*: efficit *V* est *add. Calph.* 8 toto *γ*, totam *Westphal*: tota *V*

CXI 1 aut fillenam *O*, auffilenam (-mam *R*) *X*: -ena *γ* contemptam *O* 2 ex *Passerat* (e *iam Scaliger*): est *V* est . . . ex nimiis *Baehrens* 3 pars *V*: *corr. ζ* 4 efficere ex p. *1472*, ex p. parere *Doering*, *alii alia*: *lacunam exhibuit V*

CXII 1 es *Parth.*: est *V* homost quin *Schwabe*, homo est qui *Scaliger*: homo *V* (homoque *R*) 2 te scindat *post Hauptium Schwabe*: descendit *V*

CXIII 2 Meciliam *G*: mecilia *V* 4 singulum *V*: *corr. 1472*

CXIV 1 Firmano saltu *Aldina* (saltus *iam B. Guarinus*): firmanus saluis *V* mensula *V*: *corr. ε*

aucupium omne genus, piscis, prata, arua ferasque.
  nequiquam: fructus sumptibus exsuperat.
quare concedo sit diues, dum omnia desint.
  saltum laudemus, dum †modo ipse egeat.

CXV

MENTVLA habet instar triginta iugera prati,
  quadraginta arui: cetera sunt maria.
cur non diuitiis Croesum superare potis sit,
  uno qui in saltu tot bona possideat,
prata arua ingentes siluas saltusque paludesque
  usque ad Hyperboreos et mare ad Oceanum?
omnia magna haec sunt, tamen ipsest maximus ultro,
  non homo, sed uero mentula magna minax.

CXVI

SAEPE tibi studioso animo uenante requirens
  carmina uti possem mittere Battiadae,
qui te lenirem nobis, neu conarere
  tela infesta ⟨meum⟩ mittere in usque caput,
hunc uideo mihi nunc frustra sumptum esse laborem,
  Gelli, nec nostras hic ualuisse preces.
contra nos tela ista tua euitabimus †amitha
  at fixus nostris tu dabis supplicium.

3 aucupium ζ, aucupia γ: aucupiam (an cupiam *O*) *V* 6 saltem *X* dum modo *V*: dum tamen β, *alii alia*

CXV 1 instar (istar *O*) *V*: noster *Auantius*[3], saltum *Housman* 3 potis sit ζ: potuisset *V* 4 bona *Aldina*: moda *V* possiderat *O* 5 iugentis *O* 7 ipsest *Froeblich* (ipse est ζη): ipse si *V* ultro *1473*: ultor *V*

CXVI 1 requires *V*: *corr. Auantius* 2 batriade *V*: *corr. Parth.* 4 tela *Muretus*: telis (celis *O*) *V* meum *add. Muretus* mittere inusque *codd. recentiores aliquot*: mitteremusque *V* 6 hic ζ: hinc *V* 7 euitamus ζ amitha *O*, amicta *X*: amictu ε 8 at fixus ζ: affixus *V*

CARMEN CXVI

textui Subiungit G, praescribit R:

Versus domini Beneuenuti de Campexanis de Vicencia
de resurrectione Catulli poete Veronensis.

Ad patriam uenio longis a finibus exul;
causa mei reditus compatriota fuit,
scilicet a calamis tribuit cui Francia nomen
quique notat turbae praetereuntis iter.
quo licet ingenio uestrum celebrate Catullum,
cuius sub modio clausa papirus erat.

FRAGMENTA

I

Hunc lucum tibi dedico consecroque, Priape,
qua domus tua Lampsaci est quaque . . . Priape.
nam te praecipue in suis urbibus colit ora
Hellespontia, ceteris ostriosior oris.

Marius Victorinus, ars gramm. (*p.* 119 *et* 151 *K.*), *Caesius Bassus de metris* (*p.* 260 *K.*), *Terentianus de metris* 2755–8 (*p.* 406 *K.*), *Atilius Fortunatianus, ars* (*p.* 268 *et* 292 *K.*), '*Censorini*' *de metris* (*p.* 605 *K.*) 2 quaque lege Priapi *Buecheler.*

II

de meo ligurrire libido est

Nonius p. 200 *L. s.v.* '*ligurrire*'.

III

at non effugies meos iambos

Porphyrion ad Horati carm. i. 16. 22 denique et Catullus, cum maled cta minaretur, sic ait:

IV

Plinius, hist. nat. xxviii. 19: Hinc Theocriti apud Graecos, Catulli apud nos proximeque Vergilii incantamentorum amatoria imitatio.

V

Seruius ad Vergili georg. ii. 95: Hanc uuam (Rhaeticam) Cato praecipue laudat in libris quos scripsit ad filium; contra Catullus eam uituperat et dicit nulli rei esse aptam, miraturque cur eam laudauerit Cato.

APPENDIX

Carmina graeca quae latine imitatus est poeta noster

(*a*) Ad Catulli carmen li: Sapphus carmen (*Poetarum Lesbiorum fragmenta*, ediderunt E. Lobel et D. Page Oxonii MCMLV, no. 31).

φαίνεταί μοι κῆνος ἴcoc θέοιcιν
ἔμμεν' ὤνηρ, ὄττιc ἐνάντιόc τοι
ἰcδάνει καὶ πλάcιον ἆδυ φωνεί-
  cac ὐπακούει
καὶ γελαίcac ἰμέροεν, τό μ' ἦ μὰν
καρδίαν ἐν cτήθεcιν ἐπτόαιcεν,
ὠc γὰρ ἔc c' ἴδω βρόχε' ὤc με φώναι-
  c' οὐδ' ἒν ἔτ' εἴκει,
ἀλλ' ἄκαν μὲν γλῶccα †ἔαγε λέπτον
δ' αὔτικα χρῶι πῦρ ὐπαδεδρόμηκεν,
ὀππάτεccι δ' οὐδ' ἒν ὄρημμ', ἐπιρρόμ-
  βειcι δ' ἄκουαι,
κὰδ δέ μ' ἴδρωc κακχέεται, τρόμοc δὲ
παῖcαν ἄγρει, χλωροτέρα δὲ ποίαc
ἔμμι, τεθνάκην δ' ὀλίγω 'πιδεύηc
  φαίνομ' †αι . . .
ἀλλὰ πὰν τόλματον ἐπεὶ †καὶ πένητα . . .

(*b*) Ad Catulli carmen lxvi: Callimachi Coma Berenices (*Callimachus* edidit R. Pfeiffer Oxonii I MCMXLIX fragm. 110—uersus laceros praetermisi nonnullos).

1 πάντα τὸν ἐν γραμμαῖcιν ἰδὼν ὅρον ᾗ τε φέρονται

. . . .

7 †η με Κόνων ἔβλεψεν ἐν ἠέρι τὸν Βερενίκηc
  βόcτρυχον ὃν κείνη πᾶcιν ἔθηκε θεοῖc

. . . .

[cύμβολον ἐννυχίης . . . ἀεθλοcύνηc?]

. . . .

. . . cήν τε κάρην ὤμοcα cόν τε βίον

. . . .

ἀμνά]μω[ν Θείης ἀργὸc ὑ]περφέρεται,
βουπόροc Ἀρcινόηc μητρὸc cέο, καὶ διὰ μέ[ccου
Μηδείων ὀλοαὶ νῆεc ἔβηcαν Ἄθω.
τί πλόκαμοι ῥέξωμεν, ὅτ' οὔρεα τοῖα cιδή[ρῳ
εἴκουcιν; Χαλύβων ὡc ἀπόλοιτο γένοc,
γειόθεν ἀντέλλοντα, κακὸν φυτόν, οἵ μιν ἔφ[ηναν
πρῶτοι καὶ τυπίδων ἔφραcαν ἐργαcίην.
ἄρτι νεότμητόν με κόμαι ποθέεcκον ἀδε[λφεαί,
καὶ πρόκατε γνωτὸc Μέμνονοc Αἰθίοποc
ἵετο κυκλώcαc βαλιὰ πτερὰ θῆλυc ἀήτηc,
ἵπποc ἰοζώνου Λοκρίδοc Ἀρcινόηc,
ἤρπ]αcε δὲ πνοιῇ με, δι' ἠέρα δ' ὑγρὸν ἐνείκαc
Κύπρ]ιδοc εἰc κόλπουc . . . [ἔθηκε] . . .
αὐτή μιν Ζεφυρῖτιc ἐπὶ χρέοc . . .
. . . Κανωπίτου ναιέτιc α[ἰγιαλοῦ.
ὄφρα δὲ] μὴ νύμφηc Μινωίδοc ο[. . .
. . .]οc ἀνθρώποιc μοῦνον ἐπι . . .
φάεc]ιν ἐν πολέεccιν ἀρίθμιοc ἀλλ[ὰ γένωμαι
καὶ Βερ]ενίκειοc καλὸc ἐγὼ πλόκαμ[οc,
ὕδαcι] λουόμενόν με παρ' ἀθα[νάτουc ἀνιόντα
Κύπρι]c ἐν ἀρχαίοιc ἄcτρον [ἔθηκε νέον.

. . . .

οὐ τάδε μοι τοccήνδε φέρει χάριν ὅccον ἐκείνηc
ἀ]cχάλλω κορυφῆc οὐκέτι θιξόμεν[οc,
ἧc ἄπο, παρθενίη μὲν ὅτ' ἦν ἔτι, πολλὰ πέπωκα
λιτά, γυναικείων δ' οὐκ ἀπέλαυcα μύρων.

. . . .

INDEX NOMINVM

SCRIPTORVM CLASSICORVM
BIBLIOTHECA OXONIENSIS

OXONII
E TYPOGRAPHEO CLARENDONIANO

SCRIPTORVM CLASSICORVM
BIBLIOTHECA OXONIENSIS

OXONII
E TYPOGRAPHEO CLARENDONIANO

L. ANNAEI SENECAE

AD LVCILIVM EPISTVLAE MORALES

RECOGNOVIT
ET ADNOTATIONE CRITICA INSTRVXIT

L. D. REYNOLDS
COLLEGII AENEI NASI APVD
OXONIENSES SOCIVS

TOMVS I
LIBRI I-XIII

OXONII
E TYPOGRAPHEO CLARENDONIANO

OXFORD
UNIVERSITY PRESS

Great Clarendon Street, Oxford OX2 6DP

Oxford University Press is a department of the University of Oxford. It furthers the University's objective of excellence in research, scholarship, and education by publishing worldwide in

Oxford New York

Auckland Cape Town Dar es Salaam Hong Kong Karachi Kuala Lumpur Madrid Melbourne Mexico City Nairobi New Delhi Shanghai Taipei Toronto

With offices in
Argentina Austria Brazil Chile Czech Republic France Greece Guatemala Hungary Italy Japan Poland Portugal Singapore South Korea Switzerland Thailand Turkey Ukraine Vietnam

Published in the United States by Oxford University Press Inc., New York

First published 1965

ISBN 0-19-814644-2

17 19 20 18 16

Printed in Great Britain on acid-free paper by Antony Rowe Ltd, Chippenham, Wiltshire

PRAEFATIO

L. ANNAEI SENECAE EPISTVLARVM de codicibus quod plenius ac spinosius in opusculo disputavi simul cum hac editione prodituro,[1] idcirco equidem brevissime rem nunc tractare constitui: quae ibi necesse erat argumentis probare, hic adumbrare tantum satis duxi.

Aliquando, neque post quintum ut credo saeculum, totum epistularum corpus in tria minimum corpuscula discissum est, quorum duo tantum hodie extant:[2] alterum epistulas 1–88, alterum 89–124 continet. Haec duo volumina non eadem ad posteros via sunt tradita; nam codices fere omnes saeculo duodecimo inferiores aut epistulas 1–88 aut 89–124 exhibent. Licet ambo corpuscula in uno saeculi decimi libro et saepius in codicibus recentioribus denuo coniuncta inveniamus, subest tamen semper hoc discidium ab ipsa antiquitate repetitum; separatim igitur ea nobis tractanda sunt.

Codices qui epistulas 1–88 continent

Hoc primum epistularum volumen codicibus nititur satis multis, omnes autem ab eodem archetypo derivati sunt, id quod communes errores, communes lacunae docent. Quorum codicum unus, Parisinus latinus 8540 (p), hoc praecipuum habet, quod a ceteris omnibus aliquantulum distat et solus suae codicum classi, si quidem umquam fuit classis, superstes est. Ceteri in duas classes dividuntur, quarum altera littera α, altera γ notari solet. Codices quos in epistulis 1–88 edendis adhibui hi sunt:

[1] *The Medieval Tradition of Seneca's Letters* (Oxford Classical and Philosophical Monographs), Oxonii, 1965.

[2] Supersunt epistulae 124 in viginti libros divisae; sed citat Aulus Gellius (xii. 2. 2 sqq.) locos e vicensimo secundo libro depromptos, nec dubitari potest quin genuina sint haec excerpta, licet nusquam alibi extent.

p = Parisinus bibl. nationalis latinus 8540, saec. ix scriptus. Continet 1 – 71. 7 *videatur Socrates*, nisi quod foliis duobus avulsis nunc desunt 6. 1 *aegris gratulatio* – 8. 10 *aufer*]*ri potest* et 51. 1 *enim legi* – 53. 4 *dum viam*. In foliis 31–32 ab alienae originis libro huic insertis et saec. x ineunte, ut videtur, scriptis adservatur particula epistulae 121 (ab § 12 *praeter*]*ea ipsam* incipiens) et 122 tota. Olim possederunt hunc librum Petrus Pithoeus et Jac. Aug. Thuanus, cuius nomen quamvis erasum in f. 1r dispexi. A librario eiusdem fere aetatis correctus est.

α = fons codicum LQg

L = Laurentianus 76. 40, saec. ix scriptus. Continet 1–65. Ab ipso exemplari α videtur esse descriptus.[1] Lectiones secundae vel tertiae manus (sunt enim manus minimum duae) neglexi sicubi ab aliquo vulgatae stirpis γ codice plane derivatae sunt.

Q = Brixiensis Quirinianus B. II. 6, saec. x scriptus. Continet 1–120. 12 *asperum est*. Folio avulso desunt 109. 17 *nondum exerceri* – 110. 11 *novis malis*, et totus locus 86. 51 *laboribus rusticis* – 87. 25 *nascitur itaque* sic transpositus est ut post 88. 4 *ad musicen* nunc conlocetur. Hunc utilissimum codicem primus nostrae aetatis, qua fuit pietate, anno 1913 publici iuris fecit vir optime de Seneca meritus Achilles Beltrami et ipse Brixiensis.

g = Guelferbytanus Gudianus 335, saec. xi scriptus. Continet (sed ordine perturbato) 2–5, 10, 12, 15–17, 42–43, 47. 1–15. Codicibus LQ ut aetate ita fide cedit.

[1] Vide Otto Foerster, *Handschriftliche Untersuchungen zu Senekas Epistulae Morales und Naturales Quaestiones* (Stutgardiae, 1936), pp. 15–18.

γ = fons codicum OvMVPb

O = Oxoniensis bibl. Bodl. Canonicianus class. lat. 297 et Leidensis Vossianus F. 70. 1. Partes sunt unius eiusdemque codicis circa annum 900 exscripti. Vossianus habet 1–7. 2 *vitia subrepunt*; continuat Canonicianus 7. 2 *quid existimas* – 88. 26 *praeterea utraque*, sed ab exemplari tam mutilo descriptus est ut funditus turbetur ordo sententiarum, verba, versus, totae interim epistulae (ut 20–53, 55–56) omnino desint. Adice quod folia nonnulla nescioquo fuco inquinata vix legi possunt. In epistulis 1–52 tantum citavi.

v = Vaticanus latinus 366, saec. xii scriptus. Continet 1–52. Artam exhibet cum O cognationem, ita tamen ut codice illo antiquiore multo sincerior sit.

M = Metensis 300, saec. xi–xii scriptus. Continet 1–88, sed 53–88 alia manu additae sunt, et quidem eadem quae epistulas 1–52 correxit. In epistulis 1–52 tantum citavi.

V = Venetus Marcianus 270, saec. ix scriptus. Continet 53–88. Hic liber, olim in bibliotheca Sanctae Mariae Remensis adservatus, in possessionem devenit Cardinalis Bessarionis.

P = Parisinus bibl. nationalis latinus 8658A, saec. ix scriptus. Continet 1–88, nisi quod foliis duobus avulsis desunt 87. 19 *quaeris quae* – 87. 31 *ego existimo* et 81. 34 – *biles quaestiones* – 88. 45 *supervacua scire*. Olim possedit Jac. Aug. Thuanus.

b = Parisinus bibl. nationalis latinus 8539, saec. xi scriptus. Continet 1 – 88. 45 *si Protagorae credo*. Olim possedit Petrus Daniel.

Stirpis γ codices et ipsi in duas classes discedunt: cum OvM tum Pb artiore cognationis vinculo inter se cohaerent. Adice quod in epistulis 53–88 V in eum locum cedit quem OvM in prioribus tenent. Exemplar ex quo Pb derivati sunt littera δ notare solent viri docti, communem OvM parentem ipse littera β designavi. OM iamdudum noti sunt, codicem v (ut mutili Oxoniensis damna sarcirentur) ego primus adhibui. Ex his tribus novam codicum classem constitui, quam in haec utilem esse putavi: primum ut ille fons redintegretur ex quo codicum recentiorum pars satis magna fluxit; deinde ut codicibus OM temere ab editoribus adhuc usurpatis certas in textu constituendo partes adsignemus; postremo ut β tamquam obrussa usi lectiones stirpi δ proprias ideoque eliminandas dinoscere possimus. Sic fit ut β idem in epistulis 1–52 officium praestet quo codex V in posterioribus iamdudum fungitur.

β epistulas 1–52 tantum, ut videtur, continebat, sed OM epistulas 53–88 ex alia origine (et fortasse ex ipso codice V) duxerunt; quod in M licet deprehendas, ubi 53–88 ea manu quae priores epistulas correxit posterius additae sunt. Utrum OM apographa codicis V an gemelli sint haud facile dixerim; certe adeo sunt inferiores ut in epistulis 53–88 eos prorsus neglegendos putaverim.

Adfinitates codicum pLQVPb in opusculo supra laudato primus indagavit, exposuit, depinxit Otto Foerster, qui rem tam luculenter exsecutus est ut in levibus tantum ab eo dissentire liceat. Quod is codicis g plenam notitiam non habuit parvi est momenti; cito enim, ut ipse perspexit, stirpi δ addi potest. Cum autem codicum OvM rationem non haberet, stemma quod ille constituit ad epistulas 53–88 aptius est quam ad 1–52; ut igitur classis β codices in suum locum ponantur, simile sed aliud stemma pro prioribus epistulis constitui. Itaque fundamento alienis iacto laboribus nixus librorum pLQgOvMVPb adfinitates per stemma expressas sic struxerim:

Epistulae 1–52

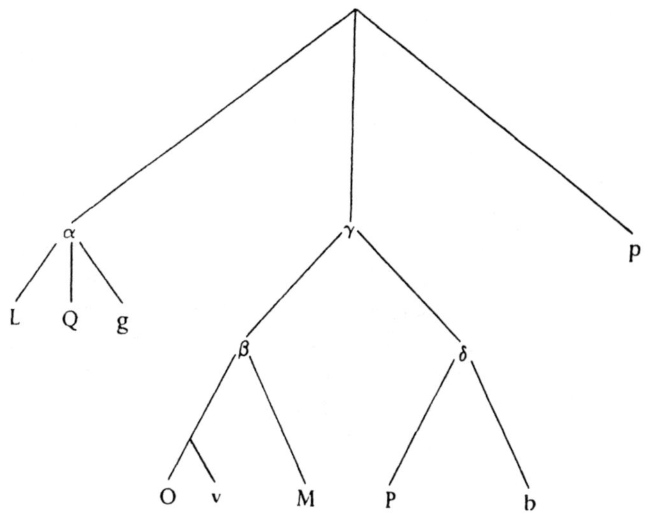

Epistulae 53–88

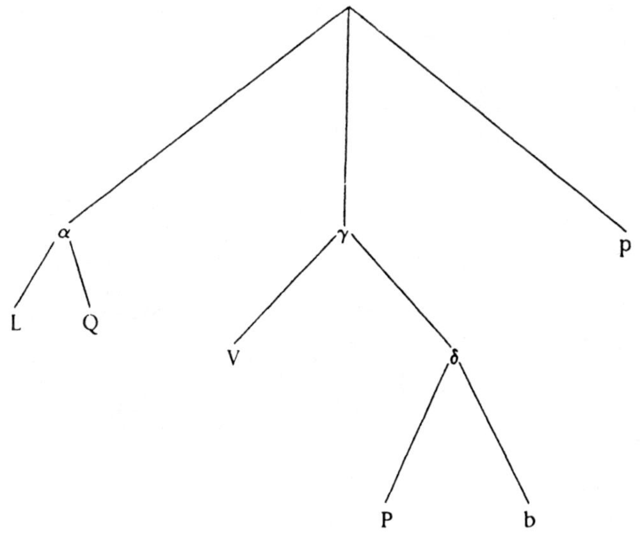

Codices qui epistulas 89–124 continent

De recensione epistularum 89–124 parum adhuc explorata plura mihi hic dicenda suscepi. Hae epistulae, per omne medium quod dicitur aevum rariores, in paucioribus codicibus extant traditae. E libris ante saeculum duodecimum exscriptis tres tantum nobis usui sunt,[1] codex videlicet Bambergensis (B), Quirinianus (Q), Parisinus (p). B solus integer est; desunt enim in Q partes epistularum 109, 110, 120, et 121–4 totae, extat codicis p fragmentum tam exiguum[2] ut plerumque ab editoribus neglegatur. Quod gravius est, quomodo BQp inter se cohaereant dici non potest: in unum locum nusquam simul conveniunt.

Nihil est tamen cur his incommodis mederi non conemur: remedia ad manum sunt, sed adhuc ab editoribus aut temere adhibita aut omnino spreta. Extant enim libri recentiores haud pauci qui thesauros bibliothecarum diligenter excutienti subsidio esse possunt.

A codice Quiriniano incipiamus. Nam luce clarius est hunc insignem codicem decurtatum esse non quo ex mutilo exemplari ipse sit descriptus, sed quod folia nonnulla fortuito aliquo casu exciderunt. Haud inprobe igitur speraveris aliquos iam alicubi extare codices qui ab ipso quidem Quiri-

[1] Hic omitto Argentoratensem C. VI. 5 (A) et Sangallensem 878 (G). Iam constat codicem A, saeculo nono exeunte vel decimo ineunte exaratum atque anno 1870 igne consumptum, nihil fuisse nisi Bambergensis apographon: vide in primis B. Axelson, *Handschriftliches und Textkritisches zum späteren Teil der Senecabriefe* (Bulletin de la Société Royale des Lettres de Lund, 1936–7, III), Londini Gothorum, 1937. Sangallensis, codex alioqui pretiosissimus quem Walafridus, venerabilis Augiae Divitis abbas, sua manu scripsit, excerptum ex epistulis tam breve exhibet (120. 1–13 *omnium animos*) ut ad textum constituendum nihil conferat. De hoc codice iam disserui (*Classical Review*, s.n. vii [1957], pp. 5–8). Laurentianum 38. 24 (F), Metensem 377 (M), Ottobonianum latinum 1031 (O), qui idem excerptum continent quique in editionibus adhuc laudantur, ab ipso Sangallensi manavisse ibidem demonstravi.

[2] Vide supra, p. vi.

niano, sed ante foliorum amissionem, exscripti sint. Quod feliciter accidit; nam ego duos tandem invenire potui libros, ambo in Bibliotheca Vaticana adservatos, quos demonstrare possum a Quiriniano nondum mutilato derivatos esse. Sunt Vaticanus latinus 2212 et Urbinas latinus 219; illum littera T, hunc U notavi. Quorum beneficio textum deperditorum Quiriniani foliorum satis fideliter expressum recuperare possumus. Communem codicum TU parentem, Quiriniani apographon, signo [Q] notavi.

Sic amissa Quiriniani pars ab oblivione vindicatur. Qua parte redintegrata nunc demum exquirere possumus quomodo B[Q]p inter se cohaereant. Nunc enim hi omnes unam textus particulam (121. 12–122 fin.) exhibent eorumque testimonia in eadem materia perspecta licet comparare. Quo facto liquet omnes tres ab eodem archetypo fluxisse, nullum autem ab alio pendere. At mehercules si, quod iam verum videtur, fragmentum in illis duobus Parisini foliis adservatum pars est codicis deperditi qui et ipse novum et bonum quidem textus fontem praebeat, maxima opera inpendenda est ut totum eius textum recuperemus. Quod aliquatenus facere possumus. Nam ut in Quiriniano, sic in Parisino se res habet: supersunt apographa nonnulla quae totum textum ab integro Parisino deductum sed malo casu a sedula manus secundae (p^2) diligentia depravatum exhibent. Ex his libris duos elegi, qui et vetustissimi huius classis testes sunt et minus quam ceteri interpolati, videlicet Vindobonensem 123 (W)[1] et Laurentianum 45. 24 (X), quorum consensum littera ψ designavi.[2]

[1] Vindobonensem iam publici iuris fecit Franciscus Giancotti: 'Un codice viennese delle Epistole Morali di Seneca', *Maia*, v (1952), pp. 122–9. Contulit autem epistulas 89–93 tantum, quod ad codicem recte aestimandum parum fuit.

[2] Laurentianus a secunda manu (X^2) correctus est, quae quidem correctiones suas fere omnes ex aliquo stirpis φ codice deprompsit. X^2 igitur omnino neglexi, ita ut ψ sit vel WX vel WX^1 consensus. Neque omnes

Redarguuntur igitur illi qui codices recentiores parvi pretii esse dixerunt; neque eorum utilitatem iam totam exhausimus. Satis enim constat cognationem quandam et coniunctionem inter Q et plerosque codicum recentiorum intercedere, hos autem nemo satis exploratos habuit ut veram huius cognationis rationem docere potuerit. Tanta sane horum codicum turba est ut omnes examinare Herculeus sit labor; maiorem tamen partem, ut sum χαλκέντερος, inspexi. Duos inveni ex ipso Quiriniano derivatos, quos supra memoravi: reliqui non pendent a Quiriniano, sed plane ex eodem fonte deducti sunt. Q testis et vetustissimus est et sincerissimus suae stirpis, saepissime tamen iuniores libri lectiones quae in Q depravatae vel interpolatae sunt recte tradunt; nam quemadmodum menda passim exhibent quibus caret Quirinianus, ita hic abundat mendis quae in illis frustra quaeras. Iam quemlibet editorem oportet lectiones singulorum codicum eliminare si communis fontis textus recipi potest; neque profecto quisquam negaret satius esse fonti ex quo Quirinianus fluxit inniti quam Quiriniano ipsi. Nihil autem obstat quominus hunc fontem repetamus si testimonia cum Quiriniani tum recentiorum coniunctim adhibeantur. Quo consilio usus e magno numero huius notae codicum quattuor elegi, tres saeculo xii et unum saeculo xiii ineunte scriptos, qui inter vetustissimos numerandi sunt et satis sinceri mihi esse videntur.[1] Sunt autem hi: Palatinus latinus 869 (C), Baltimorensis 114 (D), Rotomagensis 931 (R), Abrincensis 239 (E). CD ita conspirant ut statim appareat illos ex eodem exemplari

sane stirpis ψ lectiones citavi; si quae inter ineptias quibus p² fontem infecit manifesto habendae sunt, eas saepe neglexi.

[1] Inter magis degeneres huius familiae nepotes habendi sunt Quirinianus A. IV. 4 (q), ab E ut videtur derivatus, codex Universitatis Patavinae 852 (π), et codex ille alter Patavinus (913), foedissime depravatus. Neque melior est Harleianus 2659 saeculi duodecimi, qui laudatores invenit; magis quam pro aetate interpolatus est.

fluxisse, quod littera η notavi; eadem ratione dicas RE communem parentem habuisse, quem θ nominavi. Communi librorum QCDRE fonti (ex quo maxima omnium codicum recentiorum pars deducta est) litteram ϕ adsignavi.

Ut in artum quae dixi contraham, illis duobus codicibus in quibus textus epistularum 89–124 adhuc fundatus est contenti esse non possumus; necesse est fundamentum et amplius et stabilius ponere, id quod auxilio codicum recentiorum facere licet. Hoc fundamentum illis tribus archetypi apographis constat, videlicet B$\phi\psi$; ex quibus omnes quot ubique extant codices derivatos esse credo. Ex his longe optimus est B. Nam errores codicum adcurate scrutatus audeo dicere archetypum omnium codicum epistulas 89–124 continentium saeculo post Christum natum quinto uncialibus quas vocamus litteris scriptum esse; ex eo ipsum codicem Bambergensem esse descriptum. Haec tamen recensionis imago satis simplex atque lucida hoc uno turbatur, quod stirps η quandam cum B adfinitatem exhibet; lectiones enim quaedam ex B (vel potius ex nescioquo eius apographo) depromptae in stirpis η textum quasi transverso tramite influxerunt.

Quae cum ita sint, ut haec tria apographa in omni textus parte constituere possimus, tribus codicibus ab editoribus adhuc usurpatis (BQp) octo, ut supra dixi, codices addidi (TUCDREWX). Itaque in secundo volumine hi citantur libri:

B = Bambergensis V. 14 (nunc Msc. class. 46), saec. ix scriptus. Continet 89–124.

ϕ = fons codicum QCDRE vel [Q]CDRE

Q = Brixiensis Quirinianus B. II. 6, saec. x scriptus; de quo vide p. vi. Ubi Q foliorum iactura deficit, adhibui TU a Q nondum decurtato descriptos.

T = Vaticanus latinus 2212, saec. xiv scriptus.

U = Vaticanus Urbinas latinus 219, saec. xv scriptus.

η = consensus codicum CD

C = Vaticanus Palatinus 869, saec xii scriptus. Continet 92. 9 *rationem servire* – 98. 12 *ignem Mucius* et 110. 18 *et illam vocem* – 123. 1 *inquis expecta*. Reliqua pars quaternionum amissione excidit, neque quod sciam extat.

D = Baltimorensis ex bibl. Roberti Garret 114, saec. xiii ineunte scriptus. Continet 89–124.

θ = consensus codicum RE

R = Rotomagensis 931, saec. xii scriptus. Continet 1–124, quarum 89–124 tantum contuli.

E = Abrincensis 239, saec. xii scriptus. Continet 1–124, quarum 89–124 tantum contuli.

p = Parisinus bibl. nationalis latinus 8540, ff. 31, 32. Continent 121. 12 *praeter]ea ipsam* usque ad finem epistulae 122. Vide p. vi. Ubi deficit p, adhibui WX ex eo derivatos; quorum consensum littera ψ designavi.

W = Vindobenensis 123, saec. xii scriptus. Continet 89–124.

X = Laurentianus 45. 24, saec. xii scriptus. Continet 89–124.

G = Sangallensis 878, saec. ix exaratus. Continet 120. 1–13 *omnium animos*.

Horum codicum adfinitates subtiliter explicare, exemplis illustrare, argumentis probare longum est. Quoniam hoc alibi[1] exponere conatus sum, praelongam illam argumentorum

[1] Vide p. v, adnot. 1.

atque exemplorum aciem iterum explicare supersedeo; satius videtur lectoris benevolentiam, vel potius credulitatem captare, et necessitudines codicum quales mihi esse videntur sic per stemma depingere:

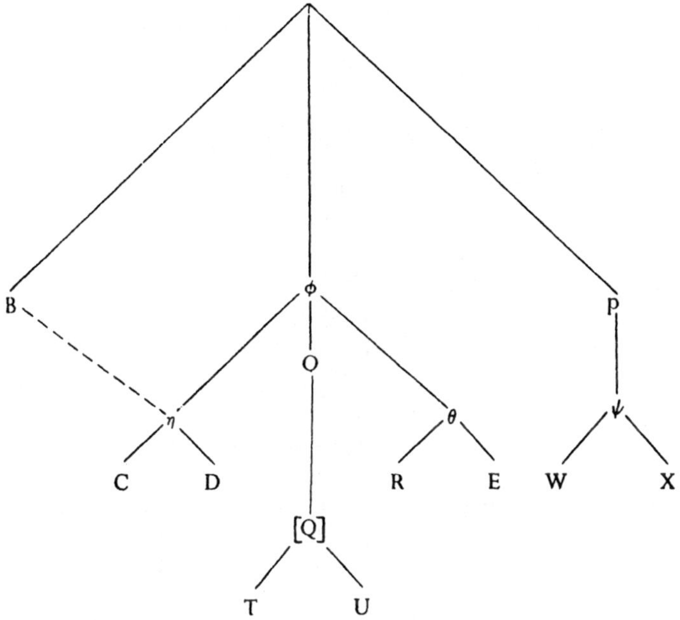

Superest ut rationem quam in hac editione curanda secutus sim breviter exponam. Omnes quibus usus sum codices ipse contuli. Hoc feci ut errores qui alii ab alio deinceps traditi in apparatu critico locum sibi usu ceperunt exstirparem; qui relicti sunt mihi inputandi sunt—nedum illi quos ipse infulsi. Bonas illas lectiones quae interim in uno vel pluribus codicibus recentioribus inveniuntur librariorum eruditiorum ingenio omnes tribuendas censeo; eas vel ex editione Fickerti anno 1842 promulgata cognitas vel e codicibus publici iuris post Fickertum factis sub tralaticio signo (ς) citavi.

Si quis tandem quaerat quanta auctoritas codici unicuique vel codicum classi danda sit, ideo breviter ego respondeo quia melius mihi videtur rationem stemmaticam sequi quam morem gerere huius vel illius testis testimonio. Si tamen pαγBφψ secundum fidem atque sinceritatem ordinandi sunt, primum in epistulis 1–88 locum tenebit codex p, secundum α, tertium γ; itidem in secundo volumine testis longe optimus est B, secundus φ, tertius ψ. Itaque dici potest duos libros (pB) ceteris singulis codicibus praestare, qui et minus quam ceteri interpolati sint et suam quisque codicum stirpem soli repraesentent. Sed sub mendis et huius et illius codicis nimis saepe, ut mihi videtur, veritatem latere crediderunt viri docti. Quod ad codicem Q attinet, quem pro fundamento textus habuit Achilles Beltrami, satis iam constat hunc librum nimiam sibi auctoritatem adrogavisse: quid ad textum constituendum conferre possit statim is videbit qui stemmata inspexerit. At meminerimus Q in una textus parte auxilium ferre nobis maximum: deficientibus primum Laurentiano, deinde Parisino, epistulae 66–88 paucis admodum codicibus nituntur, inter quos Quirinianus eminet.

In rebus orthographicis aliquantulum auctoritatis optimis vetustissimisque codicibus—inter quos pPVB numero—tribuendum censeo; hos itaque plerumque secutus sum. Tales formas quales *ingeni auxili*, *divitîs supplicîs*, *perît praeterît*, in textum recepi ubi suadet codicum meliorum scriptura vel poscunt numeri, apicem superponens sicubi de significatione ambigeretur; has autem formas ubique reponere ausus non sum. Totum textum denuo interpunxi et epistulas singulas in plures quam solet particulas divisi, quo materia aliquatenus sic digesta clarius appareret sententiarum explicatio. Sectionum numerationem hic illic paululum a norma ab Haasio constituta tacite lapsam restitui, ne haec tralaticia numeratio tempore incerta fiat. Epistulae antiquitus in libros divisae sunt, librorum autem initia non semper in codicibus notantur, neque ullius est momenti quod medii aevi librarii veteresque editores librorum distinctionem suo arbitrio restituerunt. Quiriniani beneficio initia librorum ix–xi, quae in γ non signata sunt, nunc definiri possunt; sed librorum xii, xiii, xviii initia, in nullo fide digno quidem codice insignita, manent in obscuro manebuntque.

De veteribus editionibus fusius a me alibi tractatis nihil est cur multa dicam.[1] Quantum enim quisquis hoc tempore textum retractare conatur praeeuntibus debeat omnibus quidem liquet, praesertim cum tales praecesserint quales fuerunt Erasmus Muretus Lipsius Gronovius Haase Buecheler aliique vel optimae notae viri. In codicibus e tenebris bibliothecarum eruendis insignes fuerunt C. R. Fickert, O. Rossbach, E. Chatelain, et A. Beltrami – ille codicis Quiriniani inventor. Adfinitates codicum epistularum 1–88 primus investigavit O. Foerster supra laudatus. In textu autem castigando tot eminuerunt viri ut singulos commemorare longum sit; non tamen eos praetermittere possum qui tam feliciter his studiis nuper incubuerunt, O. Hense, W. C. Summers,[2] A. Beltrami, F. Préchac, necnon B. Axel-

[1] Illud autem monendum est, editionem anonymam circa annum 1475 Argentorati inpressam, quae 'Mentelina' vulgo dicitur, 'Argentoratensem' potius apud me nominari. Nam iamdudum constat hunc librum typographo Argentoratensi Johanni Mentelin perperam tribui. Hic liber, sicut alii eadem peculiari R forma insigniti, Adolpho potius Rusch, Mentelini genero, attribuendus est; itaque tempus esse duxi editionem plane non Mentelinam alio nomine appellare.

[2] Qui et indicem verborum incohatum et suum editionis Teubnerianae exemplar, adnotationibus emendationibusque refertum, Bibliothecae Universitatis Sheffieldensis legavit; quem librum benignissime mihi commodatum cursim inspexi. Serius enim in manus meas devenit quam ut plene excutere possem, nonnullas autem emendationes adhuc ineditas ex eo protuli.

son, qui plus fecit quam quisquam alius huius aetatis ut textus Annaeanus repurgetur.

Gratiam referre debeo cum tot bibliothecarum praefectis qui me humanissime exceperunt, tum amicis qui me consilio vel libris opitulati sunt; his omnibus gratias ago maximas et in primis R. G. Austin, R. A. B. Mynors, D. A. F. M. Russell, W. S. Watt.

SIGLA

IN LIBRIS I–XIII

p = Parisinus lat. 8540	saec. ix
α = consensus codicum *LQg*	
L = Laurentianus 76. 40	saec. ix
Q = Quirinianus B. II. 6	saec. x
g = Gudianus 335	saec. xi
γ = consensus codicum *OvMPb* (epist. 1–52) vel *VPb* (epist. 53–88)	
β = consensus codicum *OvM*	
O = Vossianus lat. F. 70. 1 / Oxoniensis Canonicianus class. lat. 279	c. 900 scriptus
v = Vaticanus lat. 366	saec. xii
M = Metensis 300	saec. xi–xii
V = Venetus Marcianus 270	saec. ix
δ = consensus codicum *Pb*	
P = Parisinus lat. 8658 A	saec. ix
b = Parisinus lat. 8539	saec. xi

ω = omnium codicum consensus

rell. = codices reliqui

ς = correcturae vel coniecturae in uno vel pluribus codicibus saeculo xi inferioribus inventae, eis exceptis quos supra nominavi

p^1 L^1, etc. = *pL*, etc., nondum correcti

p^c L^c, etc. = *pL*, etc., a librario ipso ut videtur correcti

p^2 L^2, etc. = *pL*, etc., a secunda manu correcti

L. ANNAEI SENECAE

EPISTVLARVM MORALIVM
AD LVCILIVM

LIBER PRIMVS

1 SENECA LVCILIO SVO SALVTEM

Ita fac, mi Lucili: vindica te tibi, et tempus quod adhuc 1
aut auferebatur aut subripiebatur aut excidebat collige et
serva. Persuade tibi hoc sic esse ut scribo: quaedam tempora
eripiuntur nobis, quaedam subducuntur, quaedam effluunt.
Turpissima tamen est iactura quae per neglegentiam fit. Et si
volueris adtendere, magna pars vitae elabitur male agentibus,
maxima nihil agentibus, tota vita aliud agentibus. Quem 2
mihi dabis qui aliquod pretium tempori ponat, qui diem
aestimet, qui intellegat se cotidie mori? In hoc enim fallimur,
quod mortem prospicimus: magna pars eius iam praeterît;
quidquid aetatis retro est mors tenet. Fac ergo, mi Lucili,
quod facere te scribis, omnes horas conplectere; sic fiet ut
minus ex crastino pendeas, si hodierno manum inieceris.
Dum differtur vita transcurrit. Omnia, Lucili, aliena sunt, 3
tempus tantum nostrum est; in huius rei unius fugacis ac
lubricae possessionem natura nos misit, ex qua expellit qui-
cumque vult. Et tanta stultitia mortalium est ut quae minima

CONTINENTVR IN HOC CODICE LVCII ANNAEI SENECAE LITTERARVM MORALIVM AD LVCILIVM LIBRI NVMERO XX *P*: *sim. v*: *om. rell.* *Libri inscriptio in omnibus codd. desideratur* (LIBER PRIMVS *in marg. sup.* L^2) *sed duobus versibus vacuis relictis in b* 11–12 magna pars . . . maxima ς: maxima pars . . . magna ω 15 praeterit $p^1L^1Q^2$: -iit *rell.* 20 tantum] tamen *p*, *Axelson dub.* (*cf. pp.* 78. 17, 117. 10, 120. 12, 141. 4, 181. 13) 22 et] haec *p* et vilissima sunt, certe reparabilia, inputari sibi cum inpetravere patiantur, nemo se iudicet quicquam debere qui tempus accepit, cum interim hoc unum est quod ne gratus quidem potest reddere.

4 Interrogabis fortasse quid ego faciam qui tibi ista praecipio. Fatebor ingenue: quod apud luxuriosum sed diligentem evenit, ratio mihi constat inpensae. Non possum dicere nihil perdere, sed quid perdam et quare et quemadmodum dicam; causas paupertatis meae reddam. Sed evenit mihi quod plerisque non suo vitio ad inopiam redactis: omnes ignoscunt,
5 nemo succurrit. Quid ergo est? non puto pauperem cui quantulumcumque superest sat est; tu tamen malo serves tua, et bono tempore incipies. Nam ut visum est maioribus nostris, 'sera parsimonia in fundo est'; non enim tantum minimum in imo sed pessimum remanet. Vale.

2 SENECA LVCILIO SVO SALVTEM

1 Ex iis quae mihi scribis et ex iis quae audio bonam spem de te concipio: non discurris nec locorum mutationibus inquietaris. Aegri animi ista iactatio est: primum argumentum compositae mentis existimo posse consistere et secum
2 morari. Illud autem vide, ne ista lectio auctorum multorum et omnis generis voluminum habeat aliquid vagum et instabile. Certis ingeniis inmorari et innutriri oportet, si velis aliquid trahere quod in animo fideliter sedeat. Nusquam est qui ubique est. Vitam in peregrinatione exigentibus hoc evenit, ut multa hospitia habeant, nullas amicitias; idem accidat necesse est iis qui nullius se ingenio familiariter applicant

14 *Hes. op. 369* δειλὴ δ' ἐν πυθμένι φειδώ.

---

5 qui *om. p* 7 evenit γ: venit α: invenit (-veni p^c) *p* ⟨me⟩ dicere *Hense*: dicere ⟨me⟩ L^2; *sed cf. pp. 69. 29, 429. 11, 464. 21 al.* 12 *post* superest *add.* De homine moderato *L* (*in marg.*) *et Q* 13 incipias L^2Q^1 26 multa] mala *p*

sed omnia cursim et properantes transmittunt. Non prodest 3
cibus nec corpori accedit qui statim sumptus emittitur; nihil
aeque sanitatem inpedit quam remediorum crebra mutatio;
non venit vulnus ad cicatricem in quo medicamenta temptan-
tur; non convalescit planta quae saepe transfertur; nihil tam
utile est ut in transitu prosit. Distringit librorum multitudo;
itaque cum legere non possis quantum habueris, satis est
habere quantum legas. 'Sed modo' inquis 'hunc librum 4
evolvere volo, modo illum.' Fastidientis stomachi est multa
degustare; quae ubi varia sunt et diversa, inquinant non
alunt. Probatos itaque semper lege, et si quando ad alios
deverti libuerit, ad priores redi. Aliquid cotidie adversus
paupertatem, aliquid adversus mortem auxili compara, nec
minus adversus ceteras pestes; et cum multa percurreris,
unum excerpe quod illo die concoquas. Hoc ipse quoque 5
facio; ex pluribus quae legi aliquid adprehendo. Hodiernum
hoc est quod apud Epicurum nanctus sum (soleo enim et in
aliena castra transire, non tamquam transfuga, sed tamquam
explorator): 'honesta' inquit 'res est laeta paupertas'. Illa 6
vero non est paupertas, si laeta est; non qui parum habet,
sed qui plus cupit, pauper est. Quid enim refert quantum illi
in arca, quantum in horreis iaceat, quantum pascat aut
feneret, si alieno imminet, si non adquisita sed adquirenda
conputat? Quis sit divitiarum modus quaeris? primus habere
quod necesse est, proximus quod sat est. Vale.

19 *Epicur. frg. 475 Us.*

3 impendit *p* 4 medicamenta ⟨multa⟩ *Castiglioni*: ⟨crebra⟩ med- *vel* ⟨crebro⟩ med- *ς* 12 deverti *β*: div- *rell.* 13 al- cotidie adv- *p* auxilii *ω* 14 cetera spectes *p* 17 nanctus pv^{1}: nactus *rell.* (nanctus *pp. 26. 20, 139. 16, 166. 11, benef. 3. 37. 4, clem. 1. 1. 5, dial. 5. 28. 3, 12. 6. 2 al.*) 20 *post* laeta est *add.* cui cum paupertate . . . dives est (*ex p. 7. 27–28*) δ *et* (*in marg.*) pL^{2} 24 quaeris?] quaeris *alii* (*cf. pp. 11. 21, 17. 28, 63. 26, 110. 7, 118. 20 al.*) 25 *post* Vale *add.* DE AMICO *MP et* (*in marg.*) *b*

3

SENECA LVCILIO SVO SALVTEM

1 Epistulas ad me perferendas tradidisti, ut scribis, amico tuo; deinde admones me ne omnia cum eo ad te pertinentia communicem, quia non soleas ne ipse quidem id facere: ita eadem epistula illum et dixisti amicum et negasti. Itaque si proprio illo verbo quasi publico usus es et sic illum amicum vocasti quomodo omnes candidatos 'bonos viros' dicimus, quomodo obvios, si nomen non succurrit, 'dominos' saluta-
2 mus, hac abierit. Sed si aliquem amicum existimas cui non tantundem credis quantum tibi, vehementer erras et non satis nosti vim verae amicitiae. Tu vero omnia cum amico delibera, sed de ipso prius: post amicitiam credendum est, ante amicitiam iudicandum. Isti vero praepostero officia permiscent qui, contra praecepta Theophrasti, cum amaverunt iudicant, et non amant cum iudicaverunt. Diu cogita an tibi in amicitiam aliquis recipiendus sit. Cum placuerit fieri, toto illum pectore admitte; tam audaciter cum illo loquere
3 quam tecum. Tu quidem ita vive ut nihil tibi committas nisi quod committere etiam inimico tuo possis; sed quia interveniunt quaedam quae consuetudo fecit arcana, cum amico omnes curas, omnes cogitationes tuas misce. Fidelem si putaveris, facies; nam quidam fallere docuerunt dum timent falli, et illi ius peccandi suspicando fecerunt. Quid est quare ego ulla verba coram amico meo retraham? quid est

14 *Thphr. frg. 74 Wimmer; testimonia collegit Sternbach in Gnomol. Vat. 326.*

---

4 ita] item *p*   5 si *Hense*: sic *ω*   6 proprio *Gertz*: priore *ω* (*cf. p. 132. 22–23*)   11 *post* amicitiae *add.* errat et ille qui amicum . . . ipse non est (*ex p. 52. 22–25*) *Mδ*   vero] vere *p*   17 audaciter *pLgβb*: -cter *QP* (audaciter *pp. 232.2, 359. 5, dial. 7. 8. 6, 23. 2*)   23 illi ius p^2Pb^2: illius $p^1\alpha Ob^1$: illi usum *M*: aliis (peccandi) ius *in ras. v*: alii ius *Gemoll*: ipsi ius *van der Vliet*   24 quare ego p^2P: quare ergo $p^1\alpha b^1$: ergo quare βb^2

quare me coram illo non putem solum? Quidam quae tantum 4
amicis committenda sunt obviis narrant, et in quaslibet
aures quidquid illos urit exonerant; quidam rursus etiam
carissimorum conscientiam reformidant et, si possent, ne
sibi quidem credituri interius premunt omne secretum.
Neutrum faciendum est; utrumque enim vitium est, et
omnibus credere et nulli, sed alterum honestius dixerim
vitium, alterum tutius. Sic utrosque reprehendas, et eos qui 5
semper inquieti sunt, et eos qui semper quiescunt. Nam illa
tumultu gaudens non est industria sed exagitatae mentis
concursatio, et haec non est quies quae motum omnem
molestiam iudicat, sed dissolutio et languor. Itaque hoc quod 6
apud Pomponium legi animo mandabitur: 'quidam adeo in
latebras refugerunt ut putent in turbido esse quidquid in luce
est'. Inter se ista miscenda sunt: et quiescenti agendum et
agenti quiescendum est. Cum rerum natura delibera: illa
dicet tibi et diem fecisse se et noctem. Vale.

4 SENECA LVCILIO SVO SALVTEM

Persevera ut coepisti et quantum potes propera, quo diutius 1
frui emendato animo et composito possis. Frueris quidem
etiam dum emendas, etiam dum componis: alia tamen illa
voluptas est quae percipitur ex contemplatione mentis ab
omni labe purae et splendidae. Tenes utique memoria 2
quantum senseris gaudium cum praetexta posita sumpsisti
virilem togam et in forum deductus es: maius expecta cum
puerilem animum deposueris et te in viros philosophia
transscripserit. Adhuc enim non pueritia sed, quod est gravius,

13 *Pomponium Secundum intellexerunt Fickert aliique* (*cf. Hense*² *p.* 6. 15 *adnot.*), *Pomponium Bononiensem priores* (*cf. com. Rom. frg. p.* 307 *Ribb.*³).

3 urit] urs erit *p*¹ 10 gaudes *p*¹*L*¹*Q*¹*g* 17 se *om.* *Q*¹*O*¹*Pb*¹
19 quo *p*²*Q*ᶜ*P*²: quod *ω* 27 trans(s)cripserit *L*²*M*²*P*ᶜ*b*²: -eris *ω*

puerilitas remanet; et hoc quidem peior est, quod auctorita-
tem habemus senum, vitia puerorum, nec puerorum tantum
3 sed infantum: illi levia, hi falsa formidant, nos utraque. Pro-
fice modo: intelleges quaedam ideo minus timenda quia
multum metus adferunt. Nullum ⟨malum⟩ magnum quod
extremum est. Mors ad te venit: timenda erat si tecum esse
4 posset: necesse est aut non perveniat aut transeat. 'Difficile
est' inquis 'animum perducere ad contemptionem animae.'
Non vides quam ex frivolis causis contemnatur? Alius ante
amicae fores laqueo pependit, alius se praecipitavit e tecto
ne dominum stomachantem diutius audiret, alius ne redu-
ceretur e fuga ferrum adegit in viscera: non putas virtutem
hoc effecturam quod efficit nimia formido? Nulli potest
secura vita contingere qui de producenda nimis cogitat, qui
5 inter magna bona multos consules numerat. Hoc cotidie
meditare, ut possis aequo animo vitam relinquere, quam multi
sic conplectuntur et tenent quomodo qui aqua torrente ra-
piuntur spinas et aspera. Plerique inter mortis metum et vitae
tormenta miseri fluctuantur et vivere nolunt, mori nesciunt.
6 Fac itaque tibi iucundam vitam omnem pro illa sollicitu-
dinem deponendo. Nullum bonum adiuvat habentem nisi
ad cuius amissionem praeparatus est animus; nullius autem
rei facilior amissio est quam quae desiderari amissa non potest.
Ergo adversus haec quae incidere possunt etiam potentissi-
7 mis adhortare te et indura. De Pompei capite pupillus et
spado tulere sententiam, de Crasso crudelis et insolens Parthus;
Gaius Caesar iussit Lepidum Dextro tribuno praebere cervi-
cem, ipse Chaereae praestitit; neminem eo fortuna provexit
ut non tantum illi minaretur quantum permiserat. Noli huic

5 malum *hoc loco add.* Gertz (*sed is* malum est): *post* magnum ς   7 ⟨sed⟩ necesse est *Gertz*: necesse est ⟨autem⟩ ς   non] ne *p*   10 amici $\alpha P^2 b^1$: amico P^1 13 effecit δ   15 numeret *p*   17 torrentis *p*   19 fluctuantur αOMb: -tuant $L^2 vP$: flectantur p^1: fluctant p^c 23 felicior δ, *corr.* b^2 24 haec *p*α: *om.* β: omnia δ

tranquillitati confidere: momento mare evertitur; eodem die ubi luserunt navigia sorbentur. Cogita posse et latronem et **8** hostem admovere iugulo tuo gladium; ut potestas maior absit, nemo non servus habet in te vitae necisque arbitrium. Ita dico: quisquis vitam suam contempsit tuae dominus est. Recognosce exempla eorum qui domesticis insidiis perierunt, aut aperta vi aut dolo: intelleges non pauciores servorum ira cecidisse quam regum. Quid ad te itaque quam potens sit quem times, cum id propter quod times nemo non possit? At si forte in manus hostium incideris, victor te duci iubebit— **9** eo nempe quo duceris. Quid te ipse decipis et hoc nunc primum quod olim patiebaris intellegis? Ita dico: ex quo natus es, duceris. Haec et eiusmodi versanda in animo sunt si volumus ultimam illam horam placidi expectare cuius metus omnes alias inquietas facit.

Sed ut finem epistulae inponam, accipe quod mihi hodierno **10** die placuit—et hoc quoque ex alienis hortulis sumptum est: 'magnae divitiae sunt lege naturae composita paupertas'. Lex autem illa naturae scis quos nobis terminos statuat? Non esurire, non sitire, non algere. Ut famem sitimque depellas non est necesse superbis adsidere liminibus nec supercilium grave et contumeliosam etiam humanitatem pati, non est necesse maria temptare nec sequi castra: parabile est quod natura desiderat et adpositum. Ad supervacua **11** sudatur; illa sunt quae togam conterunt, quae nos senescere sub tentorio cogunt, quae in aliena litora inpingunt: ad manum est quod sat est. Cui cum paupertate bene convenit dives est. Vale.

18 *Epicur. frg. 477 Us.* (*cf. epist. 27. 9*), *ibid. frg. 200* (*cf. epist. 119. 7*).

---

2 ubi *om. p* 6 recognosce *om. p* exempla eorum *Schweigh.*: exemplorum *p*[1]: exemplum eorum αγ: exemplo sunt *p*[2] 10 at] aut δ 11–12 quid . . . intellegis *om. p* 23 pati] perpeti *in ras. p*

5 SENECA LVCILIO SVO SALVTEM

1 Quod pertinaciter studes et omnibus omissis hoc unum agis, ut te meliorem cotidie facias, et probo et gaudeo, nec tantum hortor ut perseveres sed etiam rogo. Illud autem te admoneo, ne eorum more qui non proficere sed conspici cupiunt facias aliqua quae in habitu tuo aut genere vitae
2 notabilia sint; asperum cultum et intonsum caput et neglegentiorem barbam et indictum argento odium et cubile humi positum et quidquid aliud ambitionem perversa via sequitur evita. Satis ipsum nomen philosophiae, etiam si modeste tractetur, invidiosum est: quid si nos hominum consuetudini coeperimus excerpere? Intus omnia dissimilia sint, frons
3 populo nostra conveniat. Non splendeat toga, ne sordeat quidem; non habeamus argentum in quod solidi auri caelatura descenderit, sed non putemus frugalitatis indicium auro argentoque caruisse. Id agamus ut meliorem vitam sequamur quam vulgus, non ut contrariam: alioquin quos emendari volumus fugamus a nobis et avertimus; illud quoque efficimus, ut nihil imitari velint nostri, dum timent ne imitanda sint
4 omnia. Hoc primum philosophia promittit, sensum communem, humanitatem et congregationem; a qua professione dissimilitudo nos separabit. Videamus ne ista per quae admirationem parare volumus ridicula et odiosa sint. Nempe propositum nostrum est secundum naturam vivere: hoc contra naturam est, torquere corpus suum et faciles odisse munditias et squalorem adpetere et cibis non tantum vilibus uti sed
5 taetris et horridis. Quemadmodum desiderare delicatas res

1 *inscriptionis loco* MODVS QVIDAM HONESTE CONTINENTIAE *MP et* (*in marg.*) *b*   9 ambitionem] ambitio *Haase*: ambitio nempe *Gertz*; *sed cf. dial.* 5. 34. 1, 9. 1. 5   14 quod ς: quo ω   26 virilibus L^1Q^1O: viribus *P et fort.* p^1: vitilibus g^1: vitabilibus g^2 27 taetris L^2 *in marg.*: certis ω: vel spurcis *in marg.* *p*: crudis ς

luxuriaest, ita usitatas et non magno parabiles fugere demen-
tiae. Frugalitatem exigit philosophia, non poenam; potest
autem esse non incompta frugalitas. Hic mihi modus placet:
temperetur vita inter bonos mores et publicos; suspiciant
omnes vitam nostram sed agnoscant. 'Quid ergo? eadem **6**
faciemus quae ceteri? nihil inter nos et illos intererit?' Pluri-
mum: dissimiles esse nos vulgo sciat qui inspexerit propius;
qui domum intraverit nos potius miretur quam supellectilem
nostram. Magnus ille est qui fictilibus sic utitur quemad-
modum argento, nec ille minor est qui sic argento utitur
quemadmodum fictilibus; infirmi animi est pati non posse
divitias.

Sed ut huius quoque diei lucellum tecum communicem, **7**
apud Hecatonem nostrum inveni cupiditatum finem etiam
ad timoris remedia proficere. 'Desines' inquit 'timere, si
sperare desieris.' Dices, 'quomodo ista tam diversa pariter
sunt?' Ita est, mi Lucili: cum videantur dissidere, coniuncta
sunt. Quemadmodum eadem catena et custodiam et militem
copulat, sic ista quae tam dissimilia sunt pariter incedunt:
spem metus sequitur. Nec miror ista sic ire: utrumque **8**
pendentis animi est, utrumque futuri expectatione solliciti.
Maxima autem utriusque causa est quod non ad praesentia
aptamur sed cogitationes in longinqua praemittimus; itaque
providentia, maximum bonum condicionis humanae, in
malum versa est. Ferae pericula quae vident fugiunt, cum **9**
effugere, securae sunt: nos et venturo torquemur et praeterito.

15 *Hecat. frg. 25 Fowler.*

---

1 luxuriaest (luxor- L^1) pL^1Q^1: luxuriae est $Q^c\gamma$: luxuria est (luxor- g^1) L^2g ita] tam *p* 1–2 dementiae est L^2: dementia est ϛ 7 esse nos] es sonus p^1: nos esse p^c proprius *p* 8 supellectilem *p*: supp- αγ 14 cupiditatium *Lvδ* (*cf. p. 145. 28*) 17 sunt] eunt *Volkmann, sed cf. p. 389. 5* 21 solliciti p^cP^c: -tum ω 22 praesentiam *p* 26 sunt *secl. Mynors* (*cf. pp. 334. 14, 336. 13*) venturo] futuro *p*

Multa bona nostra nobis nocent; timoris enim tormentum memoria reducit, providentia anticipat; nemo tantum praesentibus miser est. Vale.

6 SENECA LVCILIO SVO SALVTEM

1 Intellego, Lucili, non emendari me tantum sed transfi-
gurari; nec hoc promitto iam aut spero, nihil in me superesse
quod mutandum sit. Quidni multa habeam quae debeant
colligi, quae extenuari, quae attolli? Et hoc ipsum argumen-
tum est in melius translati animi, quod vitia sua quae adhuc
ignorabat videt; quibusdam aegris gratulatio fit cum ipsi
2 aegros se esse senserunt. Cuperem itaque tecum communicare
tam subitam mutationem mei; tunc amicitiae nostrae certio-
rem fiduciam habere coepissem, illius verae quam non spes,
non timor, non utilitatis suae cura divellit, illius cum qua
3 homines moriuntur, pro qua moriuntur. Multos tibi dabo
qui non amico sed amicitia caruerint: hoc non potest accidere
cum animos in societatem honesta cupiendi par voluntas tra-
hit. Quidni non possit? sciunt enim ipsos omnia habere
communia, et quidem magis adversa.
Concipere animo non potes quantum momenti adferre
4 mihi singulos dies videam. 'Mitte' inquis 'et nobis ista quae
tam efficacia expertus es.' Ego vero omnia in te cupio trans-
fundere, et in hoc aliquid gaudeo discere, ut doceam; nec me
ulla res delectabit, licet sit eximia et salutaris, quam mihi uni
sciturus sum. Si cum hac exceptione detur sapientia, ut illam
inclusam teneam nec enuntiem, reiciam: nullius boni sine
5 socio iucunda possessio est. Mittam itaque ipsos tibi libros,

10 ignorabit p^1P^1: -avit P^cb^c: ignovit b^1 video α quibusdam *hinc usque ad p. 16. 20* (aufer)ri potest *duobus foliis avulsis deficit p* ipsi P^c: ipsos ω 16 caruerunt Lb^1 *edd., vix recte* 20 potest α 27 ipsos] istos *Hess*

et ne multum operae inpendas dum passim profutura sectaris, inponam notas, ut ad ipsa protinus quae probo et miror accedas. Plus tamen tibi et viva vox et convictus quam oratio proderit; in rem praesentem venias oportet, primum quia homines amplius oculis quam auribus credunt, deinde quia longum iter est per praecepta, breve et efficax per exempla. Zenonem Cleanthes non expressisset, si tantummodo audisset: 6
vitae eius interfuit, secreta perspexit, observavit illum, an ex formula sua viveret. Platon et Aristoteles et omnis in diversum itura sapientium turba plus ex moribus quam ex verbis Socratis traxit; Metrodorum et Hermarchum et Polyaenum magnos viros non schola Epicuri sed contubernium fecit. Nec in hoc te accerso tantum, ut proficias, sed ut prosis; plurimum enim alter alteri conferemus.

Interim quoniam diurnam tibi mercedulam debeo, quid 7
me hodie apud Hecatonem delectaverit dicam. 'Quaeris' inquit 'quid profecerim? amicus esse mihi coepi.' Multum profecit: numquam erit solus. Scito esse hunc amicum omnibus. Vale.

7 SENECA LVCILIO SVO SALVTEM

Quid tibi vitandum praecipue existimes quaeris? turbam. 1
Nondum illi tuto committeris. Ego certe confitebor inbecillitatem meam: numquam mores quos extuli refero; aliquid ex eo quod composui turbatur, aliquid ex iis quae fugavi redit. Quod aegris evenit quos longa inbecillitas usque eo adfecit

16 *Hecat. frg. 26 Fowler.*

---

8 observavit $L^cQ^2v^2P^cb$: -abit *rell.* 17 coepi *om.* γ 18 profecit ς: -ficit ω esse hunc] esse *huc transp. Axelson* (*conl. p. 23. 23–24*) *ne corrumpatur clausula*: *post* omnibus *exhibent* ω 21 existimem ς, *fort. recte* (*cf. p. 219. 19*) quaeris?] quaeris *alii* (*cf. p. 3. 24*) 24 rediit δ, *corr. P*

ut nusquam sine offensa proferantur, hoc accidit nobis
2 quorum animi ex longo morbo reficiuntur. Inimica est multorum conversatio: nemo non aliquod nobis vitium aut commendat aut inprimit aut nescientibus adlinit. Utique quo maior est populus cui miscemur, hoc periculi plus est. Nihil vero tam damnosum bonis moribus quam in aliquo spectaculo desidere; tunc enim per voluptatem facilius vitia subrepunt.
3 Quid me existimas dicere? avarior redeo, ambitiosior, luxuriosior? immo vero crudelior et inhumanior, quia inter homines fui. Casu in meridianum spectaculum incidi, lusus expectans et sales et aliquid laxamenti quo hominum oculi ab humano cruore adquiescant. Contra est: quidquid ante pugnatum est misericordia fuit; nunc omissis nugis mera homicidia sunt. Nihil habent quo tegantur; ad ictum totis corporibus ex-
4 positi numquam frustra manum mittunt. Hoc plerique ordinariis paribus et postulaticiis praeferunt. Quidni praeferant? non galea, non scuto repellitur ferrum. Quo munimenta? quo artes? omnia ista mortis morae sunt. Mane leonibus et ursis homines, meridie spectatoribus suis obiciuntur. Interfectores interfecturis iubent obici et victorem in aliam detinent caedem; exitus pugnantium mors est. Ferro et igne res
5 geritur. Haec fiunt dum vacat harena. 'Sed latrocinium fecit aliquis, occidit hominem.' Quid ergo? quia occidit, ille meruit ut hoc pateretur: tu quid meruisti miser ut hoc spectes? 'Occide, verbera, ure! Quare tam timide incurrit in ferrum? quare parum audacter occidit? quare parum libenter moritur? Plagis agatur in vulnera, mutuos ictus nudis et

10 meridianorum β, *probat Chatelain* (*conl. Suet. Claud.* 34, *Tert. apol.* 15), *sed confert Hense p.* 208. 5, *dial.* 5. 43. 2   expectans *M*: ex(s)pectas *αOv*: espectus P^1: aspectus P^2: spectas b^1: spectans b^2 16 partibus α   20 interfecturis ς: -fectis ω   23 occidit hominem.' Quid ergo? *Hense*: quid ergo occidit (-det α, *corr.* L^2) hominem ω: Quid ergo? Occidit hominem? ⟨'Occidit hominem.'⟩ Quia occidit *sqq. Summers*
27 agatur Q^1: agitur Q^c *rell.*

obviis pectoribus excipiant.' Intermissum est spectaculum:
'interim iugulentur homines, ne nihil agatur'. Age, ne hoc
quidem intellegitis, mala exempla in eos redundare qui
faciunt? Agite dis immortalibus gratias quod eum docetis
esse crudelem qui non potest discere.

Subducendus populo est tener animus et parum tenax recti: 6
facile transitur ad plures. Socrati et Catoni et Laelio excutere
morem suum dissimilis multitudo potuisset: adeo nemo no-
strum, qui cum maxime concinnamus ingenium, ferre impe-
tum vitiorum tam magno comitatu venientium potest. Unum 7
exemplum luxuriae aut avaritiae multum mali facit: convictor
delicatus paulatim enervat et mollit, vicinus dives cupidita-
tem inritat, malignus comes quamvis candido et simplici
rubiginem suam adfricuit: quid tu accidere his moribus credis
in quos publice factus est impetus? Necesse est aut imiteris 8
aut oderis. Utrumque autem devitandum est: neve similis
malis fias, quia multi sunt, neve inimicus multis, quia dissi-
miles sunt. Recede in te ipse quantum potes; cum his versare
qui te meliorem facturi sunt, illos admitte quos tu potes
facere meliores. Mutuo ista fiunt, et homines dum docent
discunt. Non est quod te gloria publicandi ingenii producat in 9
medium, ut recitare istis velis aut disputare; quod facere te
vellem, si haberes isti populo idoneam mercem: nemo est qui
intellegere te possit. Aliquis fortasse, unus aut alter incidet,
et hic ipse formandus tibi erit instituendusque ad intellectum
tui. 'Cui ergo ista didici?' Non est quod timeas ne operam
perdideris, si tibi didicisti.

Sed ne soli mihi hodie didicerim, communicabo tecum 10
quae occurrunt mihi egregie dicta circa eundem fere sensum

1 intermissum est spectaculum *interlocutori dant alii* 4 dis *β*: diis *αδ* 8 morem suum *ς*: mortem suam *ω* 18 ipso *Mb* (*cf. pp.* 21. 22, 66. 8, 219. 20) 24 intelligerere te *α*, *corr.* *L*²: -ligere recte *Q*² 27 si *om.* *δ*

tria, ex quibus unum haec epistula in debitum solvet, duo
in antecessum accipe. Democritus ait, 'unus mihi pro populo
11 est, et populus pro uno'. Bene et ille, quisquis fuit (ambigitur
enim de auctore), cum quaereretur ab illo quo tanta diligentia
artis spectaret ad paucissimos perventurae, 'satis sunt' inquit
'mihi pauci, satis est unus, satis est nullus'. Egregie hoc
tertium Epicurus, cum uni ex consortibus studiorum suorum
scriberet: 'haec' inquit 'ego non multis, sed tibi; satis enim
12 magnum alter alteri theatrum sumus'. Ista, mi Lucili, con-
denda in animum sunt, ut contemnas voluptatem ex plurium
adsensione venientem. Multi te laudant: ecquid habes cur
placeas tibi, si is es quem intellegant multi? introrsus bona
tua spectent. Vale.

8 SENECA LVCILIO SVO SALVTEM

1 'Tu me' inquis 'vitare turbam iubes, secedere et conscien-
tia esse contentum? ubi illa praecepta vestra quae imperant
in actu mori?' Quid? ego tibi videor inertiam suadere? In
hoc me recondidi et fores clusi, ut prodesse pluribus possem.
Nullus mihi per otium dies exit; partem noctium studiis
vindico; non vaco somno sed succumbo, et oculos vigilia
2 fatigatos cadentesque in opere detineo. Secessi non tantum
ab hominibus sed a rebus, et in primis a meis rebus: pos-
terorum negotium ago. Illis aliqua quae possint prodesse
conscribo; salutares admonitiones, velut medicamentorum uti-
lium compositiones, litteris mando, esse illas efficaces in meis
ulceribus expertus, quae etiam si persanata non sunt, serpere

2 *Democr. frg. 302a Diels–Kranz.* 8 *Epicur. frg. 208 Us.*

11 ecquid *Eras.*[2]: et quid *ω* 13 tua *om. P, superscr. b* 15–16 conscientiae *α* 17 quid ego *b*[c]: quod ego *Lγ*: quid ergo *Q* inertiam *Gronovius*: interim *ω*: interim inertiam *coni. Hense* 22 rebus meis *δ*

desierunt. Rectum iter, quod sero cognovi et lassus errando, 3
aliis monstro. Clamo: 'vitate quaecumque vulgo placent,
quae casus adtribuit; ad omne fortuitum bonum suspiciosi
pavidique subsistite: et fera et piscis spe aliqua oblectante
decipitur. Munera ista fortunae putatis? insidiae sunt.
Quisquis vestrum tutam agere vitam volet, quantum pluri-
mum potest ista viscata beneficia devitet in quibus hoc
quoque miserrimi fallimur: habere nos putamus, haeremus.
In praecipitia cursus iste deducit; huius eminentis vitae exitus 4
cadere est. Deinde ne resistere quidem licet, cum coepit trans-
versos agere felicitas, aut saltim rectis aut semel ruere: non
vertit fortuna sed cernulat et allidit. Hanc ergo sanam ac 5
salubrem formam vitae tenete, ut corpori tantum indulgeatis
quantum bonae valetudini satis est. Durius tractandum est
ne animo male pareat: cibus famem sedet, potio sitim extin-
guat, vestis arceat frigus, domus munimentum sit adversus
infesta temporis. Hanc utrum caespes erexerit an varius lapis
gentis alienae, nihil interest: scitote tam bene hominem
culmo quam auro tegi. Contemnite omnia quae supervacuus
labor velut ornamentum ac decus ponit; cogitate nihil praeter
animum esse mirabile, cui magno nihil magnum est.' Si haec 6
mecum, si haec cum posteris loquor, non videor tibi plus
prodesse quam cum ad vadimonium advocatus descenderem
aut tabulis testamenti anulum inprimerem aut in senatu
candidato vocem et manum commodarem? Mihi crede, qui
nihil agere videntur maiora agunt: humana divinaque simul
tractant.

Sed iam finis faciendus est et aliquid, ut institui, pro hac 7
epistula dependendum. Id non de meo fiet: adhuc Epicurum

2 vitate] vitae δ, *corr.* P^2 4 spe] specie *Cornelissen* (*cf. p. 19. 16*) 11 ruere P^2: fruere α: fuere γ *locum expedivit Haupt* 12 evertit ς, *sed cf. p. 348. 4, benef. 5. 16. 1* cernulat *cf. Gloss. ii. 99. 49* cernulat κυβιστιᾷ 15–16 extinguit α, *corr.* Q^2 17 temporis *Axelson* (*conl. p. 343. 21 sqq.*): corporis ω (*fort. ex v.* 13): corpori *Eras.*[2] (*cf. p. 430. 15*)

compilamus, cuius hanc vocem hodierno die legi: 'philosophiae
servias oportet, ut tibi contingat vera libertas'. Non differtur
in diem qui se illi subiecit et tradidit: statim circumagitur;
8 hoc enim ipsum philosophiae servire libertas est. Potest fieri
ut me interroges quare ab Epicuro tam multa bene dicta
referam potius quam nostrorum: quid est tamen quare tu
istas Epicuri voces putes esse, non publicas? Quam multi
poetae dicunt quae philosophis aut dicta sunt aut dicenda!
Non attingam tragicos nec togatas nostras (habent enim hae
quoque aliquid severitatis et sunt inter comoedias ac tra-
goedias mediae): quantum disertissimorum versuum inter
mimos iacet! quam multa Publilii non excalceatis sed cotur-
9 natis dicenda sunt! Unum versum eius, qui ad philosophiam
pertinet et ad hanc partem quae modo fuit in manibus,
referam, quo negat fortuita in nostro habenda:

alienum est omne quidquid optando evenit.

10 Hunc sensum a te dici non paulo melius et adstrictius memini:

non est tuum fortuna quod fecit tuum.

Illud etiamnunc melius dictum a te non praeteribo:

dari bonum quod potuit auferri potest.

Hoc non inputo in solutum: de tuo tibi. Vale.

1 *Epicur. frg. 199 Us.* 16 *Publil. A1 Meyer.* 18 *et* 20 *Lucil. Iun. frg. 1. et 2, pp. 362–3 Baehrens.*

1 compilamus ς: complicamus ω 9 hae P^2: haec ω 12 mimos LP^cv^c: minos γ: minimos *Q* iacet] latet *van der Vliet*, *sed cf. p. 490. 8* publilii P^1b: publii *rell.* 17 sensum *Buech.*: versum ω (*ex v. 13*) et *Mur.*: sed ω 20 (aufer)ri potest *hic rursus incipit p* 21 ⟨do⟩ de *Rossb.*: ⟨dedi⟩ de *Hense*

SENECA LVCILIO SVO SALVTEM

An merito reprehendat in quadam epistula Epicurus eos 1
qui dicunt sapientem se ipso esse contentum et propter hoc
amico non indigere, desideras scire. Hoc obicitur Stilboni ab
Epicuro et iis quibus summum bonum visum est animus in-
patiens. In ambiguitatem incidendum est, si exprimere ἀπάθειαν 2
uno verbo cito voluerimus et inpatientiam dicere; poterit
enim contrarium ei quod significare volumus intellegi. Nos
eum volumus dicere qui respuat omnis mali sensum: accipietur
is qui nullum ferre possit malum. Vide ergo num satius sit
aut invulnerabilem animum dicere aut animum extra omnem
patientiam positum. Hoc inter nos et illos interest: noster sapiens 3
vincit quidem incommodum omne sed sentit, illorum ne sentit
quidem. Illud nobis et illis commune est, sapientem se ipso
esse contentum. Sed tamen et amicum habere vult et vicinum
et contubernalem, quamvis sibi ipse sufficiat. Vide quam sit 4
se contentus: aliquando sui parte contentus est. Si illi ma-
num aut morbus aut hostis exciderit, si quis oculum vel oculos
casus excusserit, reliquiae illi suae satisfacient et erit inmi-
nuto corpore et amputato tam laetus quam [in] integro fuit;
sed ⟨si⟩ quae sibi desunt non desiderat, non deesse mavult. Ita 5
sapiens se contentus est, non ut velit esse sine amico sed ut
possit; et hoc quod dico 'possit' tale est: amissum aequo
animo fert. Sine amico quidem numquam erit: in sua pote-
state habet quam cito reparet. Quomodo si perdiderit Phidias
statuam protinus alteram faciet, sic hic faciendarum amici-
tiarum artifex substituet alium in locum amissi. Quaeris 6
quomodo amicum cito facturus sit? Dicam, si illud mihi

2 *Epicur. frg. 174 Us.*

6 aphathian *pMP*: aphatian *QOv*: ΑΡΗΑΤΗΑΝ *L*: afatim *h* 10 ferre *ν*: referre p*α*: perferre *Chatelain* 15 et (*prius*) *om. p* 18 vel oculos *secl. Rossb.* 20 in *om.* b^1 *ς* 21 si *suppl. Vollgraff* sibi] si *Buech. et Watzinger* 28 sit?] sit *alii* (*cf. p. 3. 24*)

tecum convenerit, ut statim tibi solvam quod debeo et quantum ad hanc epistulam paria faciamus. Hecaton ait, 'ego tibi monstrabo amatorium sine medicamento, sine herba, sine ullius veneficae carmine: si vis amari, ama'. Habet autem non tantum usus amicitiae veteris et certae magnam voluptatem
7 sed etiam initium et comparatio novae. Quod interest inter metentem agricolam et serentem, hoc inter eum qui amicum paravit et qui parat. Attalus philosophus dicere solebat iucundius esse amicum facere quam habere, 'quomodo artifici iucundius pingere est quam pinxisse'. Illa in opere suo occupata sollicitudo ingens oblectamentum habet in ipsa occupatione: non aeque delectatur qui ab opere perfecto removit manum. Iam fructu artis suae fruitur: ipsa fruebatur arte cum pingeret. Fructuosior est adulescentia liberorum, sed infantia dulcior.

8 Nunc ad propositum revertamur. Sapiens etiam si contentus est se, tamen habere amicum vult, si nihil aliud, ut exerceat amicitiam, ne tam magna virtus iaceat, non ad hoc quod dicebat Epicurus in hac ipsa epistula, 'ut habeat qui sibi aegro adsideat, succurrat in vincula coniecto vel inopi', sed ut habeat aliquem cui ipse aegro adsideat, quem ipse circumventum hostili custodia liberet. Qui se spectat et propter hoc ad amicitiam venit male cogitat. Quemadmodum coepit, sic desinet: paravit amicum adversum vincla laturum
9 opem; cum primum crepuerit catena, discedet. Hae sunt amicitiae quas temporarias populus appellat; qui utilitatis causa adsumptus est tamdiu placebit quamdiu utilis fuerit. Hac re

2 *Hecat. frg. 27 Fowler.*   19 *Epicur. frg. 175 Us.*

4–6 habet . . . usus . . . comparatio *Mur.*: habes . . . usu (usum Q^1OM) . . . comparationem ω   6 initium] inreium *p*   17 nihil] ob nihil p^2b: in nihil *Rossb.* (*confert Linde Cic. Verr. ii. 1. 152*)   19 ipsa *om.* α   24 *post* desinet *add.* esse *p*   vincula $\alpha M^1 b$ 25 haec α*b*

florentes amicorum turba circumsedet, circa eversos solitudo est, et inde amici fugiunt ubi probantur; hac re ista tot nefaria exempla sunt aliorum metu relinquentium, aliorum metu prodentium. Necesse est initia inter se et exitus congruant: qui amicus esse coepit quia expedit ⟨et desinet quia expedit⟩; placebit aliquod pretium contra amicitiam, si ullum in illa placet praeter ipsam. 'In quid amicum paras?' Ut habeam **10** pro quo mori possim, ut habeam quem in exilium sequar, cuius me morti et opponam et inpendam: ista quam tu describis negotiatio est, non amicitia, quae ad commodum accedit, quae quid consecutura sit spectat. Non dubie habet **11** aliquid simile amicitiae adfectus amantium; possis dicere illam esse insanam amicitiam. Numquid ergo quisquam amat lucri causa? numquid ambitionis aut gloriae? Ipse per se amor, omnium aliarum rerum neglegens, animos in cupiditatem formae non sine spe mutuae caritatis accendit. Quid ergo? ex honestiore causa coit turpis adfectus? 'Non agitur' inquis **12** 'nunc de hoc, an amicitia propter se ipsam adpetenda sit.' Immo vero nihil magis probandum est; nam si propter se ipsam expetenda est, potest ad illam accedere qui se ipso contentus est. 'Quomodo ergo ad illam accedit?' Quomodo ad rem pulcherrimam, non lucro captus nec varietate fortunae perterritus; detrahit amicitiae maiestatem suam qui illam parat ad bonos casus.

'Se contentus est sapiens.' Hoc, mi Lucili, plerique perperam **13** interpretantur: sapientem undique submovent et intra cutem

2 tot *om. p* 3 metu rel- ς: metus rel- ω 4 prodentium L^2: provid- ω 5 et desinet quia expedit *supplevi Haasium secutus* 7 in quid] inquid *v*δ: inquit α*M*: inquis *O*: inquiu (-quia p^2) *p*: in quid, inquis *Schweigh.*: in quid, inquit *Bickel* paro (o *in ras. p*) *pO sunt qui legunt* 9 ista $p^cL^cMP^c$: istam *rell.* 11 quid OP^2b^c: quidquid p^1v: quicquid *rell.* (*cf. p. 333. 24*) 16 spē *ut vid. p*: specie *Gruter* (*cf. p. 15. 4*) 18–19 propter se . . . probandum est *suppl. in marg.* LQ^2: *om. p*γ 20 est] sit *p* potest] sed potest p^1: sed potestne p^2

suam cogunt. Distinguendum autem est quid et quatenus vox ista promittat: se contentus est sapiens ad beate vivendum, non ad vivendum; ad hoc enim multis illi rebus opus est, ad illud tantum animo sano et erecto et despiciente
14 fortunam. Volo tibi Chrysippi quoque distinctionem indicare. Ait sapientem nulla re egere, et tamen multis illi rebus opus esse: 'contra stulto nulla re opus est (nulla enim re uti scit) sed omnibus eget'. Sapienti et manibus et oculis et multis ad cotidianum usum necessariis opus est, eget nulla re; egere enim necessitatis est, nihil necesse sapienti est.
15 Ergo quamvis se ipso contentus sit, amicis illi opus est; hos cupit habere quam plurimos, non ut beate vivat; vivet enim etiam sine amicis beate. Summum bonum extrinsecus instrumenta non quaerit; domi colitur, ex se totum est; incipit fortunae esse subiectum si quam partem sui foris quaerit.
16 'Qualis tamen futura est vita sapientis, si sine amicis relinquatur in custodiam coniectus vel in aliqua gente aliena destitutus vel in navigatione longa retentus aut in desertum litus eiectus?' Qualis est Iovis, cum resoluto mundo et dis in unum confusis paulisper cessante natura adquiescit sibi cogitationibus suis traditus. Tale quiddam sapiens facit: in
17 se reconditur, secum est. Quamdiu quidem illi licet suo arbitrio res suas ordinare, se contentus est et ducit uxorem; se contentus ⟨est⟩ et liberos tollit; se contentus est et tamen non viveret si foret sine homine victurus. Ad amicitiam fert

5 *Chrysipp. frg. mor. 674 ab Arnim.* 19–21 qualis . . . traditus *Chrysipp. frg. phys. 1065 ab Arnim.*

---

4 recto δ despiciente P^2: dis- ω 8 sapiens si et p^1: sapienti si et p^2 9 eget opus est nulla *p* 10 sapientis *pb* 15 subiectum *Eras.*^{2}: -tus ω 19 dis *βP*: diis *pαb* 21 agitationibus α traditur δ, *corr. b* 22 illi licet *L man. rec.*: illic et ω 23 est; ⟨se contentus est⟩ et ducit *van der Vliet* 24 est *suppl.* ς tollit γ: tulit p^1α: alit p^2 est *om. p* 25 viveret si foret *p*: vivet si fuerit αγ

illum nulla utilitas sua, sed naturalis inritatio; nam ut aliarum
nobis rerum innata dulcedo est, sic amicitiae. Quomodo solitu-
dinis odium est et adpetitio societatis, quomodo hominem
homini natura conciliat, sic inest huic quoque rei stimulus
qui nos amicitiarum adpetentes faciat. Nihilominus cum sit **18**
amicorum amantissimus, cum illos sibi comparet, saepe
praeferat, omne intra se bonum terminabit et dicet quod
Stilbon ille dixit, Stilbon quem Epicuri epistula insequitur.
Hic enim capta patria, amissis liberis, amissa uxore, cum ex
incendio publico solus et tamen beatus exiret, interroganti
Demetrio, cui cognomen ab exitio urbium Poliorcetes fuit,
num quid perdidisset, 'omnia' inquit 'bona mea mecum sunt'.
Ecce vir fortis ac strenuus! ipsam hostis sui victoriam vicit. **19**
'Nihil' inquit 'perdidi': dubitare illum coegit an vicisset.
'Omnia mea mecum sunt': iustitia, virtus, prudentia, hoc
ipsum, nihil bonum putare quod eripi possit. Miramur
animalia quaedam quae per medios ignes sine noxa corporum
transeunt: quanto hic mirabilior vir qui per ferrum et ruinas
et ignes inlaesus et indemnis evasit! Vides quanto facilius sit
totam gentem quam unum virum vincere? Haec vox illi
communis est cum Stoico: aeque et hic intacta bona per
concrematas urbes fert; se enim ipse contentus est; hoc
felicitatem suam fine designat. Ne existimes nos solos generosa **20**
verba iactare, et ipse Stilbonis obiurgator Epicurus similem
illi vocem emisit, quam tu boni consule, etiam si hunc diem

24 *Epicur. frg. 474 Us.*

2–3 solitudinis *Haupt*: sol(l)itudo in *ω* 8 stilboni illi *pxM*¹ 10 tamen et *p* 11 ab exitio urbium *secl. Hense*¹ (*conl. dial. 2. 5. 6*) exitio] excidio *ς* (*cf. p. 348. 9, dial. 12. 7. 4*) 12 bona *susp. Hense* (*conl. dial. 2. 5. 6*) 15 iustitia *om. p*¹: id est iustitia *superscr. p*²: iustitia . . . prudentia *secl. Buech., vix recte* 16 ipsum] ipsum est *p*², *Hense* (*secl.* iustitia *sqq.*) et miramur *p*, *Chatelain* 18 transeant *p* 22 ipso *b* (*cf. p. 13. 18*) 25 tu *om. p*

iam expunxi. 'Si cui' inquit 'sua non videntur amplissima, licet totius mundi dominus sit, tamen miser est.' Vel si hoc modo tibi melius enuntiari videtur (id enim agendum est ut non verbis serviamus sed sensibus), 'miser est qui se non
21 beatissimum iudicat, licet imperet mundo'. Ut scias autem hos sensus esse communes, natura scilicet dictante, apud poetam comicum invenies:

non est beatus, esse se qui non putat.

Quid enim refert qualis status tuus sit, si tibi videtur malus?
22 'Quid ergo?' inquis 'si beatum se dixerit ille turpiter dives et ille multorum dominus sed plurium servus, beatus sua sententia fiet?' Non quid dicat sed quid sentiat refert, nec quid uno die sentiat, sed quid adsidue. Non est autem quod verearis ne ad indignum res tanta perveniat: nisi sapienti sua non placent; omnis stultitia laborat fastidio sui. Vale.

10 SENECA LVCILIO SVO SALVTEM

1 Sic est, non muto sententiam: fuge multitudinem, fuge paucitatem, fuge etiam unum. Non habeo cum quo te communicatum velim. Et vide quod iudicium meum habeas: audeo te tibi credere. Crates, ut aiunt, huius ipsius Stilbonis auditor, cuius mentionem priore epistula feci, cum vidisset adulescentulum secreto ambulantem, interrogavit quid illic solus faceret. 'Mecum' inquit 'loquor.' Cui Crates 'cave'

8 *com. pall inc. 77, p. 147 Ribb.*[3] *Publilio Syro adscripsit Meyer* (= *N 61*), *Senecae graecum versum obversatum esse putavit Buecheler.*

---

3 videatur (a *in ras.*)*p*: videntur *b* 11–12 suae sententiae α, *corr.* *Q*² 19 quo iudicium m. abeat ς habeo δ 21 priori *LQ*²

inquit 'rogo et diligenter adtende: cum homine malo loque-
ris'. Lugentem timentemque custodire solemus, ne solitudine **2**
male utatur. Nemo est ex inprudentibus qui relinqui sibi
debeat; tunc mala consilia agitant, tunc aut aliis aut ipsis
futura pericula struunt, tunc cupiditates inprobas ordinant;
tunc quidquid aut metu aut pudore celabat animus exponit,
tunc audaciam acuit, libidinem inritat, iracundiam instigat.
Denique quod unum solitudo habet commodum, nihil ulli
committere, non timere indicem, perît stulto: ipse se prodit.
Vide itaque quid de te sperem, immo quid spondeam mihi
(spes enim incerti boni nomen est): non invenio cum quo te
malim esse quam tecum. Repeto memoria quam magno **3**
animo quaedam verba proieceris, quanti roboris plena:
gratulatus sum protinus mihi et dixi, 'non a summis labris
ista venerunt, habent hae voces fundamentum; iste homo
non est unus e populo, ad salutem spectat'. Sic loquere, sic **4**
vive; vide ne te ulla res deprimat. Votorum tuorum veterum
licet deis gratiam facias, alia de integro suscipe: roga bonam
mentem, bonam valetudinem animi, deinde tunc corporis.
Quidni tu ista vota saepe facias? Audacter deum roga: nihil
illum de alieno rogaturus es.

Sed ut more meo cum aliquo munusculo epistulam mittam, **5**
verum est quod apud Athenodorum inveni: 'tunc scito esse
te omnibus cupiditatibus solutum, cum eo perveneris ut
nihil deum roges nisi quod rogare possis palam'. Nunc enim
quanta dementia est hominum! turpissima vota dis insusur-
rant; si quis admoverit aurem, conticiscent, et quod scire
hominem nolunt deo narrant. Vide ergo ne hoc praecipi salu-
briter possit: sic vive cum hominibus tamquam deus videat,
sic loquere cum deo tamquam homines audiant. Vale.

1–2 ne cum . . . loquaris δ 6 expromit ς 9 perit *ω*: -iit *Q*[c] 11 nomen] non δ 17 vove α ullas *p* 18 deis *pvMP*: diis α: de his *Ob* 26 dis *βPb*²: diis *pα*: deo *b*¹ 27 conticescent (contit- *b*) *p*²*g*²*b*

11 SENECA LVCILIO SVO SALVTEM

1 Locutus est mecum amicus tuus bonae indolis, in quo
quantum esset animi, quantum ingenii, quantum iam etiam
profectus, sermo primus ostendit. Dedit nobis gustum, ad
quem respondebit; non enim ex praeparato locutus est, sed
subito deprehensus. Ubi se colligebat, verecundiam, bonum
in adulescente signum, vix potuit excutere; adeo illi ex alto
suffusus est rubor. Hic illum, quantum suspicor, etiam cum se
confirmaverit et omnibus vitiis exuerit, sapientem quoque
sequetur. Nulla enim sapientia naturalia corporis aut animi
vitia ponuntur: quidquid infixum et ingenitum est lenitur
2 arte, non vincitur. Quibusdam etiam constantissimis in
conspectu populi sudor erumpit non aliter quam fatigatis et
aestuantibus solet, quibusdam tremunt genua dicturis,
quorundam dentes colliduntur, lingua titubat, labra con-
currunt: haec nec disciplina nec usus umquam excutit, sed
natura vim suam exercet et illo vitio sui etiam robustissimos
3 admonet. Inter haec esse et ruborem scio, qui gravissimis
quoque viris subitus adfunditur. Magis quidem in iuvenibus
apparet, quibus et plus caloris est et tenera frons; nihilominus
et veteranos et senes tangit. Quidam numquam magis quam
cum erubuerint timendi sunt, quasi omnem verecundiam
4 effuderint; Sulla tunc erat violentissimus cum faciem eius
sanguis invaserat. Nihil erat mollius ore Pompei; numquam
non coram pluribus rubuit, utique in contionibus. Fabianum,
cum in senatum testis esset inductus, erubuisse memini, et
5 hic illum mire pudor decuit. Non accidit hoc ab infirmitate
mentis sed a novitate rei, quae inexercitatos, etiam si non
concutit, movet naturali in hoc facilitate corporis pronos;

5 respondebit *M*: res pendebit *pLOvδ*: res pendebat *Q* 6 ubi ς: ibi (sibi p^1) *ω* verecundiam ς: -dia *ω* 10 aut animi *secl. Madvig* 17 illo *Schweigh.*: illos *ω* 21 et (*prius*) *om. vMδ* 22 erubuerunt *Schweigh., sed cf. pp. 470. 5, 492. 12*

nam ut quidam boni sanguinis sunt, ita quidam incitati et
mobilis et cito in os prodeuntis. Haec, ut dixi, nulla sapientia **6**
abigit: alioquin haberet rerum naturam sub imperio, si
omnia eraderet vitia. Quaecumque adtribuit condicio nascendi et corporis temperatura, cum multum se diuque animus
composuerit, haerebunt; nihil horum vetari potest, non
magis quam accersi. Artifices scaenici, qui imitantur adfectus, **7**
qui metum et trepidationem exprimunt, qui tristitiam
repraesentant, hoc indicio imitantur verecundiam. Deiciunt
enim vultum, verba summittunt, figunt in terram oculos et
deprimunt: ruborem sibi exprimere non possunt; nec prohibetur hic nec adducitur. Nihil adversus haec sapientia
promittit, nihil proficit: sui iuris sunt, iniussa veniunt,
iniussa discedunt.

Iam clausulam epistula poscit. Accipe, et quidem utilem **8**
ac salutarem, quam te adfigere animo volo: 'aliquis vir bonus
nobis diligendus est ac semper ante oculos habendus, ut sic
tamquam illo spectante vivamus et omnia tamquam illo
vidente faciamus'. Hoc, mi Lucili, Epicurus praecepit; **9**
custodem nobis et paedagogum dedit, nec inmerito: magna
pars peccatorum tollitur, si peccaturis testis adsistit. Aliquem
habeat animus quem vereatur, cuius auctoritate etiam secretum suum sanctius faciat. O felicem illum qui non praesens
tantum sed etiam cogitatus emendat! O felicem qui sic
aliquem vereri potest ut ad memoriam quoque eius se componat atque ordinet! Qui sic aliquem vereri potest cito erit
verendus. Elige itaque Catonem; si hic tibi videtur nimis **10**
rigidus, elige remissioris animi virum Laelium. Elige eum

16 *Epicur. frg. 210 Us.*

1 boni] lenti *coni. Haase*: *alii alia* 2 prodeuntis ς: prodentis (pru- Q^1) αγ: prodendentis *p* 15 et quidem *Eras.*[2]: equidem ω 16 effigere *P*: affligere *b* 17 eligendus δ: deligendus *Nottola* 21 peccaturis *p*α: -toris M^1P^1: -tori *rell.*

cuius tibi placuit et vita et oratio et ipse animum ante se ferens vultus; illum tibi semper ostende vel custodem vel exemplum. Opus est, inquam, aliquo ad quem mores nostri se ipsi exigant: nisi ad regulam prava non corriges. Vale.

12 SENECA LVCILIO SVO SALVTEM

1 Quocumque me verti, argumenta senectutis meae video. Veneram in suburbanum meum et querebar de inpensis aedificii dilabentis. Ait vilicus mihi non esse neglegentiae suae vitium, omnia se facere, sed villam veterem esse. Haec villa inter manus meas crevit: quid mihi futurum est, si tam
2 putria sunt aetatis meae saxa? Iratus illi proximam occasionem stomachandi arripio. 'Apparet' inquam 'has platanos neglegi: nullas habent frondes. Quam nodosi sunt et retorridi rami, quam tristes et squalidi trunci! Hoc non accideret si quis has circumfoderet, si inrigaret.' Iurat per genium meum se omnia facere, in nulla re cessare curam suam, sed illas vetulas esse. Quod intra nos sit, ego illas posueram, ego
3 illarum primum videram folium. Conversus ad ianuam 'quis est iste?' inquam 'iste decrepitus et merito ad ostium admotus? foras enim spectat. Unde istunc nanctus es? quid te delectavit alienum mortuum tollere?' At ille 'non cognoscis me?' inquit: 'ego sum Felicio, cui solebas sigillaria adferre; ego sum Philositi vilici filius, deliciolum tuum'. 'Perfecte' inquam 'iste delirat: pupulus, etiam delicium meum factus est? Prorsus potest fieri: dentes illi cum maxime cadunt.'

1–2 ante se ferens γ: ante se furens α: anteferens *p* 2 tibi semper *p*: semper tibi $\alpha\gamma$ 8 delabentis QgP^1 *et fort.* L^1 villicus LgM^2b (*cf. v. 23, pp. 330. 9, 529. 1, dial. 3. 21. 2*) 10 tam] iam *Mur.* 19 est iste α: est $p\gamma$ 20 istunc nanctus *p*: istunc nactus *Qg* (*de* L^1 *non liquet*): istic nactus β: istic natus *P*: iste natus b^1L^2: iste nanctus b^2 22 singillaria LQ^1: singularia *g* 23 villici $\alpha v^2 b$ (*cf. v. 8*) perfecte] profecto *Mur.* 24 pupulus *Mur.*: pop- ω

Debeo hoc suburbano meo, quod mihi senectus mea **4**
quocumque adverteram apparuit. Conplectamur illam et
amemus; plena ⟨est⟩ voluptatis, si illa scias uti. Gratissima
sunt poma cum fugiunt; pueritiae maximus in exitu decor
est; deditos vino potio extrema delectat, illa quae mergit,
quae ebrietati summam manum inponit; quod in se iucun- **5**
dissimum omnis voluptas habet in finem sui differt. Iucun-
dissima est aetas devexa iam, non tamen praeceps, et illam
quoque in extrema tegula stantem iudico habere suas volu-
ptates; aut hoc ipsum succedit in locum voluptatium, nullis
egere. Quam dulce est cupiditates fatigasse ac reliquisse!
'Molestum est' inquis 'mortem ante oculos habere.' Primum **6**
ista tam seni ante oculos debet esse quam iuveni (non enim
citamur ex censu); deinde nemo tam senex est ut inprobe
unum diem speret. Unus autem dies gradus vitae est. Tota
aetas partibus constat et orbes habet circumductos maiores
minoribus: est aliquis qui omnis conplectatur et cingat (hic
pertinet a natali ad diem extremum); est alter qui annos
adulescentiae excludit; est qui totam pueritiam ambitu suo
adstringit; est deinde per se annus in se omnia continens
tempora, quorum multiplicatione vita componitur; mensis
artiore praecingitur circulo; angustissimum habet dies gyrum,
sed et hic ab initio ad exitum venit, ab ortu ad occasum. Ideo **7**
Heraclitus, cui cognomen fecit orationis obscuritas, 'unus'
inquit 'dies par omni est'. Hoc alius aliter excepit. Dixit

24 *Heraclit. frg. 106 Diels–Kranz.*

---

2 adverteram *Mur.*: avert- (vert- *g*) *ω* 3 plena est *L²P²*: plena *pLQγ*: plenam *g* 7 omnis *p*: hominis *αγ* 8 devexa *L²Q²γ*: divexa *α*: devisexas *p* 9 tegula] regula *vulg.*: *de interpretatione ambigitur* 11 cupiditatis *L¹Q¹g¹* 14 ex censu *pβ*: excensum *α*: ex cessu (ex censsu *b¹*) *δ* 16 estas paribus *p* 17 omnis *pvP¹*: omnes *rell.* 19 includit *coni. Schweigh.*: cludit *Brakman* 25 dies inquit (-quid *p¹*) *p* omnibus *Summers* (*conl. p. 28. 4*) accepit *ς*: cepit *Hense²*; *sed cf. p. 271. 22*

enim * * * parem esse horis, nec mentitur; nam si dies est
tempus viginti et quattuor horarum, necesse est omnes inter
se dies pares esse, quia nox habet quod dies perdidit. Alius
ait parem esse unum diem omnibus similitudine; nihil enim
habet longissimi temporis spatium quod non et in uno die
invenias, lucem et noctem, et in alternas mundi vices plura
facit ista, non ⟨alia⟩ * * * alias contractior, alias productior.
8 Itaque sic ordinandus est dies omnis tamquam cogat agmen
et consummet atque expleat vitam. Pacuvius, qui Syriam
usu suam fecit, cum vino et illis funebribus epulis sibi paren-
taverat, sic in cubiculum ferebatur a cena ut inter plausus
exoletorum hoc ad symphoniam caneretur: *βεβίωται, βεβίω-*
9 *ται.* Nullo non se die extulit. Hoc quod ille ex mala conscien-
tia faciebat nos ex bona faciamus, et in somnum ituri laeti
hilaresque dicamus,

vixi et quem dederat cursum fortuna peregi.

Crastinum si adiecerit deus, laeti recipiamus. Ille beatissimus
est et securus sui possessor qui crastinum sine sollicitudine
expectat; quisquis dixit 'vixi' cotidie ad lucrum surgit.
10 Sed iam debeo epistulam includere. 'Sic' inquis 'sine ullo
ad me peculio veniet?' Noli timere: aliquid secum fert.
Quare aliquid dixi? multum. Quid enim hac voce praeclarius
quam illi trado ad te perferendam? 'Malum est in necessitate
vivere, sed in necessitate vivere necessitas nulla est.' Quidni

16 *Verg. Aen. 4. 653; cf. dial. 7. 19. 1.* 23 *Epicur. frg. 487 Us.*

---

1 alius *suppl. Gemoll*: unus *W. B. Anderson* 2 viginti et IIIIor *L*: XX et IIIIor *Qg* 7 alia *suppl. Gronovius, maiorem lacunam statuit Buecheler, qui prop.* ⟨alia, licet dies sit⟩ *vel* ⟨alia, cum nox sit⟩: paria facit ista nox alias *Hense dub.*: ⟨dies⟩ paria facit ista non ⟨alia⟩, alias *Préchac* 9 pacuvius g^2: -bius *pαβP*: pacomius *in ras. b* 10–11 parentaverat g^2P^2: -erit *αγ*: presentaverit *p* 11 cubiculo *p* 12 bebiōtae *bis p*: bebiotae *bis OP*: bebiote *bis LQ*, *semel gMb* 17 adierit p^1: aderit p^2 precipiamus *p* 18 sine] ne *γ*, *corr.* P^2 23 malum] multum pQ^1

nulla sit? patent undique ad libertatem viae multae, breves faciles. Agamus deo gratias quod nemo in vita teneri potest: calcare ipsas necessitates licet. 'Epicurus' inquis 'dixit: quid **11**
tibi cum alieno?' Quod verum est meum est; perseverabo Epicurum tibi ingerere, ut isti qui in verba iurant nec quid dicatur aestimant, sed a quo, sciant quae optima sunt esse communia. Vale.

3 inquis $pv^{c}Mb$: inquid Pv^{1}: inquit α 4 meum *vulg.*: mecum ω 5 ingerere *superscr.* L^{2}: iungere ω iurant *vulg.*: iurarant ω: iurarunt b^{c} nec ς: ne ω 6 aestimant $p^{1}Q^{1}$: -ment (stiment P^{1}) *rell.* sed] se *p* sciant quae ς: sciantque quae *pγ*: sciant quaeque α esse communia *om.* δ 7 *post* Vale *add.* EXPLICIT LIBER PRIMVS. INCIPIT LIBER SECVNDVS (LIBER II *Q*) α: *om. pγ*

LIBER SECVNDVS

13 SENECA LVCILIO SVO SALVTEM

1 Multum tibi esse animi scio; nam etiam antequam in-
strueres te praeceptis salutaribus et dura vincentibus, satis
adversus fortunam placebas tibi, et multo magis postquam
cum illa manum conseruisti viresque expertus es tuas, quae
numquam certam dare fiduciam sui possunt nisi cum multae
difficultates hinc et illinc apparuerunt, aliquando vero et
propius accesserunt. Sic verus ille animus et in alienum non
2 venturus arbitrium probatur; haec eius obrussa est. Non
potest athleta magnos spiritus ad certamen adferre qui
numquam suggillatus est: ille qui sanguinem suum vidit,
cuius dentes crepuere sub pugno, ille qui subplantatus ad-
versarium toto tulit corpore nec proiecit animum proiectus,
qui quotiens cecidit contumacior resurrexit, cum magna spe
3 descendit ad pugnam. Ergo, ut similitudinem istam prosequar,
saepe iam fortuna supra te fuit, nec tamen tradidisti te, sed
subsiluisti et acrior constitisti; multum enim adicit sibi
virtus lacessita.

Tamen, si tibi videtur, accipe a me auxilia quibus munire
4 te possis. Plura sunt, Lucili, quae nos terrent quam quae
premunt, et saepius opinione quam re laboramus. Non loquor
tecum Stoica lingua, sed hac summissiore; nos enim dicimus
omnia ista quae gemitus mugitusque exprimunt levia esse et
contemnenda. Omittamus haec magna verba, sed, di boni,
vera: illud tibi praecipio, ne sis miser ante tempus, cum illa
quae velut inminentia expavisti fortasse nunquam ventura

3–4 strueres *p* 9 sic *om. p* 12 sugillatus α 13 subplantatus est *p* 25 di *p*: dii γ: dei α 26 illud tibi . . . non venerint (*p. 31. 1*) *ad finem* § 5 *traecit Bartsch, fort. recte*

sint, certe non venerint. Quaedam ergo nos magis torquent 5
quam debent, quaedam ante torquent quam debent, quaedam
torquent cum omnino non debeant; aut augemus dolorem
aut praecipimus aut fingimus.

Primum illud, quia res in controversia est et litem con-
testatam habemus, in praesentia differatur. Quod ego leve
dixero tu gravissimum esse contendes; scio alios inter flagella
ridere, alios gemere sub colapho. Postea videbimus utrum ista
suis viribus valeant an inbecillitate nostra. Illud praesta mihi, 6
ut, quotiens circumsteterint qui tibi te miserum esse persua-
deant, non quid audias sed quid sentias cogites, et cum patien-
tia tua deliberes ac te ipse interroges, qui tua optime nosti,
'quid est quare isti me conplorent? quid est quod trepident,
quod contagium quoque mei timeant, quasi transilire calami-
tas possit? est aliquid istic mali, an res ista magis infamis est
quam mala?' Ipse te interroga, 'numquid sine causa crucior
et maereo et quod non est malum facio?' 'Quomodo' inquis 7
'intellegam, vana sint an vera quibus angor?' Accipe huius rei
regulam: aut praesentibus torquemur aut futuris aut utrisque.
De praesentibus facile iudicium est: si corpus tuum liberum
et sanum est, nec ullus ex iniuria dolor est, videbimus quid
futurum sit: hodie nihil negotii habet. 'At enim futurum 8
est.' Primum dispice an certa argumenta sint venturi mali;
plerumque enim suspicionibus laboramus, et inludit nobis
illa quae conficere bellum solet fama, multo autem magis
singulos conficit. Ita est, mi Lucili: cito accedimus opinioni;
non coarguimus illa quae nos in metum adducunt nec excuti-
mus, sed trepidamus et sic vertimus terga quemadmodum
illi quos pulvis motus fuga pecorum exuit castris aut quos
aliqua fabula sine auctore sparsa conterruit. Nescio quomodo 9
magis vana perturbant; vera enim modum suum habent:

4 aut fingimus aut praecipimus ω: *transp. Hess* 21 et *Madvig*: est ω: est, si *Castiglioni* est. Videbimus *dist. alii, vix recte*

quidquid ex incerto venit coniecturae et paventis animi
licentiae traditur. Nulli itaque tam perniciosi, tam inrevoca-
biles quam lymphatici metus sunt; ceteri enim sine ratione,
10 hi sine mente sunt. Inquiramus itaque in rem diligenter.
Verisimile est aliquid futurum mali: non statim verum est.
Quam multa non expectata venerunt! quam multa expectata
nusquam conparuerunt! Etiam si futurum est, quid iuvat
dolori suo occurrere? satis cito dolebis cum venerit: interim
11 tibi meliora promitte. Quid facies lucri? tempus. Multa
intervenient quibus vicinum periculum vel prope admotum
aut subsistat aut desinat aut in alienum caput transeat:
incendium ad fugam patuit; quosdam molliter ruina deposuit;
aliquando gladius ab ipsa cervice revocatus est; aliquis
carnifici suo superstes fuit. Habet etiam mala fortuna levita-
tem. Fortasse erit, fortasse non erit: interim non est; meliora
12 propone. Nonnumquam, nullis apparentibus signis quae mali
aliquid praenuntient, animus sibi falsas imagines fingit: aut
verbum aliquod dubiae significationis detorquet in peius aut
maiorem sibi offensam proponit alicuius quam est, et cogitat
non quam iratus ille sit, sed quantum liceat irato. Nulla
autem causa vitae est, nullus miseriarum modus, si timetur
quantum potest. Hic prudentia prosit, hic robore animi
evidentem quoque metum respue; si minus, vitio vitium
repelle, spe metum tempera. Nihil tam certum est ex his
quae timentur ut non certius sit et formidata subsidere et
13 sperata decipere. Ergo spem ac metum examina, et quotiens
incerta erunt omnia, tibi fave: crede quod mavis. Si plures
habebit sententias metus, nihilominus in hanc partem potius
inclina et perturbare te desine ac subinde hoc in animo volve,

2 tam (*prius*) *om. p* 4 re α, *corr. in marg. L* 8 dolebis ς: -bit ω 10 periculum *om. p* vel ς: ut ω: aut p^2: et P^2 19 proponet *p* 21 vitaest *p* timetur *in ras. P*: timeretur *rell.*: timeatur p^2 28 habebit ς: -bis αγ: habis (-bes p^2) *p*

maiorem partem mortalium, cum illi nec sit quicquam mali nec pro certo futurum sit, aestuare ac discurrere. Nemo enim resistit sibi, cum coepit inpelli, nec timorem suum redigit ad verum; nemo dicit 'vanus auctor est, vanus [est]: aut finxit aut credidit'. Damus nos aurae ferendos; expavescimus dubia pro certis; non servamus modum rerum, statim in timorem venit scrupulus.

Pudet me †ibi† sic tecum loqui et tam lenibus te remediis **14** focilare. Alius dicat 'fortasse non veniet': tu dic 'quid porro, si veniet? videbimus uter vincat; fortasse pro me venit, et mors ista vitam honestabit'. Cicuta magnum Socratem fecit. Catoni gladium adsertorem libertatis extorque: magnam partem detraxeris gloriae. Nimium diu te cohortor, cum tibi **15** admonitione magis quam exhortatione opus sit. Non in diversum te a natura tua ducimus: natus es ad ista quae dicimus; eo magis bonum tuum auge et exorna.

Sed iam finem epistulae faciam, si illi signum suum in- **16** pressero, id est aliquam magnificam vocem perferendam ad te mandavero. 'Inter cetera mala hoc quoque habet stultitia: semper incipit vivere.' Considera quid vox ista significet, Lucili virorum optime, et intelleges quam foeda sit hominum levitas cotidie nova vitae fundamenta ponentium, novas spes etiam in exitu inchoantium. Circumspice tecum singulos: **17** occurrent tibi senes qui se cum maxime ad ambitionem, ad peregrinationes, ad negotiandum parent. Quid est autem turpius quam senex vivere incipiens? Non adicerem auctorem

19 *Epicur. frg. 494 Us.*

---

1 maiorem] malorem *p* illis ς 4 est *secl. Mynors*: haec *in ras.* p^2P^2 5 aurae ferendos *Buech.*: referendos ω: ferendos *Haupt* 8 ibi *sunt qui defendunt* (*cf. T.L.L. vii. i. 146. 71 sqq.*), *sed vix sanum est neque feliciter adhuc quisquam emendavit*: *om.* ς 9 focillare *edd. plerique, sed cf. T. L. L. vi. 987. 5 sqq.* 11 fecit ς (*cf. p. 114. 19*): confecit ω: effecit *Hense dub.* (*coni. p. 57. 1*), *fort. recte*

huic voci, nisi esset secretior nec inter vulgata Epicuri dicta, quae mihi et laudare et adoptare permisi. Vale.

14 SENECA LVCILIO SVO SALVTEM

1 Fateor insitam esse nobis corporis nostri caritatem; fateor
nos huius gerere tutelam. Non nego indulgendum illi,
serviendum nego; multis enim serviet qui corpori servit, qui
2 pro illo nimium timet, qui ad illud omnia refert. Sic gerere
nos debemus, non tamquam propter corpus vivere debeamus,
sed tamquam non possimus sine corpore; huius nos nimius
amor timoribus inquietat, sollicitudinibus onerat, contumeliis
obicit; honestum ei vile est cui corpus nimis carum est.
Agatur eius diligentissime cura, ita tamen ut, cum exiget
ratio, cum dignitas, cum fides, mittendum in ignes sit.
3 Nihilominus quantum possumus evitemus incommoda quo-
que, non tantum pericula, et in tutum nos reducamus,
excogitantes subinde quibus possint timenda depelli. Quorum
tria, nisi fallor, genera sunt: timetur inopia, timentur morbi,
4 timentur quae per vim potentioris eveniunt. Ex his omnibus
nihil nos magis concutit quam quod ex aliena potentia inpen-
det; magno enim strepitu et tumultu venit. Naturalia mala
quae rettuli, inopia atque morbus, silentio subeunt nec oculis
nec auribus quicquam terroris incutiunt: ingens alterius mali
pompa est; ferrum circa se et ignes habet et catenas et turbam
5 ferarum quam in viscera inmittat humana. Cogita hoc loco
carcerem et cruces et eculeos et uncum et adactum per
medium hominem qui per os emergeret stipitem et distracta
in diversum actis curribus membra, illam tunicam alimentis

1 huic *om.* *p* 3 *post* SALVTEM *add.* De natura corporis *p* 7 illud] illum pM^1 10 contuberniis (-nis p^1) *p* 12 ut *om.* *p* 14–15 quoque ς: quaeque *ω* 21 rettuli *pOvP*: retuli *αMb* inopia *p*: -iae *αγ* morbus *pγ*: -bum *α*: -bi L^2Q^2 (*cf. v. 17*) 23 circa] intra *p*

ignium et inlitam et textam, et quidquid aliud praeter haec
commenta saevitia est. Non est itaque mirum, si maximus 6
huius rei timor est cuius et varietas magna et apparatus
terribilis est. Nam quemadmodum plus agit tortor quo plura
instrumenta doloris exposuit (specie enim vincuntur qui
patientiae restitissent), ita ex iis quae animos nostros subigunt
et domant plus proficiunt quae habent quod ostendant. Illae
pestes non minus graves sunt—famem dico et sitim et prae-
cordiorum suppurationes et febrem viscera ipsa torrentem—
sed latent, nihil habent quod intentent, quod praeferant:
haec ut magna bella aspectu paratuque vicerunt.

Demus itaque operam, abstineamus offensis. Interdum 7
populus est quem timere debeamus; interdum, si ea civitatis
disciplina est ut plurima per senatum transigantur, gratiosi in
eo viri; interdum singuli quibus potestas populi et in popu-
lum data est. Hos omnes amicos habere operosum est, satis
est inimicos non habere. Itaque sapiens numquam potentium
iras provocabit, immo [nec] declinabit, non aliter quam in
navigando procellam. Cum peteres Siciliam, traiecisti fretum. 8
Temerarius gubernator contempsit austri minas (ille est
enim qui Siculum pelagus exasperet et in vertices cogat);
non sinistrum petit litus sed id a quo propior Charybdis
maria convolvit. At ille cautior peritos locorum rogat quis
aestus sit, quae signa dent nubes; longe ab illa regione verti-
cibus infami cursum tenet. Idem facit sapiens: nocituram
potentiam vitat, hoc primum cavens, ne vitare videatur; pars
enim securitatis et in hoc est, non ex professo eam petere,
quia quae quis fugit damnat. Circumspiciendum ergo nobis 9
est quomodo a vulgo tuti esse possimus. Primum nihil idem

6 patientiac *LvMb*: -te *Q*^{1}*O*: -tia *pP*   7 quae *p*^{2}: quia *p*^{1}*L*β: qui *QM*^{2} δ 18 nec *punct.* *L*^{2}*b*^{2}, *om.* *ς*: vero *coni* *Hense dub.*   22 petiit *Schweigh.*, petît *Beltrami*   id a quo *Hense et P. Thomas*: id quo *p*^{1}: ita quo $\alpha\gamma$: it quo *p*^{c} proprior *pLvP*   25 facit *L*$^2\gamma$: -iat α: -iens *p*   29 possumus *p*

concupiscamus: rixa est inter competitores. Deinde nihil
habeamus quod cum magno emolumento insidiantis eripi
possit; quam minimum sit in corpore tuo spoliorum. Nemo
ad humanum sanguinem propter ipsum venit, aut admodum
pauci; plures conputant quam oderunt. Nudum latro trans-
10 mittit; etiam in obsessa via pauperi pax est. Tria deinde ex
praecepto veteri praestanda sunt ut vitentur: odium, invidia,
contemptus. Quomodo hoc fiat sapientia sola monstrabit;
difficile enim temperamentum est, verendumque ne in con-
temptum nos invidiae timor transferat, ne dum calcare
nolumus videamur posse calcari. Multis timendi attulit
causas timeri posse. Undique nos reducamus: non minus
11 contemni quam suspici nocet. Ad philosophiam ergo con-
fugiendum est; hae litterae, non dico apud bonos sed apud
mediocriter malos infularum loco sunt. Nam forensis eloquen-
tia et quaecumque alia populum movet adversarios habet:
haec quieta et sui negotii contemni non potest, cui ab omni-
bus artibus etiam apud pessimos honor est. Numquam in
tantum convalescet nequitia, numquam sic contra virtutes
coniurabitur, ut non philosophiae nomen venerabile et
sacrum maneat. Ceterum philosophia ipsa tranquille modeste-
que tractanda est.

12 'Quid ergo?' inquis 'videtur tibi M. Cato modeste philo-
sophari, qui bellum civile sententia reprimit? qui furentium
principum armis medius intervenit? qui aliis Pompeium
13 offendentibus, aliis Caesarem, simul lacessit duos?' Potest
aliquis disputare an illo tempore capessenda fuerit sapienti
res publica. Quid tibi vis, Marce Cato? iam non agitur de
libertate: olim pessum data est. Quaeritur utrum Caesar an

8 soli *p* monstravit α 10 nos] non *p* invidiae *Mur.*: invidia et (sed p^2) ω calcare ς: -ri ω 11 noluimus LQ^2: vol- Q^1 12 timere δ 16 alia ⟨ars⟩ *Buech.* 28 res p. γ *sic codd. plerique fere semper, sed commodius videtur verba perscribere* 29 est *om. p* utrum *om. p*

Pompeius possideat rem publicam: quid tibi cum ista contentione? nullae partes tuae sunt. Dominus eligitur: quid tua, uter vincat? potest melior vincere, non potest non peior esse qui vicerit. Ultimas partes attigi Catonis; sed ne priores quidem anni fuerunt qui sapientem in illam rapinam rei publicae admitterent. Quid aliud quam vociferatus est Cato et misit inritas voces, cum modo per populi levatus manus et obrutus sputis exportandus extra forum traheretur, modo e senatu in carcerem duceretur?

Sed postea videbimus an sapienti opera rei publicae danda **14** sit: interim ad hos te Stoicos voco qui a re publica exclusi secesserunt ad colendam vitam et humano generi iura condenda sine ulla potentioris offensa. Non conturbabit sapiens publicos mores nec populum in se vitae novitate convertet. 'Quid ergo? utique erit tutus qui hoc propositum sequetur?' **15** Promittere tibi hoc non magis possum quam in homine temperanti bonam valetudinem, et tamen facit temperantia bonam valetudinem. Perit aliqua navis in portu: sed quid tu accidere in medio mari credis? Quanto huic periculum paratius foret multa agenti molientique, cui ne otium quidem tutum est? Pereunt aliquando innocentes (quis negat?), nocentes tamen saepius. Ars ei constat qui per ornamenta percussus est. Denique consilium rerum omnium sapiens, non exitum **16** spectat; initia in potestate nostra sunt, de eventu fortuna iudicat, cui de me sententiam non do. 'At aliquid vexationis adferet, aliquid adversi.' Non damnat latro cum occidit.

2 sunt. Dominus eligitur: quid *sic dist. Axelson* 3 tua uter *Lips.*: tu alter $\alpha\gamma$: tuus alter *p* 5 quidem *om. p* 8 exportandus *Pinc.*: et portandus (-dis L^1) ω: exportantium *Rossb.*: *alii alia* (*cf. dial.* 2. 1. 3, 2. 3) 10–11 sapienti opera rei p. danda sit (sap- op- P.R. impendenda sit *iam Pinc.*) *Madvig*: sapienti. ora opera perdanda (-denda p^c) sint *p*: sapientiora opera perdenda sint αP: sapienti opera pendenda sint (sunt M^1) β: sapientiora opera perpendenda sunt *b* 15 sequitur α, *corr. in marg. L* 17 temperantia ⟨ad⟩ *Kronenberg, fort. recte* 26 damnat *Gronovius*: damnatur ω: ⟨damnat,⟩ damnatur *Albertini*

17 Nunc ad cotidianam stipem manum porrigis. Aurea te stipe implebo, et quia facta est auri mentio, accipe quemadmodum usus fructusque eius tibi esse gratior possit. 'Is maxime divitiis fruitur qui minime divitiis indiget.' 'Ede' inquis 'auctorem.' Ut scias quam benigni simus, propositum est aliena laudare: Epicuri est aut Metrodori aut alicuius ex illa
18 officina. Et quid interest quis dixerit? omnibus dixit. Qui eget divitiis timet pro illis; nemo autem sollicito bono fruitur. Adicere illis aliquid studet; dum de incremento cogitat, oblitus est usus. Rationes accipit, forum conterit, kalendarium versat: fit ex domino procurator. Vale.

15 SENECA LVCILIO SVO SALVTEM

1 Mos antiquis fuit, usque ad meam servatus aetatem, primis epistulae verbis adicere 'si vales bene est, ego valeo'. Recte nos dicimus 'si philosopharis, bene est'. Valere enim hoc demum est. Sine hoc aeger est animus; corpus quoque, etiam si magnas habet vires, non aliter quam furiosi aut frenetici
2 validum est. Ergo hanc praecipue valetudinem cura, deinde et illam secundam; quae non magno tibi constabit, si volueris bene valere. Stulta est enim, mi Lucili, et minime conveniens litterato viro occupatio exercendi lacertos et dilatandi cervicem ac latera firmandi; cum tibi feliciter sagina cesserit et tori creverint, nec vires umquam opimi bovis nec pondus aequabis. Adice nunc quod maiore corporis sarcina animus eliditur et minus agilis est. Itaque quantum potes circum-
3 scribe corpus tuum et animo locum laxa. Multa sequuntur

3 *Epicur. epist. 3 p. 63. 19–20 Us.*

---

4 fruitur] fructus *β*   ede] et de *L*: adde *Q et* (*in marg.*) *L*   inquit $p^{1}L^{1}Q$ 5 auctoritatem *p*   simus ς: sumus *ω*, *fort. recte*   8 sollicito $pL^{2}M^{2}\delta$ *et in ras. Ov*: -tus *α* M^{1} 10 accepit *p*   15 enim] autem *p*   16 est (*alterum*) *om. p*   17 frenetici *sic ω* (*cf. dial* 2. 13. 1)

incommoda huic deditos curae: primum exercitationes,
quarum labor spiritum exhaurit et inhabilem intentioni ac
studiis acrioribus reddit; deinde copia ciborum subtilitas
inpeditur. Accedunt pessimae notae mancipia in magisterium
recepta, homines inter oleum et vinum occupati, quibus ad
votum dies actus est si bene desudaverunt, si in locum eius
quod effluxit multum potionis altius in ieiuno iturae regesse-
runt. Bibere et sudare vita cardiaci est. Sunt exercitationes et **4**
faciles et breves, quae corpus et sine mora lassent et tempori
parcant, cuius praecipua ratio habenda est: cursus et cum
aliquo pondere manus motae et saltus vel ille qui corpus in
altum levat vel ille qui in longum mittit vel ille, ut ita dicam,
saliaris aut, ut contumeliosius dicam, fullonius: quoslibet ex
his elige †usum rude facile†. Quidquid facies, cito redi a cor- **5**
pore ad animum; illum noctibus ac diebus exerce. Labore
modico alitur ille; hanc exercitationem non frigus, non aestus
inpediet, ne senectus quidem. Id bonum cura quod vetustate
fit melius. Neque ego te iubeo semper inminere libro aut **6**
pugillaribus: dandum est aliquod intervallum animo, ita
tamen ut non resolvatur, sed remittatur. Gestatio et corpus
concutit et studio non officit: possis legere, possis dictare,
possis loqui, possis audire, quorum nihil ne ambulatio quidem
vetat fieri. Nec tu intentionem vocis contempseris, quam **7**
veto te per gradus et certos modos extollere, deinde depri-
mere. Quid si velis deinde quemadmodum ambules discere?
Admitte istos quos nova artificia docuit fames: erit qui gradus
tuos temperet et buccas edentis observet et in tantum

2 inhabilem] inaffabilem (ineff- p^1) *p* 7 in ieiuno *pvδ*: in ieiunio *αOM*: ieiunō ς: ieiunio *Madvig* 10 praecipue ς 13 saliaris *coni. Eras.*[1] *in marg.*: salutaris (salt- P^c) *ω* fullonicius *p* quoslibet *pα*: quod- *γ*: quoius- *Buech.* 14 usum rude facile (usu P^c) $L^1Q\gamma$: usum rudem facilem pL^2g, *Hense*: usum rudi facilem *Gemoll*: usu redde facile *Haase*: *locus nondum expeditus est* 16 medico *p* 24 certo *p*

procedat in quantum audaciam eius patientia et credulitate produxeris. Quid ergo? a clamore protinus et a summa contentione vox tua incipiet? usque eo naturale est paulatim incitari ut litigantes quoque a sermone incipiant, ad vociferationem transeant; nemo statim Quiritium fidem implorat.

8 Ergo utcumque tibi impetus animi suaserit, modo vehementius fac vitiis convicium, modo lentius, prout vox te quoque hortabitur †in id latus†; modesta, cum recipies illam revocarisque, descendat, non decidat; †mediatorisui habeat et hoc† indocto et rustico more desaeviat. Non enim id agimus ut exerceatur vox, sed ut exerceat.

9 Detraxi tibi non pusillum negotii: una mercedula et †unum graecum† ad haec beneficia accedet. Ecce insigne praeceptum: 'stulta vita ingrata est, trepida; tota in futurum fertur'. 'Quis hoc' inquis 'dicit?' idem qui supra. Quam tu nunc vitam dici existimas stultam? Babae et Isionis? Non ita est: nostra dicitur, quos caeca cupiditas in nocitura, certe numquam satiatura praecipitat, quibus si quid satis esse posset, fuisset, qui non cogitamus quam iucundum sit nihil

14 *Epicur. frg. 491 Us.*

---

1 patientia et credulitate *Lips.*: patientiac credulitate $p^c g^c$: patientiae crudelitate *ω*   2 a clamore] ab amara (b *in ras.*) *P*: ad morem *b*   7 vitiis *ς*: vicinis *ω* (*cf. pp. 225. 9, 452. 18, dial. 7. 18. 1*)   te quoque] te *supra versum p, secl. Hense*¹: quoque te *vulg.*   8 in id latus *def. Buech.* (latus = ἐνεχθείς), *sed vix sanum est*: et latus *Eras.*²: incitatus *P. Thomas*   8–9 revocabisque *ς*, *fort. recte*   9 mediatorisui habeat et hoc *p*: mediatoris sui habeat et hoc *αγ*: media oris vi eat (*vel* abeat) nec (nec *iam ς*) *Madvig*: media oris via abeat nec *Linde et Buech.*: mediam oris vim habeat nec *Hess*: nec vindemiatoris (viatoris *Russell*, *bene*) vim habeat nec *Barker et Duff*: *alii alia, sed locus desperatus est*   10 inrustico *p*   11 ut *secl. Löfstedt, fort. recte*   12 detraxi *ς*: -it *ω*   negotium *γ*   una *pα*: *om. γ*: diurna *P. Thomas* (*conl. p. 11. 15*)   13 unum graecum *pαβ*: unum graecus *δ*: munus gratum *ed. Rom. 1475*: munus graecum *Haase*: manupretium *Rossb.*: xenium [graecum] *R. L. Dunbabin*: unum graecum . . . ecce i. praeceptum *coniungenda putat Hense*   14 trepida] et trepida *p*, *Haase*   16 et Isionis] aetionis *p*

poscere, quam magnificum sit plenum esse nec ex fortuna
pendere. Subinde itaque, Lucili, quam multa sis consecutus **10**
recordare; cum aspexeris quot te antecedant, cogita quot
sequantur. Si vis gratus esse adversus deos et adversus vitam
tuam, cogita quam multos antecesseris. Quid tibi cum ceteris?
te ipse antecessisti. Finem constitue quem transire ne possis **11**
quidem si velis; discedant aliquando ista insidiosa bona et
sperantibus meliora quam adsecutis. Si quid in illis esset
solidi, aliquando et implerent: nunc haurientium sitim concitant. Mittantur speciosi apparatus; et quod futuri temporis
incerta sors volvit, quare potius a fortuna inpetrem ut det,
quam a me ne petam? Quare autem petam? oblitus fragilitatis
humanae congeram? in quid laborem? Ecce hic dies ultimus
est; ut non sit, prope ab ultimo est. Vale.

16 SENECA LVCILIO SVO SALVTEM

Liquere hoc tibi, Lucili, scio, neminem posse beate vivere, **1**
ne tolerabiliter quidem, sine sapientiae studio, et beatam
vitam perfecta sapientia effici, ceterum tolerabilem etiam
inchoata. Sed hoc quod liquet firmandum et altius cotidiana meditatione figendum est: plus operis est in eo ut proposita custodias quam ut honesta proponas. Perseverandum est et adsiduo studio robur addendum, donec bona mens sit quod bona voluntas est.

1 fortuita α, *corr. in marg.* *L*: -to Q^2g^2 3 quod . . . quod v^1Mb^1: cu . . . quod p^1: quae . . . quae (-oe p^2) p^2 P^2 6 *ante* te *add.* tu *g et* (*in marg.*) *LQ* 6–7 ne possis quidem si velis *confert Axelson p. 226. 26* 8 adconsecutis α, *corr.* L^2 10 mittantur *Madvig*: imitantur (imm- *p*) ω quod M^1: quid *rell.*: quicquid ς 11 inpeterem *M*δ: id peterem P^2 13 congeram? in quid *dist. Hense*: congeram in quid *Fick.* inquit p^2α*O* 14 ab *om. p*

2 Itaque ⟨non opus est⟩ tibi apud me pluribus verbis aut adfirmatione tam longa: intellego multum te profecisse. Quae scribis unde veniant scio; non sunt ficta nec colorata. Dicam tamen quid sentiam: iam de te spem habeo, nondum fiduciam. Tu quoque idem facias volo: non est quod tibi cito et facile credas. Excute te et varie scrutare et observa; illud ante omnia vide, utrum in philosophia an in ipsa vita profeceris.
3 Non est philosophia populare artificium nec ostentationi paratum; non in verbis sed in rebus est. Nec in hoc adhibetur, ut cum aliqua oblectatione consumatur dies, ut dematur otio nausia: animum format et fabricat, vitam disponit, actiones regit, agenda et omittenda demonstrat, sedet ad gubernaculum et per ancipitia fluctuantium derigit cursum. Sine hac nemo intrepide potest vivere, nemo secure; innumerabilia accidunt singulis horis quae consilium exigant, quod ab hac
4 petendum est. Dicet aliquis, 'quid mihi prodest philosophia, si fatum est? quid prodest, si deus rector est? quid prodest, si casus imperat? Nam et mutari certa non possunt et nihil praeparari potest adversus incerta, sed aut consilium meum occupavit deus decrevitque quid facerem, aut consilio meo
5 nihil fortuna permittit.' Quidquid est ex his, Lucili, vel si omnia haec sunt, philosophandum est; sive nos inexorabili lege fata constringunt, sive arbiter deus universi cuncta disposuit, sive casus res humanas sine ordine inpellit et iactat, philosophia nos tueri debet. Haec adhortabitur ut deo libenter pareamus, ut fortunae contumaciter; haec docebit ut deum

1 non opus est *hoc loco suppl. Haase*: tibi ⟨opus non est⟩ *Préchac* 2 adfirmatione tam longa *Linde*: adfirmatis nec tam longis *pγ*: adf- nec tam multum longis *α*: adfirmatione iam nil opus *Madvig* profecisse $L^2Q^2g^2OM\delta$: -ficisse $p^c\alpha v$: -ficisce p^1 4 quid sentiam ς: sententiam quod *ω* 7 in (*alterum*) *om. α* proficeris $p^1L^1Q^1$ 8 ostentatione δ 10–11 otio nausia] otium namque *in ras. p* 12 ad *om. p* 13–14 sine hac nemo securus est *γ* 20 occupavit deus *p*: deus occ- *αγ* 25 debemus (-us *in ras.*) *p*

sequaris, feras casum. Sed non est nunc in hanc disputationem **6**
transeundum, quid sit iuris nostri si providentia in imperio
est, aut si fatorum series inligatos trahit, aut si repentina ac
subita dominantur: illo nunc revertor, ut te moneam et
exhorter ne patiaris impetum animi tui delabi et refrigescere.
Contine illum et constitue, ut habitus animi fiat quod est
impetus.

Iam ab initio, si te bene novi, circumspicies quid haec **7**
epistula munusculi adtulerit: excute illam, et invenies. Non
est quod mireris animum meum: adhuc de alieno liberalis
sum. Quare autem alienum dixi? quidquid bene dictum est
ab ullo meum est. Istuc quoque ab Epicuro dictum est: 'si
ad naturam vives, numquam eris pauper; si ad opiniones,
numquam eris dives'. Exiguum natura desiderat, opinio **8**
immensum. Congeratur in te quidquid multi locupletes
possederant; ultra privatum pecuniae modum fortuna te
provehat, auro tegat, purpura vestiat, eo deliciarum opumque
perducat ut terram marmoribus abscondas; non tantum
habere tibi liceat sed calcare divitias; accedant statuae et
picturae et quidquid ars ulla luxuriae elaboravit: maiora
cupere ab his disces. Naturalia desideria finita sunt: ex falsa **9**
opinione nascentia ubi desinant non habent; nullus enim
terminus falso est. Via eunti aliquid extremum est: error
immensus est. Retrahe ergo te a vanis, et cum voles scire
quod petes, utrum naturalem habeat an caecam cupiditatem,
considera num possit alicubi consistere: si longe progresso
semper aliquid longius restat, scito id naturale non esse. Vale.

12. *Epicur. frg.* 201 *Us.*

---

6 animi hab- β 12 istuc *Hense*[2]: sicut ω 16 possederant $p^2L^2Q^2M^2P^2b$: possid- $\alpha\beta P^1$: possederent p^1 17 eo] et δ: et eo P^2 20 picturae] epicure δ 23 viam *p sunt qui legunt, sed confert Hense Liv.* 25. 9. 4 25 utrum] virum p^1: verum p^2

17 SENECA LVCILIO SVO SALVTEM

1 Proice omnia ista, si sapis, immo ut sapias, et ad bonam
mentem magno cursu ac totis viribus tende; si quid est quo
teneris, aut expedi aut incide. 'Moratur' inquis 'me res
familiaris; sic illam disponere volo ut sufficere nihil agenti
2 possit, ne aut paupertas mihi oneri sit aut ego alicui.' Cum
hoc dicis, non videris vim ac potentiam eius de quo cogitas
boni nosse; et summam quidem rei pervides, quantum philo-
sophia prosit, partes autem nondum satis subtiliter dispicis,
necdum scis quantum ubique nos adiuvet, quemadmodum
et in maximis, ut Ciceronis utar verbo, 'opituletur' ⟨et⟩ in
minima descendat. Mihi crede, advoca illam in consilium:
3 suadebit tibi ne ad calculos sedeas. Nempe hoc quaeris et hoc
ista dilatione vis consequi, ne tibi paupertas timenda sit:
quid si adpetenda est? Multis ad philosophandum obstitere
divitiae: paupertas expedita est, secura est. Cum classicum
cecinit, scit non se peti; cum aqua conclamata est, quomodo
exeat, non quid efferat, quaerit; [ut] si navigandum est, non
strepunt portus nec unius comitatu inquieta sunt litora; non
circumstat illam turba servorum, ad quos pascendos trans-
4 marinarum regionum est optanda fertilitas. Facile est pascere
paucos ventres et bene institutos et nihil aliud desiderantes
quam impleri: parvo fames constat, magno fastidium. Pauper-
tas contenta est desideriis instantibus satis facere: quid est

11 *Cic. Hortens. frg. 98 p. 326 Mueller; ad Hortensium rettulit Lipsius.*

---

2 et *om.* α 4 expedi aut] expediunt α, *corr.* g^2 11 et *suppl.* ς
12 in] non *p* 17 aqua conclamata *Gertz et Buech.*: aliqua conclamata (-quo -to p^1) *p*α*vM*δ: aliqua conclamatum *O* (*ut coni. Linde conl. dial.* 5. 43. 3, 9. 11. 7) 18 ut *p*α: aut γ: vel *Hess*: et *Moricca*: *om. Mur.*
19 strepunt] strepit ad *in ras. p* 20 illam ς: illum ω 24 est (*prius*) *om. p*

ergo quare hanc recuses contubernalem cuius mores sanus dives imitatur? Si vis vacare animo, aut pauper sis oportet **5** aut pauperi similis. Non potest studium salutare fieri sine frugalitatis cura; frugalitas autem paupertas voluntaria est. Tolle itaque istas excusationes: 'nondum habeo quantum sat est; si ad illam summam pervenero, tunc me totum philosophiae dabo'. Atqui nihil prius quam hoc parandum est quod tu differs et post cetera paras; ab hoc incipiendum est. 'Parare' inquis 'unde vivam volo.' Simul et parare ⟨te⟩ disce: si quid te vetat bene vivere, bene mori non vetat. Non est **6** quod nos paupertas a philosophia revocet, ne egestas quidem. Toleranda est enim ad hoc properantibus vel fames; quam toleravere quidam in obsidionibus, et quod aliud erat illius patientiae praemium quam in arbitrium non cadere victoris? Quanto hoc maius est quod promittitur: perpetua libertas, nullius nec hominis nec dei timor. Ecquid vel esurienti ad ista veniendum est? Perpessi sunt exercitus inopiam omnium **7** rerum, vixerunt herbarum radicibus et dictu foedis tulerunt famem; haec omnia passi sunt pro regno, quo magis mireris, alieno: dubitabit aliquis ferre paupertatem ut animum furoribus liberet? Non est ergo prius adquirendum: licet ad philosophiam etiam sine viatico pervenire. Ita est? cum omnia **8** habueris, tunc habere et sapientiam voles? haec erit ultimum vitae instrumentum et, ut ita dicam, additamentum? Tu vero, sive aliquid habes, iam philosophare (unde enim scis an iam nimis habeas?), sive nihil, hoc prius quaere quam quicquam. 'At necessaria deerunt.' Primum deesse non pote- **9** runt, quia natura minimum petit, naturae autem se sapiens

5 satis α 7 aut qui *p* 8 differs] profers *p*, *vix recte* post] pro p^1: prius p^2 9 te *add. Rossb.*: *ante* parare *iam Haase* 11 ne] nec α 13 illis p^1, *fort. recte* 15 hoc] hic *Madvig* quod] quo δ 16 ecquid *v*: hec quid *p*: haec quid *P*: et quid α*OMb*: et quidem L^2g^2 20 dubitavit δ, *corr. P* 22–24 ita est . . . additamentum *ad v. 7 post* dabo *transp. Hess* 27 at] ad p^1P^1: an α 27–28 potuerunt α

accommodat. Sed si necessitates ultimae inciderint, iamdu-
dum exibit e vita et molestus sibi esse desinet. Si vero exiguum
erit et angustum quo possit vita produci, id boni consulet nec
ultra necessaria sollicitus aut anxius ventri et scapulis suum
reddet et occupationes divitum concursationesque ad divitias
10 euntium securus laetusque ridebit ac dicet, 'quid in longum
ipse te differs? expectabisne fenoris quaestum aut ex merce
conpendium aut tabulas beati senis, cum fieri possis statim
dives? Repraesentat opes sapientia, quas cuicumque fecit
supervacuas dedit.' Haec ad alios pertinent: tu locupletibus
propior es. Saeculum muta, nimis habes; idem est autem
omni saeculo quod sat est.

11 Poteram hoc loco epistulam claudere, nisi te male insti-
tuissem. Reges Parthos non potest quisquam salutare sine
munere; tibi valedicere non licet gratis. Quid istic? ab
Epicuro mutuum sumam: 'multis parasse divitias non finis
12 miseriarum fuit sed mutatio'. Nec hoc miror; non est enim
in rebus vitium sed in ipso animo. Illud quod paupertatem
nobis gravem fecerat et divitias graves fecit. Quemadmodum
nihil refert utrum aegrum in ligneo lecto an in aureo conloces
(quocumque illum transtuleris, morbum secum suum trans-
feret), sic nihil refert utrum aeger animus in divitiis an in
paupertate ponatur: malum illum suum sequitur. Vale.

16 *Epicur. frg. 479 Us.*

---

1 inciderint *ς*: -erunt *αγ*: -ert *p* 2 exibit *M*: exhibet (-bit P^2) *OvP*: exibiet *b*: exiet *pα* (*cf. benef.* 2. 1. 2, *nat.* 3. 10. 4): exiliet *ed. Rom.* 1475 (*cf. p.* 61. 11) 4 suum] suis p^1: vim p^c 6 ac dicet] accidet (-dit p^1) *p* 11 proprior *pαv*^{1} idem est *Gertz*: id est *pαβ*: idem *δ* 12 omnia *δ* 14 Parthorum *Gertz*, *fort. recte* 20 differt *δ* 22 animus aeger *δ*

18 SENECA LVCILIO SVO SALVTEM

December est mensis: cum maxime civitas sudat. Ius 1
luxuriae publice datum est; ingenti apparatu sonant omnia,
tamquam quicquam inter Saturnalia intersit et dies rerum
agendarum; adeo nihil interest ut ⟨non⟩ videatur mihi errasse
qui dixit olim mensem Decembrem fuisse, nunc annum. Si 2
te hic haberem, libenter tecum conferrem quid existimares
esse faciendum, utrum nihil ex cotidiana consuetudine movendum
an, ne dissidere videremur cum publicis moribus, et
hilarius cenandum et exuendam togam. Nam quod fieri nisi
in tumultu et tristi tempore civitatis non solebat, voluptatis
causa ac festorum dierum vestem mutavimus. Si te bene 3
novi, arbitri partibus functus nec per omnia nos similes esse
pilleatae turbae voluisses nec per omnia dissimiles; nisi forte
his maxime diebus animo imperandum est, ut tunc voluptatibus
solus abstineat cum in illas omnis turba procubuit; certissimum
enim argumentum firmitatis suae capit, si ad blanda
et in luxuriam trahentia nec it nec abducitur. Hoc multo 4
fortius est, ebrio ac vomitante populo siccum ac sobrium
esse, illud temperantius, non excerpere se nec insignire nec
misceri omnibus et eadem sed non eodem modo facere; licet
enim sine luxuria agere festum diem.

Ceterum adeo mihi placet temptare animi tui firmitatem 5
ut ex praecepto magnorum virorum tibi quoque praecipiam:
interponas aliquot dies quibus contentus minimo ac vilissimo
cibo, dura atque horrida veste, dicas tibi 'hoc est quod timebatur?'
In ipsa securitate animus ad difficilia se praeparet et 6
contra iniurias fortunae inter beneficia firmetur. Miles in

3 publice *QβP* (*confert Hense dial. 9. 17. 7*): -cae *pLb* 5 non *add.* *ς* 12 mutabimus *δ* 16 illis *p* 17 enim *om.* *γ* 18 nectit *αb* 20 temperantius *ω*: -atius *Lips.*, *edd. recc.* (*cf. pp. 164. 25, 183. 6, 312. 10, 464. 18, 471. 8*) excerpere se] excerpuisse p^1: exercu- p^2 insigniri p^2 20–21 nec misc-] sed misc- *ς*

media pace decurrit, sine ullo hoste vallum iacit, et supervacuo labore lassatur ut sufficere necessario possit; quem in ipsa re trepidare nolueris, ante rem exerceas. Hoc secuti sunt qui omnibus mensibus paupertatem imitati prope ad inopiam accesserunt, ne umquam expavescerent quod saepe didicissent.
7 Non est nunc quod existimes me dicere Timoneas cenas et pauperum cellas et quidquid aliud est per quod luxuria divitiarum taedio ludit: grabattus ille verus sit et sagum et panis durus ac sordidus. Hoc triduo et quatriduo fer, interdum pluribus diebus, ut non lusus sit sed experimentum: tunc, mihi crede, Lucili, exultabis dipondio satur et intelleges ad securitatem non opus esse fortuna; hoc enim quod necessitati sat est dabit et irata.
8 Non est tamen quare tu multum tibi facere videaris (facies enim quod multa milia servorum, multa milia pauperum faciunt): illo nomine te suspice, quod facies non coactus, quod tam facile erit tibi illud pati semper quam aliquando experiri. Exerceamur ad palum, et ne inparatos fortuna deprehendat, fiat nobis paupertas familiaris; securius divites erimus si scierimus quam non sit grave pauperes esse.
9 Certos habebat dies ille magister voluptatis Epicurus quibus maligne famem extingueret, visurus an aliquid deesset ex plena et consummata voluptate, vel quantum deesset, et an dignum quod quis magno labore pensaret. Hoc certe in iis epistulis ait quas scripsit Charino magistratu ad Polyaenum; et quidem gloriatur non toto asse ⟨se⟩ pasci,

25 *Epicur. frg. 158 Us.*

1 *post* decurrit *dist. P. Thomas*, *post* hoste *priores* iacit $pQ^2Ov^2P^2$: *iacet* αv^1MP^1: iaci *b*: ducit *Cornelissen*: facit *Willems*; *sed cf. T.L.L. vii. 1. 38. 46 sqq.* 2 necessaria opus sit *p* 3 volueris α 6 Timoneas *Turnebus*: tem- ω 8 grabattus *pL*: -atus *Qγ* (*cf. p.* 55. 7, 22) 11 nunc *p* 12 saturitatem ς (*cf. p.* 49. 2) 13 dabit et (dat et *iam Schweigh.*) *Haupt*: debet ω tumulum *p* 15 faciant δ suscipe *pαb* 17 ad palum] ad paululum (paulum *M*) ω, *sed* vel ad palum. ita enim milites solebant *add. in marg. p* 24 iis *Rossb.*: his ω 25 se *suppl. Mur.*

Metrodorum, qui nondum tantum profecerit, toto. In hoc **10**
tu victu saturitatem putas esse? Et voluptas est; voluptas
autem non illa levis et fugax et subinde reficienda, sed stabilis
et certa. Non enim iucunda res est aqua et polenta aut
frustum hordeacii panis, sed summa voluptas est posse capere
etiam ex his voluptatem et ad id se deduxisse quod eripere
nulla fortunae iniquitas possit. Liberaliora alimenta sunt **11**
carceris, sepositos ad capitale supplicium non tam anguste
qui occisurus est pascit: quanta est animi magnitudo ad id
sua sponte descendere quod ne ad extrema quidem decretis
timendum sit! hoc est praeoccupare tela fortunae. Incipe **12**
ergo, mi Lucili, sequi horum consuetudinem et aliquos dies
destina quibus secedas a tuis rebus minimoque te facias
familiarem; incipe cum paupertate habere commercium;

> aude, hospes, contemnere opes et te quoque dignum
> finge deo.

Nemo alius est deo dignus quam qui opes contempsit; quarum **13**
possessionem tibi non interdico, sed efficere volo ut illas in-
trepide possideas; quod uno consequeris modo, si te etiam
sine illis beate victurum persuaseris tibi, si illas tamquam
exituras semper aspexeris.

Sed iam incipiamus epistulam complicare. 'Prius' inquis **14**
'redde quod debes.' Delegabo te ad Epicurum, ab illo fiet
numeratio: 'inmodica ira gignit insaniam'. Hoc quam verum
sit necesse est scias, cum habueris et servum et inimicum. In **15**

15 *Verg. Aen. 8. 364–5; cf. epist. 31. 11.* 24 *Epicur. frg. 484 Us.*

---

1 proficerit $p^{1}\alpha MP$ 5 hordeacii (ord- *Ov*) $p\alpha\beta P$: -cei $L^{2}b$ *edd.* 7 liberaliora *Mur.* (*cf. dial.* 9. 17. 8): liberiora ω: uberiora *Buech.* 10 decretis] redactis *Mur.*: *alii alia*; *sed cf. T.L.L. v. 1. 149. 62 sqq. et in primis Tert. spect. 19* 11 talae fortunae L^{1}: tali fortunae $L^{c}Q$: vel talem fortunam *in marg. L* 18 possessione ς (*malit Hense coni. pp. 179. 21, 306.22, dial. 3. 6. 2, 4. 12. 4, 5. 23. 5, 8, 7. 23. 1, 10. 14. 1*) 20 si *om. p*

omnes personas hic exardescit adfectus; tam ex amore nascitur quam ex odio, non minus inter seria quam inter lusus et iocos; nec interest ex quam magna causa nascatur sed in qualem perveniat animum. Sic ignis non refert quam magnus sed quo incidat; nam etiam maximum solida non receperunt, rursus arida et corripi facilia scintillam quoque fovent usque in incendium. Ita est, mi Lucili: ingentis irae exitus furor est, et ideo ira vitanda est non moderationis causa sed sanitatis. Vale.

19 SENECA LVCILIO SVO SALVTEM

1 Exulto quotiens epistulas tuas accipio; implent enim me bona spe, et iam non promittunt de te sed spondent. Ita fac, oro atque obsecro—quid enim habeo melius quod amicum rogem quam quod pro ipso rogaturus sum? si potes, subduc te istis occupationibus; si minus, eripe. Satis multum tem-
2 poris sparsimus: incipiamus vasa in senectute colligere. Numquid invidiosum est? in freto viximus, moriamur in portu. Neque ego suaserim tibi nomen ex otio petere, quod nec iactare debes nec abscondere; numquam enim usque eo te abigam generis humani furore damnato ut latebram tibi aliquam parari et oblivionem velim: id age ut otium tuum
3 non emineat sed appareat. Deinde videbunt de isto quibus integra sunt et prima consilia an velint vitam per obscurum transmittere: tibi liberum non est. In medium te protulit ingenii vigor, scriptorum elegantia, clarae et nobiles amicitiae; iam notitia te invasit; ut in extrema mergaris ac penitus

1 tam] et tam *p* 3 quam] qua *p* 6 facilla *p*¹*L*¹*Q*¹ 18 ego suaserim] enim suasero *p* 19 te *om. p* 20 damnati *p* 21 et oblivionem] oblivione (*sed* e *in ras.*) *p* 25 elegantia (*ante unam litt. erasam*) *P*: -iae *rell.* 26 iam] tam *M*δ

recondaris, tamen priora monstrabunt. Tenebras habere non **4**
potes; sequetur quocumque fugeris multum pristinae lucis: quietem potes vindicare sine ullius odio, sine desiderio aut morsu animi tui. Quid enim relinques quod invitus relictum a te possis cogitare? Clientes? quorum nemo te ipsum sequitur, sed aliquid ex te; amicitia olim petebatur, nunc praeda; mutabunt testamenta destituti senes, migrabit ad aliud limen salutator. Non potest parvo res magna constare: aestima utrum te relinquere an aliquid ex tuis malis. Utinam **5**
quidem tibi senescere contigisset intra natalium tuorum modum, nec te in altum fortuna misisset! Tulit te longe a conspectu vitae salubris rapida felicitas, provincia et procuratio et quidquid ab istis promittitur; maiora deinde officia te excipient et ex aliis alia: quis exitus erit? quid expectas **6**
donec desinas habere quod cupias? numquam erit tempus. Qualem dicimus seriem esse causarum ex quibus nectitur fatum, talem esse * * * cupiditatum: altera ex fine alterius nascitur. In eam demissus es vitam quae numquam tibi terminum miseriarum ac servitutis ipsa factura sit: subduc cervicem iugo tritam; semel illam incidi quam semper premi satius est. Si te ad privata rettuleris, minora erunt omnia, **7**
sed adfatim implebunt: at nunc plurima et undique ingesta non satiant. Utrum autem mavis ex inopia saturitatem an in copia famem? Et avida felicitas est et alienae aviditati exposita; quamdiu tibi satis nihil fuerit, ipse aliis non eris. 'Quomodo' inquis 'exibo?' Utcumque. Cogita quam multa **8**
temere pro pecunia, quam multa laboriose pro honore temptaveris: aliquid et pro otio audendum est, aut in ista

4 invitis *p* 6 amicitia olim *p*: olim am- αγ 11 modo p^1: modos p^2 12–13 provincia et procuratio] et praeparatio *p* 14 spectas *pP* 14–15 expectas donec] expectas? donec *alii* 17 scias *vel* puta *suppl. Madvig*: necesse est *Brakman* 18 nasciturus α: vel nascituri *in marg. L* dimissus α: -isus *P* 21 rettuleris *Hense*: retul- ω 23 maius α 24 felicitases et β aliena δ, *corr.* P^2 aviditati] felicitati α

sollicitudine procurationum et deinde urbanorum officiorum senescendum, in tumultu ac semper novis fluctibus quos effugere nulla modestia, nulla vitae quiete contingit. Quid enim ad rem pertinet an tu quiescere velis? fortuna tua non vult. Quid si illi etiam nunc permiseris crescere? quantum
9 ad successus accesserit accedet ad metus. Volo tibi hoc loco referre dictum Maecenatis vera in ipso eculeo elocuti: 'ipsa enim altitudo attonat summa'. Si quaeris in quo libro dixerit, in eo qui Prometheus inscribitur. Hoc voluit dicere, attonita habet summa. Est ergo tanti ulla potentia ut sit tibi tam ebrius sermo? Ingeniosus ille vir fuit, magnum exemplum Romanae eloquentiae daturus nisi illum enervasset felicitas, immo castrasset. Hic te exitus manet nisi iam contrahes vela, nisi, quod ille sero voluit, terram leges.

10 Poteram tecum hac Maecenatis sententia parem facere rationem, sed movebis mihi controversiam, si novi te, nec voles quod debeo ⟨nisi⟩ in aspero et probo accipere. Ut se res habet, ab Epicuro versura facienda est. 'Ante' inquit 'circumspiciendum est cum quibus edas et bibas quam quid edas et
11 bibas; nam sine amico visceratio leonis ac lupi vita est.' Hoc non continget tibi nisi secesseris: alioquin habebis convivas quos ex turba salutantium nomenclator digesserit; errat autem qui amicum in atrio quaerit, in convivio probat. Nullum habet maius malum occupatus homo et bonis suis obsessus quam quod amicos sibi putat quibus ipse non est,

7 *Maecen. frg. 10 Lunderstedt.* 18 *Epicur. frg. 542 Us.*

2 *post* senescendum *dist. Axelson anaphorae gratia* senescenti p^1: -cere p^2 3 contingit ς: -tigit ω 6 successum γ accedet *p*: -at αγ ad] at p^1: a δ 7 elocuti α: elocuit $p^2 \beta P^1$: docuit *ut vid.* p^1: edocuit $v^2 b$: elicuit P^2: vel elucuit vel edocuit *in marg. p* 14 legis $p^1\alpha$ 17 nisi *supplendum coni. Eras.* probo] inprobo *p* (*cf. p. 40. 10*) 21 alioqui p^1 22 nomendator $L^1 Q^1 \beta$: nomen crater *b* 25 obessus (*sed in marg.* vel obsessus) α

quod beneficia sua efficacia iudicat ad conciliandos animos,
cum quidam quo plus debent magis oderint: leve aes alienum
debitorem facit, grave inimicum. 'Quid ergo? beneficia non **12**
parant amicitias?' Parant, si accepturos licuit eligere, si
conlocata, non sparsa sunt. Itaque dum incipis esse mentis
tuae, interim hoc consilio sapientium utere, ut magis ad rem
existimes pertinere quis quam quid acceperit. Vale.

20 SENECA LVCILIO SVO SALVTEM

Si vales et te dignum putas qui aliquando fias tuus, gaudeo; **1**
mea enim gloria erit, si te istinc ubi sine spe exeundi fluctuaris
extraxero. Illud autem te, mi Lucili, rogo atque hortor, ut
philosophiam in praecordia ima demittas et experimentum
profectus tui capias non oratione nec scripto, sed animi
firmitate, cupiditatum deminutione: verba rebus proba. Aliud **2**
propositum est declamantibus et adsensionem coronae captantibus, aliud his qui iuvenum et otiosorum aures disputatione
varia aut volubili detinent: facere docet philosophia, non
dicere, et hoc exigit, ut ad legem suam quisque vivat, ne orationi vita dissentiat vel ipsa inter se vita; ⟨ut⟩ unus sit omnium
actio[dissentio]num color [sit]. Maximum hoc est et officium
sapientiae et indicium, ut verbis opera concordent, ut ipse
ubique par sibi idemque sit. 'Quis hoc praestabit?' Pauci,
aliqui tamen. Est enim difficile [hoc]; nec hoc dico, sapientem
uno semper iturum gradu, sed una via. Observa te itaque, **3**

1 efficacia *om. p* animos] amicos *p* 3 erga α 9 te *om. p* 12 in *om. p*[1]: *post* praecordia *suppl. p*[2] dimittas αM^1 14 probo α 16 aliud his *damnat Gertz* 19 vel *scripsi*: ut ω: aut *Madvig* ·ut *add.* ς 20 actionum color *Madvig*: actio dissentionum (dissens- γ, dissert- p^c) color sit ω 23 enim *om. γ* hoc *om. P*, *secl. Haase* nec] ne δ, *corr. P*[2] 24 observa te *Hense*: observare (-va vP^c) ω, *def. W. A. Baehrens et Castiglioni* (*conl. p. 311. 9, benef. 6. 42. 1, dial. 11. 18. 1, nat. 4ª praef. 5 et 12*)

numquid vestis tua domusque dissentiant, numquid in te
liberalis sis, in tuos sordidus, numquid cenes frugaliter, aedi-
fices luxuriose; unam semel ad quam vivas regulam prende
et ad hanc omnem vitam tuam exaequa. Quidam se domi
contrahunt, dilatant foris et extendunt: vitium est haec
diversitas et signum vacillantis animi ac nondum habentis
4 tenorem suum. Etiamnunc dicam unde sit ista inconstantia
et dissimilitudo rerum consiliorumque: nemo proponit sibi
quid velit, nec si proposuit perseverat in eo, sed transilit; nec
tantum mutat sed redit et in ea quae deseruit ac damnavit
5 revolvitur. Itaque ut relinquam definitiones sapientiae veteres
et totum conplectar humanae vitae modum, hoc possum con-
tentus esse: quid est sapientia? semper idem velle atque idem
nolle. Licet illam exceptiunculam non adicias, ut rectum sit
quod velis; non potest enim cuiquam idem semper placere
6 nisi rectum. Nesciunt ergo homines quid velint nisi illo mo-
mento quo volunt; in totum nulli velle aut nolle decretum
est; variatur cotidie iudicium et in contrarium vertitur ac
plerisque agitur vita per lusum. Preme ergo quod coepisti, et
fortasse perduceris aut ad summum aut eo quod summum
nondum esse solus intellegas.

7 'Quid fiet' inquis 'huic turbae familiarium sine re familiari?'
Turba ista cum a te pasci desierit, ipsa se pascet, aut quod tu
beneficio tuo non potes scire, paupertatis scies: illa veros
certosque amicos retinebit, discedet quisquis non te sed
aliud sequebatur. Non est autem vel ob hoc unum amanda
paupertas, quod a quibus ameris ostendet? O quando ille
8 veniet dies quo nemo in honorem tuum mentiatur! Huc ergo
cogitationes tuae tendant, hoc cura, hoc opta, omnia alia

1 in *om. p*   2 tuos αβ: tuo *p*δ   9 transtulit *p*   10 eam α   11 veteres ς: -is ω   22 familiarium] familiarum pQb^1 sine re *Hense*: sive rei ω   familiari] familiarium γ   23 a] ad pP^1 se ς: te ω   pascit α   25 discedet p^2P^2: -it ω   28 *fort.* mentietur (*cf. p.* 92. 25 *sqq.*)

vota deo remissurus, ut contentus sis temet ipso et ex te
nascentibus bonis. Quae potest esse felicitas propior? Redige
te ad parva ex quibus cadere non possis, idque ut libentius
facias, ad hoc pertinebit tributum huius epistulae, quod
statim conferam.

Invideas licet, etiam nunc libenter pro me dependet **9**
Epicurus. 'Magnificentior, mihi crede, sermo tuus in grabatto
videbitur et in panno; non enim dicentur tantum illa sed
probabuntur.' Ego certe aliter audio quae dicit Demetrius
noster, cum illum vidi nudum, quanto minus quam [in]
stramentis incubantem: non praeceptor veri sed testis est.
'Quid ergo? non licet divitias in sinu positas contemnere?' **10**
Quidni liceat? Et ille ingentis animi est qui illas circumfusas
sibi, multum diuque miratus quod ad se venerint, ridet
suasque audit magis esse quam sentit. Multum est non
corrumpi divitiarum contubernio; magnus ille qui in divitîs
pauper est. 'Nescio' inquis 'quomodo paupertatem iste laturus **11**
sit, si in illam inciderit.' Nec ego, Epicure, an †gulus† [si]
iste pauper contempturus sit divitias, si in illas inciderit;
itaque in utroque mens aestimanda est inspiciendumque an
ille paupertati indulgeat, an hic divitiis non indulgeat. Alioquin
leve argumentum est bonae voluntatis grabattus aut
pannus, nisi apparuit aliquem illa non necessitate pati sed
malle. Ceterum magnae indolis est ad ista non properare **12**
tamquam meliora, sed praeparari tamquam ad facilia. Et sunt,

7 *Epicur. frg. 206 Us.*.

---

2 propior *M²Pᶜb*: -prior *rell.* 4 epistulae huius (eius *b¹*) δ 7 tuum δ, *corr. P man. rec.* grabatto *pvᶜMP*: grabato *Q man. rec.*, *v¹b*: crabatto α 9 probantur α*P¹*: -atur *p¹* 10 in *om. Mur.* 16 ⟨est⟩ ille *vel* ille ⟨est⟩ ς (*confert Hense p. 9. 9*) divitiis ω 18 Epicure *Madvig*: epicuri ω angulus si ω: an nudus *Axelson* (*conl. v. 10, benef. 5. 13. 3*): an gloriosus *Wagenvoort*: *alii alia* 20 existimanda α 22 grabattus *pMP*: grabatus *Q man. rec.*, *vb*: crabattus *L*: crabatus *Q¹*

Lucili, facilia; cum vero multum ante meditatus accesseris,
iucunda quoque; inest enim illis, sine qua nihil est iucundum,
13 securitas. Necessarium ergo iudico id quod tibi scripsi magnos
viros saepe fecisse, aliquos dies interponere quibus nos
imaginaria paupertate exerceamus ad veram; quod eo magis
faciendum est quod deliciis permaduimus et omnia dura ac
difficilia iudicamus. Potius excitandus e somno et vellicandus
est animus admonendusque naturam nobis minimum con-
stituisse. Nemo nascitur dives; quisquis exit in lucem iussus
est lacte et panno esse contentus: ab his initiis nos regna non
capiunt. Vale.

21 SENECA LVCILIO SVO SALVTEM

1 Cum istis tibi esse negotium iudicas de quibus scripseras?
Maximum negotium tecum habes, tu tibi molestus es. Quid
velis nescis, melius probas honesta quam sequeris, vides ubi
sit posita felicitas sed ad illam pervenire non audes. Quid sit
autem quod te inpediat, quia parum ipse dispicis, dicam:
magna esse haec existimas quae relicturus es, et cum propo-
suisti tibi illam securitatem ad quam transiturus es, retinet
te huius vitae a qua recessurus es fulgor tamquam in sordida
2 et obscura casurum. Erras, Lucili: ex hac vita ad illam ascen-
ditur. Quod interest inter splendorem et lucem, cum haec
certam originem habeat ac suam, ille niteat alieno, hoc inter
hanc vitam et illam: haec fulgore extrinsecus veniente per-
cussa est, crassam illi statim umbram faciet quisquis obstiterit:
illa suo lumine inlustris est. Studia te tua clarum et nobilem

3 scripsi *epist. 18. 5.*

---

1 multum pQ^{1}: -to *rell.* 3 ergo P^{2}: ego *ω* 13–14 scripseras? Maximum] scripseras: maximum *alii* 18 existimes *α* 20 fulgur *α* 23 niteat $p^{2}P^{2}$: -et *ω* 24 fulgure *α*

efficient. Exemplum Epicuri referam. Cum Idomeneo scri- **3**
beret et illum a vita speciosa ad fidelem stabilemque gloriam revocaret, regiae tunc potentiae ministrum et magna tractantem, 'si gloria' inquit 'tangeris, notiorem te epistulae meae facient quam omnia ista quae colis et propter quae coleris'. Numquid ergo mentitus est? quis Idomenea nosset nisi **4**
Epicurus illum litteris suis incidisset? Omnes illos megistanas et satrapas et regem ipsum ex quo Idomenei titulus petebatur oblivio alta suppressit. Nomen Attici perire Ciceronis epistulae non sinunt. Nihil illi profuisset gener Agrippa et Tiberius progener et Drusus Caesar pronepos; inter tam magna nomina taceretur nisi ⟨sibi⟩ Cicero illum adplicuisset. Profunda super nos altitudo temporis veniet, pauca ingenia **5**
caput exerent et in idem quandoque silentium abitura oblivioni resistent ac se diu vindicabunt. Quod Epicurus amico suo potuit promittere, hoc tibi promitto, Lucili: habebo apud posteros gratiam, possum mecum duratura nomina educere. Vergilius noster duobus memoriam aeternam promisit et praestat:

> fortunati ambo! si quid mea carmina possunt,
> nulla dies umquam memori vos eximet aevo,
> dum domus Aeneae Capitoli immobile saxum
> accolet imperiumque pater Romanus habebit.

Quoscumque in medium fortuna protulit, quicumque mem- **6**
bra ac partes alienae potentiae fuerant, horum gratia viguit, domus frequentata est, dum ipsi steterunt: post ipsos cito memoria defecit. Ingeniorum crescit dignatio nec ipsis tan-

4 *Epicur. frg. 132 Us.* 20 *Verg. Aen. 9. 446–9.*

---

3 regiae *Lips.*: rigidae *ω* 7 megistanas *Eras.*^{2}: megisthanas *αβP*: magisthanas *b*: magisthana p^1: magistratus p^2 12 sibi *suppl. Gertz* 13 super *pP*: supra *αβb* 14 abitura *ς*: ob- (obl- Q^1) *ω* 18 virgilius *γ* 21 memoriam *p* 26 ipsa *p*

tum honor habetur, sed quidquid illorum memoriae adhaesit excipitur.

7 Ne gratis Idomeneus in epistulam meam venerit, ipse eam de suo redimet. Ad hunc Epicurus illam nobilem sententiam scripsit qua hortatur ut Pythoclea locupletem non publica nec ancipiti via faciat. 'Si vis' inquit 'Pythoclea divitem facere, non pecuniae adiciendum sed cupiditati detrahendum est.'
8 Et apertior ista sententia est quam ⟨ut⟩ interpretanda sit, et disertior quam ut adiuvanda. Hoc unum te admoneo, ne istud tantum existimes de divitîs dictum: quocumque transtuleris, idem poterit. Si vis Pythoclea honestum facere, non honoribus adiciendum est sed cupiditatibus detrahendum; si vis Pythoclea esse in perpetua voluptate, non voluptatibus adiciendum est sed cupiditatibus detrahendum; si vis Pythoclea senem facere et implere vitam, non annis adiciendum
9 est sed cupiditatibus detrahendum. Has voces non est quod Epicuri esse iudices: publicae sunt. Quod fieri in senatu solet faciendum ego in philosophia quoque existimo: cum censuit aliquis quod ex parte mihi placeat, iubeo illum dividere sententiam et sequor quod probo.

Eo libentius Epicuri egregia dicta commemoro, ut istis qui ad illum confugiunt spe mala inducti, qui velamentum ipsos vitiorum suorum habituros existimant, probent quo-
10 cumque ierint honeste esse vivendum. Cum adieris eius hortulos †et inscriptum hortulis† 'HOSPES, HIC BENE MANEBIS,

6 *Epicur. frg. 135 Us.*

5 pythoclea *βP*: phytoclea *α*: pythocea *b*: ephitoclaea *p* (*sim. v. 6*) 8 ut *suppl. ς* 10 divitiis *ω* 20–21 sequor quod probo. Eo *Haupt*: sequor. pro eo *pαv*: sequor probeo (-bo b^c) *Mδ* 21 istis *Mur.*: isti *ω* 22 illum *Haupt*: illam (-la p^c) *ω* confugiunt pL^cQ: -ient $L^1\gamma$ 23 probant *β*: probem *Mur.*, *fort. recte* 24 adieris eius *Usener*: audierit his (ad- p^c) *pα*: adieritis audieritis *β*: adieritis audierit his *b*: adieretis audierit his *P*: adieris enim *Gertz* 25 est inscriptum hortulis *Walter*: et inscr- portulis *Tucker*: erit inscr- postibus *Summers*: et inscr- videris *Haupt*

HIC SVMMVM BONVM VOLVPTAS EST’, paratus erit istius domicilii custos hospitalis, humanus, et te polenta excipiet et aquam quoque large ministrabit et dicet, ‘ecquid bene acceptus es?’ ‘Non inritant’ inquit ‘hi hortuli famem sed extinguunt, nec maiorem ipsis potionibus sitim faciunt, sed naturali et gratuito remedio sedant; in hac voluptate consenui.’ De **11**
his tecum desideriis loquor quae consolationem non recipiunt, quibus dandum est aliquid ut desinant. Nam de illis extraordinariis quae licet differre, licet castigare et opprimere, hoc unum commonefaciam: ista voluptas naturalis est, non necessaria. Huic nihil debes; si quid inpendis, voluntarium est. Venter praecepta non audit: poscit, appellat. Non est tamen molestus creditor: parvo dimittitur, si modo das illi quod debes, non quod potes. Vale.

3 ecquid *vP*: hec quid *pb*: et quid *M*: ecce quid α   4 extingunt *ω*   10 commonefaciam p^2P: communefaciam p^1: commune faciam *rell.*   non *om.* *p*   14 potest p^1α   *post* Vale *add.* L. ANNAEI SENECCAE MEMORALIVM AD LVCILIVM LIBER II EXPLICIT. INCIPIT EIVSDEM LIBER III *p*: L. ANNAEI SENECAE MORALIVM AD LVCILIVM EXPLICIT LIBER SECVNDVS. INCIPIT LIBER TERTIVS EIVSDEM (L. ANNAEI *om.* *Q*) α: *om.* γ

LIBER TERTIVS

22 SENECA LVCILIO SVO SALVTEM

1 Iam intellegis educendum esse te ex istis occupationibus
speciosis et malis, sed quomodo id consequi possis quaeris.
Quaedam non nisi a praesente monstrantur; non potest
medicus per epistulas cibi aut balinei tempus eligere: vena
tangenda est. Vetus proverbium est gladiatorem in harena
capere consilium: aliquid adversarii vultus, aliquid manus
2 mota, aliquid ipsa inclinatio corporis intuentem monet. Quid
fieri soleat, quid oporteat, in universum et mandari potest et
scribi; tale consilium non tantum absentibus, etiam posteris
datur: illud alterum, quando fieri debeat aut quemadmodum,
ex longinquo nemo suadebit, cum rebus ipsis deliberandum
3 est. Non tantum praesentis sed vigilantis est occasionem
observare properantem; itaque hanc circumspice, hanc si
videris prende, et toto impetu, totis viribus, id age ut te istis
officiis exuas. Et quidem quam sententiam feram adtende:
censeo aut ex ista vita tibi aut e vita exeundum. Sed idem
illud existimo, leni eundum via, ut quod male inplicuisti
solvas potius quam abrumpas, dummodo, si alia solvendi ratio
non erit, vel abrumpas. Nemo tam timidus est ut malit sem-
4 per pendere quam semel cadere. Interim, quod primum est,
inpedire te noli; contentus esto negotiis in quae descendisti,
vel, quod videri mavis, incidisti. Non est quod ad ulteriora
nitaris, aut perdes excusationem et apparebit te non incidisse.
Ista enim quae dici solent falsa sunt: 'non potui aliter. Quid
si nollem? necesse erat.' Nulli necesse est felicitatem cursu

4 id] hic id α 5 a praesente] praesenti (i *in ras.*) *p* 6 epistulam *p* balinei pv^1P: balnei αv^cMb 12 illud] ut illud p^1: at illud p^2 19 leniendum α 24 quod p^2: quia ω 27 cursus α

sequi: est aliquid, etiam si non repugnare, subsistere nec
instare fortunae ferenti.

Numquid offenderis si in consilium non venio tantum sed **5**
advoco, et quidem prudentiores quam ipse sum, ad quos
soleo deferre si quid delibero? Epicuri epistulam ad hanc
rem pertinentem lege, Idomeneo quae inscribitur, quem
rogat ut quantum potest fugiat et properet, antequam aliqua
vis maior interveniat et auferat libertatem recedendi. Idem **6**
tamen subicit nihil esse temptandum nisi cum apte poterit
tempestiveque temptari; sed cum illud tempus captatum diu
venerit, exiliendum ait. Dormitare de fuga cogitantem vetat
et sperat salutarem etiam ex difficillimis exitum, si nec
properemus ante tempus nec cessemus in tempore. Puto, **7**
nunc et Stoicam sententiam quaeris. Non est quod quisquam
illos apud te temeritatis infamet: cautiores quam fortiores
sunt. Expectas forsitan ut tibi haec dicant: 'turpe est cedere
oneri; luctare cum officio quod semel recepisti. Non est vir
fortis ac strenuus qui laborem fugit, nisi crescit illi animus
ipsa rerum difficultate.' Dicentur tibi ista, si operae pretium **8**
habebit perseverantia, si nihil indignum bono viro faciendum
patiendumve erit; alioqui sordido se et contumelioso labore
non conteret nec in negotiis erit negotii causa. Ne illud
quidem quod existimas facturum eum faciet, ut ambitiosis
rebus inplicitus semper aestus earum ferat; sed cum viderit
gravia in quibus volutatur, incerta, ancipitia, referet pedem,
non vertet terga, sed sensim recedet in tutum. Facile est **9**
autem, mi Lucili, occupationes evadere, si occupationum

5 *Epicur. frg. 133 Us.*

---

4 advocor *p* 6 inscribitur *Haase*: scrib- *ω* 13 properamus *p* 17 luctare p^2P^2b: -ri *rell.* officio] eo (*ex* e?) *p* 21 alioqui $p^1L^1\gamma$: -quin $p^2L^cQv^2M^2$ 22 contereret p^1: -terere p^2 illud] aliud *p* 25 volutatur LQ^cvP^cb: volupt- MP^1: volunt- Q^1: volutabatur *p*, *sed confert Axelson p. 259. 1*

pretia contempseris; illa sunt quae nos morantur et detinent. 'Quid ergo? tam magnas spes relinquam? ab ipsa messe discedam? nudum erit latus, incomitata lectica, atrium vacuum?' Ab his ergo inviti homines recedunt et mercedem
10 miseriarum amant, ipsas execrantur. Sic de ambitione quomodo de amica queruntur, id est, si verum adfectum eorum inspicias, non oderunt sed litigant. Excute istos qui quae cupiere deplorant et de earum rerum loquuntur fuga quibus carere non possunt; videbis voluntariam esse illis in eo
11 moram quod aegre ferre ipsos et misere loquuntur. Ita est, Lucili: paucos servitus, plures servitutem tenent. Sed si deponere illam in animo est et libertas bona fide placuit, in hoc autem unum advocationem petis, ut sine perpetua sollicitudine id tibi facere contingat, quidni tota te cohors Stoicorum probatura sit? omnes Zenones et Chrysippi
12 moderata, honesta, tua suadebunt. Sed si propter hoc tergiversaris, ut circumaspicias quantum feras tecum et quam magna pecunia instruas otium, numquam exitum invenies: nemo cum sarcinis enatat. Emerge ad meliorem vitam propitiis diis, sed non sic quomodo istis propitii sunt quibus bono ac benigno vultu mala magnifica tribuerunt, ob hoc unum excusati, quod ista quae urunt, quae excruciant, optantibus data sunt.

13 Iam inprimebam epistulae signum: resolvenda est, ut cum sollemni ad te munusculo veniat et aliquam magnificam vocem ferat secum; et occurrit mihi ecce nescio utrum verior an eloquentior. 'Cuius?' inquis. Epicuri; adhuc enim alienas
14 †sarcinas adoro†: 'nemo non ita exit e vita tamquam modo

28 *Epicur. frg. 495 Us.*

16 honesta *p*: et hon- *αγ* tua] tuta *Schweigh.* 21 ob *Gronovius dub.*: ad *ω* 24 resolvendum *p* 26 nescis *p* 28 sarcinas adfero *p*[2]: sarcinas adopto *coni. Hense* (*conl. p. 34. 2*): sarcinas adrodo *Badstuebner*: arculas advoco *Axelson* exiit *p*

intraverit'. Quemcumque vis occupa, adulescentem, senem, medium: invenies aeque timidum mortis, aeque inscium vitae. Nemo quicquam habet facti; in futurum enim nostra distulimus. Nihil me magis in ista voce delectat quam quod exprobratur senibus infantia. 'Nemo' inquit 'aliter quam 15
quomodo natus est exit e vita.' Falsum est: peiores morimur quam nascimur. Nostrum istud, non naturae vitium est. Illa nobiscum queri debet et dicere, 'quid hoc est? sine cupiditatibus vos genui, sine timoribus, sine superstitione, sine perfidia ceterisque pestibus: quales intrastis exite'. Percepit 16
sapientiam, si quis tam securus moritur quam nascitur; nunc vero trepidamus cum periculum accessit, non animus nobis, non color constat, lacrimae nihil profuturae cadunt. Quid est turpius quam in ipso limine securitatis esse sollicitum? Causa 17
autem haec est, quod inanes omnium bonorum sumus, vitae ⟨iactura⟩ laboramus. Non enim apud nos pars eius ulla subsedit: transmissa est et effluxit. Nemo quam bene vivat sed quam diu curat, cum omnibus possit contingere ut bene vivant, ut diu nulli. Vale.

23 SENECA LVCILIO SVO SALVTEM

Putas me tibi scripturum quam humane nobiscum hiemps 1
egerit, quae et remissa fuit et brevis, quam malignum ver sit, quam praeposterum frigus, et alias ineptias verba quaerentium? Ego vero aliquid quod et mihi et tibi prodesse possit scribam. Quid autem id erit nisi ut te exhorter ad bonam mentem? Huius fundamentum quod sit quaeris? ne gaudeas vanis. Fundamentum hoc esse dixi: culmen est. Ad summa 2

4 nihil] nihil enim *p*   6 exiit *p*   8 nobiscum queri *Haase*: nobis conqueri ω   11 morienur (?) p^1: -etur p^2 16 iactura *supplendum coni. Hense, alii alia* (*cf. pp. 1. 10, 112. 16, dial. 5. 42. 2, 9. 7. 1, 10. 3. 1, 10. 9. 1*)   18 curatur α, *corr. Q*   26 sit] si δ, *corr.* P^2 gaudeas v^2: -eat ω   27 summam δ

pervenit qui scit quo gaudeat, qui felicitatem suam in aliena
potestate non posuit; sollicitus est et incertus sui quem spes
aliqua proritat, licet ad manum sit, licet non ex difficili
3 petatur, licet numquam illum sperata deceperint. Hoc ante
omnia fac, mi Lucili: disce gaudere. Existimas nunc me
detrahere tibi multas voluptates qui fortuita summoveo, qui
spes, dulcissima oblectamenta, devitandas existimo? immo
contra nolo tibi umquam deesse laetitiam. Volo illam tibi
domi nasci: nascitur si modo intra te ipsum fit. Ceterae
hilaritates non implent pectus; frontem remittunt, leves sunt,
nisi forte tu iudicas eum gaudere qui ridet: animus esse debet
4 alacer et fidens et supra omnia erectus. Mihi crede, verum
gaudium res severa est. An tu existimas quemquam soluto
vultu et, ut isti delicati loquuntur, hilariculo mortem contemnere, paupertati domum aperire, voluptates tenere sub
freno, meditari dolorum patientiam? Haec qui apud se
versat in magno gaudio est, sed parum blando. In huius
gaudii possessione esse te volo: numquam deficiet, cum semel
5 unde petatur inveneris. Levium metallorum fructus in
summo est: illa opulentissima sunt quorum in alto latet vena
adsidue plenius responsura fodienti. Haec quibus delectatur
vulgus tenuem habent ac perfusoriam voluptatem, et quodcumque invecticium gaudium est fundamento caret: hoc de
quo loquor, ad quod te conor perducere, solidum est et quod
6 plus pateat introrsus. Fac, oro te, Lucili carissime, quod
unum potest praestare felicem: dissice et conculca ista quae
extrinsecus splendent, quae tibi promittuntur ab alio vel ex
alio; ad verum bonum specta et de tuo gaude. Quid est
autem hoc 'de tuo'? te ipso et tui optima parte. Corpusculum

9 nascetur *Lips.* fit *coni. Hense*: sit ω 12 super *p* 13 an tu] tantum *p* 14 hilariculo $p^1L\delta$: hilari oculo $p^2Q\beta$ 19 unde *om.* δ 22 volgus p^1 (*cf. p. 197. 5*) 23 invecticium *Eras.*[2] *in adnot. e quodam cod.*: inventic- *pβ*: inventit- αδ 26 unum te potest γ 27–28 vel ex alio *om. ed. Ven. 1492, secl. Hess* 29 ⟨de⟩ te *Russell*

⟨⟩ vom Hg zugefügt

quoque, etiam si nihil fieri sine illo potest, magis necessariam
rem crede quam magnam; vanas suggerit voluptates, breves,
paenitendas ac, nisi magna moderatione temperentur, in
contrarium abituras. Ita dico: in praecipiti voluptas ⟨stat⟩,
ad dolorem vergit nisi modum tenuit; modum autem tenere
in eo difficile est quod bonum esse credideris: veri boni
aviditas tuta est. Quod sit istud interrogas, aut unde subeat? 7
Dicam: ex bona conscientia, ex honestis consiliis, ex rectis
actionibus, ex contemptu fortuitorum, ex placido vitae et
continuo tenore unam prementis viam. Nam illi qui ex aliis
propositis in alia transiliunt aut ne transiliunt quidem sed
casu quodam transmittuntur, quomodo habere quicquam
certum mansurumve possunt suspensi et vagi? Pauci sunt 8
qui consilio se suaque disponant: ceteri, eorum more quae
fluminibus innatant, non eunt sed feruntur; ex quibus alia
lenior unda detinuit ac mollius vexit, alia vehementior rapuit,
alia proxima ripae cursu languescente deposuit, alia torrens
impetus in mare eiecit. Ideo constituendum est quid velimus
et in eo perseverandum.

Hic est locus solvendi aeris alieni. Possum enim tibi vocem 9
Epicuri tui reddere et hanc epistulam liberare: 'molestum est
semper vitam inchoare'; aut si hoc modo magis sensus potest
exprimi, 'male vivunt qui semper vivere incipiunt'. 'Quare?' 10
inquis; desiderat enim explanationem ista vox. Quia semper
illis inperfecta vita est; non potest autem stare paratus ad
mortem qui modo incipit vivere. Id agendum est ut satis
vixerimus: nemo hoc praestat qui orditur cum maxime vitam.

21 *Epicur. frg. 493 Us.*

2–3 brevi paenitendas p^2 4 abituras $L^c v^c M P^c b$: hab- *rell.* stat *suppl. Madvig* 6 veri P^2: viri ω 8 dicamus *pL* consiliis et rectis α, *Beltrami* 15 alia ex quibus α 17 proxima ripae $p^c Q^c$: -mae ripae $Q^1 \beta b$: -ma eripae $p^1 L$: -ma erupe *P* 21 et] in *p* 27 praestat *Axelson* (*conl. p. 448. 20*): putat ω

11 Non est quod existimes paucos esse hos: propemodum omnes sunt. Quidam vero tunc incipiunt cum desinendum est. Si hoc iudicas mirum, adiciam quod magis admireris: quidam ante vivere desierunt quam inciperent. Vale.

24 SENECA LVCILIO SVO SALVTEM

1 Sollicitum esse te scribis de iudicî eventu quod tibi furor inimici denuntiat; existimas me suasurum ut meliora tibi ipse proponas et adquiescas spei blandae. Quid enim necesse est mala accersere, satis cito patienda cum venerint praesumere, ac praesens tempus futuri metu perdere? Est sine dubio stultum, quia quandoque sis futurus miser, esse iam
2 miserum. Sed ego alia te ad securitatem via ducam: si vis omnem sollicitudinem exuere, quidquid vereris ne eveniat eventurum utique propone, et quodcumque est illud malum, tecum ipse metire ac timorem tuum taxa: intelleges profecto
3 aut non magnum aut non longum esse quod metuis. Nec diu exempla quibus confirmeris colligenda sunt: omnis illa aetas tulit. In quamcumque partem rerum vel civilium vel externarum memoriam miseris, occurrent tibi ingenia aut profectus aut impetus magni. Numquid accidere tibi, si damnaris, potest durius quam ut mittaris in exilium, ut ducaris in carcerem? Numquid ultra quicquam ulli timendum est quam ut uratur, quam ut pereat? Singula ista constitue et contemptores eorum cita, qui non quaerendi sed eligendi sunt.
4 Damnationem suam Rutilius sic tulit tamquam nihil illi molestum aliud esset quam quod male iudicaretur. Exilium

6 esse te α: esse p: te esse γ iudici p^1: -ii $\alpha\gamma$: -is p^2 eventus p^1: adventu p^2 7 existimas] et ex- δ 8 ipse $Q\gamma$: ipsi p: ipso L (*cf. p. 13. 18*) 9 satis] et satis γ cito $Q^c v^2$: scito $\alpha\gamma$: scio p 12 aliam . . . viam α 15 intelleges] et int- p 18 quamcumque γ: quac- $p\alpha$ 19 occurrunt (-urunt p^1) p 21 ut (*alterum*) *varie temptatum, sed confert Hense p. 130. 25* 22 quicquam] quam p ulli P^2: illi ω

Metellus fortiter tulit, Rutilius etiam libenter; alter ut rediret rei publicae praestitit, alter reditum suum Sullae negavit, cui nihil tunc negabatur. In carcere Socrates disputavit et exire, cum essent qui promitterent fugam, noluit remansitque, ut duarum rerum gravissimarum hominibus metum demeret, mortis et carceris. Mucius ignibus manum **5**
inposuit. Acerbum est uri: quanto acerbius si id te faciente patiaris! Vides hominem non eruditum nec ullis praeceptis contra mortem aut dolorem subornatum, militari tantum robore instructum, poenas a se inriti conatus exigentem; spectator destillantis in hostili foculo dexterae stetit nec ante removit nudis ossibus fluentem manum quam ignis illi ab hoste subductus est. Facere aliquid in illis castris felicius potuit, nihil fortius. Vide quanto acrior sit ad occupanda pericula virtus quam crudelitas ad inroganda: facilius Porsina Mucio ignovit quod voluerat occidere quam sibi Mucius quod non occiderat.

'Decantatae' inquis 'in omnibus scholis fabulae istae sunt; **6**
iam mihi, cum ad contemnendam mortem ventum fuerit, Catonem narrabis.' Quidni ego narrem ultima illa nocte Platonis librum legentem posito ad caput gladio? Duo haec in rebus extremis instrumenta prospexerat, alterum ut vellet mori, alterum ut posset. Compositis ergo rebus, utcumque componi fractae atque ultimae poterant, id agendum existimavit ne cui Catonem aut occidere liceret aut servare contingeret; et stricto gladio quem usque in illum diem ab **7**
omni caede purum servaverat, 'nihil' inquit 'egisti, fortuna, omnibus conatibus meis obstando. Non pro mea adhuc sed

2 rei p. *pvδ*: rei α: ei post *M* syllae *pαP*[c]*b*: scil- *M*: scyl- *fort. P*[1]: sil- *v* 3 carcerem δ, *corr. P* 4 permitterent *p* 6 mucius *P*[2]*b*: mut- *rell.* 12 ignis *om.* δ 15 Porsina *scripsi*: persona *p*: porsena *M*: porsenna *rell.* (*confert Hense p. 193. 14, benef. 5. 16. 5, 7. 15. 2*) 16 mucio *b*: mut- *rell.* (*et sic mox*) 17 occideret δ 19 iam *p*[2]: tam *p*[1]*αβP*[1]: tum *L*[2]*b*

pro patriae libertate pugnavi, nec agebam tanta pertinacia ut liber, sed ut inter liberos, viverem: nunc quoniam deploratae sunt res generis humani, Cato deducatur in tutum.'
8 Inpressit deinde mortiferum corpori vulnus; quo obligato a medicis cum minus sanguinis haberet, minus virium, animi idem, iam non tantum Caesari sed sibi iratus nudas in vulnus manus egit et generosum illum contemptoremque omnis potentiae spiritum non emisit sed eiecit.

9 Non in hoc exempla nunc congero ut ingenium exerceam, sed ut te adversus id quod maxime terribile videtur exhorter; facilius autem exhortabor, si ostendero non fortes tantum viros hoc momentum efflandae animae contempsisse sed quosdam ad alia ignavos in hac re aequasse animum fortissimorum, sicut illum Cn. Pompei socerum Scipionem, qui contrario in Africam vento relatus cum teneri navem suam vidisset ab hostibus, ferro se transverberavit et quaerentibus
10 ubi imperator esset, 'imperator' inquit 'se bene habet'. Vox haec illum parem maioribus fecit et fatalem Scipionibus in Africa gloriam non est interrumpi passa. Multum fuit Carthaginem vincere, sed amplius mortem. 'Imperator' inquit 'se bene habet': an aliter debebat imperator, et quidem
11 Catonis, mori? Non revoco te ad historias nec ex omnibus saeculis contemptores mortis, qui sunt plurimi, colligo; respice ad haec nostra tempora, de quorum languore ac delicis querimur: omnis ordinis homines suggerent, omnis fortunae, omnis aetatis, qui mala sua morte praeciderint. Mihi crede, Lucili, adeo mors timenda non est ut beneficio
12 eius nihil timendum sit. Securus itaque inimici minas audi;

6 idem] id est α 11 autem] aut p 21 debeat L: -et Q 25 deliciis ω succurrent γ 26 praeciderint $p^2v^2P^2$: -cederint (-ent L^1, -unt b^1) ω: -ciderunt ς 28 timendum p: anteferendum timendum (timendum *punct.* P^2, -dumve b) γ: anteferendum α itaque] atque p audi et v^2Mb^c: audiet $p\alpha v^1$: audies P^1: audit et b^1: audi P^c

et quamvis conscientia tibi tua fiduciam faciat, tamen, quia
multa extra causam valent, et quod aequissimum est spera
et ad id te quod est iniquissimum compara. Illud autem ante
omnia memento, demere rebus tumultum ac videre quid in
quaque re sit: scies nihil esse in istis terribile nisi ipsum
timorem. Quod vides accidere pueris, hoc nobis quoque **13**
maiusculis pueris evenit: illi quos amant, quibus adsueverunt,
cum quibus ludunt, si personatos vident, expavescunt: non
hominibus tantum sed rebus persona demenda est et red-
denda facies sua. Quid mihi gladios et ignes ostendis et turbam **14**
carnificum circa te frementem? Tolle istam pompam sub
qua lates et stultos territas: mors es, quam nuper servus meus,
quam ancilla contempsit. Quid tu rursus mihi flagella et ecu-
leos magno apparatu explicas? quid singulis articulis singula
machinamenta quibus extorqueantur aptata et mille alia
instrumenta excarnificandi particulatim hominis? Pone ista
quae nos obstupefaciunt; iube conticiscere gemitus et excla-
mationes et vocum inter lacerationem elisarum acerbitatem:
nempe dolor es, quem podagricus ille contemnit, quem sto-
machicus ille in ipsis delicis perfert, quem in puerperio puella
perpetitur. Levis es si ferre possum; brevis es si ferre non
possum.

Haec in animo voluta, quae saepe audisti, saepe dixisti; **15**
sed an vere audieris, an vere dixeris, effectu proba; hoc enim
turpissimum est quod nobis obici solet, verba nos philo-
sophiae, non opera tractare. Quid? tu nunc primum tibi
mortem inminere scisti, nunc exilium, nunc dolorem? in
haec natus es; quidquid fieri potest quasi futurum cogitemus.
Quod facere te moneo scio certe fecisse: nunc admoneo ut **16**

2 multi *p*   12 lates] tes p^1: stas p^2 es *Lips.*: est ω   18 lacerationes *Castiglioni* (*conl. p.* 294. 12, *dial.* 4. 5. 2, 5. 3. 6 *al.*)   19 es *Gertz*: est ω (*et sic v.* 21)   20 deliciis ω   21–22 brevis . . . possum *suppl. in marg.* vM^2 28 haec p^2P^2: hac ω   29 certe ⟨te⟩ ς, *sed cf. p.* 2. 7

animum tuum non mergas in istam sollicitudinem; hebetabitur enim et minus habebit vigoris cum exsurgendum erit. Abduc illum a privata causa ad publicam; dic mortale tibi et fragile corpusculum esse, cui non ex iniuria tantum aut ex potentioribus viribus denuntiabitur dolor: ipsae voluptates in tormenta vertuntur, epulae cruditatem adferunt, ebrietates nervorum torporem tremoremque, libidines pedum,
17 manuum, articulorum omnium depravationes. Pauper fiam: inter plures ero. Exul fiam: ibi me natum putabo quo mittar. Alligabor: quid enim? nunc solutus sum? ad hoc me natura grave corporis mei pondus adstrinxit. Moriar: hoc dicis, desinam aegrotare posse, desinam alligari posse, desinam mori posse.

18 Non sum tam ineptus ut Epicuream cantilenam hoc loco persequar et dicam vanos esse inferorum metus, nec Ixionem rota volvi nec saxum umeris Sisyphi trudi in adversum nec ullius viscera et renasci posse cotidie et carpi: nemo tam puer est ut Cerberum timeat et tenebras et larvalem habitum nudis ossibus cohaerentium. Mors nos aut consumit aut exuit; emissis meliora restant onere detracto, consumptis nihil
19 restat, bona pariter malaque summota sunt. Permitte mihi hoc loco referre versum tuum, si prius admonuero ut te iudices non aliis scripsisse ista sed etiam tibi. Turpe est aliud loqui, aliud sentire: quanto turpius aliud scribere, aliud sentire! Memini te illum locum aliquando tractasse, non repente nos in mortem incidere sed minutatim procedere.
20 Cotidie morimur; cotidie enim demitur aliqua pars vitae, et tunc quoque cum crescimus vita decrescit. Infantiam amisi-

14 *Epicur. frg. 341 Us.*

1–2 habitabitur P^1: -tatur *b* 5 potentioris ς 16 umeris $p^1\beta$: hum- $p^2\alpha v^2$: humerum (-ero P^c) δ 23 etiam] iam α 26 procidere *Buech. dub.*

mus, deinde pueritiam, deinde adulescentiam. Usque ad
hesternum quidquid transit temporis perit; hunc ipsum
quem agimus diem cum morte dividimus. Quemadmodum
clepsydram non extremum stilicidium exhaurit sed quid-
quid ante defluxit, sic ultima hora qua esse desinimus non sola
mortem facit sed sola consummat; tunc ad illam pervenimus,
sed diu venimus. Haec cum descripsisses quo soles ore, semper **21**
quidem magnus, numquam tamen acrior quam ubi veritati
commodas verba, dixisti,

mors non una venit, sed quae rapit ultima mors est.

Malo te legas quam epistulam meam; apparebit enim tibi
hanc quam timemus mortem extremam esse, non solam.

Video quo spectes: quaeris quid huic epistulae infulserim, **22**
quod dictum alicuius animosum, quod praeceptum utile.
Ex hac ipsa materia quae in manibus fuit mittetur aliquid.
Obiurgat Epicurus non minus eos qui mortem concupiscunt
quam eos qui timent, et ait: 'ridiculum est currere ad mor-
tem taedio vitae, cum genere vitae ut currendum ad mortem
esset effeceris'. Item alio loco dicit: 'quid tam ridiculum **23**
quam adpetere mortem, cum vitam inquietam tibi feceris
metu mortis?' His adicias et illud eiusdem notae licet, tantam
hominum inprudentiam esse, immo dementiam, ut quidam
timore mortis cogantur ad mortem. Quidquid horum tra- **24**
ctaveris, confirmabis animum vel ad mortis vel ad vitae patien-

10 *Lucil. Iun. frg. 3 p. 363 Baehrens.* 17 *Epicur. frg. 496 Us.* 19 *ibid. frg. 498.* 21 *ibid. frg. 497.*

---

2 transit . . . perit ω: -iit . . . -iit ς 4 stilicidium *scripsi*: sticilic- *p*: stillic- αγ (*cf. pp. 204. 6, 424. 14, dial. 9. 11. 10*) 6 consummat γ: -sumat *p*Q^1: -sumit *L*Q^2 8 acrior] maior *Cornelissen* 9 commodas ς: -mendas ω 10 una *Mur.*: ultima ω 13 quo spectes *pβb*: quod spectes *P*: quos ex(s)pectes (-tas Q^1) α huic γ: hec *p*: hic α 21 metu mortis *om. p* 22 quedam *p* 24 penitentiam δ

tiam; [at] in utrumque enim monendi ac firmandi sumus, et ne nimis amemus vitam et ne nimis oderimus. Etiam cum ratio suadet finire se, non temere nec cum procursu capiendus
25 est impetus. Vir fortis ac sapiens non fugere debet e vita sed exire; et ante omnia ille quoque vitetur adfectus qui multos occupavit, libido moriendi. Est enim, mi Lucili, ut ad alia, sic etiam ad moriendum inconsulta animi inclinatio, quae saepe generosos atque acerrimae indolis viros corripit, saepe ignavos iacentesque: illi contemnunt vitam, hi gravantur.
26 Quosdam subit eadem faciendi videndique satietas et vitae non odium sed fastidium, in quod prolabimur ipsa inpellente philosophia, dum dicimus 'quousque eadem? nempe expergiscar dormiam, ⟨edam⟩ esuriam, algebo aestuabo. Nullius rei finis est, sed in orbem nexa sunt omnia, fugiunt ac sequuntur; diem nox premit, dies noctem, aestas in autumnum desinit, autumno hiemps instat, quae vere conpescitur; omnia sic transeunt ut revertantur. Nihil novi facio, nihil novi video: fit aliquando et huius rei nausia.' Multi sunt qui non acerbum iudicent vivere sed supervacuum. Vale.

25 SENECA LVCILIO SVO SALVTEM

1 Quod ad duos amicos nostros pertinet, diversa via eundum est; alterius enim vitia emendanda, alterius frangenda sunt. Utar libertate tota: non amo illum nisi offendo. 'Quid ergo?' inquis 'quadragenarium pupillum cogitas sub tutela tua continere? Respice aetatem eius iam duram et intractabilem:
2 non potest reformari; tenera finguntur.' An profecturus sim nescio: malo successum mihi quam fidem deesse. Nec despe-

1 at in $Q\gamma$: adt in *ut vid.* p^1: aut in p^2L: ad (*om.* in) ς: [aut] in *Hense* 3 se *Madvig*: sed ω (*cf. dial.* 1. 6. 6, 6. 3. 3) 10 vivendique δ 11 prolabimur] probabitur p^1: -imur p^2 13 ⟨edam⟩ esuriam *ut coni. Gertz scripsi exempli gratia*: *alii alia* 15–16 auctumnum . . . auctumno *p* 17 transeuntur α, -ur *exp. LQ* 18 nausaea *p*: nausea L^1Q^2

raveris etiam diutinos aegros posse sanari, si contra intem-
perantiam steteris, si multa invitos et facere coegeris et pati.
Ne de altero quidem satis fiduciae habeo, excepto eo quod
adhuc peccare erubescit; nutriendus est hic pudor, qui
quamdiu in animo eius duraverit, aliquis erit bonae spei locus.
Cum hoc veterano parcius agendum puto, ne in desperatio-
nem sui veniat; nec ullum tempus adgrediendi fuit melius **3**
quam hoc, dum interquiescit, dum emendato similis est.
Aliis haec intermissio eius inposuit, mihi verba non dat:
expecto cum magno fenore vitia reditura, quae nunc scio
cessare, non deesse. Inpendam huic rei dies et utrum possit
aliquid agi an non possit experiar.

Tu nobis te, ut facis, fortem praesta et sarcinas contrahe; **4**
nihil ex his quae habemus necessarium est. Ad legem naturae
revertamur; divitiae paratae sunt. Aut gratuitum est quo
egemus, aut vile: panem et aquam natura desiderat. Nemo
ad haec pauper est, intra quae quisquis desiderium suum
clusit cum ipso Iove de felicitate contendat, ut ait Epicurus,
cuius aliquam vocem huic epistulae involvam. 'Sic fac' inquit **5**
'omnia tamquam spectet Epicurus.' Prodest sine dubio
custodem sibi inposuisse et habere quem respicias, quem
interesse cogitationibus tuis iudices. Hoc quidem longe magni-
ficentius est, sic vivere tamquam sub alicuius boni viri ac
semper praesentis oculis, sed ego etiam hoc contentus sum,
ut sic facias quaecumque facies tamquam spectet aliquis:
omnia nobis mala solitudo persuadet. Cum iam profeceris **6**
tantum ut sit tibi etiam tui reverentia, licebit dimittas

14 *Epicur. frg. 602 Us.; cf. epist. 119. 7.* 19 *Epicur. frg. 211 Us.*

2 cogeris α 3 de *om. p* 8 emendatos L^{1}: -tus $L^{c}Q$ 13 facias $L^{1}QP$ contrahe] contra hec *p* 15 sunt $Q^{1}P^{2}b$: sint *rell.* 15–16 quo egemus P^{2}: quod agemus ω 19 aliam *Summers emend. ined.* involvamus α 20 spectat pQ^{1} 26 sollicitudo *p*

paedagogum: interim aliquorum te auctoritate custodi—aut Cato ille sit aut Scipio aut Laelius aut alius cuius interventu perditi quoque homines vitia supprimerent, dum te efficis eum cum quo peccare non audeas. Cum hoc effeceris et aliqua coeperit apud te tui esse dignatio, incipiam tibi permittere quod idem suadet Epicurus: 'tunc praecipue in te ipse secede
7 cum esse cogeris in turba'. Dissimilem te fieri multis oportet, dum tibi tutum [non] sit ad te recedere. Circumspice singulos: nemo est cui non satius sit cum quolibet esse quam secum. 'Tunc praecipue in te ipse secede cum esse cogeris in turba'—si bonus vir ⟨es⟩, si quietus, si temperans. Alioquin in turbam tibi a te recedendum est: istic malo viro propius es. Vale.

26 SENECA LVCILIO SVO SALVTEM

1 Modo dicebam tibi in conspectu esse me senectutis: iam vereor ne senectutem post me reliquerim. Aliud iam his annis, certe huic corpori, vocabulum convenit, quoniam quidem senectus lassae aetatis, non fractae nomen est: inter decrepitos
2 me numera et extrema tangentis. Gratias tamen mihi apud te ago: non sentio in animo aetatis iniuriam, cum sentiam in corpore. Tantum vitia et vitiorum ministeria senuerunt: viget animus et gaudet non multum sibi esse cum corpore; magnam partem oneris sui posuit. Exultat et mihi facit controversiam de senectute: hunc ait esse florem suum. Credamus illi: bono

6 *Epicur. frg. 209 Us.* 14 modo dicebam *epist. 12.*

---

2 alius cuius *Chatelain*: alicuius *pα*: cuius *γ*: talis cuius *Disselbeck et Buech.* 5 ⟨te⟩ tibi *vel* tibi ⟨te⟩ *ς* 7 oportet, dum tibi tutum sit ad te recedere. Circumspice *P. Thomas*: oportet. Dum tibi tutum non est ad te recedere, circumspice (est *coni. Mur.*) *alii* 8 tutum] tuum *p* 11 es *suppl. ς* 12 a te] ante δ, *corr.* P^2 14 me $L^2\gamma$: meae *pα*: me meae *Beltrami* 18 te *om. p*

suo utatur. Ire in cogitationem iubet et dispicere quid ex hac 3
tranquillitate ac modestia morum sapientiae debeam, quid aetati, et diligenter excutere quae non possim facere, quae nolim, proinde habiturus atque si nolim quidquid non posse me gaudeo: quae enim querela est, quod incommodum, si
quidquid debebat desinere defecit? 'Incommodum summum 4
est' inquis 'minui et deperire et, ut proprie dicam, liquescere. Non enim subito inpulsi ac prostrati sumus: carpimur, singuli dies aliquid subtrahunt viribus.' Ecquis exitus est melior quam in finem suum natura solvente dilabi? non quia aliquid mali ictus ⟨est⟩ et e vita repentinus excessus, sed quia lenis haec est via, subduci. Ego certe, velut adpropinquet experimentum et ille laturus sententiam de omnibus annis meis dies venerit,
ita me observo et adloquor: 'nihil est' inquam 'adhuc quod 5
aut rebus aut verbis exhibuimus; levia sunt ista et fallacia pignora animi multisque involuta lenociniis: quid profecerim morti crediturus sum. Non timide itaque componor ad illum diem quo remotis strophis ac fucis de me iudicaturus sum, utrum loquar fortia an sentiam, numquid simulatio fuerit et mimus quidquid contra fortunam iactavi verborum con-
tumacium. Remove existimationem hominum: dubia semper 6
est et in partem utramque dividitur. Remove studia tota vita tractata: mors de te pronuntiatura est. Ita dico: disputationes et litterata colloquia et ex praeceptis sapientium verba collecta et eruditus sermo non ostendunt verum robur animi; est enim oratio etiam timidissimis audax. Quid egeris tunc

1 in *om.* p iubet $p^2L^1M^2\delta$: -eat *Q*: -at $p^1v^1M^1$: iuvat L^2v^2 *vulg.*, *fort. recte* 2 quid] qui α 4 proinde habiturus atque *Kronenberg* (*conl. Cic. Att.* 3. 13. 1): prodesse habiturus adqui (atqui L^2QM^2P) ω 6 debebat *Fick.*: -eat ω 7 et (*prius*) *om.* *p* 9 ecquis *v*: hec quis *p*: et quis *rell.* 10 suam p^1L^1Q solventem p^1L^1Q dilabi L^2: del- ω 11 est *suppl. Beltrami*: *ante* ictus *iam* ς quia lenis] qui alienus *p* 15 iste *p* et γ: *om.* *p*α 16 quid ς: quod ω 17 morte *p* componar *Haase* 20 mimus ς: minus αγ: minimus *p* 23 tractata *p*β: tracta α$M^2\delta$ (*cf. p.* 193. 9)

apparebit cum animam ages. Accipio condicionem, non
7 reformido iudicium.' Haec mecum loquor, sed tecum quoque me locutum puta. Iuvenior es: quid refert? non dinumerantur anni. Incertum est quo loco te mors expectet; itaque tu illam omni loco expecta.

8 Desinere iam volebam et manus spectabat ad clausulam, sed conficienda sunt aera et huic epistulae viaticum dandum est. Puta me non dicere unde sumpturus sim mutuum: scis cuius arca utar. Expecta me pusillum, et de domo fiet numeratio; interim commodabit Epicurus, qui ait 'meditare mortem', vel si commodius sic transire ad nos hic potest
9 sensus: 'egregia res est mortem condiscere'. Supervacuum forsitan putas id discere quod semel utendum est. Hoc est ipsum quare meditari debeamus: semper discendum est quod
10 an sciamus experiri non possumus. 'Meditare mortem': qui hoc dicit meditari libertatem iubet. Qui mori didicit servire dedidicit; supra omnem potentiam est, certe extra omnem. Quid ad illum carcer et custodia et claustra? liberum ostium habet. Una est catena quae nos alligatos tenet, amor vitae, qui ut non est abiciendus, ita minuendus est, ut si quando res exiget, nihil nos detineat nec inpediat quominus parati simus quod quandoque faciendum est statim facere. Vale.

10 *Epicur. frg.* 205 *Us.*

---

4 anni] animi *p* quo *om. p* ex(s)pectet $p^2L\beta$: -tat p^1Q: spectet *b*: pectet P^1: petet P^2 5 omni] in omni *p* 6 spectabat α: exp- *pγ* 7 confidenda *p* aera *Madvig*: sacra ω 8 sim ς: sum ω 10 commodavit δ, *corr.* P^2 11 sic *Madvig*: sit ω potest *Madvig*: patet ω *hunc locum expediverunt Madvig et Axelson* (*conl. pp.* 22. 2–3, 65. 22, 405. 2–3) 13 quod *pβ*: quo αδ, *aeque recte* utendum] putandum *p* 15 experire *p* 16 didicit] dicit δ, *corr.* P^2 17 dedidicit P^2: did- ω 22 simus $L^cQ^c\beta P^c$: sumus *rell.*

27 SENECA LVCILIO SVO SALVTEM

'Tu me' inquis 'mones? iam enim te ipse monuisti, iam 1
correxisti? ideo aliorum emendationi vacas?' Non sum tam
inprobus ut curationes aeger obeam, sed, tamquam in eodem
valetudinario iaceam, de communi tecum malo conloquor
et remedia communico. Sic itaque me audi tamquam mecum
loquar; in secretum te meum admitto et te adhibito mecum
exigo. Clamo mihi ipse, 'numera annos tuos, et pudebit 2
eadem velle quae volueras puer, eadem parare. Hoc denique
tibi circa mortis diem praesta: moriantur ante te vitia. Dimitte
istas voluptates turbidas, magno luendas: non venturae tan-
tum sed praeteritae nocent. Quemadmodum scelera etiam si
non sunt deprehensa cum fierent, sollicitudo non cum ipsis
abit, ita inprobarum voluptatum etiam post ipsas paenitentia
est. Non sunt solidae, non sunt fideles; etiam si non nocent,
fugiunt. Aliquod potius bonum mansurum circumspice; 3
nullum autem est nisi quod animus ex se sibi invenit. Sola
virtus praestat gaudium perpetuum, securum; etiam si quid
obstat, nubium modo intervenit, quae infra feruntur nec
umquam diem vincunt.' Quando ad hoc gaudium pervenire 4
continget? non quidem cessatur adhuc, sed festinetur.
Multum restat operis, in quod ipse necesse est vigiliam, ipse
laborem tuum inpendas, si effici cupis; delegationem res ista
non recipit. Aliud litterarum genus adiutorium admittit. 5
Calvisius Sabinus memoria nostra fuit dives; et patrimonium
habebat libertini et ingenium; numquam vidi hominem
beatum indecentius. Huic memoria tam mala erat ut illi

3 adeo *Volkmann* emendatione vP^1b 6 remedio *p* 8 pudebit ⟨te⟩ *P. Thomas* 10 citra ς 11 luendas *Pinc.*: levandas αγ: levaturas (levatvilas p^1) *p* 12 scelerum *J. Mueller* 14 abit p^cα v^2MP: habit p^1: habet v^1: habiit *b*: abiit *vulg.* 21 festinetur *Gronovius*: -atur ω: -aturo (multum restat *sqq.*) *Lips.* 23 delegationem P^2: delig- ω 26 habebit pP^1

nomen modo Ulixis excideret, modo Achillis, modo Priami, quos tam bene noverat quam paedagogos nostros novimus. Nemo vetulus nomenclator, qui nomina non reddit sed inponit, tam perperam tribus quam ille Troianos et Achivos
6 persalutabat. Nihilominus eruditus volebat videri. Hanc itaque compendiariam excogitavit: magna summa emit servos, unum qui Homerum teneret, alterum qui Hesiodum; novem praeterea lyricis singulos adsignavit. Magno emisse illum non est quod mireris: non invenerat, faciendos locavit. Postquam haec familia illi comparata est, coepit convivas suos inquietare. Habebat ad pedes hos, a quibus subinde cum peteret versus quos referret, saepe in medio verbo excidebat.
7 Suasit illi Satellius Quadratus, stultorum divitum adrosor et, quod sequitur, adrisor, et, quod duobus his adiunctum est, derisor, ut grammaticos haberet analectas. Cum dixisset Sabinus centenis millibus sibi constare singulos servos, 'minoris' inquit 'totidem scrinia emisses'. Ille tamen in ea opinione erat ut putaret se scire quod quisquam in domo sua sciret.
8 Idem Satellius illum hortari coepit ut luctaretur, hominem aegrum, pallidum, gracilem. Cum Sabinus respondisset, 'et quomodo possum? vix vivo', 'noli, obsecro te' inquit 'istuc dicere: non vides quam multos servos valentissimos habeas?' Bona mens nec commodatur nec emitur; et puto, si venalis esset, non haberet emptorem: at mala cotidie emitur.

9 Sed accipe iam quod debeo et vale. 'Divitiae sunt ad legem naturae composita paupertas.' Hoc saepe dicit Epicurus aliter atque aliter, sed numquam nimis dicitur quod num-

25 *Epicur. frg. 477 Us.; cf. epist. 4. 10.*

2 noverat *secl. Gronovius, vix recte* 3 nomenculator αP^{2}: nomendator *Mb* 4 troianus pL^{1} 8 magnum *p* 15 dirisor $pL^{1}Q^{1}$ 17 scrinea (-enea Q^{1}) α tamen] tantum *p* (*cf. p. 1. 20*) 24 at] a δ, *corr.* P^{2}

quam satis discitur; quisbusdam remedia monstranda, quibusdam inculcanda sunt. Vale.

28 SENECA LVCILIO SVO SALVTEM

Hoc tibi soli putas accidisse et admiraris quasi rem novam **1** quod peregrinatione tam longa et tot locorum varietatibus non discussisti tristitiam gravitatemque mentis? Animum debes mutare, non caelum. Licet vastum traieceris mare, licet, ut ait Vergilius noster,

terraeque urbesque recedant,

sequentur te quocumque perveneris vitia. Hoc idem querenti **2** cuidam Socrates ait, 'quid miraris nihil tibi peregrinationes prodesse, cum te circumferas? premit te eadem causa quae expulit'. Quid terrarum iuvare novitas potest? quid cognitio urbium aut locorum? in inritum cedit ista iactatio. Quaeris quare te fuga ista non adiuvet? tecum fugis. Onus animi deponendum est: non ante tibi ullus placebit locus. Talem **3** nunc esse habitum tuum cogita qualem Vergilius noster vatis inducit iam concitatae et instigatae multumque habentis in se spiritus non sui:

bacchatur vates, magnum si pectore possit
excussisse deum.

Vadis huc illuc ut excutias insidens pondus quod ipsa iactatione incommodius fit, sicut in navi onera inmota minus

9 *Verg. Aen.* 3. 72 (*ubi* recedunt); *cf. epist.* 70. 2. 20 *Verg. Aen.* 6. 78–79.

---

1 discitur *γ*: dic- *pα* 8 vergilius *p*: vir- *αγ* 10 idem $L^2\beta P^2$: ibidem *rell.* quaerenti *αb* 17 vergilius *p*: vir- *αγ* 18 concitatae et instigatae P^2: concitatam et instigatam *ω* habentes *p*

urgent, inaequaliter convoluta citius eam partem in quam
incubuere demergunt. Quidquid facis, contra te facis et motu
4 ipso noces tibi; aegrum enim concutis. At cum istuc exemeris
malum, omnis mutatio loci iucunda fiet; in ultimas expellaris
terras licebit, in quolibet barbariae angulo conloceris, ho-
spitalis tibi illa qualiscumque sedes erit. Magis quis veneris
quam quo interest, et ideo nulli loco addicere debemus
animum. Cum hac persuasione vivendum est: 'non sum uni
5 angulo natus, patria mea totus hic mundus est'. Quod si
liqueret tibi, non admirareris nil adiuvari te regionum varie-
tatibus in quas subinde priorum taedio migras; prima enim
quaeque placuisset si omnem tuam crederes. Nunc ⟨non⟩
peregrinaris sed erras et ageris ac locum ex loco mutas, cum
6 illud quod quaeris, bene vivere, omni loco positum sit. Num
quid tam turbidum fieri potest quam forum? ibi quoque
licet quiete vivere, si necesse sit. Sed si liceat disponere se,
conspectum quoque et viciniam fori procul fugiam; nam ut
loca gravia etiam firmissimam valetudinem temptant, ita
bonae quoque menti necdum adhuc perfectae et convalescenti
7 sunt aliqua parum salubria. Dissentio ab his qui in fluctus
medios eunt et tumultuosam probantes vitam cotidie cum
difficultatibus rerum magno animo conluctantur. Sapiens
feret ista, non eliget, et malet in pace esse quam in pugna;
non multum prodest vitia sua proiecisse, si cum alienis rixan-
8 dum est. 'Triginta' inquit 'tyranni Socraten circumsteterunt
nec potuerunt animum eius infringere.' Quid interest quot
domini sint? servitus una est; hanc qui contempsit in quanta-
libet turba dominantium liber est.

9 Tempus est desinere, sed si prius portorium solvero.

1 eam] enim *p* 2 te *om. p* 3 istud *p*P^2 10 nil *pvδ*: nihil *αM* 12 non *add. ς* 15 fieri *confert Axelson pp. 308. 4, 514. 27* 20–21 fluctus medios] fluctibus *p* 23 malet P^2: mallet *ω* 25 inquit *Haase*: inquid *p*: inquis *αγ* 29 si *om. α* portorium Q^2: -tarium *ω*

'Initium est salutis notitia peccati.' Egregie mihi hoc dixisse videtur Epicurus; nam qui peccare se nescit corrigi non vult; deprehendas te oportet antequam emendes. Quidam vitiis **10**
gloriantur: tu existimas aliquid de remedio cogitare qui mala sua virtutum loco numerant? Ideo quantum potes te ipse coargue, inquire in te; accusatoris primum partibus fungere, deinde iudicis, novissime deprecatoris; aliquando te offende. Vale.

29 SENECA LVCILIO SVO SALVTEM

De Marcellino nostro quaeris et vis scire quid agat. Raro **1**
ad nos venit, non ulla alia ex causa quam quod audire verum timet, a quo periculo iam abest; nulli enim nisi audituro dicendum est. Ideo de Diogene nec minus de aliis Cynicis qui libertate promiscua usi sunt et obvios ⟨quosque⟩ monuerunt dubitari solet an hoc facere debuerint. Quid enim, si quis surdos obiurget aut natura morbove mutos? 'Quare' inquis **2**
'verbis parcam? gratuita sunt. Non possum scire an ei profuturus sim quem admoneo: illud scio, alicui me profuturum, si multos admonuero. Spargenda manus est: non potest fieri ut non aliquando succedat multa temptanti.' Hoc, mi Lucili, **3**
non existimo magno viro faciendum: diluitur eius auctoritas nec habet apud eos satis ponderis quos posset minus obsolefacta corrigere. Sagittarius non aliquando ferire debet, sed aliquando deerrare; non est ars quae ad effectum casu venit.

1 *Epicur. frg. 522 Us.*

---

1 notitiae *p* 3 oportet *om. p* 4 cogita *p* 6 argue *p* 7 offendi *p* 14 obvios ⟨quosque⟩ *Mur.* (*cf. p. 207. 8*): ⟨quosque⟩ obvios *ς* 20 temptandi *p* 22 apud eos habet *α* 24 veniunt *p*

Sapientia ars est: certum petat, eligat profecturos, ab iis
quos desperavit recedat, non tamen cito relinquat et in ipsa
desperatione extrema remedia temptet.
4 Marcellinum nostrum ego nondum despero; etiamnunc
servari potest, sed si cito illi manus porrigitur. Est quidem
periculum ne porrigentem trahat; magna in illo ingeni vis
est, sed iam tendentis in pravum. Nihilominus adibo hoc
5 periculum et audebo illi mala sua ostendere. Faciet quod solet:
advocabit illas facetias quae risum evocare lugentibus possunt,
et in se primum, deinde in nos iocabitur; omnia quae dicturus
sum occupabit. Scrutabitur scholas nostras et obiciet philo-
6 sophis congiaria, amicas, gulam; ostendet mihi alium in
adulterio, alium in popina, alium in aula; ostendet mihi
lepidum philosophum Aristonem, qui in gestatione dissere-
bat—hoc enim ad edendas operas tempus exceperat. De cuius
secta cum quaereretur, Scaurus ait 'utique Peripateticus non
est'. De eodem cum consuleretur Iulius Graecinus, vir
egregius, quid sentiret, 'non possum' inquit 'tibi dicere; nescio
enim quid de gradu faciat', tamquam de essedario interroga-
7 retur. Hos mihi circulatores qui philosophiam honestius
neglexissent quam vendunt in faciem ingeret. Constitui
tamen contumelias perpeti: moveat ille mihi risum, ego
fortasse illi lacrimas movebo, aut si ridere perseverabit,
gaudebo tamquam in malis quod illi genus insaniae hilare
contigerit. Sed non est ista hilaritas longa: observa, videbis
eosdem intra exiguum tempus acerrime ridere et acerrime
8 rabere. Propositum est adgredi illum et ostendere quanto
pluris fuerit cum multis minoris videretur. Vitia eius etiam

3 temptat *p* 6 ingenii *ω* 11 occupavit *pL*^{1} 12 aliud *p* 13 ostendit *p* mihi *pQ*: m̄ *L*: ṁ *v*: .m. (*scil.* marcum) *M* δ 15 exceperat *Gronovius* (*cf. benef. 3. 9. 2*): acc- *ω* 19 gradum *p* 20 qui] quid *p* 21 quam vendunt *om. p* 24 gaudeo δ insania *βP*^{1} hilare ς: vitare *pL*: utare *Q*: evitare *βb*: evitate *P* 28 cum (quum *iam Eras.*^{2}) *Lips.*: quam *ω*: quom *Rossb.* (*cf. pp. 96. 14, 198. 12, 357. 19*)

si non excidero, inhibebo; non desinent, sed intermittent; fortasse autem et desinent, si intermittendi consuetudinem fecerint. Non est hoc ipsum fastidiendum, quoniam quidem graviter adfectis sanitatis loco est bona remissio.

Dum me illi paro, tu interim, qui potes, qui intellegis unde **9**
quo evaseris et ex eo suspicaris quousque sis evasurus, compone mores tuos, attolle animum, adversus formidata consiste; numerare eos noli qui tibi metum faciunt. Nonne videatur stultus, si quis multitudinem eo loco timeat per quem transitus singulis est? aeque ad tuam mortem multis aditus non est, licet illam multi minentur. Sic istuc natura disposuit: spiritum tibi tam unus eripiet quam unus dedit.

Si pudorem haberes, ultimam mihi pensionem remisisses; **10**
sed ne ego quidem me sordide geram in finem aeris alieni et tibi quod debeo inpingam. 'Numquam volui populo placere; nam quae ego scio non probat populus, quae probat populus ego nescio.' 'Quis hoc?' inquis, tamquam nescias cui imperem. **11**
Epicurus; sed idem hoc omnes tibi ex omni domo conclamabunt, Peripatetici, Academici, Stoici, Cynici. Quis enim placere populo potest cui placet virtus? malis artibus popularis favor quaeritur. Similem te illis facias oportet: non probabunt nisi agnoverint. Multo autem ad rem magis pertinet qualis tibi videaris quam aliis; conciliari nisi turpi ratione amor turpium non potest. Quid ergo illa laudata et omnibus **12**
praeferenda artibus rebusque philosophia praestabit? scilicet ut malis tibi placere quam populo, ut aestimes iudicia, non numeres, ut sine metu deorum hominumque vivas, ut aut vincas mala aut finias. Ceterum, si te videro celebrem secundis vocibus vulgi, si intrante te clamor et plausus, pantomimica

15 *Epicur. frg. 187 Us.*

7 mores tuos] mors est vos *p*   11 istud *vP*²*b*   28 finies *α*

ornamenta, obstrepuerint, si tota civitate te feminae puerique laudaverint, quidni ego tui miserear, cum sciam quae via ad istum favorem ferat? Vale.

2 quidni] quid *p* tui] tibi *p* 3 *post* Vale *add.* SAENECCAE AD LVCILIVM LIBER III EXPLICIT. INCIPIT LIBER IIII *p*: SENEC̄ (SENECA *Q*) AD LVCILIVM LIBER TERTIVS EXPLICIT. INCIPIT LIBER QVARTVS (IIII *Q*) α: *om.* γ

LIBER QVARTVS

30 SENECA LVCILIO SVO SALVTEM

Bassum Aufidium, virum optimum, vidi quassum, aetati 1
obluctantem. Sed iam plus illum degravat quam quod possit
attolli; magno senectus et universo pondere incubuit. Scis
illum semper infirmi corporis et exsucti fuisse; diu illud
continuit et, ut verius dicam, concinnavit: subito defecit.
Quemadmodum in nave quae sentinam trahit uni rimae aut 2
alteri obsistitur, ubi plurimis locis laxari coepit et cedere,
succurri non potest navigio dehiscenti, ita in senili corpore
aliquatenus inbecillitas sustineri et fulciri potest. Ubi tam-
quam in putri aedificio omnis iunctura diducitur, et dum alia
excipitur, alia discinditur, circumspiciendum est quomodo
exeas. Bassus tamen noster alacer animo est: hoc philosophia 3
praestat, in conspectu mortis hilarem ⟨esse⟩ et in quocumque
corporis habitu fortem laetumque nec deficientem quamvis
deficiatur. Magnus gubernator et scisso navigat velo et, si
exarmavit, tamen reliquias navigii aptat ad cursum. Hoc facit
Bassus noster et eo animo vultuque finem suum spectat quo
alienum spectare nimis securi putares. Magna res est, Lucili, 4
haec et diu discenda, cum adventat hora illa inevitabilis, aequo
animo abire. Alia genera mortis spei mixta sunt: desinit
morbus, incendium extinguitur, ruina quos videbatur oppres-
sura deposuit; mare quos hauserat eadem vi qua sorbebat
eiecit incolumes; gladium miles ab ipsa perituri cervice re-

7 concinnavit] continiavit *p* deficit *p* 8 sentine *p* 10 ita] item *p* 11 sustinere *p* 11–12 tamquam] quam *p* 12–13 et dum . . . discinditur *supra v. suppl. vM²* 13 alia] illa α 14 hoc] hunc ς 15 esse *suppl. Gemoll* 18 ad *om. p* facit] fiat *p* 19 quo] an quo α 23 moribus *p* 25 eicit α incolomes *pαM* periturae *pL¹Q¹*

vocavit: nil habet quod speret quem senectus ducit ad mor-
tem; huic uni intercedi non potest. Nullo genere homines
5 mollius moriuntur sed nec diutius. Bassus noster videbatur
mihi prosequi se et componere et vivere tamquam superstes
sibi et sapienter ferre desiderium sui. Nam de morte multa
loquitur et id agit sedulo ut nobis persuadeat, si quid in-
commodi aut metus in hoc negotio est, morientis vitium esse,
non mortis; non magis in ipsa quicquam esse molestiae quam
6 post ipsam. Tam demens autem est qui timet quod non est
passurus quam qui timet quod non est sensurus. An quis-
quam hoc futurum credit, ut per quam nihil sentiatur, ea
sentiatur? 'Ergo' inquit 'mors adeo extra omne malum est
7 ut sit extra omnem malorum metum.' Haec ego scio et saepe
dicta et saepe dicenda, sed neque cum legerem aeque mihi
profuerunt neque cum audirem iis dicentibus qui negabant
timenda a quorum metu aberant: hic vero plurimum apud
me auctoritatis habuit, cum loqueretur de morte vicina.
8 Dicam enim quid sentiam: puto fortiorem esse eum qui in
ipsa morte est quam qui circa mortem. Mors enim admota
etiam inperitis animum dedit non vitandi inevitabilia; sic
gladiator tota pugna timidissimus iugulum adversario prae-
stat et errantem gladium sibi adtemperat. At illa quae in pro-
pinquo est utique ventura desiderat lentam animi firmitatem,
9 quae est rarior nec potest nisi a sapiente praestari. Liben-
tissime itaque illum audiebam quasi ferentem de morte
sententiam et qualis esset eius natura velut propius inspectae
indicantem. Plus, ut puto, fidei haberet apud te, plus pon-
deris, si quis revixisset et in morte nihil mali esse narraret

2 uni *om. p* 3 diutius] certius *Gertz, sed cf. pp. 71. 7, 361. 18, 424. 12, clem. 1. 10. 1* videbantur *p* 5 ferret α 6 ait α 10–11 quisquam] quisquis *p* 11 hoc] aut α credidit *p* 15 iis *Gertz*: diis *pαβb*: his *in ras. P*: aliis ς 18 enim *ed. Arg.*: etiam ω esse eum α: eum esse *pγ* 21 timidissimum *p* 22 adtemptatur *p* 23 lentem α 24 praestare *p*

expertus: accessus mortis quam perturbationem adferat
optime tibi hi dicent qui secundum illam steterunt, qui
venientem et viderunt et receperunt. Inter hos Bassum licet **10**
numeres, qui nos decipi noluit. Is ait tam stultum esse qui
mortem timeat quam qui senectutem; nam quemadmodum
senectus adulescentiam sequitur, ita mors senectutem. Vivere
noluit qui mori non vult; vita enim cum exceptione mortis
data est; ad hanc itur. Quam ideo timere dementis est quia
certa expectantur, dubia metuuntur. Mors necessitatem ha- **11**
bet aequam et invictam: quis queri potest in ea condicione
se esse in qua nemo non est? prima autem pars est aequitatis
aequalitas. Sed nunc supervacuum est naturae causam agere,
quae non aliam voluit legem nostram esse quam suam: quid-
quid composuit resolvit, et quidquid resolvit componit
iterum. Iam vero si cui contigit ut illum senectus leviter **12**
emitteret, non repente avulsum vitae sed minutatim sub-
ductum, o ne ille agere gratias diis omnibus debet quod
satiatus ad requiem homini necessariam, lasso gratam per-
ductus est. Vides quosdam optantes mortem, et quidem
magis quam rogari solet vita. Nescio utros existimem maio-
rem nobis animum dare, qui deposcunt mortem an qui
hilares eam quietique opperiuntur, quoniam illud ex rabie
interdum ac repentina indignatione fit, haec ex iudicio certo
tranquillitas est. Venit aliquis ad mortem iratus: mortem
venientem nemo hilaris excepit nisi qui se ad illam diu
composuerat.

Fateor ergo ad hominem mihi carum ex pluribus me causis **13**
frequentius venisse, ut scirem an illum totiens eundem in-

8 ad hanc] adhuc *p* 14 componit] composuit δ 15 leniter ς, *sed confert Löfstedt p. 256. 10, dial. 9. 13. 3, nat. 3. 15. 8* 16 avolsum *p* 17 ille $\alpha\beta P^2$: illum *p*δ dis β*P* 18 gratam] gradu *L*: gradum *Q* 22 opperiuntur $L^c v$: oper- α*M*δ: opperiantur *p* 24 mortem (*alterum*) ς: morti ω 25 excepit *Castiglioni*: -cipit ω qui se ad illam] quid ullum p^1: quid se illum p^2 26 composuerunt *p*: -erit ς

venirem, numquid cum corporis viribus minueretur animi
vigor; qui sic crescebat illi quomodo manifestior notari solet
agitatorum laetitia cum septimo spatio palmae adpropinquant.
14 Dicebat quidem ille Epicuri praeceptis obsequens, primum
sperare se nullum dolorem esse in illo extremo anhelitu; si
tamen esset, habere aliquantum in ipsa brevitate solacii;
nullum enim dolorem longum esse qui magnus est. Ceterum
succursurum sibi etiam in ipsa distractione animae corporis-
que, si cum cruciatu id fieret, post illum dolorem se dolere
non posse. Non dubitare autem se quin senilis anima in
primis labris esset nec magna vi distraheretur a corpore.
'Ignis qui alentem materiam occupavit aqua et interdum
ruina extinguendus est: ille qui alimentis deficitur sua sponte
15 subsidit.' Libenter haec, mi Lucili, audio non tamquam nova,
sed tamquam in rem praesentem perductus. Quid ergo? non
multos spectavi abrumpentes vitam? Ego vero vidi, sed plus
momenti apud me habent qui ad mortem veniunt sine odio
16 vitae et admittunt illam, non adtrahunt. Illud quidem aiebat
tormentum nostra nos sentire opera, quod tunc trepidamus
cum prope a nobis esse credimus mortem: a quo enim non
prope est, parata omnibus locis omnibusque momentis? 'Sed
consideremus' inquit 'tunc cum aliqua causa moriendi videtur
accedere, quanto aliae propiores sint quae non timentur.'
17 Hostis alicui mortem minabatur, hanc cruditas occupavit. Si
distinguere voluerimus causas metus nostri, inveniemus alias
esse, alias videri. Non mortem timemus sed cogitationem
mortis; ab ipsa enim semper tantundem absumus. Ita si ti-

4 *Epicur. frg. 503* Us.* 18 *Epicur. frg. 503* Us.*

---

1 corporibus δ, *corr. P* 6 habere P^2: -eret *ω* 9 ullum *p* se dolore *Qb* 12 alentem *Cornelissen*: val- *ω* 14 subdit *α* 15 praesente *α* 16 expectavi *p* 18 illud] illum QP^1: ille P^2 aiebat P^2: alebat *ω* 19 tunc *om. p* 20 credidimus L^1vP^1b 20–21 non prope] prope non *γ* 23 propiores *Mδ*: -priores *pαv* 25–26 alias esse *om. γ*

menda mors est, semper timenda est: quod enim morti tem-
pus exemptum est?
Sed vereri debeo ne tam longas epistulas peius quam 18
mortem oderis. Itaque finem faciam: tu tamen mortem ut
numquam timeas semper cogita. Vale.

31 SENECA LVCILIO SVO SALVTEM

Agnosco Lucilium meum: incipit quem promiserat ex- 1
hibere. Sequere illum impetum animi quo ad optima quaeque
calcatis popularibus bonis ibas: non desidero maiorem melio-
remque te fieri quam moliebaris. Fundamenta tua multum
loci occupaverunt: tantum effice quantum conatus es, et
illa quae tecum in animo tulisti tracta. Ad summam sapiens 2
eris, si cluseris aures, quibus ceram parum est obdere: firmiore
spissamento opus est quam in sociis usum Ulixem ferunt.
Illa vox quae timebatur erat blanda, non tamen publica: at
haec quae timenda est non ex uno scopulo sed ex omni
terrarum parte circumsonat. Praetervehere itaque non unum
locum insidiosa voluptate suspectum, sed omnes urbes. Sur-
dum te amantissimis tuis praesta: bono animo mala precantur.
Et si esse vis felix, deos ora ne quid tibi ex his quae optantur
eveniat. Non sunt ista bona quae in te isti volunt congeri: 3
unum bonum est, quod beatae vitae causa et firmamentum
est, sibi fidere. Hoc autem contingere non potest, nisi con-
temptus est labor et in eorum numero habitus quae neque
bona sunt neque mala; fieri enim non potest ut una ulla res
modo mala sit, modo bona, modo levis et perferenda, modo
expavescenda. Labor bonum non est: quid ergo est bonum? 4
laboris contemptio. Itaque in vanum operosos culpaverim:

2 exsumptum *p* 10 multum *om.* *p* 13 si] sic α 16 una *p* 18 insidiose α urbis *p* 19 male γ 21 eveniat L^c: -iant ω ista] iste α cogere p^1: -ri p^2 25 ulla *om.* δ 26 perferenda γ: prof- *p*α

rursus ad honesta nitentes, quanto magis incubuerint minusque sibi vinci ac strigare permiserint, admirabor et clamabo, 'tanto melior, surge et inspira et clivum istum uno si potes
5 spiritu exsupera'. Generosos animos labor nutrit. Non est ergo quod ex illo ⟨voto⟩ vetere parentum tuorum eligas quid contingere tibi velis, quid optes; et in totum iam per maxima acto viro turpe est etiamnunc deos fatigare. Quid votis opus est? fac te ipse felicem; facies autem, si intellexeris bona esse quibus admixta virtus est, turpia quibus malitia coniuncta est. Quemadmodum sine mixtura lucis nihil splendidum est, nihil atrum nisi quod tenebras habet aut aliquid in se traxit obscuri, quemadmodum sine adiutorio ignis nihil calidum est, nihil sine aëre frigidum, ita honesta et turpia virtutis ac
6 malitiae societas efficit. Quid ergo est bonum? rerum scientia. Quid malum est? rerum imperitia. Ille prudens atque artifex pro tempore quaeque repellet aut eliget; sed nec quae repellit timet nec miratur quae eligit, si modo magnus illi et invictus animus est. Summitti te ac deprimi veto. Laborem si non
7 recuses, parum est: posce. 'Quid ergo?' inquis 'labor frivolus et supervacuus et quem humiles causae evocaverunt non est malus?' Non magis quam ille qui pulchris rebus inpenditur, quoniam animi est ipsa tolerantia quae se ad dura et aspera hortatur ac dicit, 'quid cessas? non est viri timere sudorem'.
8 Huc et illud accedat, ut perfecta virtus sit, aequalitas ac tenor

2 admirabor] adprobabor *p*: adprobabo *Haase*, *sed confert Axelson p. 453. 11* 3 surget δ, *corr. P²* 4 generosus animus *p* 5 voto *hic supplendum coni. Hense*: *post* vetere *vulg.* (*cf. v. 7, pp. 93. 4, 167. 4*) 12 nihil *om. p* 14 malitiae] mulicia *p¹*: malicia *pᶜ* 16 elegit *p* nec quae ς: quae nec ω sed quae repellit nec timet ς 17 eligit *LᶜQMP*: elegit (hel- *p*) *pL¹vb*, *Haase* illi *ed. Arg.*: ille ω invinctus *p* 19 quid ς: quis ω 20 et quem *Hense*: est quem ω *hunc locum expedivit Hense*, *qui* quid ergo . . . malus *interlocutori dedit* (*conl. pp. 122. 26–27, 166. 9–10*) evocaverunt *Haase*: voc- ω 21 inpenditur (imp- *P*) *L¹P²*: inped- (imp- *QM*δ) *rell.* 24 huc ς: huic ω illud] illuc *p*

vitae per omnia consonans sibi, quod non potest esse nisi
rerum scientia contingit et ars per quam humana ac divina
noscantur. Hoc est summum bonum; quod si occupas, incipis
deorum socius esse, non supplex. 'Quomodo' inquis 'isto **9**
pervenitur?' Non per Poeninum Graiumve montem nec per
deserta Candaviae; nec Syrtes tibi nec Scylla aut Charybdis
adeundae sunt, quae tamen omnia transisti procuratiunculae
pretio: tutum iter est, iucundum est, ad quod natura te
instruxit. Dedit tibi illa quae si non deserueris, par deo surges.
Parem autem te deo pecunia non faciet: deus nihil habet. **10**
Praetexta non faciet: deus nudus est. Fama non faciet nec
ostentatio tui et in populos nominis dimissa notitia: nemo
novit deum, multi de illo male existimant, et inpune. Non
turba servorum lecticam tuam per itinera urbana ac peregrina
portantium: deus ille maximus potentissimusque ipse vehit
omnia. Ne forma quidem et vires beatum te facere possunt:
nihil horum patitur vetustatem. Quaerendum est quod non **11**
fiat in dies peius, cui non possit obstari. Quid hoc est? animus,
sed hic rectus, bonus, magnus. Quid aliud voces hunc quam
deum in corpore humano hospitantem? Hic animus tam in
equitem Romanum quam in libertinum, quam in servum
potest cadere. Quid est enim eques Romanus aut libertinus
aut servus? nomina ex ambitione aut iniuria nata. Subsilire
in caelum ex angulo licet: exsurge modo

et te quoque dignum
finge deo.

25 *Verg. Aen. 8. 364–5; cf. epist. 18. 12.*

---

5 gragiumve α 8 inter *p* 9 par deo P^2: per deos ω
10 te *om. p, fort. recte putat Hense (coll. p. 127. 6)* 12 populis *p*
14 turbae α 15 portantius α deum γ, *corr.* P^2 17 vetustemus *p*
18 fiet *p* peius P^2: eius ω cui ς: quo *p*γ: qui α: quoi *Opsopoeus*
20 tam] tuam *p* 22 enim *om.* γ 24 angelo *p*

Finges autem non auro vel argento: non potest ex hac materia imago deo exprimi similis; cogita illos, cum propitii essent, fictiles fuisse. Vale.

32 SENECA LVCILIO SVO SALVTEM

1 Inquiro de te et ab omnibus sciscitor qui ex ista regione
veniunt quid agas, ubi et cum quibus moreris. Verba dare non
potes: tecum sum. Sic vive tamquam quid facias auditurus
sim, immo tamquam visurus. Quaeris quid me maxime ex
iis quae de te audio delectet? quod nihil audio, quod plerique
2 ex iis quos interrogo nesciunt quid agas. Hoc est salutare, non
conversari dissimilibus et diversa cupientibus. Habeo quidem
fiduciam non posse te detorqueri mansurumque in proposito,
etiam si sollicitantium turba circumeat. Quid ergo est? non
timeo ne mutent te, timeo ne inpediant. Multum autem
nocet etiam qui moratur, utique in tanta brevitate vitae,
quam breviorem inconstantia facimus, aliud eius subinde
atque aliud facientes initium; diducimus illam in particulas
3 ac lancinamus. Propera ergo, Lucili carissime, et cogita
quantum additurus celeritati fueris, si a tergo hostis instaret,
si equitem adventare suspicareris ac fugientium premere
vestigia. Fit hoc, premeris: adcelera et evade, perduc te in
tutum et subinde considera quam pulchra res sit consummare
vitam ante mortem, deinde expectare securum reliquam
temporis sui partem, nihil sibi, in possessione beatae vitae
4 positum, quae beatior non fit si longior. O quando illud
videbis tempus quo scies tempus ad te non pertinere, quo
tranquillus placidusque eris et crastini neglegens et in summa

1 vel] aut δ: non *M* 5 de ς: a ω 12 torqueri γ 14 inpedient *p* 20 equitantem α, *Beltrami* 23 securam L^cQ 24 nihil sibi (*scil.* expectare) *vix sanum*: inniti sibi *Gronovius* (*conl. p. 351. 19*): nihil sibi ⟨nisi⟩ *Linde* 26 ad] an *p* 27 et in] in δ

tui satietate! Vis scire quid sit quod faciat homines avidos
futuri? nemo sibi contigit. Optaverunt itaque tibi alia
parentes tui; sed ego contra omnium tibi eorum contemptum
opto quorum illi copiam. Vota illorum multos compilant ut
te locupletent; quidquid ad te transferunt alicui detrahen-
dum est. Opto tibi tui facultatem, ut vagis cogitationibus **5**
agitata mens tandem resistat et certa sit, ut placeat sibi et
intellectis veris bonis, quae simul intellecta sunt possidentur,
aetatis adiectione non egeat. Ille demum necessitates super-
gressus est et exauctoratus ac liber qui vivit vita peracta.
Vale.

33 SENECA LVCILIO SVO SALVTEM

Desideras his quoque epistulis sicut prioribus adscribi **1**
aliquas voces nostrorum procerum. Non fuerunt circa flo-
sculos occupati: totus contextus illorum virilis est. Inaequali-
tatem scias esse ubi quae eminent notabilia sunt: non est
admirationi una arbor ubi in eandem altitudinem tota silva
surrexit. Eiusmodi vocibus referta sunt carmina, refertae **2**
historiae. Itaque nolo illas Epicuri existimes esse: publicae
sunt et maxime nostrae, sed ⟨in⟩ illo magis adnotantur quia
rarae interim interveniunt, quia inexpectatae, quia mirum
est fortiter aliquid dici ab homine mollitiam professo. Ita
enim plerique iudicant: apud me Epicurus est et fortis, licet
manuleatus sit; fortitudo et industria et ad bellum prompta
mens tam in Persas quam in alte cinctos cadit. Non est ergo **3**
quod exigas excerpta et repetita: continuum est apud nostros

1 quid sit *om.* *p*   2 contingit *βb*   optaverint *Gertz*   alia] talia ς: aliena *P. Thomas*   3 ego] hec *p*   6 ut vagis] utgis *p*   8 veris *Eras.*[2]: verbis *ω*   simul] simul ut $L^{c}Q$ 10 perfecta *p*   17 admiratione *p*   eadem *p*   20 in *suppl. Eras.*[1]: ex *coni. Hense*: de *Bourgery*   21 interim *secl. Mur.*   inexpectatae (*vel* insperatae) ς: inspect- *ω*   24 manu beatus *p*

quidquid apud alios excerpitur. Non habemus itaque ista ocliferia nec emptorem decipimus nihil inventurum cum intraverit praeter illa quae in fronte suspensa sunt: ipsis
4 permittimus unde velint sumere exemplar. Iam puta nos velle singulares sententias ex turba separare: cui illas adsignabimus? Zenoni an Cleanthi an Chrysippo an Panaetio an Posidonio? Non sumus sub rege: sibi quisque se vindicat. Apud istos quidquid Hermarchus dixit, quidquid Metrodorus, ad unum refertur; omnia quae quisquam in illo contubernio locutus est unius ductu et auspiciis dicta sunt. Non possumus, inquam, licet temptemus, educere aliquid ex tanta rerum aequalium multitudine:

pauperis est numerare pecus.

Quocumque miseris oculum, id tibi occurret quod eminere
5 posset nisi inter paria *l*egeretur. Quare depone istam spem posse te summatim degustare ingenia maximorum virorum: tota tibi inspicienda sunt, tota tractanda. ⟨Continuando⟩ res geritur et per lineamenta sua ingenii opus nectitur ex quo nihil subduci sine ruina potest. Nec recuso quominus singula membra, dummodo in ipso homine, consideres: non est formonsa cuius crus laudatur aut brachium, sed illa cuius
6 universa facies admirationem partibus singulis abstulit. Si tamen exegeris, non tam mendice tecum agam, sed plena manu fiet; ingens eorum turba est passim iacentium; sumenda erunt, non colligenda. Non enim excidunt sed fluunt;

13 *Ov. met. 13. 824.*

2 oclifera δ 4 exemplar. Iam *Löfstedt*: exemplaria ω: exemplar *Mur.* 5 cui] cum *p* 5–6 adsignabimus v^2P^2b: -avimus *rell.* 7 possidonio ω 15 possit α 16 ingenium *L*: -iam *Q* 17 ⟨continuando⟩ res *temptavit Axelson* (*conl. pp. 93.* 26, *95. 1*): *alii alia, minus feliciter* 19 nihil] mihi *p* 21 formonsa pv^1: -osa *rell.* (*utrumque legitur in optimis codd., illud saepius: cf. pp. 110. 4, 116. 12, 181. 13, 234. 4, 238. 21, 304. 5, 344. 11, 403. 8, 470. 7 al.*) 24 manus (mun- *fort.* p^1) *pP*

perpetua et inter se contexta sunt. Nec dubito quin multum
conferant rudibus adhuc et extrinsecus auscultantibus; faci-
lius enim singula insidunt circumscripta et carminis modo
inclusa. Ideo pueris et sententias ediscendas damus et has quas **7**
Graeci chrias vocant, quia conplecti illas puerilis animus potest,
qui plus adhuc non capit. Certi profectus viro captare flo-
sculos turpe est et fulcire se notissimis ac paucissimis vocibus
et memoria stare: sibi iam innitatur. Dicat ista, non teneat;
turpe est enim seni aut prospicienti senectutem ex commen-
tario sapere. 'Hoc Zenon dixit': tu quid? 'Hoc Cleanthes':
tu quid? Quousque sub alio moveris? impera et dic quod
memoriae tradatur, aliquid et de tuo profer. Omnes itaque **8**
istos, numquam auctores, semper interpretes, sub aliena
umbra latentes, nihil existimo habere generosi, numquam
ausos aliquando facere quod diu didicerant. Memoriam in
alienis exercuerunt; aliud autem est meminisse, aliud scire.
Meminisse est rem commissam memoriae custodire; at contra
scire est et sua facere quaeque nec ad exemplar pendere et
totiens respicere ad magistrum. 'Hoc dixit Zenon, hoc **9**
Cleanthes.' Aliquid inter te intersit et librum. Quousque
disces? iam et praecipe. Quid est quare audiam quod legere
possum? 'Multum' inquit 'viva vox facit.' Non quidem haec
quae alienis verbis commodatur et actuari vice fungitur.
Adice nunc quod isti qui numquam tutelae suae fiunt pri- **10**
mum in ea re sequuntur priores in qua nemo non a priore
descivit; deinde in ea re sequuntur quae adhuc quaeritur.
Numquam autem invenietur, si contenti fuerimus inventis.
Praeterea qui alium sequitur nihil invenit, immo nec quaerit.

3 carminis βP^2: -ni *p*αδ   6 qui] quia *Mur.*   *post* capit *dist. Madvig*, *post* profectus *priores*   11 moveris *confert Summers nat. 2. 21. 1*   impera] et imp- γ   12 memoria *p*   15 in *om. p*   18 exemplare *P*: -ri *b*   21 disces P^2: dic- ω   quare (qua *b*) γ: et quare *p*: quod arte α: quod a te *Beltrami*: quare et *Hense*   22 possim α   non] num α   28 alium ς: aliud ω

11 Quid ergo? non ibo per priorum vestigia? ego vero utar via vetere, sed si propiorem planioremque invenero, hanc muniam. Qui ante nos ista moverunt non domini nostri sed duces sunt. Patet omnibus veritas; nondum est occupata; multum ex illa etiam futuris relictum est. Vale.

34 SENECA LVCILIO SVO SALVTEM

1 Cresco et exulto et discussa senectute recalesco quotiens ex iis quae agis ac scribis intellego quantum te ipse—nam turbam olim reliqueras—superieceris. Si agricolam arbor ad fructum perducta delectat, si pastor ex fetu gregis sui capit voluptatem, si alumnum suum nemo aliter intuetur quam ut adulescentiam illius suam iudicet, quid evenire credis iis qui ingenia educaverunt et quae tenera formaverunt adulta
2 subito vident? Adsero te mihi; meum opus es. Ego cum vidissem indolem tuam, inieci manum, exhortatus sum, addidi stimulos nec lente ire passus sum sed subinde incitavi; et nunc idem facio, sed iam currentem hortor et invicem
3 hortantem. 'Quid illud?' inquis 'adhuc volo.' In hoc plurimum est, non sic quomodo principia totius operis dimidium occupare dicuntur. Ista res animo constat; itaque pars magna bonitatis est velle fieri bonum. Scis quem bonum dicam? perfectum, absolutum, quem malum facere nulla
4 vis, nulla necessitas possit. Hunc te prospicio, si perseveraveris et incubueris et id egeris ut omnia facta dictaque tua inter se congruant ac respondeant sibi et una forma percussa

2 propiorem *Mur.*: priorem ω 3 noverunt *p* 9 superieceris *von Jan*: super te geris ω 13 quae *in ras. L*: qui *Q* 14 cum *βP* (*et supra v. α*): com *b*: quam *pα*: quom *Rossb.* (*cf. p. 82. 28*) 18 quid illud? *temptavit Axelson* (*sic iam dist. Buech.*): quid aliud ω quid aliud . . . ⟨quam⟩ adhuc volo? (adhuc ⟨quam⟩ *praefert Axelson*) *P. Thomas*: quid aliud . . . adhuc ⟨nisi⟩ volo? *Madvig* (*cf. dial. 3. 11. 1*) 20 ista *Haase*: ita ω 23 te *p*: in te *αγ*

sint. Non est huius animus in recto cuius acta discordant. Vale.

35 SENECA LVCILIO SVO SALVTEM

Cum te tam valde rogo ut studeas, meum negotium ago: 1
habere amicum volo, quod contingere mihi, nisi pergis ut coepisti excolere te, non potest. Nunc enim amas me, amicus non es. 'Quid ergo? haec inter se diversa sunt?' immo dissimilia. Qui amicus est amat; qui amat non utique amicus est; itaque amicitia semper prodest, amor aliquando etiam nocet. Si nihil aliud, ob hoc profice, ut amare discas. Festina 2
ergo dum mihi proficis, ne istuc alteri didiceris. Ego quidem percipio iam fructum, cum mihi fingo uno nos animo futuros et quidquid aetati meae vigoris abscessit, id ad me ex tua, quamquam non multum abest, rediturum; sed tamen re quoque ipsa esse laetus volo. Venit ad nos ex iis quos 3
amamus etiam absentibus gaudium, sed id leve et evanidum: conspectus et praesentia et conversatio habet aliquid vivae voluptatis, utique si non tantum quem velis sed qualem velis videas. Adfer itaque te mihi, ingens munus, et quo magis instes, cogita te mortalem esse, me senem. Propera ad me, 4
sed ad te prius. Profice et ante omnia hoc cura, ut constes tibi. Quotiens experiri voles an aliquid actum sit, observa an eadem hodie velis quae heri: mutatio voluntatis indicat animum natare, aliubi atque aliubi apparere, prout tulit ventus. Non vagatur quod fixum atque fundatum est: istud sapienti perfecto contingit, aliquatenus et proficienti provectoque. Quid ergo interest? hic commovetur quidem, non

11 istud *v*: istum *M* 12 percipio *in ras. L*: praec- *Q* 13 ad] a δ, *corr. P*2 15 ex iis *p*: ex his *αβP*2: exiit *P*1: exhibit *b* 16 leve *ed. Arg.*: lene *ω* 17 vitae *α* 19 te *om.* δ 22 experiri *γ*: -re *pα* 23 an *om.* δ 25 vagatur] vocatur *p* 26 contigit *p*

tamen transit, sed suo loco nutat; ille ne commovetur quidem. Vale.

36 SENECA LVCILIO SVO SALVTEM

1 Amicum tuum hortare ut istos magno animo contemnat qui illum obiurgant quod umbram et otium petierit, quod dignitatem suam destituerit et, cum plus consequi posset, praetulerit quietem omnibus; quam utiliter suum negotium gesserit cotidie illis ostentet. Hi quibus invidetur non desinent transire: alii elidentur, alii cadent. Res est inquieta felicitas; ipsa se exagitat. Movet cerebrum non uno genere: alios in aliud inritat, hos in inpotentiam, illos in luxuriam; hos in-
2 flat, illos mollit et totos resolvit. 'At bene aliquis illam fert.' Sic, quomodo vinum. Itaque non est quod tibi isti persuadeant eum esse felicem qui a multis obsidetur: sic ad illum quemadmodum ad lacum concurritur, quem exhauriunt et turbant. 'Nugatorium et inertem vocant.' Scis quosdam perverse loqui et significare contraria. Felicem vocabant: quid ergo? erat?
3 Ne illud quidem curo, quod quibusdam nimis horridi animi videtur et tetrici. Ariston aiebat malle se adulescentem tristem quam hilarem et amabilem turbae; vinum enim bonum fieri quod recens durum et asperum visum est; non pati aetatem quod in dolio placuit. Sine eum tristem appellent et inimicum processibus suis: bene se dabit in vetustate ipsa tristitia, perseveret modo colere virtutem, perbibere liberalia studia, non illa quibus perfundi satis est, sed haec quibus tingendus

19 *Aristo Chius frg. 388 ab Arnim.*

1 ne $p\beta$: nec $\alpha\delta$ 8 ostentet M^1P: -det p^cvM^2b: -deret p^1: -dit α 11 inpotentiam *Axelson* (*conl. pp. 381. 2, 419. 28*): pot- ω 12 aliquid α 13 vinum] vivemus *p* ista *p* 14 a *om. p*, *fort. recte* (*cf. p. 207. 25*) 17 felicem] vel facile *in marg.* α 22 sine v^2: sin ω 24 perbibere pv^c: perh- (perib- *P*) *rell.* 25 haec] ad haec *p* tingendus Q^cb: -guendus $\alpha\beta P$: -gendum *p*

est animus. Hoc est discendi tempus. 'Quid ergo? aliquod **4**
est quo non sit discendum?' Minime; sed quemadmodum
omnibus annis studere honestum est, ita non omnibus institui.
Turpis et ridicula res est elementarius senex: iuveni paran-
dum, seni utendum est. Facies ergo rem utilissimam tibi, si
illum quam optimum feceris; haec aiunt beneficia esse ex-
petenda tribuendaque, non dubie primae sortis, quae tam
dare prodest quam accipere. Denique nihil illi iam liberi est, **5**
spopondit; minus autem turpe est creditori quam spei bonae
decoquere. Ad illud aes alienum solvendum opus est nego-
tianti navigatione prospera, agrum colenti ubertate eius quam
colit terrae, caeli favore: ille quod debet sola potest voluntate
persolvi. In mores fortuna ius non habet. Hos disponat ut **6**
quam tranquillissimus ille animus ad perfectum veniat, qui
nec ablatum sibi quicquam sentit nec adiectum, sed in eodem
habitu est quomodocumque res cedunt; cui sive adgeruntur
vulgaria bona, supra res suas eminet, sive aliquid ex istis vel
omnia casus excussit, minor non fit.

Si in Parthia natus esset, arcum infans statim tenderet; si **7**
in Germania, protinus puer tenerum hastile vibraret; si
avorum nostrorum temporibus fuisset, equitare et hostem
comminus percutere didicisset. Haec singulis disciplina gentis
suae suadet atque imperat. Quid ergo huic meditandum est? **8**
quod adversus omnia tela, quod adversus omne hostium genus
bene facit, mortem contemnere, quae quin habeat aliquid in
se terribile, ut et animos nostros quos in amorem sui natura
formavit offendat, nemo dubitat; nec enim opus esset in id
comparari et acui in quod instinctu quodam voluntario ire-
mus, sicut feruntur omnes ad conservationem sui. Nemo discit **9**

3 ita] itaque *p*   15 oblatum *pb*   quicquid *α*, *corr. L*   eodem *ed. Arg.*: eo *ω*   16 habitus *αb*   cedunt *αβ*: caed- *pδ*   sine *p*   18 fit] fuit *p*   23 huc *α*   29 ad conservationem] adam servationem *P*¹: ad observationem *P*²*b*

ut si necesse fuerit aequo animo in rosa iaceat, sed in hoc duratur, ut tormentis non summittat fidem, ut si necesse fuerit stans etiam aliquando saucius pro vallo pervigilet et ne pilo quidem incumbat, quia solet obrepere interim somnus in aliquod adminiculum reclinatis. Mors nullum habet incommodum; esse enim debet aliquid cuius sit incommodum.
10 Quod si tanta cupiditas te longioris aevi tenet, cogita nihil eorum quae ab oculis abeunt et in rerum naturam, ex qua prodierunt ac mox processura sunt, reconduntur consumi: desinunt ista, non pereunt, et mors, quam pertimescimus ac recusamus, intermittit vitam, non eripit; veniet iterum qui nos in lucem reponat dies, quem multi recusarent nisi oblitos
11 reduceret. Sed postea diligentius docebo omnia quae videntur perire mutari. Aequo animo debet rediturus exire. Observa orbem rerum in se remeantium: videbis nihil in hoc mundo extingui sed vicibus descendere ac surgere. Aestas abît, sed alter illam annus adducet; hiemps cecidit, referent illam sui menses; solem nox obruit, sed ipsam statim dies abiget. Stellarum iste discursus quidquid praeterît repetit; pars caeli levatur adsidue, pars mergitur.

12 Denique finem faciam, si hoc unum adiecero, nec infantes [nec] pueros nec mente lapsos timere mortem et esse turpissimum si eam securitatem nobis ratio non praestat ad quam stultitia perducit. Vale.

37 SENECA LVCILIO SVO SALVTEM

1 Quod maximum vinculum est ad bonam mentem, promisisti virum bonum, sacramento rogatus es. Deridebit te,

4 incumbat M^2P^2b: -bant $p\beta P^1$: -bent α 6 aliquid *ed. Arg.*: -quis ω 9 reconditur *p* 12 quem ς: quam ω 14 ⟨utique⟩ *vel* ⟨interim⟩ aequo *J. Mueller* 15 nihil videbis α, *Beltrami* 16 abit *pαvδ*: -iit *M* 17 adducet *Haase*: -it ω cecidit, ⟨set⟩ *coni. Hense* 19 iste γ: ste *p*: ista α dies cursus β: decursus *P* praeterit *pα*: -iit γ 22 nec *secl. Madvig* 27 te P^2: se ω

si quis tibi dixerit mollem esse militiam et facilem. Nolo te
decipi. Eadem honestissimi huius et illius turpissimi aucto-
ramenti verba sunt: 'uri, vinciri ferroque necari'. Ab illis **2**
qui manus harenae locant et edunt ac bibunt quae per
sanguinem reddant cavetur ut ista vel inviti patiantur: a te
ut volens libensque patiaris. Illis licet arma summittere,
misericordiam populi temptare: tu neque summittes nec
vitam rogabis; recto tibi invictoque moriendum est. Quid
porro prodest paucos dies aut annos lucrificare? sine missione
nascimur. 'Quomodo ergo' inquis 'me expediam?' Effugere **3**
non potes necessitates, potes vincere.

Fit via ⟨vi⟩;

et hanc tibi viam dabit philosophia. Ad hanc te confer si vis
salvus esse, si securus, si beatus, denique si vis esse, quod est
maximum, liber; hoc contingere aliter non potest. Humilis **4**
res est stultitia, abiecta, sordida, servilis, multis adfectibus et
saevissimis subiecta. Hos tam graves dominos, interdum alter-
nis imperantes, interdum pariter, dimittit a te sapientia,
quae sola libertas est. Una ad hanc fert via, et quidem recta;
non aberrabis; vade certo gradu. Si vis omnia tibi subicere,
te subice rationi; multos reges, si ratio te rexerit. Ab illa
disces quid et quemadmodum adgredi debeas; non incides
rebus. Neminem mihi dabis qui sciat quomodo quod vult **5**
coeperit velle: non consilio adductus illo sed impetu inpactus

12 *Verg. Aen.* 2. 494.

---

1 malitiam α nolo te] nolite *pv* 2 honestissimo δ, *corr.* P^2 2–3 auctoramenti pP^c: -tis $\alpha\gamma$ 3 uri P^2: veri ω vinciri ⟨verberari⟩ *Gertz* (*conl. Petron.* 117. 5) 6 illis *om.* *p* 7 tu] ut *p* 9 porro] ergo *p* lucrificare $p\alpha$: -facere γ 10 effugere γ: -ire $p\alpha$ 12 vi *suppl. Gruter ex Verg.* 13 viam $pQ\gamma$: unam *L*: vim *Haase*, *fort. recte* 16 stultitia γ: stulta $p\alpha$ 17 saevissimus *p* alteris *L*: -ius *Q* 18 ad te L^cQ 21 multi *p* 23 qui] quid pP^1 24 consilium *p* illo *om.* *p*

est. Non minus saepe fortuna in nos incurrit quam nos in illam. Turpe est non ire sed ferri, et subito in medio turbine rerum stupentem quaerere, 'huc ego quemadmodum veni?' Vale.

38 SENECA LVCILIO SVO SALVTEM

1 Merito exigis ut hoc inter nos epistularum commercium frequentemus. Plurimum proficit sermo, quia minutatim inrepit animo: disputationes praeparatae et effusae audiente populo plus habent strepitus, minus familiaritatis. Philosophia bonum consilium est: consilium nemo clare dat. Aliquando utendum est et illis, ut ita dicam, contionibus, ubi qui dubitat inpellendus est; ubi vero non hoc agendum est, ut velit discere, sed ut discat, ad haec submissiora verba veniendum est. Facilius intrant et haerent; nec enim multis
2 opus est sed efficacibus. Seminis modo spargenda sunt, quod quamvis sit exiguum, cum occupavit idoneum locum, vires suas explicat et ex minimo in maximos auctus diffunditur. Idem facit ratio: non late patet, si aspicias; in opere crescit. Pauca sunt quae dicuntur, sed si illa animus bene excepit, convalescunt et exsurgunt. Eadem est, inquam, praeceptorum condicio quae seminum: multum efficiunt, et angusta sunt. Tantum, ut dixi, idonea mens rapiat illa et in se trahat; multa invicem et ipsa generabit et plus reddet quam acceperit. Vale.

39 SENECA LVCILIO SVO SALVTEM

1 Commentarios quos desideras, diligenter ordinatos et in angustum coactos, ego vero componam; sed vide ne plus

9 habet *p* 14 intrent et herrant *p* 17 auctos *p* 18 idem] id *p* 19 si αβP^2: *om.* *p*δ 22 capiat ς, *sed cf. p. 391. 3* 26 ordinatos ς: orn- (horn- *p*) ω

profutura sit ratio ordinaria quam haec quae nunc vulgo
breviarium dicitur, olim cum latine loqueremur summarium
vocabatur. Illa res discenti magis necessaria est, haec scienti;
illa enim docet, haec admonet. Sed utriusque rei tibi copiam
faciam. Tu a me non est quod illum aut illum exigas: qui
notorem dat ignotus est. Scribam ergo quod vis, sed meo **2**
more; interim multos habes quorum scripta nescio an satis
ordinentur. Sume in manus indicem philosophorum: haec
ipsa res expergisci te coget, si videris quam multi tibi labora-
verint. Concupisces et ipse ex illis unus esse; habet enim hoc
optimum in se generosus animus, quod concitatur ad honesta.
Neminem excelsi ingenii virum humilia delectant et sordida:
magnarum rerum species ad se vocat et extollit. Quemad- **3**
modum flamma surgit in rectum, iacere ac deprimi non potest,
non magis quam quiescere, ita noster animus in motu est, eo
mobilior et actuosior quo vehementior fuerit. Sed felix qui
ad meliora hunc impetum dedit: ponet se extra ius dicionem-
que fortunae; secunda temperabit, adversa comminuet et
aliis admiranda despiciet. Magni animi est magna contemnere **4**
ac mediocria malle quam nimia; illa enim utilia vitaliaque
sunt, at haec eo quod superfluunt nocent. Sic segetem nimia
sternit ubertas, sic rami onere franguntur, sic ad maturitatem
non pervenit nimia fecunditas. Idem animis quoque evenit
quos immoderata felicitas rumpit, qua non tantum in aliorum
iniuriam sed etiam in suam utuntur. Qui hostis in quemquam **5**
tam contumeliosus fuit quam in quosdam voluptates suae
sunt? quorum inpotentiae atque insanae libidini ob hoc
unum possis ignoscere, quod quae fecere patiuntur. Nec
inmerito hic illos furor vexat; necesse est enim in immensum

1 ratio *om.* *p* 3 discenti $L^2v^2P^2$: dic- *ω* 8 ordinentur (*sed* hord-) *p*: -dinent *αγ* 15 inmotus *p* 17 hanc *p* 18 fortuna *p* temperabit *γ*: -avit *pα* 20 nimia] minima *p* 21 at] ad pv^1P^1b super-fluum *p* 22 ⟨nimio⟩ onere *Gertz* 28 fecere pL^2v^2P: fac- *αβb*

exeat cupiditas quae naturalem modum transilît. Ille enim habet suum finem, inania et ex libidine orta sine termino
6 sunt. Necessaria metitur utilitas: supervacua quo redigis? Voluptatibus itaque se mergunt quibus in consuetudinem adductis carere non possunt, et ob hoc miserrimi sunt, quod eo pervenerunt ut illis quae supervacua fuerant facta sint necessaria. Serviunt itaque voluptatibus, non fruuntur, et mala sua, quod malorum ultimum est, et amant; tunc autem est consummata infelicitas, ubi turpia non solum delectant sed etiam placent, et desinit esse remedio locus ubi quae fuerant vitia mores sunt. Vale.

40 SENECA LVCILIO SVO SALVTEM

1 Quod frequenter mihi scribis gratias ago; nam quo uno modo potes te mihi ostendis. Numquam epistulam tuam accipio ut non protinus una simus. Si imagines nobis amicorum absentium iucundae sunt, quae memoriam renovant et desiderium [absentiae] falso atque inani solacio levant, quanto iucundiores sunt litterae, quae vera amici absentis vestigia, veras notas adferunt? Nam quod in conspectu dulcissimum est, id amici manus epistulae inpressa praestat, agnoscere.

2 Audisse te scribis Serapionem philosophum, cum istuc adplicuisset: 'solet magno cursu verba convellere, quae non effundit †ima† sed premit et urguet; plura enim veniunt quam quibus vox una sufficiat'. Hoc non probo in philosopho, cuius pronuntiatio quoque, sicut vita, debet esse composita; nihil autem ordinatum est quod praecipitatur et properat. Itaque oratio illa apud Homerum concitata et sine inter-

1 transilit (-sillt p^{1}) ω: -iit *vulg.* 2 libidini *p* 8 est et *p*: est $\alpha\gamma$ 15 sumus *p* 17 desideriae *p* absentiae *secl. Gemoll* inane α 22 philosophum γ: -phiam $p\alpha$ 24 ima ω: una $P^{c}\varsigma$: illa (*secl.* quae) *Russell dub.*

missione in morem nivis superveniens oratori data est,
lenis et melle dulcior seni profluit. Sic itaque habe: [ut] **3**
istam vim dicendi rapidam atque abundantem aptiorem
esse circulanti quam agenti rem magnam ac seriam docen-
tique. Aeque stillare illum nolo quam currere; nec extendat
aures nec obruat. Nam illa quoque inopia et exilitas minus
intentum auditorem habet taedio interruptae tarditatis; faci-
lius tamen insidit quod expectatur quam quod praetervolat.
Denique tradere homines discipulis praecepta dicuntur: non
traditur quod fugit. Adice nunc quod quae veritati **4**
operam dat oratio incomposita esse debet et simplex: haec
popularis nihil habet veri. Movere vult turbam et incon-
sultas aures impetu rapere, tractandam se non praebet,
aufertur: quomodo autem regere potest quae regi non
potest? Quid quod haec oratio quae sanandis mentibus
adhibetur descendere in nos debet? remedia non prosunt
nisi inmorantur. Multum praeterea habet inanitatis et vani, **5**
plus sonat quam valet. Lenienda sunt quae me exterrent,
conpescenda quae inritant, discutienda quae fallunt, in-
hibenda luxuria, corripienda avaritia: quid horum raptim
potest fieri? quis medicus aegros in transitu curat? Quid
quod ne voluptatem quidem ullam habet talis verborum
sine dilectu ruentium strepitus? Sed ut pleraque quae fieri **6**
posse non crederes cognovisse satis est, ita istos qui verba
exercuerunt abunde est semel audisse. Quid enim quis di-
scere, quid imitari velit? quid de eorum animo iudicet quo-
rum oratio perturbata et inmissa est nec potest reprimi?

1 oratori *suspectum*: ⟨iuveni⟩ [oratori] *Haupt*: ⟨iuveniori⟩ oratori *Hense*[2]   2 profuit δ   ut *exp.* *P*, *om.* ς   4 circui antiquam α   rem] in rem δ   10 fugit] fingit *p*   11 incomposita] composita p^c (*cf.* *p.* *104.* *26*): et composita *Birt*: incompta *Schultess*   12 populares δ, *corr.* P^2 14 potest M^2P^c: potes ω   23 dilectu *Lβb*: -to P^1: delictu pQ^1 (*et in marg.* *L*): delecto P^2: -tu *Q man. rec.*, *vulg.*   24 crederes *pαβ*: -deris δ: -dideris P^2ς   25–26 discere *Eras.*[2]: dic- ω

7 Quemadmodum per proclive currentium non ubi visum est gradus sistitur, sed incitato corporis ponderi servit ac longius quam voluit effertur, sic ista dicendi celeritas nec in sua potestate est nec satis decora philosophiae, quae ponere debet verba, non proicere, et pedetemptim pro-
8 cedere. 'Quid ergo? non aliquando et insurget?' Quidni? sed salva dignitate morum, quam violenta ista et nimia vis exuit. Habeat vires magnas, moderatas tamen; perennis sit unda, non torrens. Vix oratori permiserim talem dicendi velocitatem inrevocabilem ac sine lege vadentem: quemadmodum enim iudex subsequi poterit aliquando etiam inperitus et rudis? Tum quoque, cum illum aut ostentatio abstulerit aut adfectus inpotens sui, tantum festinet atque ingerat quantum aures pati possunt.

9 Recte ergo facies si non audieris istos qui quantum dicant, non quemadmodum quaerunt, et ipse malueris, si necesse est, †vel P. Vinicium dicere qui itaque†. Cum quaereretur quomodo P. Vinicius diceret, Asellius ait 'tractim'. Nam Geminus Varius ait, 'quomodo istum disertum dicatis nescio: tria verba non potest iungere'. Quidni malis tu sic dicere
10 quomodo Vinicius? Aliquis tam insulsus intervenerit quam qui illi singula verba vellenti, tamquam dictaret, non diceret, ait 'dic, †numquam dicas†?' Nam Q. Hateri cursum,

2 ponderi servit *Axelson* (*conl. dial. 3. 7. 3, 5. 3. 3, 12. 17. 1*): pondere serpit (-tur *p*) *ω*: pondere se rapit *ς* (*cf. dial. 5. 1. 3*) 8 exuit] exigit *α* habet *p* 12 cum *om. p* 13 affectus *Q*: eff- *rell.* impotens *Mur.*: inpetus (*vel* imp-) *ω* 15 audieris *ς*: videris *ω* 17 ut P. Vinicius dicere. 'Qui itaque?' (ut P. Vinicius *Madvig*, velut P. Vinicius *iam Lips.*) *edd. plerique, sed an sic sanetur dubitari potest. totum hunc locum* (§§ *9–10*) *male cohaerentem hic illic interpolatum esse suspicor* 22 illi *pβ*: illa *α* (*corr. man. rec. in LQ*): illi si illi *δ* dictaret *ς*: dicta et *ω* 23 num iam dicas *Madvig*: numquid dicas *Buech.*: numquidnam dicas *Löfstedt* (*cf. clem. 1. 16. 4*): numquid dictas *R. L. Dunbabin*: numquid manducas *Tucker*: *alii alia* nam Q. Hateri (*sed is* Haterii) *Lips.*: namque haeteri *pvP*: namque aetheri *αM*: namque haereri *b*

suis temporibus oratoris celeberrimi, longe abesse ab homine
sano volo: numquam dubitavit, numquam intermisit; semel
incipiebat, semel desinebat.
Quaedam tamen et nationibus puto magis aut minus **11**
convenire. In Graecis hanc licentiam tuleris: nos etiam cum
scribimus interpungere adsuevimus. Cicero quoque noster,
a quo Romana eloquentia exiluit, gradarius fuit. Romanus
sermo magis se circumspicit et aestimat praebetque aesti-
mandum. Fabianus, vir egregius et vita et scientia et, quod **12**
post ista est, eloquentia quoque, disputabat expedite magis
quam concitate, ut posses dicere facilitatem esse illam, non
celeritatem. Hanc ego in viro sapiente recipio, non exigo; ut
oratio eius sine inpedimento exeat, proferatur tamen malo
quam profluat. Eo autem magis te deterreo ab isto morbo **13**
quod non potest tibi ista res contingere aliter quam si te
pudere desierit: perfrices frontem oportet et te ipse non
audias; multa enim inobservatus ille cursus feret quae repren-
dere velis. Non potest, inquam, tibi contingere res ista **14**
salva verecundia. Praeterea exercitatione opus est cotidiana
et a rebus studium transferendum est ad verba. Haec autem
etiam si aderunt et poterunt sine ullo tuo labore decurrere,
tamen temperanda sunt; nam quemadmodum sapienti viro
incessus modestior convenit, ita oratio pressa, non audax.
Summa ergo summarum haec erit: tardilocum esse te
iubeo. Vale.

1 longe] et longe δ 2 sane α 4 aut] ut *p* 6 noster] noster est *p* 9 favianus *pβP*[1] vitae α, *corr.* *Q* 10 expedite] et exp- *p* 15 iste *p* 16 ipsum *p*: ipso *b* 17 observatus *pP* 17–18 repren-dere *Lv*: reprehen- *M*δ: rep̄ren- *p*: repen- *Q* 24 tardiloquum (-quium *L*[1]) α

41 SENECA LVCILIO SVO SALVTEM

1 Facis rem optimam et tibi salutarem si, ut scribis, perseveras ire ad bonam mentem, quam stultum est optare cum possis a te inpetrare. Non sunt ad caelum elevandae manus nec exorandus aedituus ut nos ad aurem simulacri, quasi magis exaudiri possimus, admittat: prope est a te deus,
2 tecum est, intus est. Ita dico, Lucili: sacer intra nos spiritus sedet, malorum bonorumque nostrorum observator et custos; hic prout a nobis tractatus est, ita nos ipse tractat. Bonus vero vir sine deo nemo est: an potest aliquis supra fortunam nisi ab illo adiutus exsurgere? Ille dat consilia magnifica et erecta. In unoquoque virorum bonorum

(quis deus incertum est) habitat deus.

3 Si tibi occurrerit vetustis arboribus et solitam altitudinem egressis frequens lucus et conspectum caeli ⟨densitate⟩ ramorum aliorum alios protegentium summovens, illa proceritas silvae et secretum loci et admiratio umbrae in aperto tam densae atque continuae fidem tibi numinis faciet. Si quis specus saxis penitus exesis montem suspenderit, non manu factus, sed naturalibus causis in tantam laxitatem excavatus, animum tuum quadam religionis suspicione percutiet. Magnorum fluminum capita veneramur; subita ex abdito vasti amnis eruptio aras habet; coluntur aquarum calentium fontes, et stagna quaedam vel opacitas vel immensa

13 *Verg. Aen. 8. 352.*

---

2 facies *p* si ut] sicut α 3 quam] et quam δ 4 a te] ante *p* 8 et *om. p* 10 an *om. p* 12 recta pQ^1P 13 incertum] incertus (*sed var. lect.* incertum *in marg.*) α 14 occurrerit *p*: occurrit αγ 15 egressus *p* conspectu *p* densitate *supplevi ex ς exempli gratia* 16 summoventus *p* 18 faciet *Madvig*: facit et ω: faciet et ς 19 spectus δ, *corr. Pb* 20 factis *p*: factum *b* 21 et cavatus *p* suscipione *p* 22 subito α

altitudo sacravit. Si hominem videris interritum periculis, **4** intactum cupiditatibus, inter adversa felicem, in mediis tempestatibus placidum, ex superiore loco homines videntem, ex aequo deos, non subibit te veneratio eius? non dices, 'ista res maior est altiorque quam ut credi similis huic in quo est corpusculo possit'? Vis isto divina descendit; animum excel- **5** lentem, moderatum, omnia tamquam minora transeuntem, quidquid timemus optamusque ridentem, caelestis potentia agitat. Non potest res tanta sine adminiculo numinis stare; itaque maiore sui parte illic est unde descendit. Quemadmodum radii solis contingunt quidem terram sed ibi sunt unde mittuntur, sic animus magnus ac sacer et in hoc demissus, ut propius [quidem] divina nossemus, conversatur quidem nobiscum sed haeret origini suae; illinc pendet, illuc spectat ac nititur, nostris tamquam melior interest. Quis est **6** ergo hic animus? qui nullo bono nisi suo nitet. Quid enim est stultius quam in homine aliena laudare? quid eo dementius qui ea miratur quae ad alium transferri protinus possunt? Non faciunt meliorem equum aurei freni. Aliter leo aurata iuba mittitur, dum contractatur et ad patientiam recipiendi ornamenti cogitur fatigatus, aliter incultus, integri spiritus: hic scilicet impetu acer, qualem illum natura esse voluit, speciosus ex horrido, cuius hic decor est, non sine timore aspici, praefertur illi languido et bratteato. Nemo gloriari **7** nisi suo debet. Vitem laudamus si fructu palmites onerat, si ipsa pondere [ad terram] eorum quae tulit adminicula de-

5 credi *γ*: -dis *pα* 6 isto *α*: istuc *pγ* 10 maior *p* 13 dimissus *α* quidem (*ex v. 11 vel 14*) *om.* *ς* 14 originis *δ*, *corr. P* illinc] illic *αP* pendent *pL*[1] 15 ac] hanc *p* interest] est *α*, *sed* inter *in marg. suppl. L* 16 hinc *p* 17 quam] quamquam *δ*, *corr. b* 20 cumtractatur *δ*, *corr. P* recipiendo *α* 24 illi *M*[2]*P*[c]: illo *ω* 26 pondere *Eras.*[2]: -dera *ω* ad terram *secl. Haase*, *ante* pondere *traięcit Eras.*[2], *et varie hunc verborum ordinem vix tolerabilem inverterunt alii* eorum quae tulit *secl. Waltz* adminicula *ς*: adminiculo (amin- *p*) *ω*

ducit: num quis huic illam praeferret vitem cui aureae uvae, aurea folia dependent? Propria virtus est in vite fertilitas; in homine quoque id laudandum est quod ipsius est. Familiam formonsam habet et domum pulchram, multum serit, multum fenerat: nihil horum in ipso est sed circa ipsum.
8 Lauda in illo quod nec eripi potest nec dari, quod proprium hominis est. Quaeris quid sit? animus et ratio in animo perfecta. Rationale enim animal est homo; consummatur itaque bonum eius, si id inplevit cui nascitur. Quid est autem quod ab illo ratio haec exigat? rem facillimam, secundum naturam suam vivere. Sed hanc difficilem facit communis insania: in vitia alter alterum trudimus. Quomodo autem revocari ad salutem possunt quos nemo retinet, populus inpellit? Vale.

1 praeferet δ 2 aureae *p* 4 formonsam pQ^1P^1: -osam *rell.* (*cf. p.* 94. 21) 6 illo] illum α 10 haec ratio α, *Beltrami* 12 quomodo] quoniam (*compend.*) α 14 *post* Vale *add.* L ANNANEI SENECA LVCILIO SALVTEM / RARVM MORALIVM AD LVCILIVM LIBĪ IIII EXPLICIT. INCIPIT EIVSDEM LIBER V FELICITER VIVAS ET PLVRAM CONFICIAS *p*: L. ANNEI SENECAE LVCILIO SVO LITTERARVM MORALIVM AD LVCILIVM LIBER IIII EXPLICIT. INCIPIT EIVSDEM LIBER V FELICITER VIVAS ET PLVRA CONFICIAS (ANANEI Q^1) α: *om.* γ *sed spatio relicto in P*

LIBER QVINTVS

42 SENECA LVCILIO SVO SALVTEM

Iam tibi iste persuasit virum se bonum esse? Atqui vir 1
bonus tam cito nec fieri potest nec intellegi. Scis quem nunc
virum bonum dicam? hunc secundae notae; nam ille alter
fortasse tamquam phoenix semel anno quingentesimo nasci-
tur. Nec est mirum ex intervallo magna generari: mediocria
et in turbam nascentia saepe fortuna producit, eximia vero
ipsa raritate commendat. Sed iste multum adhuc abest ab 2
eo quod profitetur; et si sciret quid esset vir bonus, nondum
esse se crederet, fortasse etiam fieri posse desperaret. 'At
male existimat de malis.' Hoc etiam mali faciunt, nec ulla
maior poena nequitiaest quam quod sibi ac suis displicet.
'At odit eos qui subita et magna potentia inpotenter utun- 3
tur.' Idem faciet cum idem potuerit. Multorum quia in-
becilla sunt latent vitia, non minus ausura cum illis vires
suae placuerint quam illa quae iam felicitas aperuit. Instru-
menta illis explicandae nequitiae desunt. Sic tuto serpens 4
etiam pestifera tractatur dum riget frigore: non desunt tunc
illi venena sed torpent. Multorum crudelitas et ambitio et
luxuria, ut paria pessimis audeat, fortunae favore deficitur.
Eadem velle [subaudi si] cognosces: da posse quantum volunt.
Meministi, cum quendam adfirmares esse in tua potestate, 5
dixisse me volaticum esse ac levem et te non pedem eius

4 ne fieri δ, *corr. P* 5 hunc *Russell*: huius *ω* 8 turba *p* 13 nequitiaest *LQ*: nequiciest *p*: nequitiae est $L^2g^2\gamma$: nequitia est g^1 14 et *om. p* 15 faciet *αβ*: facerit *sed* r *punct. p*: facient δ potuerint *P*: -runt *b* 17 placuerunt *pb* 21 luxuriae α, *corr. Q* pari *p* 22 subaudis cognosces *pγ*: si subauditis cognoscis (subaudisti *g*) α: *glossema* subaudis (= subaudi si) *subnotavit* P^2, *om.* ς 23 quendam γ: quondam Lg^c: quandam Qg^1: quando *p*

tenere sed pinnam? Mentitus sum: pluma tenebatur, quam remisit et fugit. Scis quos postea tibi exhibuerit ludos, quam multa in caput suum casura temptaverit. Non videbat se per aliorum pericula in suum ruere; non cogitabat quam onerosa essent quae petebat, etiam si supervacua non essent.

6 Hoc itaque in his quae adfectamus, ad quae labore magno contendimus, inspicere debemus, aut nihil in illis commodi esse aut plus incommodi: quaedam supervacua sunt, quaedam tanti non sunt. Sed hoc non pervidemus et gratuita
7 nobis videntur quae carissime constant. Ex eo licet stupor noster appareat, quod ea sola putamus emi pro quibus pecuniam solvimus, ea gratuita vocamus pro quibus nos ipsos inpendimus. Quae emere nollemus si domus nobis nostra pro illis esset danda, si amoenum aliquod fructuosumve praedium, ad ea paratissimi sumus pervenire cum sollicitudine, cum periculo, cum iactura pudoris et libertatis et
8 temporis; adeo nihil est cuique se vilius. Idem itaque in omnibus consiliis rebusque faciamus quod solemus facere quotiens ad institorem alicuius mercis accessimus: videamus hoc quod concupiscimus quanti deferatur. Saepe maximum pretium est pro quo nullum datur. Multa possum tibi ostendere quae adquisita acceptaque libertatem nobis extorserint;
9 nostri essemus, si ista nostra non essent. Haec ergo tecum ipse versa, non solum ubi de incremento agetur, sed etiam ubi de iactura. 'Hoc periturum est.' Nempe adventicium fuit; tam facile sine isto vives quam vixisti. Si diu illud habuisti, perdis postquam satiatus es; si non diu, perdis antequam adsuescas. 'Pecuniam minorem habebis.' Nempe
10 et molestiam. 'Gratiam minorem.' Nempe et invidiam. Cir-

1 pinnam γ: pinam p: pennam $\alpha M^2 P^c$ *edd.*, *sed illud habes dial.* 4. 11. 5, *clem.* 1. 12. 5, *et passim Octavia exclusa in tragoediis* 2 fugit] fuit pL^1 6 ad quae ς: atque ω 14 aliquid *LQ* 19 mercis] mentis α 20 maximo pretio *Russell* 22 extorserit α

cumspice ista quae nos agunt in insaniam, quae cum plurimis lacrimis amittimus: scies non damnum in iis molestum esse, sed opinionem damni. Nemo illa perisse sentit sed cogitat. Qui se habet nihil perdidit: sed quoto cuique habere se contigit? Vale.

43 SENECA LVCILIO SVO SALVTEM

Quomodo hoc ad me pervenerit quaeris, quis mihi id te 1
cogitare narraverit quod tu nulli narraveras? Is qui scit
plurimum, rumor. 'Quid ergo?' inquis 'tantus sum ut possim
excitare rumorem?' Non est quod te ad hunc locum respi-
ciens metiaris: ad istum respice in quo moraris. Quidquid 2
inter vicina eminet magnum est illic ubi eminet; nam ma-
gnitudo ⟨non⟩ habet modum certum: comparatio illam aut
tollit aut deprimit. Navis quae in flumine magna est in mari
parvula est; gubernaculum quod alteri navi magnum alteri
exiguum est. Tu nunc in provincia, licet contemnas ipse te, 3
magnus es. Quid agas, quemadmodum cenes, quemadmodum
dormias, quaeritur, scitur: eo tibi diligentius vivendum est.
Tunc autem felicem esse te iudica cum poteris in publico
vivere, cum te parietes tui tegent, non abscondent, quos
plerumque circumdatos nobis iudicamus non ut tutius viva-
mus, sed ut peccemus occultius. Rem dicam ex qua mores 4
aestimes nostros: vix quemquam invenies qui possit aperto
ostio vivere. Ianitores conscientia nostra, non superbia
opposuit: sic vivimus ut deprendi sit subito aspici. Quid
autem prodest recondere se et oculos hominum auresque

1–2 plurum his *p*: plurumis *Hense* (*cf. v. 9, p. 184. 17*) 3 opinioni *p* 4 contigit *pvP*: -tingit *αMb* 7 id] ad L^1Q: a L^c: *om. P* 9 plurumum *p*, *Hense* (*cf. v. 1*) 13 non *suppl.* ς 14 attollit L^c ς, *fort. recte* (*cf. pp. 182. 22, 240. 13 al.*) 15 quod in alteri *p* 17 es] est pL^1 18 tibi *p*: tibi die *αγ* 19–20 vivere in publico *p* 25 vivamus *pM* deprendi *pvP*: -prehendi *αMb*

5 vitare? Bona conscientia turbam advocat, mala etiam in
solitudine anxia atque sollicita est. Si honesta sunt quae
facis, omnes sciant; si turpia, quid refert neminem scire
cum tu scias? O te miserum si contemnis hunc testem! Vale.

44 SENECA LVCILIO SVO SALVTEM

1 Iterum tu mihi te pusillum facis et dicis malignius tecum
egisse naturam prius, deinde fortunam, cum possis eximere
te vulgo et ad felicitatem hominum maximam emergere. Si
quid est aliud in philosophia boni, hoc est, quod stemma non
inspicit; omnes, si ad originem primam revocantur, a dis
2 sunt. Eques Romanus es, et ad hunc ordinem tua te per-
duxit industria; at mehercules multis quattuordecim clausa
sunt, non omnes curia admittit, castra quoque quos ad
laborem et periculum recipiant fastidiose legunt: bona mens
omnibus patet, omnes ad hoc sumus nobiles. Nec reicit
3 quemquam philosophia nec eligit: omnibus lucet. Patricius
Socrates non fuit; Cleanthes aquam traxit et rigando horto
locavit manus; Platonem non accepit nobilem philosophia
sed fecit: quid est quare desperes his te posse fieri parem?
Omnes hi maiores tui sunt, si te illis geris dignum; geres
autem, si hoc protinus tibi ipse persuaseris, a nullo te nobili-
4 tate superari. Omnibus nobis totidem ante nos sunt; nullius
non origo ultra memoriam iacet. Platon ait neminem regem
non ex servis esse oriundum, neminem non servum ex regibus.
Omnia ista longa varietas miscuit et sursum deorsum fortuna

23 *Pl. Tht. 174e–175a.*

9 aliud] aliquid *p* 11 eques] et eques *p* ordinem *om. p* 12 clause α 17 traduxit *p* 19 desperes P^2b: dis- *rell.* 24 ex servis esse] exeruisse *p*

versavit. Quis est generosus? ad virtutem bene a natura 5 compositus. Hoc unum intuendum est: alioquin si ad vetera revocas, nemo non inde est ante quod nihil est. A primo mundi ortu usque in hoc tempus perduxit nos ex splendidis sordidisque alternata series. Non facit nobilem atrium plenum fumosis imaginibus; nemo in nostram gloriam vixit nec quod ante nos fuit nostrum est: animus facit nobilem, cui ex quacumque condicione supra fortunam licet surgere. Puta itaque 6 te non equitem Romanum esse sed libertinum: potes hoc consequi, ut solus sis liber inter ingenuos. 'Quomodo?' inquis. Si mala bonaque non populo auctore distinxeris. Intuendum est non unde veniant, sed quo eant. Si quid est quod vitam beatam potest facere, id bonum est suo iure; depravari enim in malum non potest. Quid est ergo in quo 7 erratur, cum omnes beatam vitam optent? quod instrumenta eius pro ipsa habent et illam dum petunt fugiunt. Nam cum summa vitae beatae sit solida securitas et eius inconcussa fiducia, sollicitudinis colligunt causas et per insidiosum iter vitae non tantum ferunt sarcinas sed trahunt; ita longius ab effectu eius quod petunt semper abscedunt et quo plus operae inpenderunt, hoc se magis inpediunt et feruntur retro. Quod evenit in labyrintho properantibus: ipsa illos velocitas inplicat. Vale.

45 SENECA LVCILIO SVO SALVTEM

Librorum istic inopiam esse quereris. Non refert quam 1 multos sed quam bonos habeas: lectio certa prodest, varia

1 est *γ*: es *pα* 6 quod *om. p* 12 quid est] quidem *α* 13 iuri *p* 14 est *om. p* 15 obtant *p* 17 summa *γ*: -mae *pα* 19 ferant *p* 21 inpenderunt . . . magis *om. p* 22 laberyntho *P*: laberintho *αb*

delectat. Qui quo destinavit pervenire vult unam sequatur
viam, non per multas vagetur: non ire istuc sed errare est.
2 'Vellem' inquis '⟨non⟩ magis consilium mihi quam libros
dares.' Ego vero quoscumque habeo mittere paratus sum et
totum horreum excutere; me quoque isto, si possem, trans-
ferrem, et nisi mature te finem officii sperarem inpetraturum,
hanc senilem expeditionem indixissem mihi nec me Charyb-
dis et Scylla et fabulosum istud fretum deterrere potuissent.
Tranassem ista, non solum traiecissem, dummodo te con-
plecti possem et praesens aestimare quantum animo crevisses.
3 Ceterum quod libros meos tibi mitti desideras, non magis
ideo me disertum puto quam formonsum putarem si imagi-
nem meam peteres. Indulgentiae scio istud esse, non iudicî;
4 et si modo iudicî est, indulgentia tibi inposuit. Sed quales-
cumque sunt, tu illos sic lege tamquam verum quaeram adhuc,
non sciam, et contumaciter quaeram. Non enim me cuiquam
emancipavi, nullius nomen fero; multum magnorum virorum
iudicio credo, aliquid et meo vindico. Nam illi quoque non
inventa sed quaerenda nobis reliquerunt, et invenissent for-
5 sitan necessaria nisi et supervacua quaesissent. Multum illis
temporis verborum cavillatio eripuit, captiosae disputationes
quae acumen inritum exercent. Nectimus nodos et ambiguam
significationem verbis inligamus ac deinde dissolvimus: tan-
tum nobis vacat? iam vivere, iam mori scimus? Tota illo
mente pergendum est ubi provideri debet ne res nos, non
6 verba decipiant. Quid mihi vocum similitudines distinguis,
quibus nemo umquam nisi dum disputat captus est? Res
fallunt: illas discerne. Pro bonis mala amplectimur; optamus
contra id quod optavimus; pugnant vota nostra cum votis,

3 vellem] nollem *coni. Hense*, *fort. recte* non *suppl. Beltrami*
4 dare *pL* 6 mature *γ*: maturem *p*: mutare *α* 12 disertum
$P^{c}b^{2}$: des- *ω* formonsum pv^{1}: -osum $v^{2}M\delta$: -osam (*sed* vel formonsum *in marg.*) *α* (*cf. p. 94. 21*) 13 iudicii (*et sic mox*) *ω*
18 iudicio] iudico *δ* 20 et supervacua] insupervacua *p*

consilia cum consilis. Adulatio quam similis est amicitiae! 7
Non imitatur tantum illam sed vincit et praeterit; apertis ac
propitiis auribus recipitur et in praecordia ima descendit, eo
ipso gratiosa quo laedit: doce quemadmodum hanc similitu-
dinem possim dinoscere. Venit ad me pro amico blandus
inimicus; vitia nobis sub virtutum nomine obrepunt: temeri-
tas sub titulo fortitudinis latet, moderatio vocatur ignavia,
pro cauto timidus accipitur. In his magno periculo erramus:
his certas notas inprime. Ceterum qui interrogatur an cornua 8
habeat non est tam stultus ut frontem suam temptet, nec
rursus tam ineptus aut hebes ut nesciat ⟨nisi⟩ tu illi subtilis-
sima collectione persuaseris. Sic ista sine noxa decipiunt quo-
modo praestigiatorum acetabula et calculi, in quibus me
fallacia ipsa delectat. Effice ut quomodo fiat intellegam:
perdidi lusum. Idem de istis captionibus dico (quo enim
nomine potius sophismata appellem?): nec ignoranti nocent
nec scientem iuvant.

Si utique vis verborum ambiguitates diducere, hoc nos 9
doce, beatum non eum esse quem vulgus appellat, ad quem
pecunia magna confluxit, sed illum cui bonum omne in
animo est, erectum et excelsum et mirabilia calcantem, qui
neminem videt cum quo se commutatum velit, qui hominem
ea sola parte aestimat qua homo est, qui natura magistra
utitur, ad illius leges componitur, sic vivit quomodo illa
praescripsit; cui bona sua nulla vis excutit, qui mala in
bonum vertit, certus iudicii, inconcussus, intrepidus; quem
aliqua vis movet, nulla perturbat; quem fortuna, cum quod
habuit telum nocentissimum vi maxima intorsit, pungit, non
vulnerat, et hoc raro; nam cetera eius tela, quibus genus

1 consiliis ω 7 lateat *p* 9 cornu α 10 tam] tantum *p* (*cf. p. 1. 20*) suum α 11 nesciat ⟨nisi⟩ *Linde*: nesciat si $P^{2}\varsigma$: nescio *Beltrami*: ne sciat *Buech. et Bickel* 15 lusum *P. Thomas*: usum ω idem] id *p* 17 nescientem δ 21 excelsum ς: excisum ω 22 mutatum *p* 24 vivat *p* 29 raro] irato (*sed* i *supra v.*) *P*: ratio *b*

humanum debellatur, grandinis more dissultant, quae in-
cussa tectis sine ullo habitatoris incommodo crepitat ac
10 solvitur. Quid me detines in eo quem tu ipse pseudomenon
appellas, de quo tantum librorum compositum est? Ecce
tota mihi vita mentitur: hanc coargue, hanc ad verum, si
acutus es, redige. Necessaria iudicat quorum magna pars
supervacua est; etiam quae non est supervacua nihil in se
momenti habet in hoc, ut possit fortunatum beatumque
praestare. Non enim statim bonum est, si quid necessarium
est: aut proicimus bonum, si hoc nomen pani et polentae
11 damus et ceteris sine quibus vita non ducitur. Quod bonum
est utique necessarium est: quod necessarium est non utique
bonum est, quoniam quidem necessaria sunt quaedam eadem-
que vilissima. Nemo usque eo dignitatem boni ignorat ut
12 illud ad haec in diem utilia demittat. Quid ergo? non eo
potius curam transferes, ut ostendas omnibus magno tem-
poris inpendio quaeri supervacua et multos transisse vitam
dum vitae instrumenta conquirunt? Recognosce singulos,
considera universos: nullius non vita spectat in crastinum.
13 Quid in hoc sit mali quaeris? infinitum. Non enim vivunt
sed victuri sunt: omnia differunt. Etiamsi adtenderemus,
tamen nos vita praecurreret; nunc vero cunctantes quasi
aliena transcurrit et ultimo die finitur, omni perit.

Sed ne epistulae modum excedam, quae non debet sinistram manum legentis inplere, in alium diem hanc litem cum dialecticis differam nimium subtilibus et hoc solum curantibus, non et hoc. Vale.

3 ipse *del. Rossb.* pseudomenon ς: eud- ω 4 appellas de *om.* γ 5 ad verum] adversum γ 8 fortunam δ 12–13 necess- est quod . . . quidem *om. P* 12 quod necess- est *om.* γ 13 quid est *p* eademque ς: eadem ω: et eadem P^2 15 dimittat *pL* 16 nobis omnibus α, *fort. recte* 26 subtilius α

46 SENECA LVCILIO SVO SALVTEM

Librum tuum quem mihi promiseras accepi et tamquam 1
lecturus ex commodo adaperui ac tantum degustare volui; deinde blanditus est ipse ut procederem longius. Qui quam disertus fuerit ex hoc intellegas licet: levis mihi visus est, cum esset nec mei nec tui corporis, sed qui primo aspectu aut Titi Livii aut Epicuri posset videri. Tanta autem dulcedine me tenuit et traxit ut illum sine ulla dilatione perlegerim. Sol me invitabat, fames admonebat, nubes minabantur; tamen exhausi totum. Non tantum delectatus sed gavisus 2
sum. Quid ingenii iste habuit, quid animi! Dicerem 'quid impetus!', si interquievisset, si ⟨ex⟩ intervallo surrexisset; nunc non fuit impetus sed tenor. Compositio virilis et sancta; nihilominus interveniebat dulce illud et loco lene. Grandis, erectus es: hoc te volo tenere, sic ire. Fecit aliquid et materia; ideo eligenda est fertilis, quae capiat ingenium, quae incitet.

⟨De⟩ libro plura scribam cum illum retractavero; nunc 3
parum mihi sedet iudicium, tamquam audierim illa, non legerim. Sine me et inquirere. Non est quod verearis: verum audies. O te hominem felicem, quod nihil habes propter quod quisquam tibi tam longe mentiatur! nisi quod iam etiam ubi causa sublata est mentimur consuetudinis causa. Vale.

47 SENECA LVCILIO SVO SALVTEM

Libenter ex iis qui a te veniunt cognovi familiariter te 1
cum servis tuis vivere: hoc prudentiam tuam, hoc eruditionem decet. 'Servi sunt.' Immo homines. 'Servi sunt.' Immo contubernales. 'Ṣervi sunt.' Immo humiles amici.

24 *Magnam huius epistulae partem in usum suum convertit Macrobius, sat. 1. 11. 7–15.*

3 apperui *p* 5 levis] brevis *Mur.*, *fort. recte* 11 sum] sui *p*¹: sumi *p*² dicerent *p* 12 ex *suppl. Madvig* 17 de *suppl. ς*: set de *Madvig* 20 audias *p* propter quid *α* 24 a] ad *p*

'Servi sunt.' Immo conservi, si cogitaveris tantundem in
2 utrosque licere fortunae. Itaque rideo istos qui turpe existimant cum servo suo cenare: quare, nisi quia superbissima consuetudo cenanti domino stantium servorum turbam circumdedit? Est ille plus quam capit, et ingenti aviditate onerat distentum ventrem ac desuetum iam ventris officio,
3 ut maiore opera omnia egerat quam ingessit. At infelicibus servis movere labra ne in hoc quidem, ut loquantur, licet; virga murmur omne conpescitur, et ne fortuita quidem verberibus excepta sunt, tussis, sternumenta, singultus; magno malo ulla voce interpellatum silentium luitur; nocte
4 tota ieiuni mutique perstant. Sic fit ut isti de domino loquantur quibus coram domino loqui non licet. At illi quibus non tantum coram dominis sed cum ipsis erat sermo, quorum os non consuebatur, parati erant pro domino porrigere cervicem, periculum inminens in caput suum avertere; in con-
5 viviis loquebantur, sed in tormentis tacebant. Deinde eiusdem adrogantiae proverbium iactatur, totidem hostes esse quot servos: non habemus illos hostes sed facimus. Alia interim crudelia, inhumana praetereo, quod ne tamquam hominibus quidem sed tamquam iumentis abutimur. [quod] Cum ad cenandum discubuimus, alius sputa deterget, alius reliquias
6 temulentorum ⟨toro⟩ subditus colligit. Alius pretiosas aves scindit; per pectus et clunes certis ductibus circumferens eruditam manum frusta excutit, infelix, qui huic uni rei vivit, ut altilia decenter secet, nisi quod miserior est qui hoc

1 cogitaveris] vel cognoveris *in marg. LQ* 4 turba *pMP*[1]*b*[c] 7 maiora α ingessit *βP*[2]*b*: inc- *pαP*[1] 10 sternumenta (strumenta *Q*[1]) *pαvP*: -nutamenta *Mb*: -nutamentum *Macr. sat. 1. 11. 14* (*cf. p. 427. 8, dial. 4. 25. 3*) 12 tota] tamen *p* 18 esse hostes δ 21 quod *secl. Buech.*: *ante* quod *lacunam statuit Summers* 22 sputam *L*[1]*Q*[1] deterget *pβP*[1] (*cf. dial. 10. 12. 5*): -git *αP*[2]: -geret *b* 23 toro *suppl. Rossb.* 24 per pectus] perfectus δ, *corr. P* 25 frusta *LQg*[c]*v*[c]*P*[2]: -tra *pg*[1]*γ* 26 hoc] ob *p*

voluptatis causa docet quam qui necessitatis discit. Alius **7**
vini minister in muliebrem modum ornatus cum aetate
luctatur: non potest effugere pueritiam, retrahitur, iamque
militari habitu glaber retritis pilis aut penitus evulsis tota
nocte pervigilat, quam inter ebrietatem domini ac libidinem
dividit et in cubiculo vir, in convivio puer est. Alius, cui **8**
convivarum censura permissa est, perstat infelix et expectat
quos adulatio et intemperantia aut gulae aut linguae revo-
cet in crastinum. Adice obsonatores quibus dominici palati
notitia subtilis est, qui sciunt cuius illum rei sapor excitet,
cuius delectet aspectus, cuius novitate nauseabundus erigi
possit, quid iam ipsa satietate fastidiat, quid illo die esuriat.
Cum his cenare non sustinet et maiestatis suae deminutionem
putat ad eandem mensam cum servo suo accedere. Di melius!
quot ex istis dominos habet! Stare ante limen Callisti domi- **9**
num suum vidi et eum qui illi inpegerat titulum, qui inter
reicula mancipia produxerat, aliis intrantibus excludi. Ret-
tulit illi gratiam servus ille in primam decuriam coniectus,
in qua vocem praeco experitur; et ipse illum invicem apolo-
gavit, et ipse non iudicavit domo sua dignum. Dominus
Callistum vendidit: sed domino quam multa Callistus!

Vis tu cogitare istum quem servum tuum vocas ex isdem **10**
seminibus ortum eodem frui caelo, aeque spirare, aeque vivere,
aeque mori! tam tu illum videre ingenuum potes quam ille

4 militaris (h)abitus δ glaber] lenis calvus vel levis *in marg. LQ, in contextu post* glaber *g*¹: glaber levis calvus *g*² 6 inter cubiculo α, *corr. g, Q man. rec.* 7 praestat *pQ*¹*b*^c 11 nausiabundus γ (*cf. p.* 460. 11) 14 di *Fick.*: dii ω 15 quot] quod ω habet *Haase*: -ent ω calisti *pαvb*: calixti *M*: caelesti *P*¹: calestii *P*² (*sim. corrumpitur v.* 21) 16 inpeierat *L*: inpelorat *p* 17 reicula *Mur.*: ridic- ω (*cf. dial.* 10. 7. 7, *confert W. L. Lorimer Galen. Protr.* 6) rettulit *vP*: retulit α*Mb*: retullit *p* 19–20 apologavit γ: abpol- *p*: adpol- *sed* d *punct. et in marg.* excusavit *LQ*: adpolig- *g* 22 vis tu (iusta *M*) γ: illis tu *pα* isdem β*b*: hisdem *pαP* 24 tam *P*²: quam *p*γ: tamquam α

te servum. Variana clade multos splendidissime natos, sena-
torium per militiam auspicantes gradum, fortuna depressit:
alium ex illis pastorem, alium custodem casae fecit. Contemne
nunc eius fortunae hominem in quam transire dum contemnis
potes.
11 Nolo in ingentem me locum inmittere et de usu servorum
disputare, in quos superbissimi, crudelissimi, contumeliosis-
simi sumus. Haec tamen praecepti mei summa est: sic cum
inferiore vivas quemadmodum tecum superiorem velis
vivere. Quotiens in mentem venerit quantum tibi in servum
⟨tuum⟩ liceat, veniat in mentem tantundem in te domino
12 tuo licere. 'At ego' inquis 'nullum habeo dominum.' Bona
aetas est: forsitan habebis. Nescis qua aetate Hecuba servire
coeperit, qua Croesus, qua Darei mater, qua Platon, qua
13 Diogenes? Vive cum servo clementer, comiter quoque, et in
sermonem illum admitte et in consilium et in convictum.
Hoc loco adclamabit mihi tota manus delicatorum 'nihil
hac re humilius, nihil turpius'. Hos ego eosdem deprehendam
14 alienorum servorum osculantes manum. Ne illud quidem
videtis, quam omnem invidiam maiores nostri dominis,
omnem contumeliam servis detraxerint? Dominum patrem
familiae appellaverunt, servos, quod etiam in mimis adhuc
durat, familiares; instituerunt diem festum, non quo solo
cum servis domini vescerentur, sed quo utique; honores illis
in domo gerere, ius dicere permiserunt et domum pusillam
15 rem publicam esse iudicaverunt. 'Quid ergo? omnes servos
admovebo mensae meae?' Non magis quam omnes liberos.

1 Variana *Lips.*: mar- *ω* 7 quo *LQ* contumeliosissimi crudelissimi *Macr. loc. cit. 13* 8 haec] et *p* 9 tecum *om. p* 11 tuum *add. Gertz* 12 at ego] ad te ergo *p* abeo domum *p* 14–15 qua Diogenes qua Platon ipse *Macr. loc. cit. 7* 19 illuc *p*: illo *Q* 21 patri LQ^1 *et fort.* g^1 22 familias ς, *Macr. loc. cit. 11* (*cf. pp. 301. 1, 524. 21*) quos δ, *corr.* P^2 mimis $pg^2δ$: minis α: minimis *β* 24 vescentur α *post* utique *dist. Gertz* 27 omnis *p*

Erras si existimas me quosdam quasi sordidioris operae
reiecturum, ut puta illum mulionem et illum bubulcum.
Non ministeriis illos aestimabo sed moribus: sibi quisque dat
mores, ministeria casus adsignat. Quidam cenent tecum quia
digni sunt, quidam ut sint; si quid enim in illis ex sordida
conversatione servile est, honestiorum convictus excutiet.
Non est, mi Lucili, quod amicum tantum in foro et in curia **16**
quaeras: si diligenter adtenderis, et domi invenies. Saepe
bona materia cessat sine artifice: tempta et experire. Quem-
admodum stultus est qui equum empturus non ipsum
inspicit sed stratum eius ac frenos, sic stultissimus est qui
hominem aut ex veste aut ex condicione, quae vestis modo
nobis circumdata est, aestimat. 'Servus est.' Sed fortasse liber **17**
animo. 'Servus est.' Hoc illi nocebit? Ostende quis non sit: alius
libidini servit, alius avaritiae, alius ambitioni, ⟨omnes spei⟩,
omnes timori. Dabo consularem aniculae servientem, dabo
ancillulae divitem, ostendam nobilissimos iuvenes mancipia
pantomimorum: nulla servitus turpior est quam voluntaria.
Quare non est quod fastidiosi isti te deterreant quominus
servis tuis hilarem te praestes et non superbe superiorem:
colant potius te quam timeant.

Dicet aliquis nunc me vocare ad pilleum servos et dominos **18**
de fastigio suo deicere, quod dixi, 'colant potius dominum
quam timeant'. 'Ita' inquit 'prorsus? colant tamquam clien-
tes, tamquam salutatores?' Hoc qui dixerit obliviscetur id
dominis parum non esse quod deo sat est. Qui colitur, et
amatur: non potest amor cum timore misceri. Rectissime **19**
ergo facere te iudico quod timeri a servis tuis non vis, quod

5 quis enim illis *p* 6 honestiorem α 9 cessat] cesa *L*: caesa *in marg. Q* 12 hominem] omnem *p* 15 omnes spei *suppl. Hense ex Macr. loc. cit. 8* 16 aniculae γ: aniculatae *Q*: anniculate *L*: *om. p* 19 isti *Schweigh.*: ipsi ω 23 deiecere δ, *corr. P* 24–25 ita ... salutatores *interlocutori dedit Haase* 24 prorsus? colant *alii aliter interpungunt*

verborum castigatione uteris: verberibus muta admonentur.
Non quidquid nos offendit et laedit; sed ad rabiem cogunt
pervenire deliciae, ut quidquid non ex voluntate respondit
20 iram evocet. Regum nobis induimus animos; nam illi quoque
obliti et suarum virium et inbecillitatis alienae sic excan-
descunt, sic saeviunt, quasi iniuriam acceperint, a cuius rei
periculo illos fortunae suae magnitudo tutissimos praestat.
Nec hoc ignorant, sed occasionem nocendi captant queren-
do; acceperunt iniuriam ut facerent.
21 Diutius te morari nolo; non est enim tibi exhortatione
opus. Hoc habent inter cetera boni mores: placent sibi,
permanent. Levis est malitia, saepe mutatur, non in melius
sed in aliud. Vale.

48 SENECA LVCILIO SVO SALVTEM

1 Ad epistulam quam mihi ex itinere misisti, tam longam
quam ipsum iter fuit, postea rescribam; seducere me debeo
et quid suadeam circumspicere. Nam tu quoque, qui con-
sulis, diu an consuleres cogitasti: quanto magis hoc mihi
faciendum est, cum longiore mora opus sit ut solvas quae-
stionem quam ut proponas? utique cum aliud tibi expediat,
2 aliud mihi. Iterum ego tamquam Epicureus loquor? mihi
vero idem expedit quod tibi: aut non sum amicus, nisi
quidquid agitur ad te pertinens meum est. Consortium
rerum omnium inter nos facit amicitia; nec secundi quic-
quam singulis est nec adversi; in commune vivitur. Nec
potest quisquam beate degere qui se tantum intuetur, qui
omnia ad utilitates suas convertit: alteri vivas oportet, si vis

1 muta *Pinc.*: multa ω   admonentur *P*: admov- *rell.*   2 et *om.* α *post* rabiem *add.* nos ς, *Macr. loc. cit. 13*   8 querendo *pβ*: quae- αδ   *post* querendo *dist. Mur.*   15 tam longam] quae tam longa *L*[c]*Q*   19 longiora α   22 idem *M*: id *rell.*   23 ad γ: a *p*α consortio *p*   24 amicitiam *p*   27 alteri] aliter *p*

tibi vivere. Haec societas diligenter et sancte observata, quae **3** nos homines hominibus miscet et iudicat aliquod esse commune ius generis humani, plurimum ad illam quoque de qua loquebar interiorem societatem amicitiae colendam proficit; omnia enim cum amico communia habebit qui multa cum homine.

Hoc, Lucili virorum optime, mihi ab istis subtilibus prae- **4** cipi malo, quid amico praestare debeam, quid homini, quam quot modis 'amicus' dicatur, et 'homo' quam multa significet. In diversum ecce sapientia et stultitia discedunt! cui accedo? in utram ire partem iubes? Illi homo pro amico est, huic amicus non est pro homine; ille amicum sibi parat, hic se amico: tu mihi verba distorques et syllabas digeris. Scilicet nisi interrogationes vaferrimas struxero et conclu- **5** sione falsa a vero nascens mendacium adstrinxero, non potero a fugiendis petenda secernere. Pudet me: in re tam seria senes ludimus. [Vale. SENECA LVCILIO SVO SALVTEM.]

'Mus syllaba est; mus autem caseum rodit; syllaba ergo **6** caseum rodit.' Puta nunc me istuc non posse solvere: quod mihi ex ista inscientia periculum inminet? quod incommodum? Sine dubio verendum est ne quando in muscipulo syllabas capiam, aut ne quando, si neglegentior fuero, caseum liber comedat. Nisi forte illa acutior est collectio: 'mus syllaba est; syllaba autem caseum non rodit; mus ergo caseum non rodit'. O pueriles ineptias! in hoc supercilia subduximus? **7** in hoc barbam demisimus? hoc est quod tristes docemus et pallidi? Vis scire quid philosophia promittat generi humano? consilium. Alium mors vocat, alium paupertas urit, alium divitiae vel alienae torquent vel suae; ille malam fortunam

2 homines ς: omnes ω   aliquid *pL*   9 quot *L²QMP²*: quod *rell.*   16 sera α   18 Mus syllaba est *hic incipit nova epistula in vett. codd.: haec cum praecedd. coniungenda esse vidit Erasmus et sic iam* ς   20 inscientia *P²*: sci- ω   21 muscipula *MP²b*   27 quod α promittit *p*   28 vocat] avocat *Castiglioni*: *alii alia*; *sed cf. p.* 255. 28

horret, hic se felicitati suae subducere cupit; hunc homines
8 male habent, illum dii. Quid mihi lusoria ista componis? non
est iocandi locus: ad miseros advocatus es. Opem laturum te
naufragis, captis, aegris, egentibus, intentae securi subiectum
praestantibus caput pollicitus es: quo diverteris? quid agis?
Hic cum quo ludis timet: succurre, quidquid †laqueti re-
spondentium poenis†. Omnes undique ad te manus tendunt,
perditae vitae perituraeque auxilium aliquod implorant, in te
spes opesque sunt; rogant ut ex tanta illos volutatione extra-
has, ut disiectis et errantibus clarum veritatis lumen osten-
9 das. Dic quid natura necessarium fecerit, quid supervacuum,
quam faciles ⟨leges⟩ posuerit, quam iucunda sit vita, quam
expedita illas sequentibus, quam acerba et inplicita eorum
qui opinioni plus quam naturae crediderunt * * * si prius
docueris quam partem eorum levatura sint. Quid istorum
cupiditates demit? quid temperat? Utinam tantum non
prodessent! nocent. Hoc tibi cum voles manifestissimum
faciam, comminui et debilitari generosam indolem in istas
10 argutias coniectam. Pudet dicere contra fortunam militaturis
quae porrigant tela, quemadmodum illos subornent. Hac ad
summum bonum itur? per istud philosophiae 'sive nive' et
turpes infamesque etiam ad album sedentibus exceptiones?
Quid enim aliud agitis, cum eum quem interrogatis scientes
in fraudem inducitis, quam ut formula cecidisse videatur?
Sed quemadmodum illos praetor, sic hos philosophia in
11 integrum restituit. Quid disceditis ab ingentibus promissis

1 felicitatis αP^1 2 lusoria *β*: lusuria *b*: luxoria L^1: luxuria pL^2QP^1: luxurantia P^2 3 es] est *pL* te *om. p* 6 succurrere *p* laqueti (-eati *LMb*, -ati *Q*) respondentium poenis *ω*: laqueist timore pendenti rumpens *Buech.* (*conl. dial. 9. 10. 1*), *sed locus desperatus est* 12 felices *p* leges *suppl.* P^2 13 implicita] sine pace *in marg.* *α* 14 *post* crediderunt *suppl.* ad horum mala levanda valere lusoria ista crediderim *exempli gratia Hense* 17 prodessent QMP^2: -set *rell.* 26 quid disceditis P^2: qui discentis (-tes *Q man. rec.*, *M*) *ω*

et grandia locuti, effecturos vos ut non magis auri fulgor quam gladii praestringat oculos meos, ut ingenti constantia et quod omnes optant et quod omnes timent calcem, ad grammaticorum elementa descenditis? Quid dicitis?

sic itur ad astra?

Hoc enim est quod mihi philosophia promittit, ut parem deo faciat; ad hoc invitatus sum, ad hoc veni: fidem praesta.

12 Quantum potes ergo, mi Lucili, reduc te ab istis exceptionibus et praescriptionibus philosophorum: aperta decent et simplicia bonitatem. Etiam si multum superesset aetatis, parce dispensandum erat ut sufficeret necessariis: nunc quae dementia est supervacua discere in tanta temporis egestate! Vale.

49 SENECA LVCILIO SVO SALVTEM

1 Est quidem, mi Lucili, supinus et neglegens qui in amici memoriam ab aliqua regione admonitus reducitur; tamen repositum in animo nostro desiderium loca interdum familiaria evocant, nec extinctam memoriam reddunt sed quiescentem inritant, sicut dolorem lugentium, etiam si mitigatus est tempore, aut servulus familiaris amisso aut vestis aut domus renovat. Ecce Campania et maxime Neapolis ac Pompeiorum tuorum conspectus incredibile est quam recens desiderium tui fecerint: totus mihi in oculis es. Cum maxime a te discedo; video lacrimas conbibentem et adfectibus tuis inter ipsam coercitionem exeuntibus non satis resistentem.

5 *Verg. Aen. 9. 641; cf. epist. 73. 15.*

1 fulgur L^cQP^1 20 servulus familiaris amisso *Gertz*: servuli famamissio *ω* 22 ac *Volkmann*: ad *αγ*: a *p* conspectus *Volkmann*: -tum *ω* 24 conlibentem *δ*, *corr.* P^2 25 coercitionem $M^1δ$: coertionem (certiorem p^1) *rell.*

2 Modo amisisse te videor; quid enim non 'modo' est, si
recorderis? Modo apud Sotionem philosophum puer sedi,
modo causas agere coepi, modo desii velle agere, modo desii
posse. Infinita est velocitas temporis, quae magis apparet
respicientibus. Nam ad praesentia intentos fallit; adeo praeci-
3 pitis fugae transitus lenis est. Causam huius rei quaeris? quid-
quid temporis transît eodem loco est; pariter aspicitur, una
iacet; omnia in idem profundum cadunt. Et alioqui non
possunt longa intervalla esse in ea re quae tota brevis est.
Punctum est quod vivimus et adhuc puncto minus; sed et hoc
minimum specie quadam longioris spatii natura derisit: aliud
ex hoc infantiam fecit, aliud pueritiam, aliud adulescentiam,
aliud inclinationem quandam ab adulescentia ad senectutem,
aliud ipsam senectutem. In quam angusto quodam quot gradus
4 posuit! Modo te prosecutus sum; et tamen hoc 'modo' aetatis
nostrae bona portio est, cuius brevitatem aliquando defe-
cturam cogitemus. Non solebat mihi tam velox tempus videri:
nunc incredibilis cursus apparet, sive quia admoveri lineas
sentio, sive quia adtendere coepi et conputare damnum meum.

Eo magis itaque indignor aliquos ex hoc tempore quod
5 sufficere ne ad necessaria quidem potest, etiam si custoditum
diligentissime fuerit, in supervacua maiorem partem erogare.
Negat Cicero, si duplicetur sibi aetas, habiturum se tempus
quo legat lyricos: eodem loco ⟨pono⟩ dialecticos: tristius
inepti sunt. Illi ex professo lasciviunt, hi agere ipsos aliquid

23 *Cic. Hortens. frg. 12 Grilli.*

1 non ς: nobis ω   3 casus *p*   5 praesentiam α, *corr. Q*   7 transit p^2αγ: -iit p^1 8 in idem *Rossb.*: inde *p*α*β**b*, *sed* de *punct. in QM*: de *P*   alioquin *β*   9 esset α, *corr. Q*   10 sed et *L* (*deficit Q*): sed *p*γ   11 derisit] divisit *vulg.*   12 hoc *om. p*   14 aliud ipsam senectutem *om.* δ   quot α*M*P^c: quod *rell.*   16–17 defecturam *J. Mueller*: futuram ω: *verbum fort. excidit*   24 quod α   pono (*vel* habeo) *suppl. Schweigh.* (*hoc habes pp. 212. 2, 290. 19, illud dial. 7. 5. 2, ben. 2. 18. 6 al.*): pone *Haase*   25 inepti sunt] ineptiunt *P. Thomas, sed cf. p. 489. 23*

existimant. Nec ego nego prospicienda ista, sed prospicienda **6**
tantum et a limine salutanda, in hoc unum, ne verba nobis
dentur et aliquid esse in illis magni ac secreti boni iudicemus.
Quid te torques et maceras in ea quaestione quam subtilius
est contempsisse quam solvere? Securi est et ex commodo
migrantis minuta conquirere: cum hostis instat a tergo et
movere se iussus est miles, necessitas excutit quidquid pax
otiosa collegerat. Non vacat mihi verba dubie cadentia con- **7**
sectari et vafritiam in illis meam experiri.

> Aspice qui coeant populi, quae moenia clusis
> ferrum acuant portis.

Magno mihi animo strepitus iste belli circumsonantis ex-
audiendus est. Demens omnibus merito viderer, si cum saxa **8**
in munimentum murorum senes feminaeque congererent,
cum iuventus intra portas armata signum eruptionis ex-
pectaret aut posceret, cum hostilia in portis tela vibrarent
et ipsum solum suffossionibus et cuniculis tremeret, sederem
otiosus et eiusmodi quaestiunculas ponens: 'quod non per-
didisti habes; cornua autem non perdidisti; cornua ergo
habes' aliaque ad exemplum huius acutae delirationis con-
cinnata. Atqui aeque licet tibi demens videar si istis inpen- **9**
dero operam: et nunc obsideor. Tunc tamen periculum mihi
obsesso externum inmineret, murus me ab hoste secerneret:
nunc mortifera mecum sunt. Non vaco ad istas ineptias;
ingens negotium in manibus est. Quid agam? mors me sequi-
tur, fugit vita. Adversus haec me doce aliquid; effice ut ego **10**
mortem non fugiam, vita me non effugiat. Exhortare adver-
sus difficilia, [de aequanimitate] adversus inevitabilia;

10 *Verg. Aen. 8. 385–6.*

---

3 magni] magis *p* 8 collegerat *Mb*: -ligerat *vP*: -ligarat *pα* 10 clausis $Q^{1}b$ 12 belli] becilli *p* 28 de aequanimitate *om. ς, secl. Haase*: da aequanimitatem *Schweigh.*

angustias temporis mei laxa. Doce non esse positum bonum vitae in spatio eius sed in usu, posse fieri, immo saepissime fieri, ut qui diu vixit parum vixerit. Dic mihi dormituro 'potes non expergisci'; dic experrecto 'potes non dormire amplius'. Dic exeunti 'potes non reverti'; dic redeunti 'potes
11 non exire'. Erras si in navigatione tantum existimas minimum esse quo ⟨a⟩ morte vita diducitur: in omni loco aeque tenue intervallum est. Non ubique se mors tam prope ostendit: ubique tam prope est. Has tenebras discute, et facilius ea trades ad quae praeparatus sum. Dociles natura nos edidit,
12 et rationem dedit inperfectam, sed quae perfici posset. De iustitia mihi, de pietate disputa, de frugalitate, de pudicitia utraque, et illa cui alieni corporis abstinentia est, et hac cui sui cura. Si me nolueris per devia ducere, facilius ad id quo tendo perveniam; nam, ut ait ille tragicus, 'veritatis simplex oratio est', ideoque illam inplicari non oportet; nec enim quicquam minus convenit quam subdola ista calliditas animis magna conantibus. Vale.

50 SENECA LVCILIO SVO SALVTEM

1 Epistulam tuam accepi post multos menses quam miseras; supervacuum itaque putavi ab eo qui adferebat quid ageres quaerere. Valde enim bonae memoriae est, si meminit; et tamen spero te sic iam vivere ut, ubicumque eris, sciam quid agas. Quid enim aliud agis quam ut meliorem te ipse cotidie facias, ut aliquid ex erroribus ponas, ut intellegas tua vitia

15 *Eurip. Ph.* 469 ἁπλοῦς ὁ μῦθος τῆς ἀληθείας ἔφυ.

---

1 mei] mi *p* 2 spatium *p* 4 non (*alterum*) *om. pvP*[1] 5 amplius *punct. L*, *om. Q* 7 quo a ς: quo *pγ*: quo *sed* a *supra scriptum L*: qua *sed* a *punct. Q* 14 sua *βP*[1] 17 animi δ

esse quae putas rerum? Quaedam enim locis et temporibus
adscribimus; at illa, quocumque transierimus, secutura sunt.
Harpasten, uxoris meae fatuam, scis hereditarium onus in 2
domo mea remansisse. Ipse enim aversissimus ab istis pro-
digiis sum; si quando fatuo delectari volo, non est mihi longe
quaerendus: me rideo. Haec fatua subito desiit videre. In-
credibilem rem tibi narro, sed veram: nescit esse se caecam;
subinde paedagogum suum rogat ut migret, ait domum
tenebricosam esse. Hoc quod in illa ridemus omnibus nobis 3
accidere liqueat tibi: nemo se avarum esse intellegit, nemo
cupidum. Caeci tamen ducem quaerunt, nos sine duce
erramus et dicimus, 'non ego ambitiosus sum, sed nemo aliter
Romae potest vivere; non ego sumptuosus sum, sed urbs ipsa
magnas inpensas exigit; non est meum vitium quod iracun-
dus sum, quod nondum constitui certum genus vitae:
adulescentia haec facit'.

Quid nos decipimus? non est extrinsecus malum nostrum: 4
intra nos est, in visceribus ipsis sedet, et ideo difficulter ad
sanitatem pervenimus quia nos aegrotare nescimus. Si curari
coeperimus, quando tot morborum tantas vires discutiemus?
Nunc vero ne quaerimus quidem medicum, qui minus negotii
haberet si adhiberetur ad recens vitium; sequerentur teneri
et rudes animi recta monstrantem. Nemo difficulter ad natu- 5
ram reducitur nisi qui ab illa defecit: erubescimus discere
bonam mentem. At mehercules, ⟨si⟩ turpe est magistrum
huius rei quaerere, illud desperandum est, posse nobis casu
tantum bonum influere: laborandum est et, ut verum di-

2 at] ut *α* transerimus (tras- p^1) pv^1P: -ferimus *b* 3 meae] me *p* 4 aversissimus *Agricola*: avaris- *ω* 5 sum si P^cb^2: sum sic *ut vid.* P^1: sumpsi *rell.* mi *p* 6 fatua *secl. P. Thomas* 20 morborum tantas vires *Gertz*: morbos (moribos *ex* moribus *p*) tantas veres pv^1: morbos tantasve res αMv^cP^2: morbos tantosve res P^1: morbos tanta suae res *b*: morbos tantosve (*om.* res) *Haupt* 21 ne p^1: nec p^c *rell.* 25 si *suppl. Ruhkopf*

cam, ne labor quidem magnus est, si modo, ut dixi, ante animum nostrum formare incipimus et recorrigere quam
6 indurescat pravitas eius. Sed nec indurata despero: nihil est quod non expugnet pertinax opera et intenta ac diligens cura. Robora in rectum quamvis flexa revocabis; curvatas trabes calor explicat et aliter natae in id finguntur quod usus noster exigit: quanto facilius animus accipit formam, flexibilis et omni umore obsequentior! Quid enim est aliud animus quam quodam modo se habens spiritus? vides autem tanto spiritum esse faciliorem omni alia materia quanto
7 tenuior est. Illud, mi Lucili, non est quod te inpediat quominus de nobis bene speres, quod malitia nos iam tenet, quod diu in possessione nostri est: ad neminem ante bona mens venit quam mala; omnes praeoccupati sumus; virtutes di-
8 scere vitia dediscere ⟨est⟩. Sed eo maiore animo ad emendationem nostri debemus accedere quod semel traditi nobis boni perpetua possessio est; non dediscitur virtus. Contraria enim male in alieno haerent, ideo depelli et exturbari possunt; fideliter sedent quae in locum suum veniunt. Virtus secun-
9 dum naturam est, vitia inimica et infesta sunt. Sed quemadmodum virtutes receptae exire non possunt facilisque earum tutela est, ita initium ad illas eundi arduum, quia hoc proprium inbecillae mentis atque aegrae est, formidare inexperta; itaque cogenda est ut incipiat. Deinde non est acerba medicina; protinus enim delectat, dum sanat. Aliorum reme-

1 ut dixi *cf. dial.* 6. 1. 7, *epist.* 85. 9.

---

3 parvitas *p* 7 accepit *p* 8 omnium more δ 13 possessionem α 15 vitia dediscere *om.* γ est *hic suppl. Hense dub.*, *ante* vitia *iam Gronovius* maiorem α 18 male *P. Thomas*: mala ω haerent αβ: erant *p*: haberent δ: habent P^2 ⟨et⟩ ideo ς, *fort. recte* 21 virtutes *om.* δ receptae P^2ς: rege tae *p*: regete αP^1: rege te *b*: rege vel et *v*: reiectae L^2M facilisque P^c: -iusque ω 22 qui ad hoc *p* 22–23 proprium *Madvig*: primum ω (*cf. p.* 4. 6)

diorum post sanitatem voluptas est, philosophia pariter et salutaris et dulcis est. Vale.

51 SENECA LVCILIO SVO SALVTEM

Quomodo quisque potest, mi Lucili: tu istic habes Aet- **1**
nam, †et illuc† nobilissimum Siciliae montem (quem quare dixerit Messala unicum, sive Valgius—apud utrumque enim legi—non reperio, cum plurima loca evomant ignem, non tantum edita, quod crebrius evenit, videlicet quia ignis in altissimum effertur, sed etiam iacentia), nos, utcumque possumus, contenti sumus Bais; quas postero die quam attigeram reliqui, locum ob hoc devitandum, cum habeat quasdam naturales dotes, quia illum sibi celebrandum luxuria desumpsit.

'Quid ergo? ulli loco indicendum est odium?' Minime; **2**
sed quemadmodum aliqua vestis sapienti ac probo viro magis convenit quam aliqua, nec ullum colorem ille odit sed aliquem parum putat aptum esse frugalitatem professo, sic regio quoque est quam sapiens vir aut ad sapientiam tendens declinet tamquam alienam bonis moribus. Itaque de secessu **3**
cogitans numquam Canopum eliget, quamvis neminem Canopus esse frugi vetet, ne Baias quidem: deversorium vitiorum esse coeperunt. Illic sibi plurimum luxuria permittit, illic, tamquam aliqua licentia debeatur loco, magis solvitur.
Non tantum corpori sed etiam moribus salubrem locum eli- **4**
gere debemus; quemadmodum inter tortores habitare nolim, sic ne inter popinas quidem. Videre ebrios per litora errantes et comessationes navigantium et symphoniarum cantibus strepentes lacus et alia quae velut soluta legibus luxuria non

5 et illuc] editum ac *Chatelain*: excelsum ac *Brakman* (*cf. p. 258. 19*) 6 apud utrumque *hic excidit unum folium in p, nunc ut sequantur verba* quaero dum facio (*p. 141. 1*) 21 deversorium P^1: div- $\beta P^2 b$: diversorum α

5 tantum peccat sed publicat, quid necesse est? Id agere debemus ut inritamenta vitiorum quam longissime profugiamus; indurandus est animus et a blandimentis voluptatum procul abstrahendus. Una Hannibalem hiberna solverunt et indomitum illum nivibus atque Alpibus virum enervaverunt

6 fomenta Campaniae: armis vicit, vitiis victus est. Nobis quoque militandum est, et quidem genere militiae quo numquam quies, numquam otium datur: debellandae sunt in primis voluptates, quae, ut vides, saeva quoque ad se ingenia rapuerunt. Si quis sibi proposuerit quantum operis adgressus sit, sciet nihil delicate, nihil molliter esse faciendum. Quid mihi cum istis calentibus stagnis? quid cum sudatoriis, in quae siccus vapor corpora exhausurus includitur? omnis sudor

7 per laborem exeat. Si faceremus quod fecit Hannibal, ut interrupto cursu rerum omissoque bello fovendis corporibus operam daremus, nemo non intempestivam desidiam, victori quoque, nedum vincenti, periculosam, merito reprehenderet: minus nobis quam illis Punica signa sequentibus licet, plus periculi restat cedentibus, plus operis etiam perseverantibus.

8 Fortuna mecum bellum gerit: non sum imperata facturus; iugum non recipio, immo, quod maiore virtute faciendum est, excutio. Non est emolliendus animus: si voluptati cessero, cedendum est dolori, cedendum est labori, cedendum est paupertati; idem sibi in me iuris esse volet et ambitio et ira; inter

9 tot adfectus distrahar, immo discerpar. Libertas proposita est; ad hoc praemium laboratur. Quae sit libertas quaeris? Nulli rei servire, nulli necessitati, nullis casibus, fortunam in aequum deducere. Quo die illam intellexero plus posse, nil poterit: ego illam feram, cum in manu mors sit?

3 voluptatium *LM*: -tantium *Q*[1] 17 periculo sani α 19 cedentibus . . . perseverantibus *om.* δ 22 emolliendus ς: emoti indus α: emoti indui γ 28 quo *L*[c]*b*: quod *rell.* illam (*ante rasuram P*) δ: illum α: illa cum β: illa me *Lips.*

His cogitationibus intentum loca seria sanctaque eligere **10**
oportet; effeminat animos amoenitas nimia, nec dubie aliquid ad corrumpendum vigorem potest regio. Quamlibet viam iumenta patiuntur quorum durata in aspero ungula est: in molli palustrique pascuo saginata cito subteruntur. Et fortior miles ex confragoso venit: segnis est urbanus et verna. Nullum laborem recusant manus quae ad arma ab aratro transferuntur: in primo deficit pulvere ille unctus et nitidus. Severior **11**
loci disciplina firmat ingenium aptumque magnis conatibus reddit. Literni honestius Scipio quam Bais exulabat: ruina eiusmodi non est tam molliter conlocanda. Illi quoque ad quos primos fortuna populi Romani publicas opes transtulit, C. Marius et Cn. Pompeius et Caesar, exstruxerunt quidem villas in regione Baiana, sed illas inposuerunt summis iugis montium: videbatur hoc magis militare, ex edito speculari late longeque subiecta. Aspice quam positionem elegerint, quibus aedificia excitaverint locis et qualia: scies non villas esse sed castra. Habitaturum tu putas umquam fuisse illic **12**
M. Catonem, ut praenavigantes adulteras dinumeraret et tot genera cumbarum variis coloribus picta et fluvitantem toto lacu rosam, ut audiret canentium nocturna convicia? nonne ille manere intra vallum maluisset, quod in unam noctem manu sua ipse duxisset? Quidni mallet, quisquis vir est, somnum suum classico quam symphonia rumpi?

Sed satis diu cum Bais litigavimus, numquam satis cum **13**
vitiis, quae, oro te, Lucili, persequere sine modo, sine fine;

2 animo α, *corr. Q* nimia $Q^c v M^2 P^2$: inima $L^c Q^1$: inimo L^1: inhima M^1: innimia *b* 5 sanguinata α, *corr. Q* subterunt α 8 deficit *MP*: -fecit *αvb* 10 exulabat αδ: exultabat β: exulabit *J. Mueller, fort. recte* 11 eiusmodi *Summers*: eius ω est] erat *Schweigh.* 12 populi Romani] p.r. ω (*cf. p. 36. 28*) 13 maurius α, *corr. Q* ⟨C.⟩ Caesar *Gertz* struxerunt α (*cf. p. 298. 10*) 18–19 illic M. *Axelson*: inimica ω: ibi M. *Gertz* 20 fluitantem *M* (*cf. dial. 6. 6. 3, Med. 631, p. 137. 7*) 21 convitia ω 22 una nocte β 23 manu sua] ansua δ mallet *P*: mallit αb^c: malit βb^1 *vulg.*

nam illis quoque nec finis est nec modus. Proice quaecumque cor tuum laniant, quae si aliter extrahi nequirent, cor ipsum cum illis revellendum erat. Voluptates praecipue exturba et invisissimas habe: latronum more, quos φιλήτας Aegyptii vocant, in hoc nos amplectuntur, ut strangulent. Vale.

52 SENECA LVCILIO SVO SALVTEM

1 Quid est hoc, Lucili, quod nos alio tendentes alio trahit
et eo unde recedere cupimus inpellit? quid conluctatur cum
animo nostro nec permittit nobis quicquam semel velle?
Fluctuamur inter varia consilia; nihil libere volumus, nihil
2 absolute, nihil semper. 'Stultitia' inquis 'est cui nihil constat,
nihil diu placet.' Sed quomodo nos aut quando ab illa revel-
lemus? Nemo per se satis valet ut emergat; oportet manum
3 aliquis porrigat, aliquis educat. Quosdam ait Epicurus ad
veritatem sine ullius adiutorio exisse, fecisse sibi ipsos viam;
hos maxime laudat quibus ex se impetus fuit, qui se ipsi
protulerunt: quosdam indigere ope aliena, non ituros si nemo
praecesserit, sed bene secuturos. Ex his Metrodorum ait esse;
egregium hoc quoque, sed secundae sortis ingenium. Nos ex
illa prima nota non sumus; bene nobiscum agitur, si in secun-
dam recipimur. Ne hunc quidem contempseris hominem qui
alieno beneficio esse salvus potest; et hoc multum est, velle
4 servari. Praeter haec adhuc invenies genus aliud hominum
ne ipsum quidem fastidiendum eorum qui cogi ad rectum
conpellique possunt, quibus non duce tantum opus sit sed
adiutore et, ut ita dicam, coactore; hic tertius color est. Si
quaeris huius quoque exemplar, Hermarchum ait Epicurus

14 *Epicur. frg. 192 Us.* 27 *ibid.*

4 philetas (φιλήτας) *Mur.*: pstilistas (pstill- b^{1}) *βb*: hostil- *L*: ostil- *Q*: stil- *P* 5 strangulant *α* 10 fluctuamus *MP^{c}* 26–27 si quaeris] si quae *L^{1}*: sicque *$L^{c}Q$* 27 quoque *om. γ*

talem fuisse. Itaque alteri magis gratulatur, alterum magis
suspicit; quamvis enim ad eundem finem uterque pervenerit,
tamen maior est laus idem effecisse in difficiliore materia.
Puta enim duo aedificia excitata esse, ambo paria, aeque **5**
excelsa atque magnifica. Alter puram aream accepit, illic
protinus opus crevit; alterum fundamenta lassarunt in mol-
lem et fluvidam humum missa multumque laboris exhaustum
est dum pervenitur ad solidum: intuentibus quidquid fecit
⟨alter⟩ * * * alterius magna pars et difficilior latet. Quaedam **6**
ingenia facilia, expedita, quaedam manu, quod aiunt, facien-
da sunt et in fundamentis suis occupata. Itaque illum ego
feliciorem dixerim qui nihil negotii secum habuit, hunc
quidem melius de se meruisse qui malignitatem naturae suae
vicit et ad sapientiam se non perduxit sed extraxit.

Hoc durum ac laboriosum ingenium nobis datum scias **7**
licet; imus per obstantia. Itaque pugnemus, aliquorum in-
vocemus auxilium. 'Quem' inquis 'invocabo? Hunc aut illum?'
Tu vero etiam ad priores revertere, qui vacant; adiuvare nos
possunt non tantum qui sunt, sed qui fuerunt. Ex his autem **8**
qui sunt eligamus non eos qui verba magna celeritate prae-
cipitant et communes locos volvunt et in privato circulantur,
sed eos qui vita docent, qui cum dixerunt quid faciendum sit
probant faciendo, qui docent quid vitandum sit nec umquam
in eo quod fugiendum dixerunt deprehenduntur; eum elige
adiutorem quem magis admireris cum videris quam cum
audieris. Nec ideo te prohibuerim hos quoque audire quibus **9**

2 suspicit *MP*: suscip- *rell.* 4 duo ⟨duos⟩ aedificia excitasse *Haupt* ambo] ab imo (disparia) *Buech.* paria ϛ: disparia ω 5 alter *Haupt*: alterum ω illic] et illic β: illi *Russell* 6 lassarunt ϛ: lassabunt αvδ: laxabunt *M* 7 fluidam v^2δ (*cf. pp. 135. 20, 158. 25, 159. 19, 186. 26, 215. 1, 353. 15, 431. 9 al.*) missam α, *corr. L* 8 intuentibus *scripsi*: inveniebo ω 9 alter *suppl.* ϛ: alter in aperto est *Hense dub.*: alter apparet *Disselbeck* 10 expedita] et exp- *b vulg.* (*deficit P*), *sed cf. p. 528. 13* 11 ego illum δ 20 celeritatem α 22 vita v^c: vitam ω

admittere populum ac disserere consuetudo est, si modo hoc
proposito in turbam prodeunt, ut meliores fiant faciantque
meliores, si non ambitionis hoc causa exercent. Quid enim
turpius philosophia captante clamores? numquid aeger laudat
10 medicum secantem? Tacete, favete et praebete vos cura-
tioni; etiam si exclamaveritis, non aliter audiam quam si ad
tactum vitiorum vestrorum ingemescatis. Testari vultis ad-
tendere vos moverique rerum magnitudine? sane liceat: ut
quidem iudicetis et feratis de meliore suffragium, quidni
non permittam? Apud Pythagoram discipulis quinque annis
tacendum erat: numquid ergo existimas statim illis et loqui
et laudare licuisse?

11 Quanta autem dementia eius est quem clamores inperi-
torum hilarem ex auditorio dimittunt! Quid laetaris quod
ab hominibus his laudatus es quos non potes ipse laudare?
Disserebat populo Fabianus, sed audiebatur modeste; erum-
pebat interdum magnus clamor laudantium, sed quem rerum
magnitudo evocaverat, non sonus inoffense ac molliter ora-
12 tionis elapsae. Intersit aliquid inter clamorem theatri et
scholae: est aliqua et laudandi elegantia. Omnia rerum
omnium, si observentur, indicia sunt, et argumentum morum
ex minimis quoque licet capere: inpudicum et incessus osten-
dit et manus mota et unum interdum responsum et relatus
ad caput digitus et flexus oculorum; inprobum risus, insanum
vultus habitusque demonstrat. Illa enim in apertum per notas
exeunt: qualis quisque sit scies, si quemadmodum laudet,
13 quemadmodum laudetur aspexeris. Hinc atque illinc philo-
sopho manus auditor intentat et super ipsum caput miran-

5 tacete favete ς: tac- facete P^1b^c: tac- facite b^1: facete tac- βP^2: facite (-ete L^1) α 8 magnitudine rerum δ 9 meliora α 10 pythagorum α, *corr. Q* 15 est α, *corr. Q* 20 elegantia *Axelson dub.*: licentia ω: scientia ς: diligentia *Gertz*: decentia *Koch* 22 et incessus inpudicum α 27 quemadmodum laudetur *om.* γ atque] itaque δ

tium turba consistit: non laudatur ille nunc, si intellegis, sed conclamatur. Relinquantur istae voces illis artibus quae propositum habent populo placere: philosophia adoretur. Permittendum erit aliquando iuvenibus sequi impetum **14** animi, tunc autem cum hoc ex impetu facient, cum silentium sibi imperare non poterunt; talis laudatio aliquid exhortationis adfert ipsis audientibus et animos adulescentium exstimulat. ⟨At⟩ ad rem commoveantur, non ad verba composita; alioquin nocet illis eloquentia, si non rerum cupiditatem facit sed sui.

Differam hoc in praesentia; desiderat enim propriam et **15** longam exsecutionem, quemadmodum populo disserendum, quid sibi apud populum permittendum sit, quid populo apud se. Damnum quidem fecisse philosophiam non erit dubium postquam prostituta est; sed potest in penetralibus suis ostendi, si modo non institorem sed antistitem nancta est. Vale.

1 consistit *in ras.* P^2: constantium *rell.* 3 propositum $Q^2\beta P^2$: prae- $\alpha\delta$ 8 at *suppl. Hense* 15 penetralibus M^2P^c: -abilibus ω (*cf. pp.* 453. 20, 538. 4) 16 nancta αb: nacta $Q^c\beta P$ (*cf. p.* 3. 17) 17 *post* Vale *add.* EXPLICIT LIBER V *L*, EXPLICIT LIBER QVINTVS *Q*: *libri finem om.* γ L. ANNAEI (VEL ANNAEI *Q*) SENECAE AD LVCILIVM INCIPIT LIBER SEXTVS α: L. ANNEI SENECAE AD LVCILIVM LIBER VI INCIPIT *V*: L. ANNEI SENECAE AD LVCILIVM LIBER VI *P*: *om. Mb*

LIBER SEXTVS

53 SENECA LVCILIO SVO SALVTEM

1 Quid non potest mihi persuaderi, cui persuasum est ut
navigarem? Solvi mari languido; erat sine dubio caelum
grave sordidis nubibus, quae fere aut in aquam aut in ventum
resolvuntur, sed putavi tam pauca milia a Parthenope tua
usque Puteolos subripi posse, quamvis dubio et inpendente
caelo. Itaque quo celerius evaderem, protinus per altum ad
2 Nesida derexi praecisurus omnes sinus. Cum iam eo proces-
sissem ut mea nihil interesset utrum irem an redirem, pri-
mum aequalitas illa quae me corruperat periit; nondum erat
tempestas, sed iam inclinatio maris ac subinde crebrior flu-
ctus. Coepi gubernatorem rogare ut me in aliquo litore ex-
poneret: aiebat ille aspera esse et inportuosa nec quicquam se
3 aeque in tempestate timere quam terram. Peius autem vexa-
bar quam ut mihi periculum succurreret; nausia enim me
segnis haec et sine exitu torquebat, quae bilem movet nec
effundit. Institi itaque gubernatori et illum, vellet nollet,
coegi, peteret litus. Cuius ut viciniam attigimus, non expecto
ut quicquam ex praeceptis Vergilii fiat,

obvertunt pelago proras

aut

ancora de prora iacitur:

memor artificii mei vetus frigidae cultor mitto me in mare,
4 quomodo psychrolutam decet, gausapatus. Quae putas me

21 *Verg. Aen.* 6. 3. 23 *Verg. Aen.* 3. 277.

---

6 pauca milia *V^{2}P^2*: paucam illi *ω* 14 aiebat *LV^{2}P^2*: age- (aug- *Q^1*) *Qγ* 20 vergilii *αP*: vir- *Vb* 21 obvertunt *V^{2}P^2 Verg.*: -tant *ω*

passum dum per aspera erepo, dum viam quaero, dum facio? Intellexi non inmerito nautis terram timeri. Incredibilia sunt quae tulerim, cum me ferre non possem: illud scito, Ulixem non fuisse tam irato mari natum ut ubique naufragia faceret: nausiator erat. Et ego quocumque navigare debuero vicensimo anno perveniam.

Ut primum stomachum, quem scis non cum mari nausiam **5**
effugere, collegi, ut corpus unctione recreavi, hoc coepi mecum cogitare, quanta nos vitiorum nostrorum sequeretur oblivio, etiam corporalium, quae subinde admonent sui,
nedum illorum quae eo magis latent quo maiora sunt. Levis **6**
aliquem motiuncula decipit; sed cum crevit et vera febris exarsit, etiam duro et perpessicio confessionem exprimit. Pedes dolent, articuli punctiunculas sentiunt: adhuc dissimulamus et aut talum extorsisse dicimus nos aut in exercitatone aliqua laborasse. Dubio et incipiente morbo quaeritur nomen, qui ubi ut talaria coepit intendere et utrosque distortos pedes fecit, necesse est podagram fateri.

Contra evenit in his morbis quibus adficiuntur animi: quo **7**
quis peius se habet, minus sentit. Non est quod mireris, Lucili carissime; nam qui leviter dormit, et species secundum quietem capit et aliquando dormire se dormiens cogitat: gravis sopor etiam somnia extinguit animumque altius mergit
quam ut in ullo intellectu sui sit. Quare vitia sua nemo con- **8**
fitetur? quia etiamnunc in illis est: somnium narrare vigilan-

1 erepo P^c: eripio *ω* quaero *hic rursus incipit p* 2 timere α 3 possem *Eras*[2]: -sim *ω* 4 fuisset *Q*[1]*L et fort. P*[1] tam] tamen *p* (*cf. p. 1. 20*) 6 vicensimo *V*: vincens- *p*: vices- α*P*: viges- *b* (*cf. pp. 160. 12, 349. 6*) 7 non *om. ed. Ven. 1492, secl. Ruhkopf* 11 maiores *p* 13 exprimit *Agricola* (*cf. p. 272. 27, clem. 1. 1. 7*): excipit *p*γ: excepit α: excutit *Haase* 17 ut] et ς: etiam *Hense* talaria *cf. dial. 5. 19. 1* distortos ς: dextros *ω* (*confert Hense p. 194. 23, dial. 5. 33. 3*) 19 animi ς: -mo *ω* adficimur animo *Rossb.* 20 se *om. pb* 22 et *pV*: *om.* αδ 24 intellectus α sit *Schultess*: est *ω*

tis est, et vitia sua confiteri sanitatis indicium est. Expergiscamur ergo, ut errores nostros coarguere possimus. Sola autem nos philosophia excitabit, sola somnum excutiet gravem: illi te totum dedica. Dignus illa es, illa digna te est: ite in complexum alter alterius. Omnibus aliis rebus te nega,
9 fortiter, aperte; non est quod precario philosopheris. Si aeger esses, curam intermisisses rei familiaris et forensia tibi negotia excidissent nec quemquam tanti putares cui advocatus in remissione descenderes; toto animo id ageres ut quam primum morbo liberareris. Quid ergo? non et nunc idem facies? omnia inpedimenta dimitte et vaca bonae menti: nemo ad illam pervenit occupatus. Exercet philosophia regnum suum; dat tempus, non accipit; non est res subsiciva;
10 ordinaria est, domina est, adest et iubet. Alexander cuidam civitati partem agrorum et dimidium rerum omnium promittenti 'eo' inquit 'proposito in Asiam veni, ut non id acciperem quod dedissetis, sed ut id haberetis quod reliquissem'. Idem philosophia rebus omnibus: 'non sum hoc tempus acceptura quod vobis superfuerit, sed id vos habe-
11 bitis quod ipsa reiecero'. Totam huc converte mentem, huic adside, hanc cole: ingens intervallum inter te et ceteros fiet; omnes mortales multo antecedes, non multo te dii antecedent. Quaeris quid inter te et illos interfuturum sit? diutius erunt. At mehercules magni artificis est clusisse totum in exiguo; tantum sapienti sua quantum deo omnis aetas patet. Est aliquid quo sapiens antecedat deum: ille naturae beneficio
12 non timet, suo sapiens. Ecce res magna, habere inbecillitatem hominis, securitatem dei. Incredibilis philosophiae vis

6 precari (-ie P^{2}) δ 8 sui *p* 10 primo *pV* 11 facias *p* 13 subsiciva] subsequens *in marg.* α 14 adesse iubet *Madvig* 17 id] idem *p* 18 rebus omnibus *cf. v.* 5 hoc ς: hic ω 20 reiecero *Lips.*: reegero αV^{1}*P*: reaegero *p*: regero V^{c}: erogavero *b* totam] tantum *p* 22 multo (*prius*) ς: avito ω di *p* 25 sapientia *p*V^{1}

est ad omnem fortuitam vim retundendam. Nullum telum in corpore eius sedet; munita est, solida; quaedam defetigat et velut levia tela laxo sinu eludit, quaedam discutit et in eum usque qui miserat respuit. Vale.

54 SENECA LVCILIO SVO SALVTEM

Longum mihi commeatum dederat mala valetudo; repente **1**
me invasit. 'Quo genere?' inquis. Prorsus merito interrogas:
adeo nullum mihi ignotum est. Uni tamen morbo quasi
adsignatus sum, quem quare Graeco nomine appellem nescio;
satis enim apte dici suspirium potest. Brevis autem valde et
procellae similis est impetus; intra horam fere desinit: quis
enim diu exspirat? Omnia corporis aut incommoda aut peri- **2**
cula per me transierunt: nullum mihi videtur molestius.
Quidni? aliud enim quidquid est aegrotare est, hoc animam
egerere. Itaque medici hanc 'meditationem mortis' vocant;
facit enim aliquando spiritus ille quod saepe conatus est.
Hilarem me putas haec tibi scribere quia effugi? Tam ridicule **3**
facio, si hoc fine quasi bona valetudine delector, quam ille,
quisquis vicisse se putat cum vadimonium distulit.

Ego vero et in ipsa suffocatione non desii cogitationibus
laetis ac fortibus adquiescere. 'Quid hoc est?' inquam 'tam **4**
saepe mors experitur me? Faciat: [at] ego illam diu expertus
sum.' 'Quando?' inquis. Antequam nascerer. Mors est non
esse. Id quale sit iam scio: hoc erit post me quod ante me
fuit. Si quid in hac re tormenti est, necesse est et fuisse,
antequam prodiremus in lucem; atqui nullam sensimus tunc
vexationem. Rogo, non stultissimum dicas si quis existimet **5**

2 defetigat *pVP* (*sed* e *alterum in ras. P*): defat- *αb* 6 commeatum *Lips.*: comitatum *ω* repetente δ, *corr. P* 15 egerere *supra v. V*: egere *p*: agere *αγ* 18 si ς: sic *pαVP*: sit *b* 19 se *om. pb* 22 at *secl. Gertz* ⟨iam⟩ diu *Summers emend. ined.* 26 tamquam *p* proderemus *α*

lucernae peius esse cum extincta est quam antequam accenditur? Nos quoque et extinguimur et accendimur: medio illo tempore aliquid patimur, utrimque vero alta securitas est. In hoc enim, mi Lucili, nisi fallor, erramus, quod mortem iudicamus sequi, cum illa et praecesserit et secutura sit. Quidquid ante nos fuit mors est; quid enim refert non incipias an desinas, cum utriusque rei hic sit effectus, non esse?

6 His et eiusmodi exhortationibus (tacitis scilicet, nam verbis locus non erat) adloqui me non desii; deinde paulatim suspirium illud, quod esse iam anhelitus coeperat, intervalla maiora fecit et retardatum est. At remansit, nec adhuc, quamvis desierit, ex natura fluit spiritus; sentio haesitationem quandam eius et moram. Quomodo volet, dummodo **7** non ex animo suspirem. Hoc tibi de me recipe: non trepidabo ad extrema, iam praeparatus sum, nihil cogito de die toto. Illum tu lauda et imitare quem non piget mori, cum iuvet vivere: quae est enim virtus, cum eiciaris, exire? Tamen est et hic virtus: eicior quidem, sed tamquam exeam. Et ideo numquam eicitur sapiens quia eici est inde expelli unde invitus recedas: nihil invitus facit sapiens; necessitatem effugit, quia vult quod coactura est. Vale.

55 SENECA LVCILIO SVO SALVTEM

1 A gestatione cum maxime venio, non minus fatigatus quam si tantum ambulassem quantum sedi; labor est enim et diu ferri, ac nescio an eo maior quia contra naturam est, quae pedes dedit ut per nos ambularemus, oculos ut per nos videremus. Debilitatem nobis indixere deliciae, et quod diu

2 et (*prius*) *om. pP* 3 vere *p* 5 secutura *b*: -ta *rell.* 11 est. At remansit *Barker*: est ac remansit *ω*: est ac remisit *Summers* 14 non (*prius*) *om. p* 16 quem] quod *p* 19 unde *QV²P²b*: ut *rell.* 23 aegestatione *L*: eges- *Q*

noluimus posse desîmus. Mihi tamen necessarium erat con- **2**
cutere corpus, ut, sive bilis insederat faucibus, discuteretur,
sive ipse ex aliqua causa spiritus densior erat, extenuaret
illum iactatio, quam profuisse mihi sensi. Ideo diutius vehi
perseveravi invitante ipso litore, quod inter Cumas et Servili
Vatiae villam curvatur et hinc mari, illinc lacu velut angu-
stum iter cluditur. Erat autem a recenti tempestate spissum;
fluctus enim illud, ut scis, frequens et concitatus exaequat,
longior tranquillitas solvit, cum harenis, quae umore alligan-
tur, sucus abscessit.

Ex consuetudine tamen mea circumspicere coepi an ali- **3**
quid illic invenirem quod mihi posset bono esse, et derexi
oculos in villam quae aliquando Vatiae fuit. In hac ille prae-
torius dives, nulla alia re quam otio notus, consenuit, et ob
hoc unum felix habebatur. Nam quotiens aliquos amicitiae
Asinii Galli, quotiens Seiani odium, deinde amor merserat
(aeque enim offendisse illum quam amasse periculosum fuit),
exclamabant homines, 'o Vatia, solus scis vivere'. At ille **4**
latere sciebat, non vivere; multum autem interest utrum
vita tua otiosa sit an ignava. Numquam aliter hanc villam
Vatia vivo praeteribam quam ut dicerem, 'Vatia hic situs
est'. Sed adeo, mi Lucili, philosophia sacrum quiddam est et
venerabile ut etiam si quid illi simile est mendacio placeat.
Otiosum enim hominem seductum existimat vulgus et secu-
rum et se contentum, sibi viventem, quorum nihil ulli con-
tingere nisi sapienti potest. Ille solus scit sibi vivere; ille
enim, quod est primum, scit vivere. Nam qui res et homines **5**
fugit, quem cupiditatum suarum infelicitas relegavit, qui

1 desimus ω: -ivimus P^2: -iimus ς (*cf. p. 341. 10*)   7 clauditur α   autem] enim γ   8 enim] autem γ   ut *om. p*   9 arenis *pQP*   umore *Q̰*^{1}*V*: hum- *rell.*   12 possit α   bonum *p*^{1}*P*   13–14 in hac . . . consenuit *om. p*   15 amicitia ς   26 solus *in ras. P*, *superscr. V* (*cf. v. 18*): sollicitus ω   28 cupiditatium *L*^{1}*QV*^{1} (*cf. p. 9. 14*)   relegavit V^2P^2: relig- ω

alios feliciores videre non potuit, qui velut timidum atque iners animal metu oblituit, ille sibi non vivit, sed, quod est turpissimum, ventri, somno, libidini; non continuo sibi vivit qui nemini. Adeo tamen magna res est constantia et in proposito suo perseverantia ut habeat auctoritatem inertia quoque pertinax.

6 De ipsa villa nihil tibi possum certi scribere; frontem enim eius tantum novi et exposita, quae ostendit etiam transeuntibus. Speluncae sunt duae magni operis, cuivis laxo atrio pares, manu factae, quarum altera solem non recipit, altera usque in occidentem tenet. Platanona medius rivus et a mari et ab Acherusio lacu receptus euripi modo dividit, alendis piscibus, etiam si adsidue exhauriatur, sufficiens. Sed illi, cum mare patet, parcitur: cum tempestas piscatoribus dedit
7 ferias, manus ad parata porrigitur. Hoc tamen est commodissimum in villa, quod Baias trans parietem habet: incommodis illarum caret, voluptatibus fruitur. Has laudes eius ipse novi: esse illam totius anni credo; occurrit enim Favonio et illum adeo excipit ut Bais neget. Non stulte videtur elegisse hunc locum Vatia in quem otium suum pigrum iam et senile conferret.

8 Sed non multum ad tranquillitatem locus confert: animus est qui sibi commendet omnia. Vidi ego in villa hilari et amoena maestos, vidi in media solitudine occupatis similes. Quare non est quod existimes ideo parum bene compositum esse te quod in Campania non es. Quare autem non es? huc
9 usque cogitationes tuas mitte. Conversari cum amicis absentibus licet, et quidem quotiens velis, quamdiu velis. Magis

8 et *punct. L, om. Q* 9 cuivis *Lips.*: cuius ω 11 occidentem] innocentem *p*: occidentem noc- *V* tenet α*V*: -etur *p*δ 12 accherusio α, *sed* c *prius punct. Q*: *hanc scripturam def. Birt* 13–14 illi cum] illiricum α 14 pascitur α 18 illam] villam *Mur.* 23 ergo α*b* 24 occupatis γ: -tes *p*: -ti α 26 quare autem non es *om. p* huc] hoc *p*

hac voluptate, quae maxima est, fruimur dum absumus;
praesentia enim nos delicatos facit, et quia aliquando una
loquimur, ambulamus, consedimus, cum diducti sumus nihil
de iis quos modo vidimus cogitamus. Et ideo aequo animo **10**
ferre debemus absentiam, quia nemo non multum etiam
praesentibus abest. Pone hic primum noctes separatas, deinde
occupationes utrique diversas, deinde studia secreta, sub-
urbanas profectiones: videbis non multum esse quod nobis
peregrinatio eripiat. Amicus animo possidendus est; hic **11**
autem numquam abest; quemcumque vult cotidie videt.
Itaque mecum stude, mecum cena, mecum ambula: in an-
gusto vivebamus, si quicquam esset cogitationibus clusum.
Video te, mi Lucili; cum maxime audio; adeo tecum sum
ut dubitem an incipiam non epistulas sed codicellos tibi
scribere. Vale.

56 SENECA LVCILIO SVO SALVTEM

Peream si est tam necessarium quam videtur silentium in **1**
studia seposito. Ecce undique me varius clamor circumsonat:
supra ipsum balneum habito. Propone nunc tibi omnia genera
vocum quae in odium possunt aures adducere: cum fortiores
exercentur et manus plumbo graves iactant, cum aut labo-
rant aut laborantem imitantur, gemitus audio, quotiens
retentum spiritum remiserunt, sibilos et acerbissimas re-
spirationes; cum in aliquem inertem et hac plebeia unctione
contentum incidi, audio crepitum inlisae manus umeris,
quae prout plana pervenit aut concava, ita sonum mutat. Si
vero pilicrepus supervenit et numerare coepit pilas, actum

3 cumsedimus δ: cumsidimus P^2 deducti *pb* 4 de iis p^2: deis p^1P: de his *rell.* 8 videbimus *p* 9 peregrinatione *p* 14 ut] aut *p* codicellos *cf. T. L. L. iii. 1408. 2 sqq.* 17 tam] tamen *p* 24 in *om. p* 25 humeris $\alpha V^2 P^2 b$ 27 pilicrepus $L^2 Q V^2 P^2$: pel- *rell.*

2 est. Adice nunc scordalum et furem deprensum et illum cui vox sua in balineo placet, adice nunc eos qui in piscinam cum ingenti inpulsae aquae sono saliunt. Praeter istos quorum, si nihil aliud, rectae voces sunt, alipilum cogita tenuem et stridulam vocem quo sit notabilior subinde exprimentem nec umquam tacentem nisi dum vellit alas et alium pro se clamare cogit; iam biberari varias exclamationes et botularium et crustularium et omnes popinarum institores mercem sua quadam et insignita modulatione vendentis.

3 'O te' inquis 'ferreum aut surdum, cui mens inter tot clamores tam varios, tam dissonos constat, cum Chrysippum nostrum adsidua salutatio perducat ad mortem.' At mehercules ego istum fremitum non magis curo quam fluctum aut deiectum aquae, quamvis audiam cuidam genti hanc unam fuisse causam urbem suam transferendi, quod fragorem Nili
4 cadentis ferre non potuit. Magis mihi videtur vox avocare quam crepitus; illa enim animum adducit, hic tantum aures implet ac verberat. In his quae me sine avocatione circumstrepunt essedas transcurrentes pono et fabrum inquilinum et serrarium vicinum, aut hunc qui ad Metam Sudantem tubulas experitur et tibias, nec cantat sed exclamat: etiam-
5 nunc molestior est mihi sonus qui intermittitur subinde quam qui continuatur. Sed iam me sic ad omnia ista duravi ut audire vel pausarium possim voce acerbissima remigibus modos dantem. Animum enim cogo sibi intentum esse nec avocari ad externa; omnia licet foris resonent, dum intus

1 scordalum *Eras.*^{2} *in marg.*: sor- ω   deprensum *pVP*^{2}: -prehensum *rell.*   2 balineo *L*$Q^{1}V^{1}P^{1}$: baline *p*: balneo *rell.*   4 tenuam α   6 velit α, *corr.* $L^{2}Q^{2}$ 7 biberari *p*α: -rii (*ex* biberari, *quod ipsum ex* biberare) *V*: liberari δ: liberarii *P*^{2}: libarii *Caelius Rhodiginus*   8 et (*prius*) δ: ex *p*α*V*   crustularium ς: clus- *p*α*V*: dus- δ   9 sua *Eras.*^{2}: suam ω   12 nostrum *ed. Arg.*: ves- ω   16 vox avocare videtur γ   17 abducit *P*^{2} 18 sine *om. p*   19 eredas *p*   20 sersarium *p*: ferrarium ς   21 tubulas *Gruter*: tab- ω   ut tibias *Summers*   necantant *pL*   26 ad *om. p*   foras α

nihil tumultus sit, dum inter se non rixentur cupiditas et
timor, dum avaritia luxuriaque non dissideant nec altera
alteram vexet. Nam quid prodest totius regionis silentium,
si adfectus fremunt?

Omnia noctis erant placida composta quiete. **6**

Falsum est: nulla placida est quies nisi quam ratio composuit;
nox exhibet molestiam, non tollit, et sollicitudines mutat.
Nam dormientium quoque insomnia tam turbulenta sunt
quam dies: illa tranquillitas vera est in quam bona mens
explicatur. Aspice illum cui somnus laxae domus silentio **7**
quaeritur, cuius aures ne quis agitet sonus, omnis servorum
turba conticuit et suspensum accedentium propius vestigium
ponitur: huc nempe versatur atque illuc, somnum inter
aegritudines levem captans; quae non audit audisse se que-
ritur. Quid in causa putas esse? Animus illi obstrepit. Hic **8**
placandus est, huius conpescenda seditio est, quem non est
quod existimes placidum, si iacet corpus: interdum quies
inquieta est; et ideo ad rerum actus excitandi ac tractatione
bonarum artium occupandi sumus, quotiens nos male habet
inertia sui inpatiens. Magni imperatores, cum male parere **9**
militem vident, aliquo labore conpescunt et expeditionibus
detinent: numquam vacat lascivire districtis, nihilque tam
certum est quam otii vitia negotio discuti. Saepe videmur
taedio rerum civilium et infelicis atque ingratae stationis
paenitentia secessisse; tamen in illa latebra in quam nos

5 *Varro At. carm. frg. 8 Morel.*

---

1 nihil resonent multum sit *p* cupiditates *p* 3 alterum δ, *corr.* $P^{2}b$' 5 placida *Mur. et sic Sen. contr. 7. 16. 27, ubi idem versus adfertur*: tacita ω 7 exhibet] hibet P^{1}: inhibet P^{2}, *Préchac* (*conl. p. 254. 29 al.*) 8 nam] non α 10 somnum α 12 propitius α, *corr. Q* 13 somnum *Q*: sonum *rell.* 15 putes δ 16 quem] quae *L*: quam *Q* 22 destrictis pP^{1}

timor ac lassitudo coniecit interdum recrudescit ambitio.
Non enim excisa desît, sed fatigata aut etiam obirata rebus
10 parum sibi cedentibus. Idem de luxuria dico, quae videtur
aliquando cessisse, deinde frugalitatem professos sollicitat
atque in media parsimonia voluptates non damnatas sed
relictas petit, et quidem eo vehementius quo occultius.
Omnia enim vitia in aperto leniora sunt; morbi quoque tunc
ad sanitatem inclinant cum ex abdito erumpunt ac vim sui
proferunt. Et avaritiam itaque et ambitionem et cetera mala
mentis humanae tunc perniciosissima scias esse cum simulata
11 sanitate subsidunt. Otiosi videmur, et non sumus. Nam si
bona fide sumus, si receptui cecinimus, si speciosa contem-
psimus, ut paulo ante dicebam, nulla res nos avocabit, nullus
hominum aviumque concentus interrumpet cogitationes
12 bonas, solidasque iam et certas. Leve illud ingenium est nec
sese adhuc reduxit introsus quod ad vocem et accidentia
erigitur; habet intus aliquid sollicitudinis et habet aliquid
concepti pavoris quod illum curiosum facit, ut ait Vergilius
noster:

> et me, quem dudum non ulla iniecta movebant
> tela neque adverso glomerati ex agmine Grai,
> nunc omnes terrent aurae, sonus excitat omnis
> suspensum et pariter comitique onerique timentem.

13 Prior ille sapiens est, quem non tela vibrantia, non arietata
inter ⟨se⟩ arma agminis densi, non urbis inpulsae fragor
territat: hic alter inperitus est, rebus suis timet ad omnem

20 *Verg. Aen.* 2. 726–9.

---

1 ac] aut *Castiglioni* 2 desit γ: desiit αV^{c}: des *p* obirata αV: ab- P^{1}: obrata *p*: oberata L^{2}: irata P^{c}: abiecta *b* 4 sollicita *P*: -tae *b* 8 sui *p*: suam $\alpha\gamma$ 12 contempnimus *p* 14 concentus $L^{2}V^{2}P^{2}$: cont- γ: contemptus $p\alpha$ 16 introsus *p*: -orsus $\alpha\gamma$ (*cf. T.L.L. vii. 2. 82. 64 sqq.*) 17 et *secl. P. Thomas* 18 vergilius *p*: vir- $\alpha\gamma$ 25 se *suppl. Eras.*[2] *in adnot.*

crepitum expavescens, quem una quaelibet vox pro fremitu
accepta deiecit, quem motus levissimi exanimant; timidum
illum sarcinae faciunt. Quemcumque ex istis felicibus elegeris, **14**
multa trahentibus, multa portantibus, videbis illum 'comiti-
que onerique timentem'. Tunc ergo te scito esse compositum
cum ad te nullus clamor pertinebit, cum te nulla vox tibi
excutiet, non si blandietur, non si minabitur, non si inani
sono vana circumstrepet. 'Quid ergo? non aliquando com- **15**
modius est et carere convicio?' Fateor; itaque ego ex hoc
loco migrabo. Experiri et exercere me volui: quid necesse est
diutius torqueri, cum tam facile remedium Ulixes sociis
etiam adversus Sirenas invenerit? Vale.

57 SENECA LVCILIO SVO SALVTEM

Cum a Bais deberem Neapolim repetere, facile credidi **1**
tempestatem esse, ne iterum navem experirer; et tantum
luti tota via fuit ut possim videri nihilominus navigasse.
Totum athletarum fatum mihi illo die perpetiendum fuit:
a ceromate nos haphe excepit in crypta Neapolitana. Nihil **2**
illo carcere longius, nihil illis facibus obscurius, quae nobis
praestant non ut per tenebras videamus, sed ut ipsas. Ceterum
etiam si locus haberet lucem, pulvis auferret, in aperto quo-
que res gravis et molesta: quid illic, ubi in se volutatur et,
cum sine ullo spiramento sit inclusus, in ipsos a quibus ex-
citatus est recidit? Duo incommoda inter se contraria simul
pertulimus: eadem via, eodem die et luto et pulvere labora-
vimus.

Aliquid tamen mihi illa obscuritas quod cogitarem dedit: **3**
sensi quendam ictum animi et sine metu mutationem quam

1 quem P^2: cum *ω* 2 deicit *p* 3 faciunt $p^1 V^2 P^2$: -iant *rell.* 8 circumstrepet P^2: -it *ω* 9 convicio *ed. Arg.*: -victo *ω* 12 sirenas *b*: syr- *rell.* 17 factum *p* 23–24 exercitatus *p*

insolitae rei novitas simul ac foeditas fecerat. Non de me nunc
tecum loquor, qui multum ab homine tolerabili, nedum a
perfecto absum, sed de illo in quem fortuna ius perdidit:
4 huius quoque ferietur animus, mutabitur color. Quaedam
enim, mi Lucili, nulla effugere virtus potest; admonet illam
natura mortalitatis suae. Itaque et vultum adducet ad tristia
et inhorrescet ad subita et caligabit, si vastam altitudinem
in crepidine eius constitutus despexerit: non est hoc timor,
5 sed naturalis adfectio inexpugnabilis rationi. Itaque fortes
quidam et paratissimi fundere suum sanguinem alienum
videre non possunt; quidam ad vulneris novi, quidam ad
veteris et purulenti tractationem inspectionemque succidunt
ac linquuntur animo; alii gladium facilius recipiunt quam
6 vident. Sensi ergo, ut dicebam, quandam non quidem perturbationem, sed mutationem: rursus ad primum conspectum
redditae lucis alacritas rediit incogitata et iniussa. Illud
deinde mecum loqui coepi, quam inepte quaedam magis
aut minus timeremus, cum omnium idem finis esset. Quid
enim interest utrum supra aliquem vigilarium ruat an mons?
nihil invenies. Erunt tamen qui hanc ruinam magis timeant,
quamvis utraque mortifera aeque sit; adeo non effectus, sed
efficientia timor spectat.

7 Nunc me putas de Stoicis dicere, qui existimant animam
hominis magno pondere extriti permanere non posse et statim spargi, quia non fuerit illi exitus liber? Ego vero non
8 facio: qui hoc dicunt videntur mihi errare. Quemadmodum
flamma non potest opprimi (nam circa id diffugit quo urgetur), quemadmodum aer verbere atque ictu non laeditur,

1 insolito α   5 enim *om.* *p*   6 tristia *Gruter*: tristiam P^1: stristiam V^1: tristitiam *rell.*   7 horrescet α   8 dispexerit α*P*   9 adfectione *p*   19 vigilarium Q^1V^1: vigiliarum pL^1: vigiliarium $L^2V^2\delta$: vigilliarium Q^c (vigilarium (vigell-) *in notis Tiron.* (*63. 68 Schmitz*), vigiliarium *C.I.L. xiv. 527*)   an ς: aut ω   20 teneant *p*   23 putes *p*   27 effugit *p*   urgetur $p^1\delta$: urgu- *rell.*

ne scinditur quidem, sed circa id cui cessit refunditur, sic
animus, qui ex tenuissimo constat, deprehendi non potest
nec intra corpus effligi, sed beneficio subtilitatis suae per ipsa
quibus premitur erumpit. Quomodo fulmini, etiam cum
latissime percussit ac fulsit, per exiguum foramen est reditus,
sic animo, qui adhuc tenuior est igne, per omne corpus fuga
est. Itaque de illo quaerendum est, an possit inmortalis esse. 9
Hoc quidem certum habe: si superstes est corpori, opteri
illum nullo genere posse, [propter quod non perit] quoniam
nulla inmortalitas cum exceptione est, nec quicquam noxium
aeterno est. Vale.

58 SENECA LVCILIO SVO SALVTEM

Quanta verborum nobis paupertas, immo egestas sit, num- 1
quam magis quam hodierno die intellexi. Mille res inciderunt,
cum forte de Platone loqueremur, quae nomina desiderarent
nec haberent, quaedam vero ⟨quae⟩ cum habuissent fastidio
nostro perdidissent. Quis autem ferat in egestate fastidium?
Hunc quem Graeci 'oestron' vocant, pecora peragentem et 2
totis saltibus dissipantem, 'asilum' nostri vocabant. Hoc
Vergilio licet credas:

est lucum Silari iuxta ilicibusque virentem
plurimus Alburnum volitans, cui nomen asilo
Romanum est, oestrum Grai vertere vocantes,
asper, acerba sonans, quo tota exterrita silvis
diffugiunt armenta.

21 *Verg. georg. 3. 146–50.*

1 nec αV^2 3 effligi pL^1VP^1: aff- *rell.* 7 de illo *om.* p 8 quidem] quidem est α opteri *Madvig*: propter $\alpha\gamma$: praeter pV^2: proteri *Haupt* 9 propter quod non perit *abiecit Summers*: *post* corpori *transp. Préchac* non perit] poterit p 16 quae *add. Koch* 19 asilum V^c *Verg.*: asylum ω 20 virgilio δ 21 lucum] locum pQ^1: lucos *Verg.* iuxta] circa *Verg.* 22 plurimus V^2 *Verg.*: -bus ω volitans] velans p asilo *Verg.*: asylo $\alpha\gamma$: iasylans p

3 Puto intellegi istud verbum interisse. Ne te longe differam, quaedam simplicia in usu erant, sicut 'cernere ferro inter se' dicebant. Idem Vergilius hoc probabit tibi:

> ingentis, genitos diversis partibus orbis,
> inter se coiisse viros et cernere ferro.

Quod nunc 'decernere' dicimus: simplicis illius verbi usus
4 amissus est. Dicebant antiqui 'si iusso', id est 'iussero'. Hoc nolo mihi credas, sed eidem Vergilio:

> cetera, qua iusso, mecum manus inferat arma.

5 Non id ago nunc hac diligentia ut ostendam quantum tempus apud grammaticum perdiderim, sed ut ex hoc intellegas quantum apud Ennium et Accium verborum situs occupaverit, cum apud hunc quoque, qui cotidie excutitur,
6 aliqua nobis subducta sint. 'Quid sibi' inquis 'ista praeparatio vult? quo spectat?' Non celabo te: cupio, si fieri potest, propitiis auribus tuis 'essentiam' dicere; si minus, dicam et iratis. Ciceronem auctorem huius verbi habeo, puto locupletem; si recentiorem quaeris, Fabianum, disertum et elegantem, orationis etiam ad nostrum fastidium nitidae. Quid enim fiet, mi Lucili? quomodo dicetur οὐσία, res necessaria, natura continens fundamentum omnium? Rogo itaque permittas mihi hoc verbo uti. Nihilominus dabo operam ut ius a te datum parcissime exerceam; fortasse contentus
7 ero mihi licere. Quid proderit facilitas tua, cum ecce id nullo modo Latine exprimere possim propter quod linguae

4 *Verg. Aen.* 12. 708–9. 9 *Verg. Aen.* 11. 467. 17 *Cic. frg. inc. K* 10 *p.* 412 *Mueller.*

3 dicebant *ed. Arg.*: -tur ω virgilius δ 5 coisse (-ise b^1) ω 8 eidem ς: fidem ω (*cf. p.* 270. 26) virgilio δ 11 ex *om. p* 12 situs] sit α, *corr. Q* 13 qui] quia α 16 essentiam *Mur.*: quid sentiam ω 20 usia *Qγ*: via *p*: ΟΥCΙΑ *L et* (*in marg.*) *Q* 21 natura P^2b: -ram *rell.* 23 a] ad α contentus $αV^cP$: -emptus *rell.* 24 id] hic α

nostrae convicium feci? Magis damnabis angustias Romanas, si scieris unam syllabam esse quam mutare non possum. Quae sit haec quaeris? τὸ ὄν. Duri tibi videor ingenii: in medio positum, posse sic transferri ut dicam 'quod est'. Sed multum interesse video: cogor verbum pro vocabulo ponere; sed si ita necesse est, ponam 'quod est'.

Sex modis hoc a Platone dici amicus noster, homo eru- **8**
ditissimus, hodierno die dicebat. Omnes tibi exponam, si
ante indicavero esse aliquid genus, esse et speciem. Nunc
autem primum illud genus quaerimus ex quo ceterae species
suspensae sunt, a quo nascitur omnis divisio, quo universa
conprensa sunt. Invenietur autem si coeperimus singula retro
legere; sic enim perducemur ad primum. Homo species est, **9**
ut Aristoteles ait; equus species est; canis species est. Ergo
commune aliquod quaerendum est his omnibus vinculum,
quod illa conplectatur et sub se habeat. Hoc quid est? animal.
Ergo genus esse coepit horum omnium quae modo rettuli—
hominis, equi, canis—animal. Sed quaedam [quae] animum **10**
habent nec sunt animalia; placet enim satis et arbustis
animam inesse; itaque et vivere illa et mori dicimus. Ergo
animantia superiorem tenebunt locum, quia et animalia in
hac forma sunt et sata. Sed quaedam anima carent, ut saxa;
itaque erit aliquid animantibus antiquius, corpus scilicet.
Hoc sic dividam ut dicam corpora omnia aut animantia esse
aut inanima. Etiamnunc est aliquid superius quam corpus; **11**
dicimus enim quaedam corporalia esse, quaedam incorporalia.
Quid ergo erit ex quo haec deducantur? illud cui nomen

3 to on *pQγ*: TO ON *L et* (*in marg.*) *Q* 4 positum *Mur.*: -tam *ω* 5 cogo δ si *om.* δ 8 dicebatur α 16 quid est] quidem α 17 rettuli *pVP*^{1}: retuli *rell.* 18 animalis *L*^{c}*Q* quae *om.* ς, *secl. Hense*^{2}: sunt quaed- quae *P*^{2}: quaed- sunt quae *ed. Arg.* (*confert Hense p. 218. 10*) 24 sic *αVP*^{2}: si *p*: sit δ animantia ς (*cf. p. 156. 16*): -malia *ω*: -mata *Q*^{c}ς 25 aliquid *V*^{c}*P*^{c}: -qua (-qui *fort. p*^{1}) *ω* 27 deducantur δ: did- *rell.*

modo parum proprium inposuimus, 'quod est'. Sic enim in species secabitur ut dicamus: 'quod est' aut corporale est aut
12 incorporale. Hoc ergo est genus primum et antiquissimum et, ut ita dicam, generale; cetera genera quidem sunt, sed specialia. Tamquam homo genus est; habet enim in se nationum species, Graecos, Romanos, Parthos; colorum, albos, nigros, flavos; habet singulos, Catonem, Ciceronem, Lucretium. Ita qua multa continet, in genus cadit; qua sub alio est, in speciem. Illud genus 'quod est' generale supra se nihil
13 habet; initium rerum est; omnia sub illo sunt. Stoici volunt superponere huic etiamnunc aliud genus magis principale; de quo statim dicam, si prius illud genus de quo locutus sum merito primum poni docuero, cum sit rerum omnium capax.
14 'Quod est' in has species divido, ut sint corporalia aut incorporalia; nihil tertium est. Corpus quomodo divido? ut dicam: aut animantia sunt aut inanima. Rursus animantia quemadmodum divido? ut dicam: quaedam animum habent, quaedam tantum animam, aut sic: quaedam impetum habent, incedunt, transeunt, quaedam solo adfixa radicibus aluntur, crescunt. Rursus animalia in quas species seco? aut mortalia
15 sunt aut inmortalia. Primum genus Stoicis quibusdam videtur 'quid'; quare videatur subiciam. 'In rerum' inquiunt 'natura quaedam sunt, quaedam non sunt, et haec autem quae non sunt rerum natura conplectitur, quae animo succurrunt, tamquam Centauri, Gigantes et quidquid aliud falsa cogitatione formatum habere aliquam imaginem coepit, quamvis non habeat substantiam.'

16 Nunc ad id quod tibi promisi revertor, quomodo quaecumque sunt in sex modos Plato partiatur. Primum illud 'quod est' nec visu nec tactu nec ullo sensu conprenditur: cogitabile

3 genus est *γ* 9 in *om. p* ⟨est⟩ generale *Préchac* generabile *p* 13 sit] se *p* 25 aliud] aliquid *p* 30 conprenditur *pVP*: conprehen- (comp- *b*) *αb*

est. Quod generaliter est, tamquam homo generalis, sub oculos
non venit; sed specialis venit, ut Cicero et Cato. Animal non
videtur: cogitatur. Videtur autem species eius, equus et
canis. Secundum ex his quae sunt ponit Plato quod eminet **17**
et exsuperat omnia; hoc ait per excellentiam esse. Poeta com-
muniter dicitur (omnibus enim versus facientibus hoc nomen
est) sed iam apud Graecos in unius notam cessit: Homerum
intellegas, cum audieris poetam. Quid ergo hoc est? deus
scilicet, maior ac potentior cunctis. Tertium genus est eorum **18**
quae proprie sunt; innumerabilia haec sunt, sed extra no-
strum posita conspectum. Quae sint interrogas? Propria
Platonis supellex est: 'ideas' vocat, ex quibus omnia quae-
cumque videmus fiunt et ad quas cuncta formantur. Hae
inmortales, inmutabiles, inviolabiles sunt. Quid sit idea, id **19**
est quid Platoni esse videatur, audi: 'idea est eorum quae
natura fiunt exemplar aeternum'. Adiciam definitioni inter-
pretationem, quo tibi res apertior fiat. Volo imaginem tuam
facere. Exemplar picturae te habeo, ex quo capit aliquem
habitum mens nostra quem operi suo inponat; ita illa quae
me docet et instruit facies, a qua petitur imitatio, idea est.
Talia ergo exemplaria infinita habet rerum natura, hominum,
piscium, arborum, ad quae quodcumque fieri ab illa debet
exprimitur. Quartum locum habebit idos. Quid sit hoc idos **20**
adtendas oportet, et Platoni inputes, non mihi, hanc rerum
difficultatem; nulla est autem sine difficultate subtilitas.
Paulo ante pictoris imagine utebar. Ille cum reddere Vergi-
lium coloribus vellet, ipsum intuebatur. Idea erat Vergilii
facies, futuri operis exemplar; ex hac quod artifex trahit et
operi suo inposuit idos est. Quid intersit quaeris? Alterum **21**

5 ait] agit LQ^c 8 deus] deis P: de his *b* 11 interrogas?] interrogas *alii* (*cf. p. 3. 24*) 13 haec pP^1 14–15 id est] idem α 17 quod α, *corr. Q* 20 et *om.* α 23 hic α 26 vergilium pQ^1V^1: virg- *rell.* 27 virgilii $V^c\delta$ 28 traxit *Gemoll*

exemplar est, alterum forma ab exemplari sumpta et operi inposita; alteram artifex imitatur, alteram facit. Habet aliquam faciem statua: haec est idos. Habet aliquam faciem exemplar ipsum quod intuens opifex statuam figuravit: haec idea est. Etiamnunc si aliam desideras distinctionem, idos in opere est, idea extra opus, nec tantum extra opus est, sed
22 ante opus. Quintum genus est eorum quae communiter sunt; haec incipiunt ad nos pertinere; hic sunt omnia, homines, pecora, res. Sextum genus ⟨est⟩ eorum quae quasi sunt, tamquam inane, tamquam tempus.

Quaecumque videmus aut tangimus Plato in illis non numerat quae esse proprie putat; fluunt enim et in adsidua deminutione atque adiectione sunt. Nemo nostrum idem est in senectute qui fuit iuvenis; nemo nostrum est idem mane qui fuit pridie. Corpora nostra rapiuntur fluminum more. Quidquid vides currit cum tempore; nihil ex iis quae videmus
23 manet; ego ipse, dum loquor mutari ista, mutatus sum. Hoc est quod ait Heraclitus: 'in idem flumen bis descendimus et non descendimus'. Manet enim idem fluminis nomen, aqua transmissa est. Hoc in amne manifestius est quam in homine; sed nos quoque non minus velox cursus praetervehit, et ideo admiror dementiam nostram, quod tantopere amamus rem fugacissimam, corpus, timemusque ne quando moriamur, cum omne momentum mors prioris habitus sit: vis tu non
24 timere ne semel fiat quod cotidie fit! De homine dixi, fluvida materia et caduca et omnibus obnoxia causis: mundus quoque, aeterna res et invicta, mutatur nec idem manet. Quam-

18 *Heraclit. frg. 49a Diels–Kranz.*

---

8 haec om. *p* 9 est *add. s* (*cf. v. 7, p. 157. 9*) 12 et *om. p* 13 diminutione δ 14 idem est δ 17 ego] et ego *p* 18 descendimus *pQV²P²*: discend- *L²*: desced- *P¹*: disced- *L¹V¹b* 19 descendimus *pQV²P²b*: discend- *L²V¹P¹*: disced- *L¹* 21 currus α

vis enim omnia in se habeat quae habuit, aliter habet quam
habuit: ordinem mutat.
'Quid ista' inquis 'mihi subtilitas proderit?' Si me inter- **25**
rogas, nihil; sed quemadmodum ille caelator oculos diu inten-
tos ac fatigatos remittit atque avocat et, ut dici solet, pascit,
sic nos animum aliquando debemus relaxare et quibusdam
oblectamentis reficere. Sed ipsa oblectamenta opera sint; ex
his quoque, si observaveris, sumes quod possit fieri salutare.
Hoc ego, Lucili, facere soleo: ex omni notione, etiam si a **26**
philosophia longissime aversa est, eruere aliquid conor et
utile efficere. Quid istis quae modo tractavimus remotius a
reformatione morum? quomodo meliorem me facere ideae
Platonicae possunt? quid ex istis traham quod cupiditates
meas conprimat? Vel hoc ipsum, quod omnia ista quae sensi-
bus serviunt, quae nos accendunt et inritant, negat Plato
ex iis esse quae vere sint. Ergo ista imaginaria sunt et ad **27**
tempus aliquam faciem ferunt, nihil horum stabile nec
solidum est; et nos tamen cupimus tamquam aut semper
futura aut semper habituri. Inbecilli fluvidique inter vana
constitimus: ad illa mittamus animum quae aeterna sunt.
Miremur in sublimi volitantes rerum omnium formas deum-
que inter illa versantem et hoc providentem, quemadmodum
quae inmortalia facere non potuit, quia materia prohibebat,
defendat a morte ac ratione vitium corporis vincat. Manent **28**
enim cuncta, non quia aeterna sunt, sed quia defenduntur
cura regentis: inmortalia tutore non egerent. Haec conser-
vat artifex fragilitatem materiae vi sua vincens. Contemna-
mus omnia quae adeo pretiosa non sunt ut an sint omnino
dubium sit. Illud simul cogitemus, si mundum ipsum, non **29**

9 notione *von Jan*: nat- ω: rat- V^{c} 11 quae modo $V^{2}P^{2}$: quod modo (quomodo P^{1}) αγ: quae quod modo *p* remotius *Madvig*: -tis ω 15 accidunt *p* 19–20 inter vana constitimus *Gertz*: intervalla constituimus (constituimus *om. P*) ω

minus mortalem quam nos sumus, providentia periculis exi-
mit, posse aliquatenus nostra quoque providentia longiorem
prorogari huic corpusculo moram, si voluptates, quibus pars
30 maior perit, potuerimus regere et coercere. Plato ipse ad
senectutem se diligentia protulit. Erat quidem corpus vali-
dum ac forte sortitus et illi nomen latitudo pectoris fecerat,
sed navigationes ac pericula multum detraxerant viribus;
parsimonia tamen et eorum quae aviditatem evocant modus
et diligens sui tutela perduxit illum ad senectutem multis
31 prohibentibus causis. Nam hoc scis, puto, Platoni diligentiae
suae beneficio contigisse quod natali suo decessit et annum
unum atque octogensimum implevit sine ulla deductione.
Ideo magi, qui forte Athenis erant, immolaverunt defuncto,
amplioris fuisse sortis quam humanae rati, quia consummasset
perfectissimum numerum, quem novem novies multiplicata
componunt. Non dubito quin paratus sis et paucos dies ex
32 ista summa et sacrificium remittere. Potest frugalitas pro-
ducere senectutem, quam ut non puto concupiscendam, ita
ne recusandam quidem; iucundum est secum esse quam
diutissime, cum quis se dignum quo frueretur effecit.

Itaque de isto feremus sententiam, an oporteat fastidire
senectutis extrema et finem non opperiri sed manu facere.
Prope est a timente qui fatum segnis expectat, sicut ille
ultra modum deditus vino est qui amphoram exsiccat et
33 faecem quoque exsorbet. De hoc tamen quaeremus, pars
summa vitae utrum faex sit an liquidissimum ac purissimum

4 perit ς: -iit *ω* 5 se] si P^1: sic *b* 8 modus] mundus *p* 12 octogensimum *p*V^1P^1: -gesimum *rell.* (*cf. p. 141. 6*) 14 humana errati α consummasset et α 16 paratus sis et *Madvig*: parat auset *p*: parat ausisset α: parata/xusset *ut vid.* V^1 (*in peius mutavit* V^2): parat/avisset *b*: parat et *P in ras.* (parat auset *fort.* P^1): paratus esset ς: paratus et *Haupt*: par laus sit *Buech.* 18 puto V^2P^2b: tuto *rell.* 20 efficit *p* 22 finem] in finem *p* opperiri QL^2V: operiri L^1δ: operire *p* 23 factum δ, *corr. P* 24 amphorem α 26 faex ς: ea haec *ω*

quiddam, si modo mens sine iniuria est et integri sensus
animum iuvant nec defectum et praemortuum corpus est;
plurimum enim refert, vitam aliquis extendat an mortem.
At si inutile ministeriis corpus est, quidni oporteat educere **34**
animum laborantem? et fortasse paulo ante quam debet
faciendum est, ne cum fieri debebit facere non possis; et
cum maius periculum sit male vivendi quam cito moriendi,
stultus est qui non exigua temporis mercede magnae rei aleam
redimit. Paucos longissima senectus ad mortem sine iniuria
pertulit, multis iners vita sine usu sui iacuit: quanto deinde
crudelius iudicas aliquid ex vita perdidisse quam ius finien-
dae? Noli me invitus audire, tamquam ad te iam pertineat **35**
ista sententia, et quid dicam aestima: non relinquam sene-
ctutem, si me totum mihi reservabit, totum autem ab illa
parte meliore; at si coeperit concutere mentem, si partes
eius convellere, si mihi non vitam reliquerit sed animam,
prosiliam ex aedificio putri ac ruenti. Morbum morte non **36**
fugiam, dumtaxat sanabilem nec officientem animo. Non
adferam mihi manus propter dolorem: sic mori vinci est.
Hunc tamen si sciero perpetuo mihi esse patiendum, exibo,
non propter ipsum, sed quia inpedimento mihi futurus est
ad omne propter quod vivitur; inbecillus est et ignavus qui
propter dolorem moritur, stultus qui doloris causa vivit.

Sed in longum exeo; est praeterea materia quae ducere **37**
diem possit: et quomodo finem inponere vitae poterit qui
epistulae non potest? Vale ergo: quod libentius quam mortes
meras lecturus es. Vale.

2 est corpus *γ* 8 aleam *γ*: aliam *pα* 10–11 quanto deinde crudelius *frustra temptatum* 13 quidquid *p* 16 sed] si *p* 26–27 mortes meras pL^1VP^1: mortis moras L^cQb (*cf. p. 274. 12*)

59 SENECA LVCILIO SVO SALVTEM

1 Magnam ex epistula tua percepi voluptatem; permitte enim mihi uti verbis publicis nec illa ad significationem Stoicam revoca. Vitium esse voluptatem credimus. Sit sane; ponere tamen illam solemus ad demonstrandam animi hilarem
2 adfectionem. Scio, inquam, et voluptatem, si ad nostrum album verba derigimus, rem infamem esse et gaudium nisi sapienti non contingere; est enim animi elatio suis bonis verisque fidentis. Vulgo tamen sic loquimur ut dicamus magnum gaudium nos ex illius consulatu aut nuptiis aut ex partu uxoris percepisse, quae adeo non sunt gaudia ut saepe initia futurae tristitiae sint; gaudio autem iunctum est non
3 desinere nec in contrarium verti. Itaque cum dicit Vergilius noster

et mala mentis
gaudia,

diserte quidem dicit, sed parum proprie; nullum enim malum gaudium est. Voluptatibus hoc nomen inposuit et quod voluit
4 expressit; significavit enim homines malo suo laetos. Tamen ego non inmerito dixeram cepisse me magnam ex epistula tua voluptatem; quamvis enim ex honesta causa inperitus homo gaudeat, tamen adfectum eius inpotentem et in diversum statim inclinaturum voluptatem voco, opinione falsi boni motam, inmoderatam et inmodicam.

Sed ut ad propositum revertar, audi quid me in epistula tua delectaverit: habes verba in potestate, non effert te
5 oratio nec longius quam destinasti trahit. Multi sunt qui ad id quod non proposuerant scribere alicuius verbi placentis

15 *Verg. Aen.* 6. 278–9.

5 demonstrandum α 6 nostram pQP^2 7 album *Agricola*: aluum (alium b^1) ω 9 si eloquimur *p* 10 nuptiis *p*: ex nupt- αγ 11 ut *om. p* 13 virgilius δ 20 cepisse *V*: coep- *LQP*: caep- *pb* 21 honesta *Lips.*: homine ista ω 27 nec] non *p* muti *p*

decore vocentur, quod tibi non evenit: pressa sunt omnia et
rei aptata; loqueris quantum vis et plus significas quam
loqueris. Hoc maioris rei indicium est: apparet animum quo-
que nihil habere supervacui, nihil tumidi. Invenio tamen **6**
translationes verborum ut non temerarias ita quae periculum
sui fecerint; invenio imagines, quibus si quis nos uti vetat et
poetis illas solis iudicat esse concessas, neminem mihi videtur
ex antiquis legisse, apud quos nondum captabatur plausibilis
oratio: illi, qui simpliciter et demonstrandae rei causa eloque-
bantur, parabolis referti sunt, quas existimo necessarias, non
ex eadem causa qua poetis, sed ut inbecillitatis nostrae ad-
minicula sint, ut et dicentem et audientem in rem praesen-
tem adducant.

Sextium ecce cum maxime lego, virum acrem, Graecis **7**
verbis, Romanis moribus philosophantem. Movit me imago
ab illo posita: ire quadrato agmine exercitum, ubi hostis
ab omni parte suspectus est, pugnae paratum. 'Idem' inquit
'sapiens facere debet: omnis virtutes suas undique expandat,
ut ubicumque infesti aliquid orietur, illic parata praesidia
sint et ad nutum regentis sine tumultu respondeant.' Quod
in exercitibus iis quos imperatores magni ordinant fieri vide-
mus, ut imperium ducis simul omnes copiae sentiant, sic
dispositae ut signum ab uno datum peditem simul equitem-
que percurrat, hoc aliquanto magis necessarium esse nobis ait.
Illi enim saepe hostem timuere sine causa, tutissimumque **8**
illis iter quod suspectissimum fuit: nihil stultitia pacatum
habet; tam superne illi metus est quam infra; utrumque
trepidat latus; sequuntur pericula et occurrunt; ad omnia
pavet, inparata est et ipsis terretur auxiliis. Sapiens autem,

1 evocentur *Schweigh.*: avoc- *Haase*   2 apta *p* (*cf. p. 193. 9*)   5 ita quae (ita *ex* sita) *V*: itaque *rell.*   9–10 loquebantur parabolis loquebantur *α*   12 et ut *γ*   rem *γ*: re *pα*   praesente L^cQ^c 13 adducantur *α*   16 irent *p*   18 omnis pQ^1: omnes *rell.*   22 sentiant *γ*: -tiunt Q^1: -tient LQ^c: -cient *p*   26 peccatum pV^1b

ad omnem incursum munitus, intentus, non si paupertas, non si luctus, non si ignominia, non si dolor impetum faciat,
9 pedem referet: interritus et contra illa ibit et inter illa. Nos multa alligant, multa debilitant. Diu in istis vitiis iacuimus, elui difficile est; non enim inquinati sumus sed infecti.

Ne ab alia imagine ad aliam transeamus, hoc quaeram quod saepe mecum dispicio, quid ita nos stultitia tam pertinaciter teneat? Primo quia non fortiter illam repellimus nec toto ad salutem impetu nitimur, deinde quia illa quae a sapientibus viris reperta sunt non satis credimus nec apertis pectoribus haurimus leviterque tam magnae rei insistimus.
10 Quemadmodum autem potest aliquis quantum satis sit adversus vitia discere, qui quantum a vitiis vacat discit? Nemo nostrum in altum descendit; summa tantum decerpsimus et exiguum temporis inpendisse philosophiae satis
11 abundeque occupatis fuit. Illud praecipue inpedit, quod cito nobis placemus; si invenimus qui nos bonos viros dicat, qui prudentes, qui sanctos, adgnoscimus. Non sumus modica laudatione contenti: quidquid in nos adulatio sine pudore congessit tamquam debitum prendimus. Optimos nos esse, sapientissimos adfirmantibus adsentimur, cum sciamus illos saepe multa mentiri; adeoque indulgemus nobis ut laudari velimus in id cui contraria cum maxime facimus. Mitissimum ille se in ipsis suppliciis audit, in rapinis liberalissimum et in ebrietatibus ac libidinibus temperantissimum; sequitur itaque ut ideo mutari nolimus quia nos optimos esse credidimus.
12 Alexander cum iam in India vagaretur et gentes ne finitimis

1 munitur α 6 ne] nec pP^1b 7 dispicio pL^cQ: des- $L^1\gamma$ 9 tota α, *corr.* L^2 15 impendisse Q^2V^2P: imped- *rell.* 18 adgnoscimus *pVP*: adn- *b*: agn- α 22 adeoque α*V*: atque *p*: adeo quoque δ 23 cum P^c: tum ω 24 et *om. cd. Arg.* 25 temperatissimum *p* (*cf. p. 47. 20*) 26 credidimus (-icmus *p*) *pV*: credimus αδ (*confert Axelson pp. 65. 6, 252. 17, 275. 17 al.*) 27 iam γ: tam *p*α

quidem satis notas bello vastaret, in obsidione cuiusdam urbis, ⟨dum⟩ circumit muros et inbecillissima moenium quaerit, sagitta ictus diu persedere et incepta agere perseveravit. Deinde cum represso sanguine sicci vulneris dolor cresceret et crus suspensum equo paulatim obtorpuisset, coactus absistere 'omnes' inquit 'iurant esse me Iovis filium, sed vulnus hoc hominem esse me clamat'. Idem nos faciamus. Pro **13** sua quemque portione adulatio infatuat: dicamus, 'vos quidem dicitis me prudentem esse, ego autem video quam multa inutilia concupiscam, nocitura optem. Ne hoc quidem intellego quod animalibus satietas monstrat, quis cibo debeat esse, quis potioni modus; quantum capiam adhuc nescio.'

Iam docebo quemadmodum intellegas te non esse sapien- **14** tem. Sapiens ille plenus est gaudio, hilaris et placidus, inconcussus; cum dis ex pari vivit. Nunc ipse te consule: si numquam maestus es, ⟨si⟩ nulla spes animum tuum futuri expectatione sollicitat, si per dies noctesque par et aequalis animi tenor erecti et placentis sibi est, pervenisti ad humani boni summam; sed si appetis voluptates et undique et omnes, scito tantum tibi ex sapientia quantum ex gaudio deesse. Ad hoc cupis pervenire, sed erras, qui inter divitias illuc venturum esse te speras, inter honores, id est gaudium inter sollicitudines quaeris: ista, quae sic petis tamquam datura laetitiam ac voluptatem, causae dolorum sunt. Omnes, in- **15** quam, illo tendunt ad gaudium, sed unde stabile magnumque consequantur ignorant: ille ex conviviis et luxuria, ille ex ambitione et circumfusa clientium turba, ille ex amica, alius ex studiorum liberalium vana ostentatione et nihil sanantibus litteris—omnes istos oblectamenta fallacia et brevia decipiunt,

2 dum *suppl.* P^2: ubi *coni. Hense dub.* 15 diis α 16 si *add.* ς 18 erectis α 19 et omnes *om.* *p* 21 qui] vix *p* illuc γ: illud *p*α 25 illo *p*: illi αγ 26 convivis *pL* 27 circumfusam α 28 tudiorum δ, *corr.* *P*

sicut ebrietas, quae unius horae hilarem insaniam longi tem-
poris taedio pensat, sicut plausus et adclamationis secundae
favor, qui magna sollicitudine et partus est et expiandus.
16 Hoc ergo cogita, hunc esse sapientiae effectum, gaudii
aequalitatem. Talis est sapientis animus qualis mundus super
lunam: semper illic serenum est. Habes ergo et quare velis
sapiens esse, si numquam sine gaudio est. Gaudium hoc non
nascitur nisi ex virtutum conscientia: non potest gaudere
17 nisi fortis, nisi iustus, nisi temperans. 'Quid ergo' inquis,
'stulti ac mali non gaudent?' Non magis quam praedam
nancti leones: cum fatigaverunt se vino ac libidinibus, cum
illos nox inter vitia defecit, cum voluptates angusto corpori
ultra quam capiebat ingestae suppurare coeperunt, tunc
exclamant miseri Vergilianum illum versum:

> namque ut supremam falsa inter gaudia noctem
> egerimus nosti.

18 Omnem luxuriosi noctem inter falsa gaudia et quidem tam-
quam supremam agunt: illud gaudium quod deos deorum-
que aemulos sequitur non interrumpitur, non desinit;
desineret, si sumptum esset aliunde. Quia non est alieni
muneris, ne arbitrii quidem alieni est: quod non dedit
fortuna non eripit. Vale.

15 *Verg. Aen.* 6. 513–14.

---

5 aequalitatem α: ęqualitate *p*: qualitatem γ mundus $V^2P^2b^1$: -di *rell.*: mundi status *Eras.*[1]: facies *vel* pars (*conl. dial.* 5. 6. 1) mundi *coni. Hense* 6 et *Haase*: ut $p\alpha V^1$: *punct.* V^2, *om.* δ velis γ: vellis *p*α 7 si *Haase*: et si *p*: quia si αγ: quia P^c *vulg.* 11 nancti αV^1: nacti $pV^2\delta$ (*cf. p.* 3. 17) 14 virgilianum δ 18 supremam V^2P: -ema pV^1b: supprema α 19 desinet α 20 est *om.* *p* 21 arbitri *p*

60 SENECA LVCILIO SVO SALVTEM

Queror, litigo, irascor. Etiamnunc optas quod tibi optavit 1
nutrix tua aut paedagogus aut mater? nondum intellegis
quantum mali optaverint? O quam inimica nobis sunt vota
nostrorum! eo quidem inimiciora quo cessere felicius. Iam
non admiror si omnia nos a prima pueritia mala sequuntur:
inter execrationes parentum crevimus. Exaudiant di quan-
doque nostram pro nobis vocem gratuitam. Quousque pos- 2
cemus aliquid deos? [quasi] ita nondum ipsi alere nos possu-
mus? Quamdiu sationibus implebimus magnarum urbium
campos? quamdiu nobis populus metet? quamdiu unius
mensae instrumentum multa navigia et quidem non ex uno
mari subvehent? Taurus paucissimorum iugerum pascuo
impletur; una silva elephantis pluribus sufficit: homo et
terra et mari pascitur. Quid ergo? tam insatiabilem nobis 3
natura alvum dedit, cum tam modica corpora dedisset, ut
vastissimorum edacissimorumque animalium aviditatem vin-
ceremus? Minime; quantulum est enim quod naturae datur!
Parvo illa dimittitur: non fames nobis ventris nostri magno
constat sed ambitio. Hos itaque, ut ait Sallustius, 'ventri 4
oboedientes' animalium loco numeremus, non hominum,
quosdam vero ne animalium quidem, sed mortuorum. Vivit
is qui multis usui est, vivit is qui se utitur; qui vero latitant
et torpent sic in domo sunt quomodo in conditivo. Horum

20 *Sall. Catil.* I. I ventri oboedientia (*scil.* pecora).

---

4 mali *γ*: alii *pα* 7 di *pVP*: dii *ab* 7–8 quandoque nostram *Mur.*: quoque nostram (-tra *P*) *ω*: nostram quoque *Buech.* 9 deos? [quasi] ita *Axelson*: deos ita *p*: deos quasi ita *αγ*: deos ita quasi *Haase* possumus *Axelson*: -simus *ω* 10 rationibus *δ* implebimus (inpl- *b*) *γ*: -evimus *pα* 12 instrumentum P^2: strumentum $pLVP^1$: strumenta *Q*: frumentum *b* 13 tauros *p* 15 terra pascitur et mari *γ* 16 ut] et *α*, *corr.* L^2 20 salustius *γ* 23 qui multis . . . vivit is *om.* *γ*

licet in limine ipso nomen marmori inscribas: mortem suam antecesserunt. Vale.

61 SENECA LVCILIO SVO SALVTEM

1 Desinamus quod voluimus velle. Ego certe id ago ⟨ne⟩ senex eadem velim quae puer volui. In hoc unum eunt dies, in hoc noctes, hoc opus meum est, haec cogitatio, inponere veteribus malis finem. Id ago ut mihi instar totius vitae dies sit; nec mehercules tamquam ultimum rapio, sed sic illum
2 aspicio tamquam esse vel ultimus possit. Hoc animo tibi hanc epistulam scribo, tamquam me cum maxime scribentem mors evocatura sit; paratus exire sum, et ideo fruar vita quia quam diu futurum hoc sit non nimis pendeo. Ante senectutem curavi ut bene viverem, in senectute ut bene moriar; bene
3 autem mori est libenter mori. Da operam ne quid umquam invitus facias: quidquid necesse futurum est repugnanti, id volenti necessitas non est. Ita dico: qui imperia libens excipit partem acerbissimam servitutis effugit, facere quod nolit; non qui iussus aliquid facit miser est, sed qui invitus facit. Itaque sic animum componamus ut quidquid res exiget, id velimus, et in primis ut finem nostri sine tristitia cogitemus.
4 Ante ad mortem quam ad vitam praeparandi sumus. Satis instructa vita est, sed nos in instrumenta eius avidi sumus; deesse aliquid nobis videtur et semper videbitur: ut satis vixerimus, nec anni nec dies faciunt sed animus. Vixi, Lucili carissime, quantum satis erat; mortem plenus expecto. Vale.

1 lumine δ, *corr. P* 4 voluimus α: volumus *p*γ ego γ: ergo *p*α 4–5 ne senex eadem velim *Madvig*: senex eadem velle (nolle *in marg. L*) ω: senex: ea desii velle *Schultess* 12 nimis] minimis *p* 15 repugnanti α: -nati *p*: pugnanti γ 15–16 id volenti ς (*cf. v. 19*): in-volenti ω: in *exp. P*, *eras. L*: in volente ς 18 sed *V*²: set *L*ᶜ*b*: et *rell.* 19 exigit *P*: exiet *p* 20 ut *L*²: vi *p*α*V*¹: vi *exp. V*, *om.* δ 22 in-strumenta *Fick.*: -to αγ: -tam (*ex* -tum) *p* 23 ut] et *p* 24 faciunt *p*: -ient (-te *Q*¹) αγ, *fort. recte* 25 plenius α

62 SENECA LVCILIO SVO SALVTEM

Mentiuntur qui sibi obstare ad studia liberalia turbam 1
negotiorum videri volunt: simulant occupationes et augent et ipsi se occupant. Vaco, Lucili, vaco, et ubicumque sum, ibi meus sum. Rebus enim me non trado sed commodo, nec consector perdendi temporis causas; et quocumque constiti loco, ibi cogitationes meas tracto et aliquid in animo salutare
converso. Cum me amicis dedi, non tamen mihi abduco nec 2
cum illis moror quibus me tempus aliquod congregavit aut causa ex officio nata civili, sed cum optimo quoque sum; ad illos, in quocumque loco, in quocumque saeculo fuerunt,
animum meum mitto. Demetrium, virorum optimum, 3
mecum circumfero et relictis conchyliatis cum illo seminudo loquor, illum admiror. Quidni admirer? vidi nihil ei deesse. Contemnere aliquis omnia potest, omnia habere nemo potest: brevissima ad divitias per contemptum divitiarum via est. Demetrius autem noster sic vivit, non tamquam contempserit omnia, sed tamquam aliis habenda permiserit. Vale.

6 temporis *om.* α 9 aliquid α: ad aliquid L^c 10 civili ς: civi ω (*confert Axelson dial. 9. 3. 1*) quoque] quocumque *p* 17 non sic vivit tamquam *p* 18 permiserunt *p* 18 *post* Vale *add.* L. ANNEAEI (E *prius punct.*) SENECCE LVCILIVM LIBER VI EXPLICIT INCIPIT LIBER VII FELICITER *p*: L. AN (ANN L^1) SENECAE AD LVCILIVM LIBER VI EXPLICIT INCIPIT EIVSDEM LIBER VII. FELICITER α: *om.* γ

LIBER SEPTIMVS

63 SENECA LVCILIO SVO SALVTEM

1 Moleste fero decessisse Flaccum, amicum tuum, plus tamen
aequo dolere te nolo. Illud, ut non doleas, vix audebo exigere;
et esse melius scio. Sed cui ista firmitas animi continget nisi
iam multum supra fortunam elato? illum quoque ista res
vellicabit, sed tantum vellicabit. Nobis autem ignosci potest
prolapsis ad lacrimas, si non nimiae decucurrerunt, si ipsi
illas repressimus. Nec sicci sint oculi amisso amico nec fluant;
2 lacrimandum est, non plorandum. Duram tibi legem videor
ponere, cum poetarum Graecorum maximus ius flendi
dederit in unum dumtaxat diem, cum dixerit etiam Niobam
de cibo cogitasse? Quaeris unde sint lamentationes, unde
inmodici fletus? per lacrimas argumenta desiderii quaerimus
et dolorem non sequimur sed ostendimus; nemo tristis sibi
est. O infelicem stultitiam! est aliqua et doloris ambitio.
3 'Quid ergo?' inquis 'obliviscar amici?' Brevem illi apud te
memoriam promittis, si cum dolore mansura est: iam istam
frontem ad risum quaelibet fortuita res transferet. Non
differo in longius tempus quo desiderium omne mulcetur,
quo etiam acerrimi luctus residunt: cum primum te obser-
vare desieris, imago ista tristitiae discedet. Nunc ipse custodis
dolorem tuum; sed custodienti quoque elabitur, eoque citius
4 quo est acrior desinit. Id agamus ut iucunda nobis amis-
sorum fiat recordatio. Nemo libenter ad id redit quod non

12 *Hom. Il. 19. 229, 24. 602.*

---

8 decucurrerunt αV: decurrerunt $p\delta$ 11 ius γ: vis α: cuius p
15 sequimur] querimur p sibi] ibi α 18 si cum] secum p
20 temporis (*ex* tempuris) p quod pV^1b 22 tristitia αP

sine tormento cogitaturus est, sicut illud fieri necesse est, ut
cum aliquo nobis morsu amissorum quos amavimus nomen
occurrat; sed hic quoque morsus habet suam voluptatem.
Nam, ut dicere solebat Attalus noster, 'sic amicorum defun- **5**
ctorum memoria iucunda est quomodo poma quaedam sunt
suaviter aspera, quomodo in vino nimis veteri ipsa nos
amaritudo delectat; cum vero intervenit spatium, omne
quod angebat extinguitur et pura ad nos voluptas venit'.
Si illi credimus, 'amicos incolumes cogitare melle ac placenta **6**
frui est: eorum qui fuerunt retractatio non sine acerbitate
quadam iuvat. Quis autem negaverit haec acria quoque et
habentia austeritatis aliquid stomachum excitare?' Ego non **7**
idem sentio: mihi amicorum defunctorum cogitatio dulcis
ac blanda est; habui enim illos tamquam amissurus, amisi
tamquam habeam.

Fac ergo, mi Lucili, quod aequitatem tuam decet, desine
beneficium fortunae male interpretari: abstulit, sed dedit.
Ideo amicis avide fruamur quia quamdiu contingere hoc **8**
possit incertum est. Cogitemus quam saepe illos reliquerimus
in aliquam peregrinationem longinquam exituri, quam saepe
eodem morantes loco non viderimus: intellegemus plus nos
temporis in vivis perdidisse. Feras autem hos qui neglegen- **9**
tissime amicos habent, miserrime lugent, nec amant quem-
quam nisi perdiderunt? ideoque tunc effusius maerent quia
verentur ne dubium sit an amaverint; sera indicia adfectus
sui quaerunt. Si habemus alios amicos, male de iis et meremur **10**
et existimamus, qui parum valent in unius elati solacium;
si non habemus, maiorem iniuriam ipsi nobis fecimus quam

1 sicut] sic $V^c\delta$: sic et *Hense*; *sed cf. pp. 373. 27, 533. 17* 1–2 ut cum aliquo *vulg.*: et cum aliquo γ: et cum aliqua $p\alpha$ 9 mella L^c *ut vid.*, Q^1 melle ac] mellea *Kronenberg* placenta $L^1Q^c\gamma$: -entia L^cQ^1: -ent p 10 retractio α 19 reliquerimus] requirimus p 21 intelligimus α nobis p 23 habent p: -eant $\alpha\gamma$ 24 nisi] nisi cum $L^2\varsigma$, *sed cf. p. 530. 1* effusi p 27 existimus quia δ

a fortuna accepimus: illa unum abstulit, nos quemcumque
11 non fecimus. Deinde ne unum quidem nimis amavit qui plus
quam unum amare non potuit. Si quis despoliatus amissa
unica tunica conplorare se malit quam circumspicere quo-
modo frigus effugiat et aliquid inveniat quo tegat scapulas,
nonne tibi videatur stultissimus? Quem amabas extulisti:
quaere quem ames. Satius est amicum reparare quam flere.
12 Scio pertritum iam hoc esse quod adiecturus sum, non
ideo tamen praetermittam quia ab omnibus dictum est:
finem dolendi etiam qui consilio non fecerat tempore in-
venit. Turpissimum autem est in homine prudente remedium
maeroris lassitudo maerendi: malo relinquas dolorem quam
ab illo relinquaris; et quam primum id facere desiste quod,
13 etiam si voles, diu facere non poteris. Annum feminis ad
lugendum constituere maiores, non ut tam diu lugerent, sed
ne diutius: viris nullum legitimum tempus est, quia nullum
honestum. Quam tamen mihi ex illis mulierculis dabis vix
retractis a rogo, vix a cadavere revulsis, cui lacrimae in totum
mensem duraverint? Nulla res citius in odium venit quam
dolor, qui recens consolatorem invenit et aliquos ad se
adducit, inveteratus vero deridetur, nec inmerito; aut enim
simulatus aut stultus est.
14 Haec tibi scribo, is qui Annaeum Serenum carissimum
mihi tam inmodice flevi ut, quod minime velim, inter
exempla sim eorum quos dolor vicit. Hodie tamen factum
meum damno et intellego maximam mihi causam sic lugendi
fuisse quod numquam cogitaveram mori eum ante me posse.
Hoc unum mihi occurrebat, minorem esse et multo mino-
15 rem—tamquam ordinem fata servarent! Itaque adsidue cogi-

3 dispoliatus α 9 hominibus δ 11 est *om.* *p* prudente *sic* ω 13 quod] id quod *p* 20 et *om.* *p* 23 qui annaeum γ: quia anneum α: quannaeum *p* 25 tamen $\alpha\gamma$: autem *p*, *Haase* 29 facta pQ^1b^1

temus tam de nostra quam omnium quos diligimus mortalitate. Tunc ego debui dicere, 'minor est Serenus meus: quid ad rem pertinet? post me mori debet, sed ante me potest'. Quia non feci, inparatum subito fortuna percussit. Nunc cogito omnia et mortalia esse et incerta lege mortalia; hodie
fieri potest quidquid umquam potest. Cogitemus ergo, Lucili 16
carissime, cito nos eo perventuros quo illum pervenisse maeremus; et fortasse, si modo vera sapientium fama est recipitque nos locus aliquis, quem putamus perisse praemissus est. Vale.

64 SENECA LVCILIO SVO SALVTEM

Fuisti here nobiscum. Potes queri, si here tantum; ideo 1
adieci 'nobiscum'; mecum enim semper es. Intervenerant quidam amici propter quos maior fumus fieret, non hic qui erumpere ex lautorum culinis et terrere vigiles solet, sed hic
modicus qui hospites venisse significet. Varius nobis fuit 2
sermo, ut in convivio, nullam rem usque ad exitum adducens sed aliunde alio transiliens. Lectus est deinde liber Quinti Sextii patris, magni, si quid mihi credis, viri, et licet neget
Stoici. Quantus in illo, di boni, vigor est, quantum animi! 3
Hoc non in omnibus philosophis invenies: quorundam scripta clarum habentium nomen exanguia sunt. Instituunt, disputant, cavillantur, non faciunt animum quia non habent: cum legeris Sextium, dices, 'vivit, viget, liber est, supra
hominem est, dimittit me plenum ingentis fiduciae'. In qua 4
positione mentis sim cum hunc lego fatebor tibi: libet omnis casus provocare, libet exclamare, 'quid cessas, fortuna? con-

2 ego] ergo *p* 8 vere *p* 12 heri *α*V^2 *et sic mox* potes *Mur.*: -est *ω* queri *pb*: quaeri *rell.* ideo *om. p* 19 sextii *VP*: sexti *α*: xesti *b*: sextri *p*, *sed fort.* sexti p^1 21 in *om. γ*, *suppl.* V^2 22 habentium *Bickel*: habent tum *p*: habent tantum *αγ* nomen] nomen cetera *γ*

gredere: paratum vides'. Illius animum induo qui quaerit ubi se experiatur, ubi virtutem suam ostendat,

> spumantemque dari pecora inter inertia votis
> optat aprum aut fulvum descendere monte leonem.

5 Libet aliquid habere quod vincam, cuius patientia exercear. Nam hoc quoque egregium Sextius habet, quod et ostendet tibi beatae vitae magnitudinem et desperationem eius non faciet: scies esse illam in excelso, sed volenti penetrabilem. 6 Hoc idem virtus tibi ipsa praestabit, ut illam admireris et tamen speres. Mihi certe multum auferre temporis solet contemplatio ipsa sapientiae; non aliter illam intueor obstupefactus quam ipsum interim mundum, quem saepe tam-7 quam spectator novus video. Veneror itaque inventa sapientiae inventoresque; adire tamquam multorum hereditatem iuvat. Mihi ista adquisita, mihi laborata sunt. Sed agamus bonum patrem familiae, faciamus ampliora quae accepimus; maior ista hereditas a me ad posteros transeat. Multum adhuc restat operis multumque restabit, nec ulli nato post mille 8 saecula praecludetur occasio aliquid adhuc adiciendi. Sed etiam si omnia a veteribus inventa sunt, hoc semper novum erit, usus et inventorum ab aliis scientia ac dispositio. Puta relicta nobis medicamenta quibus sanarentur oculi: non opus est mihi alia quaerere, sed haec tamen morbis et temporibus aptanda sunt. Hoc asperitas oculorum conlevatur; hoc palpebrarum crassitudo tenuatur; hoc vis subita et umor avertitur; hoc acuetur visus: teras ista oportet et eligas tempus, adhibeas singulis modum. Animi remedia inventa sunt ab

3 *Verg. Aen.* 4. 158–9.

---

3 pecora] pateram L^cQ 5 exercear δ: -eatur *rell.* 6 et *om.* *p* 8 in *om.* *p* 15 elaborata *P. Thomas* 17 a me γ: ad me *p*α 18 operibus *p* 20 novum] novum ille α 25 umor V^1P: humor αV^2b: timor (-ite timor) *p*: tumor *Cornelissen* 26 acuitur *ς*

antiquis; quomodo autem admoveantur aut quando nostri
operis est quaerere. Multum egerunt qui ante nos fuerunt, **9**
sed non peregerunt. Suspiciendi tamen sunt et ritu deorum
colendi. Quidni ego magnorum virorum et imagines habeam
incitamenta animi et natales celebrem? quidni ego illos
honoris causa semper appellem? Quam venerationem prae-
ceptoribus meis debeo, eandem illis praeceptoribus generis
humani, a quibus tanti boni initia fluxerunt. Si consulem **10**
videro aut praetorem, omnia quibus honor haberi honori
solet faciam: equo desiliam, caput adaperiam, semita cedam.
Quid ergo? Marcum Catonem utrumque et Laelium Sapien-
tem et Socraten cum Platone et Zenonem Cleanthenque
in animum meum sine dignatione summa recipiam? Ego vero
illos veneror et tantis nominibus semper adsurgo. Vale.

65 SENECA LVCILIO SVO SALVTEM

Hesternum diem divisi cum mala valetudine: antemeri- **1**
dianum illa sibi vindicavit, postmeridiano mihi cessit. Itaque
lectione primum temptavi animum; deinde, cum hanc re-
cepisset, plus illi imperare ausus sum, immo permittere:
aliquid scripsi et quidem intentius quam soleo, dum cum
materia difficili contendo et vinci nolo, donec intervenerunt
amici qui mihi vim adferrent et tamquam aegrum intem-
perantem coercerent. In locum stili sermo successit, ex quo **2**
eam partem ad te perferam quae in lite est. Te arbitrum ad-
diximus. Plus negotii habes quam existimas: triplex causa est.

Dicunt, ut scis, Stoici nostri duo esse in rerum natura ex
quibus omnia fiant, causam et materiam. Materia iacet iners,
res ad omnia parata, cessatura si nemo moveat; causa autem,
id est ratio, materiam format et quocumque vult versat, ex

10 semitam α   12 zenonem *vulg.* (*cf. p. 11. 7*): -ne αγ: -ne et *p*· cleantenque *p*: cleantithenque $L^2\gamma$: cleantithen quae α   21 contendi γ   24–25 adduximus γ   28 si *om. p*   sine moveat L^1: sine movea Q^1 29 et *exp. L*, *om. Q*   ex] et ex L^cQ

illa varia opera producit. Esse ergo debet unde fiat aliquid,
3 deinde a quo fiat: hoc causa est, illud materia. Omnis ars
naturae imitatio est; itaque quod de universo dicebam ad
haec transfer quae ab homine facienda sunt. Statua et
materiam habuit quae pateretur artificem, et artificem qui
materiae daret faciem; ergo in statua materia aes fuit, causa
opifex. Eadem condicio rerum omnium est: ex eo constant
quod fit, et ex eo quod facit.

4 Stoicis placet unam causam esse, id quod facit. Aristoteles
putat causam tribus modis dici: 'prima' inquit 'causa est
ipsa materia, sine qua nihil potest effici; secunda opifex;
tertia est forma, quae unicuique operi inponitur tamquam
statuae'. Nam hanc Aristoteles 'idos' vocat. 'Quarta quoque'
5 inquit 'his accedit, propositum totius operis.' Quid sit hoc
aperiam. Aes prima statuae causa est; numquam enim facta
esset, nisi fuisset id ex quo funderetur ducereturve. Secunda
causa artifex est; non potuisset enim aes illud in habitum
statuae figurari, nisi accessissent peritae manus. Tertia causa
est forma; neque enim statua ista 'doryphoros' aut 'dia-
dumenos' vocaretur, nisi haec illi esset inpressa facies. Quarta
causa est faciendi propositum; nam nisi hoc fuisset, facta non
6 esset. Quid est propositum? quod invitavit artificem, quod
ille secutus fecit: vel pecunia est haec, si venditurus fabri-
cavit, vel gloria, si laboravit in nomen, vel religio, si donum
templo paravit. Ergo et haec causa est propter quam fit: an
non putas inter causas facti operis esse numerandum quo
remoto factum non esset?

7 His quintam Plato adicit exemplar, quam ipse 'idean'

9 *cf. Arist. Met.* Δ 1013^a *24 sqq.*

---

5 et artificem *om.* *p* 7 est *om.* α constant *Mur.*: -tat ω 8 fit] sit α 21 nisi hoc] si hoc non (non *supra v.*) *L*: nisi hoc non *Q* 22 quid ς: quod ω 23 haec] hae δ: *om.* *Q* 25 templum α

vocat; hoc est enim ad quod respiciens artifex id quod destinabat effecit. Nihil autem ad rem pertinet utrum foris habeat exemplar ad quod referat oculos an intus, quod ibi ipse concepit et posuit. Haec exemplaria rerum omnium deus intra se habet numerosque universorum quae agenda sunt et modos mente conplexus est; plenus his figuris est quas Plato 'ideas' appellat, inmortales, inmutabiles, infatigabiles. Itaque homines quidem pereunt, ipsa autem humanitas, ad quam homo effingitur, permanet, et hominibus laborantibus, intereuntibus, illa nihil patitur. Quinque ergo causae sunt, ut **8** Plato dicit: id ex quo, id a quo, id in quo, id ad quod, id propter quod; novissime id quod ex his est. Tamquam in statua (quia de hac loqui coepimus) id ex quo aes est, id a quo artifex est, id in quo forma est quae aptatur illi, id ad quod exemplar est quod imitatur is qui facit, id propter quod facientis propositum est, id quod ex istis est ipsa statua ⟨est⟩. Haec omnia mundus quoque, ut ait Plato, habet: facientem, **9** hic deus est; ex quo fit, haec materia est; formam, haec est habitus et ordo mundi quem videmus; exemplar, scilicet ad quod deus hanc magnitudinem operis pulcherrimi fecit; propositum, propter quod fecit. Quaeris quod sit propositum **10** deo? bonitas. Ita certe Plato ait: 'quae deo faciendi mundum fuit causa? bonus est; bono nulla cuiusquam boni invidia est; fecit itaque quam optimum potuit'.

Fer ergo iudex sententiam et pronuntia quis tibi videatur verisimillimum dicere, non quis verissimum dicat; id enim tam supra nos est quam ipsa veritas.

Haec quae ab Aristotele et Platone ponitur turba causarum **11**

22 *Pl. Tim.* 29 *D.*

---

1 ad quod *L^cVb*: aliquod *p*: id quod *QP*: ad quos *L¹* 2 efficit *p* 3 ad quod] id quod *L¹*: ad id quod *Q¹* ibi *exp. L*, *om. Q*: sibi *ς* 11 id in quo *om. p* 12 quod (*prius*) *om. p* 16 est *suppl. Ruhkopf* 26 verisimillimum] verissimum *p*, *Buech.*

aut nimium multa aut nimium pauca conprendit. Nam si quocumque remoto quid effici non potest, id causam iudicant esse faciendi, pauca dixerunt. Ponant inter causas tempus: nihil sine tempore potest fieri. Ponant locum: si non fuerit ubi fiat aliquid, ne fiet quidem. Ponant motum: nihil sine hoc nec fit nec perit; nulla sine motu ars, nulla mutatio est.
12 Sed nos nunc primam et generalem quaerimus causam. Haec simplex esse debet; nam et materia simplex est. Quaerimus quid sit causa? ratio scilicet faciens, id est deus; ista enim quaecumque rettulistis non sunt multae et singulae causae,
13 sed ex una pendent, ex ea quae facit. Formam dicis causam esse? hanc inponit artifex operi: pars causae est, non causa. Exemplar quoque non est causa, sed instrumentum causae necessarium. Sic necessarium est exemplar artifici quomodo scalprum, quomodo lima: sine his procedere ars non potest,
14 non tamen hae partes artis aut causae sunt. 'Propositum' inquit 'artificis, propter quod ad faciendum aliquid accedit, causa est.' Ut sit causa, non est efficiens causa, sed superveniens. Hae autem innumerabiles sunt: nos de causa generali quaerimus. Illud vero non pro solita ipsis subtilitate dixerunt, totum mundum et consummatum opus causam esse; multum enim interest inter opus et causam operis.

15 Aut fer sententiam aut, quod facilius in eiusmodi rebus est, nega tibi liquere et nos reverti iube. 'Quid te' inquis 'delectat tempus inter ista conterere, quae tibi nullum adfectum eripiunt, nullam cupiditatem abigunt?' Ego quidem †peiora† illa ago ac tracto quibus pacatur animus, et me prius scrutor,

3 ponent α, *corr.* L^2 5 modum *p* 9 id est deus *del. Schweigh.* ista *Schweigh.*: ita *codd.* 10 rettulistis V^1: retul- $\alpha V^c b$: retull- *P*: rettulissettis *p*: rettulerunt isti *Hauck* 11 facit *Eras.*[1]: -iet ω 13 non est *om. p* 18 est (*prius*) *om. p* 19–20 generali quaerimus] generalissimus (-isimus *b*) δ 23 aut fer *ed. Arg.*: aufer ω quod γ: *om. p*α 26 abigunt $V^2\delta$: abigant V^1: ambigant (*sed* m *punct.*) α: bigant *p* peiora αγ: peiura *p*: priora V^2P^2: potiora *coni. Hense* (*conl. dial.* 7. 14. 3), *fort. recte*: propiora *Linde* (*cf. p.* 517. 25)

deinde hunc mundum. Ne nunc quidem tempus, ut existimas, **16**
perdo; ista enim omnia, si non concidantur nec in hanc sub-
tilitatem inutilem distrahantur, attollunt et levant animum,
qui gravi sarcina pressus explicari cupit et reverti ad illa
quorum fuit. Nam corpus hoc animi pondus ac poena est;
premente illo urguetur, in vinclis est, nisi accessit philo-
sophia et illum respirare rerum naturae spectaculo iussit et
a terrenis ad divina dimisit. Haec libertas eius est, haec
evagatio; subducit interim se custodiae in qua tenetur et
caelo reficitur. Quemadmodum artifices [ex] alicuius rei **17**
subtilioris quae intentione oculos defetigat, si malignum
habent et precarium lumen, in publicum prodeunt et in
aliqua regione ad populi otium dedicata oculos libera luce
delectant, sic animus in hoc tristi et obscuro domicilio clusus,
quotiens potest, apertum petit et in rerum naturae contem-
platione requiescit. Sapiens adsectatorque sapientiae ad- **18**
haeret quidem in corpore suo, sed optima sui parte abest et
cogitationes suas ad sublimia intendit. Velut sacramento
rogatus hoc quod vivit stipendium putat; et ita formatus
est ut illi nec amor vitae nec odium sit, patiturque mortalia
quamvis sciat ampliora superesse. Interdicis mihi inspe- **19**
ctione rerum naturae, a toto abductum redigis in partem?
Ego non quaeram quae sint initia universorum? quis rerum
formator? quis omnia in uno mersa et materia inerti con-
voluta discreverit? Non quaeram quis sit istius artifex mundi?
qua ratione tanta magnitudo in legem et ordinem venerit?
quis sparsa collegerit, confusa distinxerit, in una deformitate
iacentibus faciem diviserit? unde lux tanta fundatur? ignis

1 nunc] hunc *γ* 2 ista *V*: ita *rell.* hac *δ* 6 urgetur *pb* 9 evacuatio *α* 10 ex *secl. Haase*: ex ali- rei subt- intent- quae *edd. priores* 11 defetigat V^cP^c: defetigant (defat- *αb*) *ω* 12 precarium P^c: preclarium pV^1P^1: praeclarum $\alpha V^2 b$ 16 adsectator quo *α*, *corr. L* 17 in corpore] corpori L^cQ 21 inspectione $pL^1V^1\delta$: -nem L^cQV^2 (*cf. p. 49. 18*) 22 a] ac *γ* 25 quis] que *p*: quae L^1

20 sit, an aliquid igne lucidius? Ego ista non quaeram? ego nesciam unde descenderim? semel haec mihi videnda sint, an saepe nascendum? quo hinc iturus sim? quae sedes expectet animam solutam legibus servitutis humanae? Vetas me caelo interesse, id est iubes me vivere capite demisso?
21 Maior sum et ad maiora genitus quam ut mancipium sim mei corporis, quod equidem non aliter aspicio quam vinclum aliquod libertati meae circumdatum; hoc itaque oppono fortunae, in quo resistat, nec per illud ad me ullum transire vulnus sino. Quidquid in me potest iniuriam pati hoc est:
22 in hoc obnoxio domicilio animus liber habitat. Numquam me caro ista conpellet ad metum, numquam ad indignam bono simulationem; numquam in honorem huius corpusculi mentiar. Cum visum erit, distraham cum illo societatem; et nunc tamen, dum haeremus, non erimus aequis partibus socii: animus ad se omne ius ducet. Contemptus corporis sui certa libertas est.

23 Ut ad propositum revertar, huic libertati multum conferet et illa de qua modo loquebamur inspectio; nempe universa ex materia et ex deo constant. Deus ista temperat quae circumfusa rectorem sequuntur et ducem. Potentius autem est ac pretiosius quod facit, quod est deus, quam materia
24 patiens dei. Quem in hoc mundo locum deus obtinet, hunc in homine animus; quod est illic materia, id in nobis corpus est. Serviant ergo deteriora melioribus; fortes simus adversus fortuita; non contremescamus iniurias, non vulnera, non vincula, non egestatem. Mors quid est? aut finis aut transitus. Nec desinere timeo (idem est enim quod non coepisse), nec transire, quia nusquam tam anguste ero. Vale.

3–4 expectet γ: expectat *p*: exsp- α 5 id est *exp. L*, *om. Q* dimisso *pQP* 6 ut] aut α, *corr. L* 9 sistat *p* ullum γ: ullam *p*: illum α 11 obnixio δ 12 mecum α bona α 16 ius] eius δ ducet V^2: dicet pLV^cPb^c: dicit V^1: vindicet *Q* 19 constat δ ista $L^2\gamma$: ita $p\alpha$ 20 potius *p* 21 est (*prius*) *om. p* 22 quem $\bar{Q}$ *man. rec.*: quam $p\alpha V^1P$: quae V^cb 24 fortissimus δ 27 idem est ς: id est $pQ\gamma$: idem *L*

66 SENECA LVCILIO SVO SALVTEM

Claranum condiscipulum meum vidi post multos annos: 1
non, puto, expectas ut adiciam senem, sed mehercules viridem
animo ac vigentem et cum corpusculo suo conluctantem. Inique enim se natura gessit et talem animum male conlocavit;
aut fortasse voluit hoc ipsum nobis ostendere, posse ingenium
fortissimum ac beatissimum sub qualibet cute latere. Vicit
tamen omnia inpedimenta et ad cetera contemnenda a contemptu sui venit. Errare mihi visus est qui dixit 2

> gratior et pulchro veniens e corpore virtus.

Non enim ullo honestamento eget: ipsa magnum sui decus
est et corpus suum consecrat. Aliter certe Claranum nostrum
coepi intueri: formosus mihi videtur et tam rectus corpore
quam est animo. Potest ex casa vir magnus exire, potest et ex 3
deformi humilique corpusculo formosus animus ac magnus.
Quosdam itaque mihi videtur in hoc tales natura generare,
ut adprobet virtutem omni loco nasci. Si posset per se nudos
edere animos, fecisset; nunc quod amplius est facit: quosdam
enim edit corporibus inpeditos, sed nihilominus perrumpentis
obstantia. Claranus mihi videtur in exemplar editus, ut scire 4
possemus non deformitate corporis foedari animum, sed
pulchritudine animi corpus ornari.

Quamvis autem paucissimos una fecerimus dies, tamen

10 *Verg. Aen.* 5. 344 (*ubi* in corpore).

---

6 aut] ut *p* 7 vincit *p*, *edd. recc.* 8–9 a contemptu *ς*: ad contemptu *p*: ad contemptum *Qγ* 12 consecrat. Aliter *Haase*: consecraliter *pγ*: consecraliter tractat *Q*: consecrat interim V^2 13 tamen rectus *p*: tam erectus *Gloeckner* (*cf. p.* 1. 20) 14 casa] casa humili *Q* 17 posset $V^c\delta$: -sit pQV^1 19 enim *om. p* perrumpentis *Q*: perperumpentis *p*: perrumpentes *γ* 20 in *om. p* 23 fecerimus] fuerimus *R. Durand*, *sed cf. T.L.L. vi.* 1. 121. 59 *sqq.*

multi nobis sermones fuerunt, quos subinde egeram et ad
5 te permittam. Hoc primo die quaesitum est, quomodo possint
paria bona esse, si triplex eorum condicio est. Quaedam, ut
nostris videtur, prima bona sunt, tamquam gaudium, pax,
salus patriae; quaedam secunda, in materia infelici expressa,
tamquam tormentorum patientia et in morbo gravi tem-
perantia. Illa bona derecto optabimus nobis, haec, si necesse
erit. Sunt adhuc tertia, tamquam modestus incessus et
compositus ac probus vultus et conveniens prudenti viro
6 gestus. Quomodo ista inter se paria esse possunt, cum alia
optanda sint, alia aversanda?

Si volumus ista distinguere, ad primum bonum revertamur et consideremus id quale sit. Animus intuens vera, peritus fugiendorum ac petendorum, non ex opinione sed ex natura pretia rebus inponens, toti se inserens mundo et in omnis eius actus contemplationem suam mittens, cogitationibus actionibusque intentus ex aequo, magnus ac vehemens, asperis blandisque pariter invictus, neutri se fortunae summittens, supra omnia quae contingunt acciduntque eminens, pulcherrimus, ordinatissimus cum decore tum viribus, sanus ac siccus, inperturbatus intrepidus, quem nulla vis frangat, quem nec attollant fortuita nec deprimant—talis
7 animus virtus est. Haec eius est facies, si sub unum veniat
aspectum et semel tota se ostendat. Ceterum multae eius
species sunt, quae pro vitae varietate et pro actionibus
explicantur: nec minor fit aut maior ipsa. Decrescere enim
summum bonum non potest nec virtuti ire retro licet; sed
in alias atque alias qualitates convertitur, ad rerum quas
8 actura est habitum figurata. Quidquid attigit in similitu-

3 paria ϛ: tria ώ 7 directo δ optavimus (obt- *P*) γ 9 voltus *p* (*cf. p. 197. 1*) 10 paria ϛ: tria ω 14 ac petendorum] petendorumve *Q* 15 omnis *p*: omnes *Q*γ 17 *post* aequo *dist. Axelson*, *post* intentus *priores* 20 ordinatissimus *om.* γ tum *Haase*: cum ω 24 eius γ: plus *pQ* 25 quae *Q*: *om. p*γ pro (*prius*) *om. p*

dinem sui adducit et tinguit; actiones, amicitias, interdum domos totas quas intravit disposuitque condecorat; quidquid tractavit, id amabile, conspicuum, mirabile facit. Itaque vis eius et magnitudo ultra non potest surgere, quando incrementum maximo non est: nihil invenies rectius recto, non magis quam verius vero, quam temperato temperatius. Omnis in **9**
modo est virtus; modo certa mensura est; constantia non habet quo procedat, non magis quam fiducia aut veritas aut fides. Quid accedere perfecto potest? nihil, aut perfectum non erat cui accessit; ergo ne virtuti quidem, cui si quid adici potest, defuit. Honestum quoque nullam accessionem recipit; honestum est enim propter ista quae rettuli. Quid porro? decorum et iustum et legitimum non eiusdem esse formae putas, certis terminis conprehensum? Crescere posse inperfectae rei signum est. Bonum omne in easdem cadit leges: **10**
iuncta est privata et publica utilitas, tam mehercules quam inseparabile est laudandum petendumque. Ergo virtutes inter se pares sunt et opera virtutis et omnes homines quibus illae contigere. Satorum vero animaliumque virtutes, cum mor- **11**
tales sint, fragiles quoque caducaeque sunt et incertae; exiliunt residuntque et ideo non eodem pretio aestimantur. Una inducitur humanis virtutibus regula; una enim est ratio recta simplexque. Nihil est divino divinius, caelesti caelestius. Mortalia minuuntur cadunt, deteruntur crescunt, exhauri- **12**
untur implentur; itaque illis in tam incerta sorte inaequalitas est: divinorum una natura est. Ratio autem nihil aliud est quam in corpus humanum pars divini spiritus mersa; si ratio divina est, nullum autem bonum sine ratione est, bonum

5 non (*alterum*) *om.* *Q* 6 temperatius P^2b: -antius *rell.* (*cf. p.* 47. 20) 7 modus certa *Q*: modo de certa *P* 8 veritas] veritas aut virtus *p* 9 quis *γ*: quia V^2: qui P^c 12 retuli *Qb* 14 conprehensum *Qb*: -prensum *pVP* 18 virtutis QV^2: -tes *pγ* 21 non] et *p* 24 minuntur pV^1P minuuntur] oriuntur *Ernout* 26 natura est *om.* *p*

omne divinum est. Nullum porro inter divina discrimen est;
ergo nec inter bona. Paria itaque sunt et gaudium et fortis
atque obstinata tormentorum perpessio; in utroque enim
eadem est animi magnitudo, in altero remissa et laxa, in
13 altero pugnax et intenta. Quid? tu non putas parem esse
virtutem eius qui fortiter hostium moenia expugnat, et eius
qui obsidionem patientissime sustinet? [et] Magnus Scipio,
qui Numantiam cludit et conprimit cogitque invictas manus
in exitium ipsas suum verti, magnus ille obsessorum animus,
qui scit non esse clusum cui mors aperta est, et in complexu
libertatis expirat. Aeque reliqua quoque inter se paria sunt,
tranquillitas, simplicitas, liberalitas, constantia, aequanimi-
tas, tolerantia; omnibus enim istis una virtus subest, quae
animum rectum et indeclinabilem praestat.
14 'Quid ergo? nihil interest inter gaudium et dolorum in-
flexibilem patientiam?' Nihil, quantum ad ipsas virtutes:
plurimum inter illa in quibus virtus utraque ostenditur; in
altero enim naturalis est animi remissio ac laxitas, in altero
contra naturam dolor. Itaque media sunt haec quae pluri-
15 mum intervalli recipiunt: virtus in utroque par est. Virtutem
materia non mutat: nec peiorem facit dura ac difficilis nec
meliorem hilaris et laeta; necessest ergo par sit. In utraque
enim quod fit aeque recte fit, aeque prudenter, aeque honeste;
ergo aequalia sunt bona, ultra quae nec hic potest se melius
in hoc gaudio gerere nec ille melius in illis cruciatibus; duo
16 autem quibus nihil fieri melius potest paria sunt. Nam si quae

3 atque *om. p* 4 laxa *ed. Arg.* (*cf. v. 18*): laeta *pγ*: lata *Q*: lenta *ς* 5 pugnans *Q* 7 et *secl. Haase*: ut *ς*: at *Castiglioni* 11 exprimat *p* 15 et dolorum p^2: et dolorem $V^2\delta$: et dolore p^1V^1: dolorem et *Q* 17 plurumum *p* (*cf. p. 113. 1*) ostenditur *om. Q* 20 utraque δ par $V^2\delta$: pars pV^1Q 22 necessest *coni. Hense*: necesse est *pα*: necesse *γ* par sit . . . honeste ergo *om. γ* par *Haase*: pars *pQ* utraque *Q*: -amque *p* 23 enim *p*: enim re *Q* 24 ultra quae *Haase*: litteraque *ω*

extra virtutem posita sunt aut minuere illam aut augere possunt, desinit unum bonum esse quod honestum. Si hoc concesseris, omne honestum perît. Quare? dicam: quia nihil honestum est quod ab invito, quod a coacto fit; omne honestum voluntarium est. Admisce illi pigritiam, querelam, tergiversationem, metum: quod habet in se optimum perdidit, sibi placere. Non potest honestum esse quod non est liberum;
nam quod timet servit. Honestum omne securum est, tran- **17**
quillum est: si recusat aliquid, si conplorat, si malum iudicat, perturbationem recepit et in magna discordia volutatur; hinc enim species recti vocat, illinc suspicio mali retrahit. Itaque qui honeste aliquid facturus est, quidquid opponitur, id etiam si incommodum putat, malum non putet, velit, libens faciat. Omne honestum iniussum incoactumque est, sincerum et nulli malo mixtum.

Scio quid mihi responderi hoc loco possit: 'hoc nobis **18**
persuadere conaris, nihil interesse utrum aliquis in gaudio sit an in eculeo iaceat ac tortorem suum lasset?'. Poteram respondere: Epicurus quoque ait sapientem, si in Phalaridis tauro peruratur, exclamaturum, 'dulce est et ad me nihil pertinet'. Quid miraris si ego paria bona dico ⟨alterius in convivio iacentis,⟩ alterius inter tormenta fortissime stantis, cum quod incredibilius est dicat Epicurus, dulce esse torreri?
Sed hoc respondeo, plurimum interesse inter gaudium et **19**
dolorem; si quaeratur electio, alterum petam, alterum vitabo: illud secundum naturam est, hoc contra. Quamdiu sic aestimantur, magno inter se dissident spatio: cum ad virtutem

20 *Epicur. frg. 601 Us.; cf. epist. 67. 15.*

---

3 perit ω   4 acoactum *p*: coactum *Haase*   10 recipit *pb* hinc *Q*: hic *pγ*   18 iaceat *Vb*: haec eat *P*: iacet *pQ*   21–22 alterius in convivio iacentis *supplevi ex ς exempli gratia* (*confert Hense p. 214. 9*)   23 cum quod *vulg.*: quod cum *Qγ*: quocum *p*   dulcesse *γ*   23–24 torreri sed *von Jan*: terroris et ω, *nisi quod* tortoris et Q^1, terrores V^2

ventum est, utraque par est, et quae per laeta procedit et
20 quae per tristia. Nullum habet momentum vexatio et dolor
et quidquid aliud incommodi est; virtute enim obruitur.
Quemadmodum minuta lumina claritas solis obscurat, sic
dolores, molestias, iniurias virtus magnitudine sua elidit atque
opprimit; et quocumque adfulsit, ibi quidquid sine illa ap-
paret extinguitur, nec magis ullam portionem habent in-
commoda, cum in virtutem inciderunt, quam in mari nimbus.
21 Hoc ut scias ita esse, ad omne pulchrum vir bonus sine ulla
cunctatione procurret: stet illic licet carnifex, stet tortor
atque ignis, perseverabit nec quid passurus sed quid facturus
sit aspiciet, et se honestae rei tamquam bono viro credet;
utilem illam sibi iudicabit, tutam, prosperam. Eundem locum
habebit apud illum honesta res, sed tristis atque aspera, quem
22 vir bonus pauper aut exul ⟨aut exilis⟩ ac pallidus. Agedum
pone ex alia parte virum bonum divitiis abundantem, ex
altera nihil habentem, sed in se omnia: uterque aeque vir
bonus erit, etiam si fortuna dispari utetur. Idem, ut dixi, in
rebus iudicium est quod in hominibus: aeque laudabilis
virtus est in corpore valido ac libero posita quam in morbido
23 ac vincto. Ergo tuam quoque virtutem non magis laudabis
si corpus illi tuum integrum fortuna praestiterit quam si ex
aliqua parte mutilatum: alioqui hoc erit ex servorum habitu
dominum aestimare. Omnia enim ista in quae dominium
casus exercet serva sunt, pecunia et corpus et honores, in-
becilla, fluida, mortalia, possessionis incertae: illa rursus

1 laeta $QV^{c}b$: lata $pV^{1}P$ 5 modestias pV^{1} 6–7 apparet] apparet et *p* 11 perseverabit γ: -avit *pQ* nec γ: ne *pQ* 13–14 sibi . . . apud illum *om. p* 15 aut exilis *suppl. Axelson* agedum $V^{2}P^{2}$: agendum ω 21 victo *Q* 22 illi tuum *pVP*: illum tuum *Q*: illiticum *b*: illibatum *vel* illaesum ς, *vix recte* 23 mutilatum *vulg.*: mutilatum multatum (mutulatum mult- P^{1}, mulatum multa- b^{1}) *Q*γ: multatum *p*: mulcatum *Fick.* alioqui $pV^{1}P$: -quin $QV^{c}b$ ex V^{2}: et ω 26 fluvida *Q* (*cf. p. 137. 7*) possessiones γ, *corr.* V^{2}

libera et invicta opera virtutis, quae non ideo magis adpetenda
sunt si benignius a fortuna tractantur, nec minus si aliqua
iniquitate rerum premuntur. Quod amicitia in hominibus **24**
est, hoc in rebus adpetitio. Non, puto, magis amares virum
bonum locupletem quam pauperem, nec robustum et lacer-
tosum quam gracilem et languidi corporis; ergo ne rem qui-
dem magis adpetes aut amabis hilarem ac pacatam quam
distractam et operosam. Aut si hoc est, magis diliges ex **25**
duobus aeque bonis viris nitidum et unctum quam pulveru-
lentum et horrentem; deinde hoc usque pervenies ut magis
diligas integrum omnibus membris et inlaesum quam debilem
aut luscum; paulatim fastidium tuum illo usque procedet
ut ex duobus aeque iustis ac prudentibus comatum et crispu-
lum malis. Ubi par in utroque virtus est, non comparet
aliarum rerum inaequalitas; omnia enim alia non partes
sed accessiones sunt. Num quis tam iniquam censuram inter **26**
suos agit ut sanum filium quam aegrum magis diligat, pro-
cerumve et excelsum quam brevem aut modicum? Fetus suos
non distinguunt ferae et se in alimentum pariter omnium
sternunt; aves ex aequo partiuntur cibos. Ulixes ad Ithacae
suae saxa sic properat quemadmodum Agamemnon ad
Mycenarum nobiles muros; nemo enim patriam quia magna
est amat, sed quia sua. Quorsus haec pertinent? ut scias **27**
virtutem omnia opera velut fetus suos isdem oculis intueri,
aeque indulgere omnibus, et quidem inpensius laborantibus,
quoniam quidem etiam parentium amor magis in ea quorum
miseretur inclinat. Virtus quoque opera sua quae videt adfici
et premi non magis amat, sed parentium bonorum more
magis conplectitur ac fovet.

Quare non est ullum bonum altero maius? quia non est **28**

1 invincta *p* 4 adpetitio] et inpetitio *p* 8 aut si *Haase*: et si *ω*: at si *ς*: nisi *Madvig* 14 est *om.* *γ* 17 filium sanum *γ* 19 distingunt *ω* 26 parentum *δ*

quicquam apto aptius, quia plano nihil est planius. Non
potes dicere hoc magis par esse alicui quam illud; ergo nec
29 honesto honestius quicquam est. Quod si par omnium virtu-
tum natura est, tria genera bonorum in aequo sunt. Ita dico:
in aequo est moderate gaudere et moderate dolere. Laetitia
illa non vincit hanc animi firmitatem sub tortore gemitus
devorantem: illa bona optabilia, haec mirabilia sunt, utraque
nihilominus paria, quia quidquid incommodi est vi tanto
30 maioris boni tegitur. Quisquis haec inparia iudicat ab ipsis
virtutibus avertit oculos et exteriora circumspicit. Bona vera
idem pendent, idem patent: illa falsa multum habent vani;
itaque speciosa et magna contra visentibus, cum ad pondus
31 revocata sunt, fallunt. Ita est, mi Lucili: quidquid vera ratio
commendat solidum et aeternum est, firmat animum attol-
litque semper futurum in excelso: illa quae temere laudantur
et vulgi sententia bona sunt inflant inanibus laetos; rursus
ea quae timentur tamquam mala iniciunt formidinem menti-
bus et illas non aliter quam animalia specie periculi agitant.
32 Utraque ergo res sine causa animum et diffundit et mordet:
nec illa gaudio nec haec metu digna est. Sola ratio inmuta-
bilis et iudicii tenax est; non enim servit sed imperat sensi-
bus. Ratio rationi par est, sicut rectum recto; ergo et virtus
virtuti; nihil enim aliud est virtus quam recta ratio. Omnes
virtutes rationes sunt; rationes sunt, si rectae sunt; si rectae
33 sunt, et pares sunt. Qualis ratio est, tales et actiones sunt;
ergo omnes pares sunt; nam cum similes rationi sint, similes
et inter se sunt. Pares autem actiones inter se esse dico qua

2 potes *V*: -est *rell.* 8 quia *om. p* vitando *Q* 11 pendunt *ς*, *sed cf. p. 361. 25* 12 contra] coram *Gloeckner*, *sed cf. nat. 1. 3. 6* visentibus *γ*: viscent- *p*: vincent- *Q* 14 est firmat] et infirmat *p* 18 specie *ς*: -ies *ω* 22–23 virtus virtuti nihil enim aliud est virtus quam *Q*: virtus non aliud quam *γ* 23–24 virtuti . . . virtutes *om. p* 24–25 si rectae sunt *semel p* 27 qua *Mur.*: quia *ω*

honestae rectaeque sunt; ceterum magna habebunt discrimina
variante materia, quae modo latior est, modo angustior, modo
inlustris, modo ignobilis, modo ad multos pertinens, modo ad
paucos. In omnibus tamen istis id quod optimum est par est:
honestae sunt. Tamquam viri boni omnes pares sunt qua **34**
boni sunt, sed habent differentias aetatis: alius senior est,
alius iunior; habent corporis: alius formosus, alius deformis
est; habent fortunae: ille dives, hic pauper est, ille gratiosus,
potens, urbibus notus et populis, hic ignotus plerisque et
obscurus. Sed per illud quo boni sunt pares sunt.

De bonis ac malis sensus non iudicat; quid utile sit, quid **35**
inutile, ignorat. Non potest ferre sententiam nisi in rem
praesentem perductus est; nec futuri providus est nec prae-
teriti memor; quid sit consequens nescit. Ex hoc autem rerum
ordo seriesque contexitur et unitas vitae per rectum iturae.
Ratio ergo arbitra est bonorum ac malorum; aliena et ex-
terna pro vilibus habet, et ea quae neque bona sunt neque
mala accessiones minimas ac levissimas iudicat; omne enim
illi bonum in animo est. Ceterum bona quaedam prima ex- **36**
istimat, ad quae ex proposito venit, tamquam victoriam,
bonos liberos, salutem patriae; quaedam secunda, quae non
apparent nisi in rebus adversis, tamquam aequo animo pati
morbum, ignem, exilium; quaedam media, quae nihilo
magis secundum naturam sunt quam contra naturam, tam-
quam prudenter ambulare, composite sedere. Non enim minus
secundum naturam est sedere quam stare aut ambulare. Duo **37**
illa bona superiora diversa sunt: prima enim secundum

2 angustior] angusta est *p* 5 qua *Eras.*^{2} *in adnot.*: quam *p*: quia *Qγ* 7 iuvenior *p* (*cf. p.* 76. 3) 9 hic ignotus *QV*: ignotus hic *P*: hic notus hic *b*: ignotus *p* 10 per *om. p* quod V^{2}δ 15 per rectum pV^{1}: perfectum QV^{2}δ 15–16 iturae. Ratio *coni. Schweigh.*: ituracratio *p*: itura. ratio *αγ* 20 ad quae *ed. Arg.*: atque *ω* 23 ignem *Busche*: magnum *ω*: damnum *coni. Hense* 25 pudenter *Gronovius*

naturam sunt, gaudere liberorum pietate, patriae incolumitate; secunda contra naturam sunt, fortiter obstare tor- **38** mentis et sitim perpeti morbo urente praecordia. 'Quid ergo? aliquid contra naturam bonum est?' Minime; sed id aliquando contra naturam est in quo bonum illud existit. Vulnerari enim et subiecto igne tabescere et adversa valetudine adfligi contra naturam est, sed inter ista servare animum **39** infatigabilem secundum naturam est. Et ut quod volo exprimam breviter, materia boni aliquando contra naturam est, bonum numquam, quoniam bonum sine ratione nullum est, sequitur autem ratio naturam. 'Quid est ergo ratio?' Naturae imitatio. 'Quod est summum hominis bonum?' Ex naturae voluntate se gerere.

40 'Non est' inquit 'dubium quin felicior pax sit numquam lacessita quam multo reparata sanguine. Non est dubium' inquit 'quin felicior res sit inconcussa valetudo quam ex gravibus morbis et extrema minitantibus in tutum vi quadam et patientia educta. Eodem modo non erit dubium quin maius bonum sit gaudium quam obnixus animus ad per- **41** petiendos cruciatus vulnerum aut ignium.' Minime; illa enim quae fortuita sunt plurimum discriminis recipiunt; aestimantur enim utilitate sumentium. Bonorum unum propositum est consentire naturae; hoc [contingere] in omnibus par est. Cum alicuius in senatu sententiam sequimur, non potest dici: ille magis adsentitur quam ille. Ab omnibus in eandem sententiam itur. Idem de virtutibus dico: omnes naturae adsentiuntur. Idem de bonis dico: omnia naturae **42** adsentiuntur. Alter adulescens decessit, alter senex, aliquis

2 obstare *Q man. rec.*, V^2: optare ω 8 et ut] aut *p* 10 est *p*: et *Q*γ 11 est (*alterum*) *om.* γ 13 natura *VP* 14 quin] qui in pV^1P^1 16 quam] tamquam *p* 18 patientia educta V^2: -tiae ducta ω: -tia ducta P^2 erat *p* 19 obnixus pP^2: -noxius *Q*γ percipiendos *p* 22 unum] omnium *p* 23 contingere *del. Mur.* 24 senatus δ 27 bonis] nobis *p*

protinus infans, cui nihil amplius contigit quam prospicere vitam: omnes hi aeque fuere mortales, etiam si mors aliorum longius vitam passa est procedere, aliorum in medio flore praecidit, aliorum interrupit ipsa principia. Alius inter **43**
cenandum solutus est; alterius continuata mors somno est; aliquem concubitus extinxit. His oppone ferro transfossos aut exanimatos serpentium morsu aut fractos ruina aut per longam nervorum contractionem extortos minutatim. Aliquorum melior dici, aliquorum peior potest exitus: mors quidem omnium par est. Per quae veniunt diversa sunt; in [id] quod desinunt unum est. Mors nulla maior aut minor est; habet enim eundem in omnibus modum, finisse vitam. Idem tibi de bonis dico: hoc bonum inter meras voluptates, **44**
hoc est inter tristia et acerba; illud fortunae indulgentiam rexit, hoc violentiam domuit: utrumque aeque bonum est, quamvis illud plana et molli via ierit, hoc aspera. Idem enim finis omnium est: bona sunt, laudanda sunt, virtutem rationemque comitantur; virtus aequat inter se quidquid agnoscit.

Nec est quare hoc inter nostra placita mireris: apud Epi- **45**
curum duo bona sunt, ex quibus summum illud beatumque componitur, ut corpus sine dolore sit, animus sine perturbatione. Haec bona non crescunt si plena sunt: quo enim crescet quod plenum est? Dolore corpus caret: quid ad hanc accedere indolentiam potest? Animus constat sibi et placidus est: quid accedere ad hanc tranquillitatem potest? Quemadmodum **46**

20 *Epicur. frg. 434 Us.*

---

1 protinus *Badstuebner*: praeter hos ω (*cf. pp. 99. 20, 277. 26*) 7 fractos ς: fructus *pγ*: fructos V^2: fluctus Qb^c 10 quae] quem *p* veniunt] inveniunt *Préchac*: desinunt *Hense*^{2} 11 id *secl. Haase*: id in quod *vulg.* 14 hoc est *p*: est hoc *Qγ* tristia *Vb*: -titia (-ticia *p*) *pQ*: -titiam *P* 16 et molli via ierit *Gertz*: et molli velerit *p*: emolliverit *γ*: (plene) molli ierit *Q*: et molli venerit *Wolters* enim *om. γ* 18 virtutes pQ^1 agnoscit V^2P: -cet *rell.* 19 nec] haec *Q*

serenitas caeli non recipit maiorem adhuc claritatem in sincerissimum nitorem repurgata, sic hominis corpus animumque curantis et bonum suum ex utroque nectentis perfectus est status, et summam voti sui invenit si nec aestus animo est nec dolor corpori. Si qua extra blandimenta contingunt, non augent summum bonum, sed, ut ita dicam, condiunt et oblectant; absolutum enim illud humanae naturae bonum corporis et animi pace contentum est.

47 Dabo apud Epicurum tibi etiamnunc simillimam huic nostrae divisionem bonorum. Alia enim sunt apud illum quae malit contingere sibi, ut corporis quietem ab omni incommodo liberam et animi remissionem bonorum suorum contemplatione gaudentis; alia sunt quae, quamvis nolit accidere, nihilominus laudat et conprobat, tamquam illam quam paulo ante dicebam malae valetudinis et dolorum gravissimorum perpessionem, in qua Epicurus fuit illo summo ac fortunatissimo die suo. Ait enim se vesicae et exulcerati ventris tormenta tolerare ulteriorem doloris accessionem non recipientia, esse nihilominus sibi illum beatum diem. Beatum autem diem agere nisi qui est in summo bono non potest.
48 Ergo et apud Epicurum sunt haec bona, quae malles non experiri, sed, quia ita res tulit, et amplexanda et laudanda et exaequanda summis sunt. Non potest dici hoc non esse par maximis bonum quod beatae vitae clausulam inposuit, cui Epicurus extrema voce gratias egit.

49 Permitte mihi, Lucili virorum optime, aliquid audacius

10 *Epicur. frg. 449 Us.* 17 *Epicur. frg. 138 Us.; cf. epist. 92. 25.*
21 *Epicur. frg. 449 Us.*

1 in *om. p* 4 votis *QP* 5 corpori *ed. Arg.*: -ris *ω* 6 sed] est *p*
11 quae malit QV^2b: quem alit V^1P: quem allit *p* 20 diem *Q*: *om. pγ*
21 et *om. p* 22 res tulit *ed. Ven. 1492*: rettulit *pVP*: retulit *Qb*
24 non posuit *p*

dicere: si ulla bona maiora esse aliis possent, haec ego quae
tristia videntur mollibus illis et delicatis praetulissem, haec
maiora dixissem. Maius est enim difficilia perfringere quam
laeta moderari. Eadem ratione fit, scio, ut aliquis felicitatem **50**
bene et ut calamitatem fortiter ferat. Aeque esse fortis potest
qui pro vallo securus excubuit nullis hostibus castra temptantibus et qui succisis poplitibus in genua se excepit nec arma dimisit: 'macte virtute esto' sanguinulentis et ex acie redeuntibus dicitur. Itaque haec magis laudaverim bona exercitata
et fortia et cum fortuna rixata. Ego dubitem quin magis **51**
laudem truncam illam et retorridam manum Mucii quam cuiuslibet fortissimi salvam? Stetit hostium flammarumque contemptor et manum suam in hostili foculo destillantem perspectavit, donec Porsina cuius poenae favebat gloriae
invidit et ignem invito eripi iussit. Hoc bonum quidni inter **52**
prima numerem tantoque maius putem quam illa secura et intemptata fortunae quanto rarius est hostem amissa manu vicisse quam armata? 'Quid ergo?' inquis 'hoc bonum tibi optabis?' Quidni? hoc enim nisi qui potest et optare, non
potest facere. An potius optem ut malaxandos articulos **53**
exoletis meis porrigam? ut muliercula aut aliquis in mulierculam ex viro versus digitulos meos ducat? Quidni ego feliciorem putem Mucium, quod sic tractavit ignem quasi illam manum tractatori praestitisset? In integrum restituit quid-

2 tristitia *pP*[1] 2–3 haec maiora dixissem *om.* *γ* 8 sanguinolentis *Q*, *sed cf. ben. 7. 10. 4* et *delendum coni. Schweigh.* 9 exercitata *γ*: et exercitata *Q*: exercita *p* (*cf. v. 17, pp. 75. 23, 163. 2, 216. 19, 296. 26, 299. 11 al.*) 10 ego *p*: ego non *Qγ* quin *QP*[2]: qui *p*: quid *γ* 13 distillantem *Q* 14 porsina *p*: porsenna *QVb*: *eras. P* (*cf. p. 67. 15*) 15 quidni ς : quid *ω* 16 illa] alia *p* 17 intemptata *V*: intemptate *Q*, *corr. ead. man.*: temptata *p*: intempta *δ* (*cf. v. 9*) 19 quidni *V*[2]: quid in *ω* 19–20 et . . . potest *om.* *p* 21 exsoletis *ω* 21 aut . . . mulierculam *om.* *p* 23 mucium *pV*: mut- *Qδ* quod *pQ*: quia *V*: que *P*: qui *b vulg.* quasi *Eras.*[1]: quam si (qui si *b*[1]) *ω*

quid erraverat: confecit bellum inermis ac mancus et illa manu trunca reges duos vicit. Vale.

67 SENECA LVCILIO SVO SALVTEM

1 Ut a communibus initium faciam, ver aperire se coepit, sed iam inclinatum in aestatem, quo tempore calere debebat, intepuit nec adhuc illi fides est; saepe enim in hiemem revolvitur. Vis scire quam dubium adhuc sit? nondum me committo frigidae verae, adhuc rigorem eius infringo. 'Hoc est' inquis 'nec calidum nec frigidum pati.' Ita est, mi Lucili: iam aetas mea contenta est suo frigore; vix media regelatur aestate. Itaque maior pars in vestimentis degitur.
2 Ago gratias senectuti quod me lectulo adfixit: quidni gratias illi hoc nomine agam? Quidquid debebam nolle, non possum. Cum libellis mihi plurimus sermo est. Si quando intervenerunt epistulae tuae, tecum esse mihi videor et sic adficior animo tamquam tibi non rescribam sed respondeam. Itaque et de hoc quod quaeris, quasi conloquar tecum, quale sit una scrutabimur.

3 Quaeris an omne bonum optabile sit. 'Si bonum est' inquis 'fortiter torqueri et magno animo uri et patienter aegrotare, sequitur ut ista optabilia sint; nihil autem video ex istis voto dignum. Neminem certe adhuc scio eo nomine votum solvisse quod flagellis caesus esset aut podagra distortus aut
4 eculeo longior factus.' Distingue, mi Lucili, ista, et intelleges esse in iis aliquid optandum. Tormenta abesse a me velim; sed si sustinenda fuerint, ut me in illis fortiter, honeste, animose geram optabo. Quidni ego malim non incidere bellum? sed si inciderit, ut vulnera, ut famem et omnia quae

5 capere *p*   8 frigidae verae pV^1P: frigido e veri Q^1: frigido veri Q^cV^2: frigido vere *b*   infringo *Mur.*: infrigo ω   11 regelatur $V^c\delta$: -atura *pQ et fort.* V^1

bellorum necessitas adfert generose feram optabo. Non sum
tam demens ut aegrotare cupiam; sed si aegrotandum fuerit,
ut nihil intemperanter, nihil effeminate faciam optabo. Ita
non incommoda optabilia sunt, sed virtus qua perferuntur
incommoda.

Quidam ex nostris existimant omnium istorum fortem 5
tolerantiam non esse optabilem, sed ne abominandam qui-
dem, quia voto purum bonum peti debet et tranquillum et
extra molestiam positum. Ego dissentio. Quare? primum
quia fieri non potest ut aliqua res bona quidem sit sed opta-
bilis non sit; deinde si virtus optabilis est, nullum autem sine
virtute bonum, et omne bonum optabile est; deinde etiam
si *** tormentorum fortis patientia optabilis est. Etiamnunc 6
interrogo: nempe fortitudo optabilis est? Atqui pericula
contemnit et provocat; pulcherrima pars eius maximeque
mirabilis illa est, non cedere ignibus, obviam ire vulneribus,
interdum tela ne vitare quidem sed pectore excipere. Si forti-
tudo optabilis est, et tormenta patienter ferre optabile est;
hoc enim fortitudinis pars est. Sed separa ista, ut dixi: nihil
erit quod tibi faciat errorem. Non enim pati tormenta opta-
bile est, sed pati fortiter: illud opto 'fortiter', quod est virtus.
'Quis tamen umquam hoc sibi optavit?' Quaedam vota 7
aperta et professa sunt, cum particulatim fiunt; quaedam
latent, cum uno voto multa conprensa sunt. Tamquam opto
mihi vitam honestam; vita autem honesta actionibus variis
constat: in hac est Reguli arca, Catonis scissum manu sua

2 tam] tamen *Q* 3 faciam *γ*: faciant *Q*: fiant *p* 6 nostrorum *γ* 7 abominandam *γ*: -dum *pQ* 10 sed] si *γ* 12 bonum et *Qγ*: bonum est *p*, *unde* bonum est, omne *Haase*, *fort. recte* 13 si *secl. Madvig* etiam si ⟨tormenta non optabilia sunt⟩ *Linde*, *et recte lacunam post* etiam si *statuit Haase* 14 nempe *Haase*: neme *ω* pericula *γ*: -lo *pQ* 15 maximam aeque *P*: maxima meque *b* 19 est *om. p* 20 terrorem *Q* 22 optavit *V²*: -abit *Qγ*: -at *p* 24 conprensa *pV*: -pressa *QP*: -prehensa *b*

vulnus, Rutili exilium, calix venenatus qui Socraten transtulit e carcere in caelum. Ita cum optavi mihi vitam honestam, et haec optavi sine quibus interdum honesta non potest esse.

8 O terque quaterque beati,
quis ante ora patrum Troiae sub moenibus altis
contigit oppetere!

Quid interest, optes hoc alicui an optabile fuisse fatearis?
9 Decius se pro re publica devovit et in medios hostes concitato equo mortem petens inruit. Alter post hunc, paternae virtutis aemulus, conceptis sollemnibus ac iam familiaribus verbis in aciem confertissimam incucurrit, de hoc sollicitus tantum, ut litaret, optabilem rem putans bonam mortem. Dubitas ergo an optimum sit memorabilem mori et in aliquo opere
10 virtutis? Cum aliquis tormenta fortiter patitur, omnibus virtutibus utitur. Fortasse una in promptu sit et maxime appareat, patientia; ceterum illic est fortitudo, cuius patientia et perpessio et tolerantia rami sunt; illic est prudentia, sine qua nullum initur consilium, quae suadet quod effugere non possis quam fortissime ferre; illic est constantia, quae deici loco non potest et propositum nulla vi extorquente dimittit; illic est individuus ille comitatus virtutum. Quidquid honeste fit una virtus facit, sed ex consilii sententia; quod autem ab omnibus virtutibus conprobatur, etiam si ab una fieri videtur, optabile est.

11 Quid? tu existimas ea tantum optabilia esse quae per voluptatem et otium veniunt, quae excipiuntur foribus

5 *Verg. Aen.* 1. 94–96.

---

1 rutili QV^2: rutilii *b*: rutuli pV^1P 8 hoc *om. p* 9 decuius δ, *corr. b.* R. P. *Qγ*: *om. p* (*cf. p.* 36. 28) et *om. p*, *secl. Haase* 12 incurrit p^1δ 13 putans ς: putas ω 15 aliquae *P*: aliqua *b*

ornatis? Sunt quaedam tristis vultus bona; sunt quaedam
vota quae non gratulantium coetu, sed adorantium veneran-
tiumque celebrantur. Ita tu non putas Regulum optasse ut **12**
ad Poenos perveniret? Indue magni viri animum et ab opini-
onibus vulgi secede paulisper; cape, quantam debes, virtutis
pulcherrimae ac magnificentissimae speciem, quae nobis non
ture nec sertis, sed sudore et sanguine colenda est. Aspice **13**
M. Catonem sacro illi pectori purissimas manus admoventem
et vulnera parum alte demissa laxantem. Utrum tandem illi
dicturus es 'vellem quae velles' et 'moleste fero' an 'feliciter
quod agis'? Hoc loco mihi Demetrius noster occurrit, qui **14**
vitam securam et sine ullis fortunae incursionibus mare
mortuum vocat. Nihil habere ad quod exciteris, ad quod te
concites, cuius denuntiatione et incursu firmitatem animi tui
temptes, sed in otio inconcusso iacere non est tranquillitas:
malacia est. Attalus Stoicus dicere solebat, 'malo me fortuna **15**
in castris suis quam in delicîs habeat. Torqueor, sed fortiter:
bene est. Occidor, sed fortiter: bene est.' Audi Epicurum,
dicet et 'dulce est'. Ego tam honestae rei ac severae num-
quam molle nomen inponam. Uror, sed invictus: quidni hoc **16**
optabile sit?—non quod urit me ignis, sed quod non vincit.
Nihil est virtute praestantius, nihil pulchrius; et bonum est
et optabile quidquid ex huius geritur imperio. Vale.

19 *Epicur. frg. 601 Us.; cf. epist. 66. 18.*

---

1 vultus *Q*: voltus *p* (*cf. p. 182. 9*): voluptus V^1P: -tas V^2b 4 poenos VP^c: -nas *pQδ* 5 volgis *p*: volgi *Haase* (*cf. p. 64. 22*) quantum *pb* 6–7 non ture nec *p*: intuere nec *QVP*: non *b* 8 marcum catonem *ω* 9 alte *Buech. et Hense*: autem *pQ*: *om. γ* (*confert Axelson dial. 4. 32. 3, 5. 8. 8*) 12 incursionibus *p*: occurs- *Qγ* 16 malatia *p*: -itia *Qγ* 17 deliciis *ω* 19 et 'dulce est' *dist. Buech.*, 'et dulce est' *priores*: et *delere malit Hense* (*conl. p. 185. 20 et Usener, Epicurea, pp. 338–9*) 21 sit] autem *p*: putem *Hense* (*conl. p. 193. 16, 23*): *sunt qui lacunam statuunt* 22 est (*prius*) *om. p*, *fort. recte*

68 SENECA LVCILIO SVO SALVTEM

1 Consilio tuo accedo: absconde te in otio, sed et ipsum otium absconde. Hoc te facturum Stoicorum etiam si non praecepto, at exemplo licet scias; sed ex praecepto quoque facies: et tibi
2 et cui voles adprobabis. Nec ad omnem rem publicam mittimus nec semper nec sine ullo fine; praeterea, cum sapienti rem publicam ipso dignam dedimus, id est mundum, non est extra rem publicam etiam si recesserit, immo fortasse relicto uno angulo in maiora atque ampliora transit et caelo inpositus intellegit, cum sellam aut tribunal ascenderet, quam humili loco sederit. Depone hoc apud te, numquam plus agere sapientem quam cum in conspectum eius divina atque humana venerunt.

3 Nunc ad illud revertor quod suadere tibi coeperam, ut otium tuum ignotum sit. Non est quod inscribas tibi philosophiam ac quietem: aliud proposito tuo nomen inpone, valetudinem et inbecillitatem vocato et desidiam. Gloriari
4 otio iners ambitio est. Animalia quaedam, ne inveniri possint, vestigia sua circa ipsum cubile confundunt: idem tibi faciendum est, alioqui non deerunt qui persequantur. Multi aperta transeunt, condita et abstrusa rimantur; furem signata sollicitant. Vile videtur quidquid patet; aperta effractarius praeterit. Hos mores habet populus, hos inperitissimus quisque:
5 in secreta inrumpere cupit. Optimum itaque est non iactare otium suum; iactandi autem genus est nimis latere et a con-

2 et] in *p* 4 at ς: ad *ω* exemplo *p*: -plum *Qγ* facies p^{c}: -ias *ω* 5 cui *Buech.*: cum (com *b*) *ω* 6 propterea *p* 7 ipsam *P*: -sa *b* 11 depone *pP*: -no *QVb* 12 cum *QVP*: *om. pb*: quom *Hense* (*cf. p. 82. 28*) conspectum ς: -tu *ω* 14 ad *om. p* 16 ac quietem *Hense*: aut qui etiam *p*: atqui etiam *QV*: atque etiam *δ*: aut quietem *Rossb.*: atque otium *Schweigh.* aliud] aliquid *Q* 17 inbecillitatem V^{2}: -illem *Qγ*: -illem eius *p* vocato *Qγ*: voca *p*, *Haase* 18 otio *γ*: optior *pQ* 20 alioqui $pV^{1}P$: -quin $QV^{2}b$ persequantur] semper sequantur *p*

spectu hominum secedere. Ille Tarentum se abdidit, ille
Neapoli inclusus est, ille multis annis non transît domus suae
limen: convocat turbam quisquis otio suo aliquam fabulam
inposuit.

Cum secesseris, non est hoc agendum, ut de te homines **6**
loquantur, sed ut ipse tecum loquaris. Quid autem loqueris?
quod homines de aliis libentissime faciunt, de te apud te male
existima: adsuesces et dicere verum et audire. Id autem
maxime tracta quod in te esse infirmissimum senties. Nota **7**
habet sui quisque corporis vitia. Itaque alius vomitu levat
stomachum, alius frequenti cibo fulcit, alius interposito
ieiunio corpus exhaurit et purgat; ii quorum pedes dolor
repetit aut vino aut balineo abstinent: in cetera neglegentes
huic a quo saepe infestantur occurrunt. Sic in animo nostro
sunt quaedam quasi causariae partes quibus adhibenda cura-
tio est. Quid in otio facio? ulcus meum curo. Si ostenderem **8**
tibi pedem turgidum, lividam manum, aut contracti cruris
aridos nervos, permitteres mihi uno loco iacere et fovere
morbum meum: maius malum est hoc, quod non possum tibi
ostendere: in pectore ipso collectio et vomica est. Nolo nolo
laudes, nolo dicas, 'o magnum virum! contempsit omnia et
damnatis humanae vitae furoribus fugit'. Nihil damnavi nisi
me. Non est quod proficiendi causa venire ad me velis. Erras, **9**
qui hinc aliquid auxili speras: non medicus sed aeger hic
habitat. Malo illa, cum discesseris, dicas: 'ego istum beatum
hominem putabam et eruditum, erexeram aures: destitutus
sum, nihil vidi, nihil audivi quod concupiscerem, ad quod

2 neapolim clusus *P*: neapolim inclusus *Q* transit (trasit *V*) *ω* 4 posuit *p* 5 agendum hoc *γ* 6–7 loquantur . . . homines *om. p* 7 apud te *om. p* 9 sentias *p* 11 frequenti *Q*^c: a fre- *ω* 12 ii *pV*: hi *Q*: duo (*scil.* II) *b*: *om. P* 13 balineo *p*: balneo *Qγ* 15 quaedam *om. γ* 16 ostenderem *γ*: -erim *pQ* 20 ipso *p*: tuo *Qγ* nolo *semel ς* 24 auxilii *ω* 25 illa *om. p* 27 audi *p*: audii *Rossb.*

reverterer'. Si hoc sentis, si hoc loqueris, aliquid profectum est: malo ignoscas otio meo quam invideas.

10 'Otium' inquis 'Seneca, commendas mihi? ad Epicureas voces delaberis?' Otium tibi commendo, in quo maiora agas et pulchriora quam quae reliquisti: pulsare superbas potentiorum fores, digerere in litteram senes orbos, plurimum in foro posse invidiosa potentia ac brevis est et, si verum
11 aestimes, sordida. Ille me gratia forensi longe antecedet, ille stipendiis militaribus et quaesita per hoc dignitate, ille clientium turba. [cui in turba] Par esse non possum, plus habent gratiae: est tanti ab omnibus vinci, dum a me fortuna
12 vincatur. Utinam quidem hoc propositum sequi olim fuisset animus tibi! utinam de vita beata non in conspectu mortis ageremus! Sed nunc quoque non moramur; multa enim quae supervacua esse et inimica credituri fuimus rationi,
13 nunc experientiae credimus. Quod facere solent qui serius exierunt et volunt tempus celeritate reparare, calcar addamus. Haec aetas optime facit ad haec studia: iam despumavit, iam vitia primo fervore adulescentiae indomita lassavit;
14 non multum superest ut extinguat. 'Et quando' inquis 'tibi proderit istud quod in exitu discis, aut in quam rem?' In hanc, ut exeam melior. Non est tamen quod existimes ullam aetatem aptiorem esse ad bonam mentem quam quae se multis experimentis, longa ac frequenti rerum paenitentia domuit, quae ad salutaria mitigatis adfectibus venit. Hoc est

3 *Epicur. frg. 426 Us.*

---

4 dilaberis *Qb* 9 stipendis *p* haec ς 10 cui in turba . . . habent gratiae *huc transponi voluit Pincianus*: *conlocat post* vincatur ω cui in turba *p*: cuius turbae (tubae V^1) *Qγ*: *secludendum coni. Hense* 11 habent *F. Muller*: habet ω *locum nondum expeditum esse suspicor* hominibus δ 14 moremur ς 17 exierunt *Q man. rec.*, ς: exerunt (exeunt V^1) ω 18 despumavit ς: disput- ω 20 extingat *pV* 21 discis ς: dic- ω 22 ut *om. p*, *deinde superscr.* non quod] ut *Q* 23 quamque δ 24 paenitentiae *p*: patientia *vulg.*

huius boni tempus: quisquis senex ad sapientiam pervenit, annis pervenit. Vale.

69 SENECA LVCILIO SVO SALVTEM

Mutare te loca et aliunde alio transilire nolo, primum quia **1**
tam frequens migratio instabilis animi est: coalescere otio
non potest nisi desît circumspicere et errare. Ut animum
possis continere, primum corporis tui fugam siste. Deinde **2**
plurimum remedia continuata proficiunt: interrumpenda
non est quies et vitae prioris oblivio; sine dediscere oculos
tuos, sine aures adsuescere sanioribus verbis. Quotiens proces-
seris, in ipso transitu aliqua quae renovent cupiditates tuas
tibi occurrent. Quemadmodum ei qui amorem exuere cona- **3**
tur evitanda est omnis admonitio dilecti corporis (nihil enim
facilius quam amor recrudescit), ita qui deponere vult de-
sideria rerum omnium quarum cupiditate flagravit et oculos
et aures ab iis quae reliquit avertat. Cito rebellat adfectus. **4**
Quocumque se verterit, pretium aliquod praesens occupa-
tionis suae aspiciet. Nullum sine auctoramento malum est:
avaritia pecuniam promittit, luxuria multas ac varias volu-
ptates, ambitio purpuram et plausum et ex hoc potentiam et
quidquid ⟨potest⟩ potentia. Mercede te vitia sollicitant: hic **5**
tibi gratis vivendum est. Vix effici toto saeculo potest ut
vitia tam longa licentia tumida subigantur et iugum accipiant,
nedum si tam breve tempus intervallis discindimus; unam

2 pervenitur *b*: perveniatur *P* 4 aliunde alio *Haase*: alium de alium *p*: in alium de alio *Qγ* (*cf. pp. 173. 18, 320. 19 al.*) 6 desit *ω*: -iit V^2 12 ei ς: et *ω* 14–15 desideria rerum omnium *γ*: desideriarum omnium *p*: desideria omnium rerum *Q* 16 iis quae *p*V^1: usque *P*: his quae *Q*V^2*b* 21 potest potentia *Hense*: potentia *QVP*: potia *p*: potentia potest *b* 24 intervallis discindimus (intervallis *iam* ς, discindimus *Eras*[1].) *Beltrami*: intervallum discidimus Q^1*γ*: intervallum discedimus *p*, *Q man. rec.*: intervallis caedimus *Madvig*: in intervalla discindimus *F. Muller*

quamlibet rem vix ad perfectum perducit adsidua vigilia et
6 intentio. Si me quidem velis audire, hoc meditare et exerce, ut mortem et excipias et, si ita res suadebit, accersas: interest nihil, illa ad nos veniat an ad illam nos. Illud inperitissimi cuiusque verbum falsum esse tibi ipse persuade: 'bella res est mori sua morte'. Nemo moritur nisi sua morte. Illud praeterea tecum licet cogites: nemo nisi suo die moritur. Nihil perdis ex tuo tempore; nam quod relinquis alienum est. Vale.

2 et exerce *p*: et exerce te *Q*: exerce te *γ* 6 nemo . . . morte *om.* *γ* 9 *post* Vale *add.* SENECA AD LVCILIVM LIBER VII EXPLICIT. INCIPIT EIVSDEM LIBER VIII *pQ*: *om.* *γ*, *sed in V tres versus scriptura vacant.*

LIBER OCTAVVS

70 SENECA LVCILIO SVO SALVTEM

Post longum intervallum Pompeios tuos vidi. In conspe- 1
ctum adulescentiae meae reductus sum; quidquid illic iuvenis
feceram videbar mihi facere adhuc posse et paulo ante fecisse.
Praenavigavimus, Lucili, vitam et quemadmodum in mari, ut 2
ait Vergilius noster,

terraeque urbesque recedunt,

sic in hoc cursu rapidissimi temporis primum pueritiam
abscondimus, deinde adulescentiam, deinde quidquid est
illud inter iuvenem et senem medium, in utriusque confinio
positum, deinde ipsius senectutis optimos annos; novissime
incipit ostendi publicus finis generis humani. Scopulum esse 3
illum putamus dementissimi: portus est, aliquando petendus,
numquam recusandus, in quem si quis intra primos annos
delatus est, non magis queri debet quam qui cito navigavit.
Alium enim, ut scis, venti segnes ludunt ac detinent et tran-
quillitatis lentissimae taedio lassant, alium pertinax flatus
celerrime perfert. Idem evenire nobis puta: alios vita velocis- 4
sime adduxit quo veniendum erat etiam cunctantibus, alios
maceravit et coxit. Quae, ut scis, non semper retinenda est;
non enim vivere bonum est, sed bene vivere.

Itaque sapiens vivet quantum debet, non quantum potest.
Videbit ubi victurus sit, cum quibus, quomodo, quid acturus. 5
Cogitat semper qualis vita, non quanta sit. [sit] Si multa

8 *Verg. Aen. 3. 72; cf. epist. 28. 1.*   10 *cf. Verg. Aen. 3. 291.*

---

6 praenavigamus *Q*   7 vergilius *pV*¹: vir- *rell.*   9 occursu *Q*δ   16 delatus *V*²: dil- ω   21 ut γ: *om. pQ*   23 vivit δ   25 cogita *Q*   si multa ς: sit simulata *pQ*: si simulata γ: sed simul atque *Haase*: simulac *Rossb.*

occurrunt molesta et tranquillitatem turbantia, emittit se; nec hoc tantum in necessitate ultima facit, sed cum primum illi coepit suspecta esse fortuna, diligenter circumspicit numquid illic desinendum sit. Nihil existimat sua referre, faciat finem an accipiat, tardius fiat an citius: non tamquam de magno detrimento timet; nemo multum ex stilicidio potest
6 perdere. Citius mori aut tardius ad rem non pertinet, bene mori aut male ad rem pertinet; bene autem mori est effugere male vivendi periculum. Itaque effeminatissimam vocem illius Rhodii existimo, qui cum in caveam coniectus esset a tyranno et tamquam ferum aliquod animal aleretur, suadenti cuidam ut abstineret cibo, 'omnia' inquit 'homini, dum vivit,
7 speranda sunt'. Ut sit hoc verum, non omni pretio vita emenda est. Quaedam licet magna, licet certa sint, tamen ad illa turpi infirmitatis confessione non veniam: ego cogitem in eo qui vivit omnia posse fortunam, potius quam cogitem in eo qui scit mori nil posse fortunam?

8 Aliquando tamen, etiam si certa mors instabit et destinatum sibi supplicium sciet, non commodabit poenae suae manum: sibi commodaret. Stultitia est timore mortis mori: venit qui occidat, expecta. Quid occupas? quare suscipis alienae crudelitatis procurationem? utrum invides carnifici
9 tuo an parcis? Socrates potuit abstinentia finire vitam et inedia potius quam veneno mori; triginta tamen dies in carcere et in expectatione mortis exegit, non hoc animo tamquam omnia fieri possent, tamquam multas spes tam longum tempus reciperet, sed ut praeberet se legibus, ut fruendum amicis extremum Socraten daret. Quid erat stultius quam

2 in *om. p* 4 illic *Beltrami* (*cf. p. 382. 9, T.L.L. vii. 1. 373. 41 sqq.*): illo *ω*: illo die *Mur.*: illico (ilico *Busche*) *Madvig*, *vix recte*: ideo *Brakman* 6 stilicidio *p*: stillic- *Qγ* (*cf. p. 71. 4*) 7 non pertinet (non *supra v. V*) *γ*: pert- non *pQ* 12 cuidam *γ*: quidam *p*: quidem *Q* 16–17 potius . . . fortunam *om. p* 19 commodabit *ς*: commendabit *γ*: -avit *pQ* 23 parces *pV* 25 in *om. Q*

mortem contemnere, venenum timere? Scribonia, gravis **10**
femina, amita Drusi Libonis fuit, adulescentis tam stolidi
quam nobilis, maiora sperantis quam illo saeculo quisquam
sperare poterat aut ipse ullo. Cum aeger a senatu in lectica
relatus esset non sane frequentibus exsequîs (omnes enim
necessarii deseruerant impie iam non reum sed funus), habere
coepit consilium utrum conscisceret mortem an expectaret.
Cui Scribonia 'quid te' inquit 'delectat alienum negotium
agere?' Non persuasit illi: manus sibi attulit, nec sine causa.
Nam post diem tertium aut quartum inimici moriturus
arbitrio si vivit, alienum negotium agit.

Non possis itaque de re in universum pronuntiare, cum **11**
mortem vis externa denuntiat, occupanda sit an expectanda;
multa enim sunt quae in utramque partem trahere possunt.
Si altera mors cum tormento, altera simplex et facilis est,
quidni huic inicienda sit manus? Quemadmodum navem
eligam navigaturus et domum habitaturus, sic mortem exi-
turus e vita. Praeterea quemadmodum non utique melior **12**
est longior vita, sic peior est utique mors longior. In nulla re
magis quam in morte morem animo gerere debemus. Exeat
qua impetum cepit: sive ferrum appetit sive laqueum sive
aliquam potionem venas occupantem, pergat et vincula servi-
tutis abrumpat. Vitam et aliis adprobare quisque debet,
mortem sibi: optima est quae placet. Stulte haec cogitantur: **13**
'aliquis dicet me parum fortiter fecisse, aliquis nimis temere,
aliquis fuisse aliquod genus mortis animosius'. Vis tu cogi-
tare id in manibus esse consilium ad quod fama non pertinet!
Hoc unum intuere, ut te fortunae quam celerrime eripias;
alioquin aderunt qui de facto tuo male existiment.

2 stolidi *Torrentius*: sol- *ω* 5 exsequis *p*: exequis V^1: exequiis V^2δ: exsequi studi is *Q* 6 tam *p* 14 possent *p* 17–18 sic mortem exiturus *om.* *γ* 19 longior mors *Q* 24 est *om.* *γ* 25 dicit δ 26 aliquod *P*: -quid *pQV*: -quis *b*

14 Invenies etiam professos sapientiam qui vim adferendam vitae suae negent et nefas iudicent ipsum interemptorem sui fieri: expectandum esse exitum quem natura decrevit. Hoc qui dicit non videt se libertatis viam cludere: nihil melius aeterna lex fecit quam quod unum introitum nobis **15** ad vitam dedit, exitus multos. Ego expectem vel morbi crudelitatem vel hominis, cum possim per media exire tormenta et adversa discutere? Hoc est unum cur de vita non possimus queri: neminem tenet. Bono loco res humanae sunt, quod nemo nisi vitio suo miser est. Placet? vive: non placet? **16** licet eo reverti unde venisti. Ut dolorem capitis levares, sanguinem saepe misisti; ad extenuandum corpus vena percutitur. Non opus est vasto vulnere dividere praecordia: scalpello aperitur ad illam magnam libertatem via et puncto securitas constat. Quid ergo est quod nos facit pigros inertesque? Nemo nostrum cogitat quandoque sibi ex hoc domicilio exeundum; sic veteres inquilinos indulgentia loci et con- **17** suetudo etiam inter iniurias detinet. Vis adversus hoc corpus liber esse? tamquam migraturus habita. Propone tibi quandoque hoc contubernio carendum: fortior eris ad necessitatem exeundi. Sed quemadmodum suus finis veniet in mentem **18** omnia sine fine concupiscentibus? Nullius rei meditatio tam necessaria est; alia enim fortasse exercentur in supervacuum. Adversus paupertatem praeparatus est animus: permansere divitiae. Ad contemptum nos doloris armavimus: numquam a nobis exegit huius virtutis experimentum integri ac sani felicitas corporis. Ut fortiter amissorum desideria pateremur praecepimus nobis: omnis quos amabamus superstites for-

3 expectandum ς: expecta novum (exsp- *Q*) ω 4 se *QV*: sed *p*: si δ libertati *Mur.* 9 possimus *Q*: -sumus γ: -semus *p* 10 vive γ: ut vive *p*: ut vivet *Q* 12 emisisti *Vb* 13 volnere *p* 19 esse Q^cP: esset *p*: esse et *Vb et fort.* Q^1 22 meditatio rei *Q*, *Beltrami* 26 a *om. p* exegit *p*: exiget *Q*γ 28 praecipimus *p* omnis *p*: omnes *Q*γ

tuna servavit. Huius unius rei usum qui exigat dies veniet. **19** Non est quod existimes magnis tantum viris hoc robur fuisse quo servitutis humanae claustra perrumperent; non est quod iudices hoc fieri nisi a Catone non posse, qui quam ferro non emiserat animam manu extraxit: vilissimae sortis homines ingenti impetu in tutum evaserunt, cumque e commodo mori non licuisset nec ad arbitrium suum instrumenta mortis eligere, obvia quaeque rapuerunt et quae natura non erant noxia vi sua tela fecerunt. Nuper in ludo bestiariorum unus e **20** Germanis, cum ad matutina spectacula pararetur, secessit ad exonerandum corpus—nullum aliud illi dabatur sine custode secretum; ibi lignum id quod ad emundanda obscena adhaerente spongia positum est totum in gulam farsit et interclusis faucibus spiritum elisit. Hoc fuit morti contumeliam facere. Ita prorsus, parum munde et parum decenter: quid est stultius quam fastidiose mori? O virum fortem, o dignum **21** cui fati daretur electio! Quam fortiter ille gladio usus esset, quam animose in profundam se altitudinem maris aut abscisae rupis inmisisset! Undique destitutus invenit quemadmodum et mortem sibi deberet et telum, ut scias ad moriendum nihil aliud in mora esse quam velle. Existimetur de facto hominis acerrimi ut cuique visum erit, dum hoc constet, praeferendam esse spurcissimam mortem servituti mundissimae.

Quoniam coepi sordidis exemplis uti, perseverabo; plus **22** enim a se quisque exiget, si viderit hanc rem etiam a contemptissimis posse contemni. Catones Scipionesque et alios quos

1 exigat ς: excitat ω 2 viribus *Q* 3 quo γ: quos *p*: quod *Q* 5 vilissimae] hutilissime *p*: cum vilissimae (cui Q^1) *Q*γ 6 evaserunt *Haase*: -erint *Q*γ: -erit *p* e commodo (ex com- *iam C. F. W. Mueller*) *Hense*: commodo (quo- *P*) γ: incommodo *pQ* 13–14 interclusis *Hense*: in perclusis *Q*γ: inperclusi *p*: vi praeclusis *vulg.*: [vi] praeclusis *Haase* 14 scriptum *p* 17 fasti δ electio (*sed* e *prius in ras. V*) γ: flecti *p*: electio flecti *Q* 20 deberet *frustra temptatum* (*cf. p.* 331. 25, *benef.* 1. 1. 8) 22–23 praeferendam V^cP: -dum *rell.* 25 a (*alterum*) *om. p*, *fort. recte* (*cf. pp.* 98. 14, 490. 20)

audire cum admiratione consuevimus supra imitationem positos putamus: iam ego istam virtutem habere tam multa exempla in ludo bestiario quam in ducibus belli civilis osten-
23 dam. Cum adveheretur nuper inter custodias quidam ad matutinum spectaculum missus, tamquam somno premente nutaret, caput usque eo demisit donec radiis insereret, et tamdiu se in sedili suo tenuit donec cervicem circumactu rotae frangeret; eodem vehiculo quo ad poenam ferebatur
24 effugit. Nihil obstat erumpere et exire cupienti: in aperto nos natura custodit. Cui permittit necessitas sua, circumspiciat exitum mollem; cui ad manum plura sunt per quae sese adserat, is dilectum agat et qua potissimum liberetur consideret: cui difficilis occasio est, is proximam quamque pro optima arripiat, sit licet inaudita, sit nova. Non deerit
25 ad mortem ingenium cui non defuerit animus. Vides quemadmodum extrema quoque mancipia, ubi illis stimulos adegit dolor, excitentur et intentissimas custodias fallant? Ille vir magnus est qui mortem sibi non tantum imperavit sed invenit. Ex eodem tibi munere plura exempla promisi.
26 Secundo naumachiae spectaculo unus e barbaris lanceam quam in adversarios acceperat totam iugulo suo mersit. 'Quare, quare' inquit 'non omne tormentum, omne ludibrium iamdudum effugio? quare ego mortem armatus expecto?' Tanto hoc speciosius spectaculum fuit quanto hone-
27 stius mori discunt homines quam occidere. Quid ergo? quod animi perditi quoque noxiosi habent non habebunt illi quos adversus hos casus instruxit longa meditatio et magistra rerum omnium ratio? Illa nos docet fati varios esse accessus, finem eundem, nihil autem interesse unde incipiat quod

6 eo demisit *p*: eodemmisit *V*: eo dimisit *Qδ* 8 quod pV^1 11 per *om. p* 13 considerat *Q* is *γ*: si *pQ* 16 illos QV^1b 17 et *om. p* 18 tantum non *Q* 22 inquid *p*: inquis *Qγ* 29 interesse] esse *p*

venit. Eadem illa ratio monet ut si licet moriaris ⟨quemad- 28
modum placet, si minus⟩ quemadmodum potes, et quidquid
obvenerit ad vim adferendam tibi invadas. Iniuriosum est
rapto vivere, at contra pulcherrimum mori rapto. Vale.

71 SENECA LVCILIO SVO SALVTEM

Subinde me de rebus singulis consulis, oblitus vasto nos mari 1
dividi. Cum magna pars consilii sit in tempore, necesse est
evenire ut de quibusdam rebus tunc ad te perferatur sententia
mea cum iam contraria potior est. Consilia enim rebus aptan-
tur; res nostrae feruntur, immo volvuntur; ergo consilium nasci
sub diem debet. Et hoc quoque nimis tardum est: sub manu,
quod aiunt, nascatur. Quemadmodum autem inveniatur
ostendam. Quotiens quid fugiendum sit aut quid petendum 2
voles scire, ad summum bonum, propositum totius vitae
tuae, respice. Illi enim consentire debet quidquid agimus:
non disponet singula, nisi cui iam vitae suae summa proposita
est. Nemo, quamvis paratos habeat colores, similitudinem
reddet, nisi iam constat quid velit pingere. Ideo peccamus
quia de partibus vitae omnes deliberamus, de tota nemo deli-
berat. Scire debet quid petat ille qui sagittam vult mittere, 3
et tunc derigere ac moderari manu telum: errant consilia
nostra, quia non habent quo derigantur; ignoranti quem
portum petat nullus suus ventus est. Necesse est multum in
vita nostra casus possit, quia vivimus casu. Quibusdam 4
autem evenit ut quaedam scire se nesciant; quemadmodum

1 eadem *QV*[c]: eodem *pγ* scilicet *Q* 1–2 quemadmodum . . . minus *supplevi exempli gratia Hensium secutus* 7 consilii sit] consilisti *p*, *unde* consili sit *coni. Hense* 11 et *secl. Haase, sed cf. pp. 7. 17, 27. 8 al.* tardum est nimis *γ* manu *p*: manu quoque *Q*: manu quoque sub manu *γ* 14 bonum *p*: bonum et *Qγ*

quaerimus saepe eos cum quibus stamus, ita plerumque finem summi boni ignoramus adpositum. Nec multis verbis nec circumitu longo quod sit summum bonum colliges: digito, ut ita dicam, demonstrandum est nec in multa spargendum. Quid enim ad rem pertinet in particulas illud diducere? cum possis dicere 'summum bonum est quod honestum est' et, quod magis admireris, 'unum bonum est quod honestum **5** est, cetera falsa et adulterina bona sunt'. Hoc si persuaseris tibi et virtutem adamaveris (amare enim parum est), quidquid illa contigerit, id tibi, qualecumque aliis videbitur, faustum felixque erit. Et torqueri, si modo iacueris ipso torquente securior, et aegrotare, si non male dixeris fortunae, si non cesseris morbo, omnia denique quae ceteris videntur mala et mansuescent et in bonum abibunt, si super illa eminueris. Hoc liqueat, nihil esse bonum nisi honestum: et omnia incommoda suo iure bona vocabuntur quae modo **6** virtus honestaverit. Multis videmur maiora promittere quam recipit humana condicio, non inmerito; ad corpus enim respiciunt. Revertantur ad animum: iam hominem deo metientur.

Erige te, Lucili virorum optime, et relinque istum ludum litterarium philosophorum qui rem magnificentissimam ad syllabas vocant, qui animum minuta docendo demittunt et conterunt: fies similis illis qui invenerunt ista, non qui docent et id agunt ut philosophia potius difficilis quam magna **7** videatur. Socrates, qui totam philosophiam revocavit ad mores et hanc summam dixit esse sapientiam, bona malaque

3 summo bono *p* colliges *Mur.*: -gis *ω*: -gas *Schweigh.* 10 contingerit p^1QV^1 13 quae] et *p* 14 in bonum *om. p* abibunt Q^cV: habib- Q^1b: habeb- *pP* 14–15 ille minueris pQ^1P 15–17 nisi ... virtus *om. p* 20 metientur. QV^cb^c: mentientur pV^1: -ietur *P*: -iuntur b^1 23 animum *γ*: -mam *pQ* 24 fies similis *γ*: fines similis *p*: dissimiles *Q*: fias similis *ς* *idque probat J. Mueller* 26 videatur. Socrates *hic desinit p* qui *secl. Haase*

distinguere, 'sequere' inquit 'illos, si quid apud te habeo aucto-
ritatis, ut sis beatus, et te alicui stultum videri sine. Quisquis
volet tibi contumeliam faciat et iniuriam, tu tamen nihil
patieris, si modo tecum erit virtus. Si vis' inquit 'beatus esse,
si fide bona vir bonus, sine contemnat te aliquis.' Hoc nemo
praestabit nisi qui omnia prior ipse contempserit, nisi qui
omnia bona exaequaverit, quia nec bonum sine honesto est
et honestum in omnibus par est.

'Quid ergo? nihil interest inter praeturam Catonis et **8**
repulsam? nihil interest utrum Pharsalica acie Cato vincatur
an vincat? hoc eius bonum, quo victis partibus non potest
vinci, par erat illi bono quo victor rediret in patriam et com-
poneret pacem?' Quidni par sit? eadem enim virtute et mala
fortuna vincitur et ordinatur bona; virtus autem non potest
maior aut minor fieri: unius staturae est. 'Sed Cn. Pompeius **9**
amittet exercitum, sed illud pulcherrimum rei publicae
praetextum, optimates, et prima acies Pompeianarum par-
tium, senatus ferens arma, uno proelio profligabuntur et tam
magni ruina imperii in totum dissiliet orbem: aliqua pars
eius in Aegypto, aliqua in Africa, aliqua in Hispania cadet.
Ne hoc quidem miserae rei publicae continget, semel ruere.'
Omnia licet fiant: Iubam in regno suo non locorum notitia **10**
adiuvet, non popularium pro rege suo virtus obstinatissima,
Uticensium quoque fides malis fracta deficiat et Scipionem
in Africa nominis sui fortuna destituat: olim provisum est ne
quid Cato detrimenti caperet. 'Victus est tamen.' Et hoc **11**
numera inter repulsas Catonis: tam magno animo feret ali-
quid sibi ad victoriam quam ad praeturam obstitisse. Quo

1 sequere, inquit, illos *sqq. Socrati parum apte tribui opinantes varie emendaverunt viri docti, nemo feliciter* 2 quisquis *Q*: -que *γ* 6 nisi qui omnia priori se contempserit *Q*, *corr. Beltrami*: *om. γ* 9 quid ergo . . . pacem (*v. 13*) *interlocutori recte dedit Hense* 12 erit *Madvig* 15 sed Cn. Pompeius *sqq. adversarii esse verba recte vidit Hense* caesar naso pompeius *Q*

die repulsus est lusit, qua nocte periturus fuit legit; eodem loco habuit praetura et vita excidere; omnia quae acciderent ferenda esse persuaserat sibi.

12 Quidni ille mutationem rei publicae forti et aequo pateretur animo? quid enim mutationis periculo exceptum? non terra, non caelum, non totus hic rerum omnium contextus, quamvis deo agente ducatur; non semper tenebit hunc ordi-
13 nem, sed illum ex hoc cursu aliquis dies deiciet. Certis eunt cuncta temporibus: nasci debent, crescere, extingui. Quaecumque supra nos vides currere et haec quibus innixi atque inpositi sumus veluti solidissimis carpentur ac desinent; nulli non senectus sua est. Inaequalibus ista spatiis eodem natura dimittit: quidquid est non erit, nec peribit sed resolvetur.
14 Nobis solvi perire est; proxima enim intuemur, ad ulteriora non prospicit mens hebes et quae se corpori addixerit; alioqui fortius finem sui suorumque pateretur, si speraret, ⟨ut⟩ omnia illa, sic vitam mortemque per vices ire et composita dissolvi, dissoluta componi, in hoc opere aeternam artem
15 cuncta temperantis dei verti. Itaque ut M. Cato, cum aevum animo percucurrerit, dicet, 'omne humanum genus, quodque est quodque erit, morte damnatum est; omnes quae usquam rerum potiuntur urbes quaeque alienorum imperiorum magna sunt decora, ubi fuerint aliquando quaeretur et vario exitii genere tollentur: alias destruent bella, alias desidia paxque ad inertiam versa consumet et magnis opibus exitiosa res, luxus. Omnes hos fertiles campos repentini maris inundatio abscondet aut in subitam cavernam considentis soli lapsus abducet. Quid est ergo quare indigner aut doleam, si

3 perferenda *Q* 5 quid] quidem *Q* 8 ex] de *Q* 10 innixi ς: inmixti ω 13 dimittit δ: dimittet *Q*: demittet *V* 14 ad] at *Castiglioni* 15 alioquin *Q* 16 ut *suppl. Haase* 19 dei verti δ: diei verti *V*: deverti *Q* m. cato *V*: cato δ: magister cato *Q* 20 percurrerit dicet *b*: -reret dicit *P* 24 exitii ς: exilii ω 26 repentina ς, *fort. recte* 28 abducet *QP*: adducet *b*: ducet *V*

exiguo momento publica fata praecedo?' Magnus animus deo **16** pareat et quidquid lex universi iubet sine cunctatione patiatur: aut in meliorem emittitur vitam lucidius tranquilliusque inter divina mansurus aut certe sine ullo futurus incommodo, si naturae remiscebitur et revertetur in totum. Non est ergo M. Catonis maius bonum honesta vita quam mors honesta, quoniam non intenditur virtus. Idem esse dicebat Socrates veritatem et virtutem. Quomodo illa non crescit, sic ne virtus quidem: habet numeros suos, plena est.

Non est itaque quod mireris paria esse bona, et quae ex **17** proposito sumenda sunt et quae si ita res tulit. Nam si hanc inaequalitatem receperis ut fortiter torqueri in minoribus bonis numeres, numerabis etiam in malis, et infelicem Socraten dices in carcere, infelicem Catonem vulnera sua animosius quam fecerat retractantem, calamitosissimum omnium Regulum fidei poenas etiam hostibus servatae pendentem. Atqui nemo hoc dicere, ne ex mollissimis quidem, ausus est; negant enim illum esse beatum, sed tamen negant miserum. Academici veteres beatum quidem esse etiam inter hos cru- **18** ciatus fatentur, sed non ad perfectum nec ad plenum, quod nullo modo potest recipi: nisi beatus est, in summo bono non est. Quod summum bonum est supra se gradum non habet, si modo illi virtus inest, si illam adversa non minuunt, si manet etiam comminuto corpore incolumis: manet autem. Virtutem enim intellego animosam et excelsam, quam incitat quidquid infestat. Hunc animum, quem saepe induunt gene- **19** rosae indolis iuvenes quos alicuius honestae rei pulchritudo percussit, ut omnia fortuita contemnant, profecto sapientia [non] infundet et tradet; persuadebit unum bonum esse

5 si] suaę ϛ: sui *Gemoll; sed traditam scripturam recte def. Axelson* naturat *b*: -ura *P* 8 quomodo] quod *Q* 11 si ita] subita ϛ 12 ut *Eras.*[1]: et ω 22 bonum δ: *om. QV* 23 illam *Q*[2]: illa ω 23–24 si manet ϛ: sed man- ω 24 incolumis *b*: -omis *QVP* 26 quem *vulg.*: quam ω 29 non *om.* ϛ: nobis *Chatelain*

quod honestum, hoc nec remitti nec intendi posse, non
magis quam regulam qua rectum probari solet flectes. Quid-
20 quid ex illa mutaveris iniuria est recti. Idem ergo de virtute
dicemus: et haec recta est, flexuram non recipit; †rigidari
quidem amplius intendi potest†. Haec de omnibus rebus
iudicat, de hac nulla. Si rectior ipsa non potest fieri, ne
quae ab illa quidem fiunt alia aliis rectiora sunt; huic enim
necesse est respondeant; ita paria sunt.
21 'Quid ergo?' inquis 'iacere in convivio et torqueri paria
sunt?' Hoc mirum videtur tibi? illud licet magis admireris:
iacere in convivio malum est, iacere in eculeo bonum est,
si illud turpiter, hoc honeste fit. Bona ista aut mala non efficit
materia sed virtus; haec ubicumque apparuit, omnia eiusdem
22 mensurae ac pretii sunt. In oculos nunc mihi manus intentat
ille qui omnium animum aestimat ex suo, quod dicam paria
bona esse honeste iudicantis ⟨et honeste periclitantis,⟩ quod
dicam paria bona esse eius qui triumphat et eius qui ante
currum vehitur invictus animo. Non putant enim fieri quid-
quid facere non possunt; ex infirmitate sua ferunt de virtute
23 sententiam. Quid miraris si uri, vulnerari, occidi, alligari
iuvat, aliquando etiam libet? Luxurioso frugalitas poena est,
pigro supplicii loco labor est, delicatus miseretur industrii,
desidioso studere torqueri est: eodem modo haec ad quae
omnes inbecilli sumus dura atque intoleranda credimus,
obliti quam multis tormentum sit vino carere aut prima luce

4–5 rigidari quidem amplius intendi potest *Q*: rig- quidam amp- int- potest *V*¹*b*: rig- quid amp- int- potes *P*: rig- quidem amp- nec int- potest *V*²: rig- quidem amp- potest int- non potest *Q man. rec.*: rigidari, quid amp- int- potest ? *dist. Buech.*: rigida re quid amp- int- potest? *Capps*: *alii alia* 6–7 ne quae *Haase*: neque *P*: nec quae *QVb* 9 inquis ς: inquit ω 11 iacere . . . malum est *Q*: *om.* γ 12 fit ς: sit ω effecit *Q* 16 et honeste periclitantis *suppl. Gertz* 19 de virt- ferunt γ 21 iuvat] iubet *Q* 22 miseretur *P*: miseritus (miserr- *V*) *QVb* industri ω 23 ad quae *b*: adque *V*: atque *QP*

excitari. Non ista difficilia sunt natura, sed nos fluvidi et
enerves. Magno animo de rebus magnis iudicandum est; **24**
alioqui videbitur illarum vitium esse quod nostrum est. Sic
quaedam rectissima, cum in aquam demissa sunt, speciem
curvi praefractique visentibus reddunt. Non tantum quid
videas, sed quemadmodum, refert: animus noster ad vera
perspicienda caligat. Da mihi adulescentem incorruptum et **25**
ingenio vegetum: dicet fortunatiorem sibi videri qui omnia
rerum adversarum onera rigida cervice sustollat, qui supra
fortunam extet. Non est mirum in tranquillitate non con-
cuti: illud mirare, ibi extolli aliquem ubi omnes deprimuntur,
ibi stare ubi omnes iacent. Quid est in tormentis, quid est in **26**
aliis quae adversa appellamus mali? hoc, ut opinor, succidere
mentem et incurvari et subcumbere. Quorum nihil sapienti
viro potest evenire: stat rectus sub quolibet pondere. Nulla
illum res minorem facit; nihil illi eorum quae ferenda sunt
displicet. Nam quidquid cadere in hominem potest in se
cecidisse non queritur. Vires suas novit; scit se esse oneri
ferendo. Non educo sapientem ex hominum numero nec **27**
dolores ab illo sicut ab aliqua rupe nullum sensum admittente
summoveo. Memini ex duabus illum partibus esse composi-
tum: altera est inrationalis, haec mordetur, uritur, dolet;
altera rationalis, haec inconcussas opiniones habet, intrepida
est et indomita. In hac positum est summum illud hominis
bonum. Antequam impleatur, incerta mentis volutatio est;
cum vero perfectum est, inmota illi stabilitas est. Itaque **28**
inchoatus et ad summa procedens cultorque virtutis, etiam
si adpropinquat perfecto bono sed ei nondum summam

1 nos] non δ fluidi *P* (*cf. p. 137. 7*) 3 alioqui V^1P: -quin QV^cb 4 dimissa *Q* 5 praefactique δ 10 extet *prop. Hense*: extat (exeat b^1) γ: exstat *Q*: exsistat ς mirum est γ 13 ut hoc δ 16 eorum quae] eorundem *Q* 18–19 esse oneri ferendo *b* (*cf. nat. 6. 22. 3*): oneri esse fer- *P*: esse natum oneri fer- *QV* 26 illi *Buech.*: illa ω

manum inposuit, ibit interim cessim et remittet aliquid ex
intentione mentis; nondum enim incerta trangressus est,
etiamnunc versatur in lubrico. Beatus vero et virtutis exactae
tunc se maxime amat cum fortissime expertus est, et metuen-
da ceteris, si alicuius honesti officii pretia sunt, non tantum
fert sed amplexatur multoque audire mavult 'tanto melior'
quam 'tanto felicior'.

29 Venio nunc illo quo me vocat expectatio tua. Ne extra
rerum naturam vagari virtus nostra videatur, et tremet
sapiens et dolebit et expallescet; hi enim omnes corporis
sensus sunt. Ubi ergo calamitas, ubi illud malum verum est?
illic scilicet, si ista animum detrahunt, si ad confessionem
30 servitutis adducunt, si illi paenitentiam sui faciunt. Sapiens
quidem vincit virtute fortunam, at multi professi sapientiam
levissimis nonnumquam minis exterriti sunt. Hoc loco no-
strum vitium est, qui idem a sapiente exigimus et a proficiente.
Suadeo adhuc mihi ista quae laudo, nondum persuadeo;
etiam si persuasissem, nondum tam parata haberem aut tam
31 exercitata ut ad omnes casus procurrerent. Quemadmodum
lana quosdam colores semel ducit, quosdam nisi saepius ma-
cerata et recocta non perbibit, sic alias disciplinas ingenia,
cum accepere, protinus praestant: haec, nisi alte descendit et
diu sedit et animum non coloravit sed infecit, nihil ex iis
32 quae promiserat praestat. Cito hoc potest tradi et paucissimis
verbis: unum bonum esse virtutem, nullum certe sine virtute,
et ipsam virtutem in parte nostri meliore, id est rationali,
positam. Quid erit haec virtus? iudicium verum et inmotum;
ab hoc enim impetus venient mentis, ab hoc omnis species

1 ibit *Gruter*: ibi *ω* ibi interim cessat et remittit *E. Thomas* 7 quam tanto *QV*: quam *P*: quanto *b* 9 tremet *vulg.*: -ebit *ω* 11 origo calamitas δ: origo calamitatis P^2 *vulg.* 16 qui idem QV^2: quidem V^1P: qui de *b* a (*prius*) *om.* δ 17 quae ista *Q* 19 exercitata (er *supra v. Q*) *QV*: -citatam *b*: -cita *P* (*cf. p. 193. 9*) 22 accipere *P*: accepero *b* 23 iis *prop. Hense*: his *ω* 26 meliori *Q*

quae impetum movet redigetur ad liquidum. Huic iudicio 33
consentaneum erit omnia quae virtute contacta sunt et bona
iudicare et inter se paria. Corporum autem bona corporibus
quidem bona sunt, sed in totum non sunt bona; his pretium
quidem erit aliquod, ceterum dignitas non erit; magnis inter
se intervallis distabunt: alia minora, alia maiora erunt. Et in 34
ipsis sapientiam sectantibus magna discrimina esse fateamur
necesse est: alius iam in tantum profecit ut contra fortunam
audeat attollere oculos, sed non pertinaciter (cadunt enim
nimio splendore praestricti), alius in tantum ut possit cum
illa conferre vultum, nisi iam pervenit ad summum et fiduciae
plenus est. Inperfecta necesse est labent et modo prodeant, 35
modo sublabantur aut succidant. Sublabentur autem, nisi
ire et niti perseveraverint; si quicquam ex studio et fideli
intentione laxaverint, retro eundum est. Nemo profectum
ibi invenit ubi reliquerat.

Instemus itaque et perseveremus; plus quam profligavimus 36
restat, sed magna pars est profectus velle proficere. Huius
rei conscius mihi sum: volo et mente tota volo. Te quoque
instinctum esse et magno ad pulcherrima properare impetu
video. Properemus: ita demum vita beneficium erit; alioquin
mora est, et quidem turpis inter foeda versantibus. Id agamus
ut nostrum omne tempus sit; non erit autem, nisi prius nos
nostri esse coeperimus. Quando continget contemnere utram- 37
que fortunam, quando continget omnibus oppressis adfecti-
bus et sub arbitrium suum adductis hanc vocem emittere 'vici'?
Quem vicerim quaeris? Non Persas nec extrema Medorum nec
si quid ultra Dahas bellicosum iacet, sed avaritiam, sed ambi-
tionem, sed metum mortis, qui victores gentium vicit. Vale.

5 magnus *b*: magis *Q* 8 proficit *Qb* 9 cadunt *Haase*: caed- *γ*: ced- *Q* 10 perstricti *QP* 11 nisi iam *Hense*: si iam *QV*: suam *δ*: is iam *ς*: alius iam *Madvig* 21 alioqui *P* 25 fortunam] naturam for (forte *ut vid.* P^2) *P*: naturam *b* contingit *Qb* 27 nec (*alterum*)] ne *δ* 29 vincit *Q*

72 SENECA LVCILIO SVO SALVTEM

1 Quod quaeris a me liquebat mihi (sic rem edidiceram) per
se; sed diu non retemptavi memoriam meam, itaque non
facile me sequitur. Quod evenit libris situ cohaerentibus, hoc
evenisse mihi sentio: explicandus est animus et quaecumque
apud illum deposita sunt subinde excuti debent, ut parata
sint quotiens usus exegerit. Ergo hoc in praesentia differa-
mus; multum enim operae, multum diligentiae poscit. Cum
primum longiorem eodem loco speravero moram, tunc istud
2 in manus sumam. Quaedam enim sunt quae possis et in cisio
scribere, quaedam lectum et otium et secretum desiderant.
Nihilominus his quoque occupatis diebus agatur aliquid et
quidem totis. Numquam enim non succedent occupationes
novae: serimus illas, itaque ex una exeunt plures. Deinde
ipsi nobis dilationem damus: 'cum hoc peregero, toto animo
incumbam' et 'si hanc rem molestam composuero, studio me
3 dabo'. Non cum vacaveris philosophandum est, sed ut philo-
sopheris vacandum est; omnia alia neglegenda ut huic ad-
sideamus, cui nullum tempus satis magnum est, etiam si a
pueritia usque ad longissimos humani aevi terminos vita
producitur. Non multum refert utrum omittas philosophiam
an intermittas; non enim ubi interrupta est manet, sed
eorum more quae intenta dissiliunt usque ad initia sua
recurrit, quod a continuatione discessit. Resistendum est
occupationibus, nec explicandae sed summovendae sunt.
Tempus quidem nullum est parum idoneum studio salutari;
atqui multi inter illa non student propter quae studendum
4 est. 'Incidet aliquid quod inpediat.' Non quidem eum cuius
animus in omni negotio laetus atque alacer est: inperfectis

2 sic rem] scirem *Q* edidicerem δ 12 nihilominus V^2: nihilminus *ω* 15 damus V^2P^2b: damnos V^1: danos P^1: gignant *Q* 17–18 sed . . . vacandum est *Q*: *om.* *γ* 18 neglegenda ⟨sunt⟩ ς 23 desiliunt *Q* 26 parum est *γ* 28 incidet *b man. rec.*: incide *ω*

adhuc interscinditur laetitia, sapientis vero contexitur gaudium, nulla causa rumpitur, nulla fortuna; semper et ubique tranquillus est. Non enim ex alieno pendet nec favorem fortunae aut hominis expectat. Domestica illi felicitas est;
exiret ex animo si intraret: ibi nascitur. Aliquando extrin- **5**
secus quo admoneatur mortalitatis intervenit, sed id leve et quod summam cutem stringat. Aliquo, inquam, incommodo adflatur; maximum autem illud bonum fixum est. Ita dico, extrinsecus aliqua sunt incommoda, velut in corpore interdum robusto solidoque eruptiones quaedam pustularum
et ulcuscula, nullum in alto malum est. Hoc, inquam, interest **6**
inter consummatae sapientiae virum et alium procedentis quod inter sanum et ex morbo gravi ac diutino emergentem, cui sanitatis loco est levior accessio: hic nisi adtendit, subinde gravatur et in eadem revolvitur, sapiens recidere non potest, ne incidere quidem amplius. Corpori enim ad tempus bona valetudo est, quam medicus, etiam si reddidit, non praestat—saepe ad eundem qui advocaverat excitatur:
⟨animus⟩ semel in totum sanatur. Dicam quomodo intellegas **7**
sanum: si se ipse contentus est, si confidit sibi, si scit omnia vota mortalium, omnia beneficia quae dantur petunturque, nullum in beata vita habere momentum. Nam cui aliquid accedere potest, id inperfectum est; cui aliquid abscedere potest, id inperpetuum est: cuius perpetua futura laetitia est, is suo gaudeat. Omnia autem quibus vulgus inhiat ultro citroque fluunt: nihil dat fortuna mancipio. Sed haec quoque

3 tranquillus *Haase*: -lum *ω* 8 maximus *δ* autem *Q*: ħ *V*: his *P*: is *b* est fixum *γ* 12 alium] aliae ut *Q* 14 levior est loco *Q* 15 adgravatur *Q* eadem *b*: eandem *QVP* recedere *Qb* 17 si etiam *Q* 18 qui *Lips.*: quem *ω* 19 animus *suppl. Mur.* intellegam *ς*, *fort. recte* (*cf. p. 11. 21*) 20 ipso V^1 (*cf. p. 13. 18*) 23 abscedere V^c: abscen- (asc- b^1) *γ*: abscin- *Q* 25 ⟨de⟩ suo *Zimmermann* (*conl. p. 64. 28*) 26 dat *b*: dant *QVP* fortunae V^2: fortuita P^2

fortuita tunc delectant cum illa ratio temperavit ac miscuit:
haec est quae etiam externa commendet, quorum avidis
8 usus ingratus est. Solebat Attalus hac imagine uti: 'vidisti
aliquando canem missa a domino frusta panis aut carnis
aperto ore captantem? quidquid excepit protinus integrum
devorat et semper ad spem venturi hiat. Idem evenit nobis:
quidquid expectantibus fortuna proiecit, id sine ulla volu-
ptate demittimus statim, ad rapinam alterius erecti et at-
toniti.' Hoc sapienti non evenit: plenus est; etiam si quid
obvenit, secure excipit ac reponit; laetitia fruitur maxima,
9 continua, sua. Habet aliquis bonam voluntatem, habet pro-
fectum, sed cui multum desit a summo: hic deprimitur
alternis et extollitur ac modo in caelum adlevatur, modo
defertur ad terram. Inperitis ac rudibus nullus praecipita-
tionis finis est; in Epicureum illud chaos decidunt, inane
10 sine termino. Est adhuc genus tertium eorum qui sapientiae
adludunt, quam non quidem contigerunt, in conspectu tamen
et, ut ita dicam, sub ictu habent: hi non concutiuntur, ne
11 defluunt quidem; nondum in sicco, iam in portu sunt. Ergo
cum tam magna sint inter summos imosque discrimina, cum
medios quoque sequatur fluctus suus, sequatur ingens peri-
culum ad deteriora redeundi, non debemus occupationibus
indulgere. Excludendae sunt: si semel intraverint, in locum
suum alias substituent. Principiis illarum obstemus: melius
non incipient quam desinent. Vale.

73 SENECA LVCILIO SVO SALVTEM

1 Errare mihi videntur qui existimant philosophiae fideliter
deditos contumaces esse ac refractarios, contemptores magi-

2 avidi *Q*: audis *P* 4 frustra δ 6 inhiat *Q* 8 dimittimus ω 14 inperitis ς: inped- (imp- *P*) ω 21 fluctus ς: fruc- ω 28 contemptores *P*: et cont- *QVb*

stratuum aut regum eorumve per quos publica administrantur.
Ex contrario enim nulli adversus illos gratiores sunt, nec in-
merito; nullis enim plus praestant quam quibus frui tran-
quillo otio licet. Itaque ii quibus multum ad propositum bene **2**
vivendi confert securitas publica necesse est auctorem huius
boni ut parentem colant, multo quidem magis quam illi
inquieti et in medio positi, qui multa principibus debent sed
multa et inputant, quibus numquam tam plene occurrere
ulla liberalitas potest ut cupiditates illorum, quae crescunt
dum implentur, exsatiet. Quisquis autem de accipiendo
cogitat oblitus accepti est, nec ullum habet malum cupiditas
maius quam quod ingrata est. Adice nunc quod nemo eorum **3**
qui in re publica versantur quot vincat, sed a quibus vincatur,
aspicit; et illis non tam iucundum est multos post se videre
quam grave aliquem ante se. Habet hoc vitium omnis
ambitio: non respicit. Nec ambitio tantum instabilis est,
verum cupiditas omnis, quia incipit semper a fine. At ille **4**
vir sincerus ac purus, qui reliquit et curiam et forum et
omnem administrationem rei publicae ut ad ampliora
secederet, diligit eos per quos hoc ei facere tuto licet solusque
illis gratuitum testimonium reddit et magnam rem nesci-
entibus debet. Quemadmodum praeceptores suos veneratur
ac suspicit quorum beneficio illis inviis exît, sic et hos sub
quorum tutela positus exercet artes bonas.

'Verum alios quoque rex viribus suis protegit.' Quis negat? **5**
Sed quemadmodum Neptuno plus debere se iudicat ex iis
qui eadem tranquillitate usi sunt qui plura et pretiosiora illo
mari vexit, animosius a mercatore quam a vectore solvitur
votum, et ex ipsis mercatoribus effusius gratus est qui odores

3 frui] servire *Q* 4 hi *Qb* multum *Haase*: altum *ω* 13 quot *Q man. rec.*: quod (quos V^2) *ω* 16 insatiabilis *mavult Madvig* 20 solusque *Mur.*: -umque *ω* 21 redit *P*: reddidit *Q* 23 exit *ω*: -iit *vulg.* hos ς: his (is V^1) *ω* 25 quoque alios *γ*

ac purpuras et auro pensanda portabat quam qui vilissima quaeque et saburrae loco futura congesserat, sic huius pacis beneficium ad omnis pertinentis altius ad eos pervenit qui **6** illa bene utuntur. Multi enim sunt ex his togatis quibus pax operosior bello est: an idem existimas pro pace debere eos qui illam ebrietati aut libidini inpendunt aut aliis vitiis quae vel bello rumpenda sunt? Nisi forte tam iniquum putas esse sapientem ut nihil viritim se debere pro communibus bonis iudicet. Soli lunaeque plurimum debeo, et non uni mihi oriuntur; anno temperantique annum deo privatim obligatus sum, quamvis nihil in meum honorem * * * discripta sint. **7** Stulta avaritia mortalium possessionem proprietatemque discernit nec quicquam suum credit esse quod publicum est; at ille sapiens nihil magis suum iudicat quam cuius illi cum humano genere consortium est. Nec enim essent ista communia, nisi pars illorum pertineret ad singulos; socium efficit etiam quod ex minima portione commune est.

8 Adice nunc quod magna et vera bona non sic dividuntur ut exiguum in singulos cadat: ad unumquemque tota perveniunt. Ex congiario tantum ferunt homines quantum in capita promissum est; epulum et visceratio et quidquid aliud manu capitur discedit in partes: at haec individua bona, pax et libertas, ea tam omnium tota quam singulorum sunt. **9** Cogitat itaque per quem sibi horum usus fructusque contingat, per quem non ad arma illum nec ad servandas vigilias nec ad tuenda moenia et multiplex belli tributum publica necessitas vocet, agitque gubernatori suo gratias. Hoc docet philosophia praecipue, bene debere beneficia, bene solvere;

3 omnis *Q*: omnes *γ* 11 in meum honorem V^c: meum hon- *γ*: mecum honor est *Q* discripta sint (des- P^2) *γ*: dis- sunt *Q*: tempora dis- sint *coni. Hense*: ista dis- sunt *Castiglioni*: discriptio ista sit *Beltrami*^{2} 12 stulta *V*: et stul- *δ*: est stul- *Q* 14 iud- suum magis *δ* 15 ista *Eras.*^{1}: ita *ω* 21 et quicquid *ς*: quicquid V^c: quid *ω* 22 at V: ad *Qδ* 24 cogita *δ*, *corr.* P^2 28 debere *ς*: ded- *ω*

interdum autem solutio est ipsa confessio. Confitebitur ergo **10**
multum se debere ei cuius administratione ac providentia
contingit illi pingue otium et arbitrium sui temporis et
inperturbata publicis occupationibus quies.

> O Meliboee, deus nobis haec otia fecit;
> namque erit ille mihi semper deus.

Si illa quoque otia multum auctori suo debent quorum **11**
munus hoc maximum est,

> ille meas errare boves, ut cernis, et ipsum
> ludere quae vellem calamo permisit agresti,

quanti aestimamus hoc otium quod inter deos agitur, quod
deos facit?

Ita dico, Lucili, et te in caelum compendiario voco. Sole- **12**
bat Sextius dicere Iovem plus non posse quam bonum virum.
Plura Iuppiter habet quae praestet hominibus, sed inter duos
bonos non est melior qui locupletior, non magis quam inter
duos quibus par scientia regendi gubernaculum est meliorem
dixeris cui maius speciosiusque navigium est. Iuppiter quo **13**
antecedit virum bonum? diutius bonus est: sapiens nihilo
se minoris aestimat quod virtutes eius spatio breviore cludun-
tur. Quemadmodum ex duobus sapientibus qui senior decessit
non est beatior eo cuius intra pauciores annos terminata virtus
est, sic deus non vincit sapientem felicitate, etiam si vincit
aetate; non est virtus maior quae longior. Iuppiter omnia **14**
habet, sed nempe aliis tradidit habenda: ad ipsum hic unus
usus pertinet, quod utendi omnibus causa est: sapiens tam
aequo animo omnia apud alios videt contemnitque quam Iup-
piter et hoc se magis suspicit quod Iuppiter uti illis non potest,

5 *Verg. ecl.* 1. 6–7. 9 *Verg. ecl.* 1. 9–10.

2 admiratione *Q* 5 meliboee *b*: -boe *QVP* 13 compendiario *sic ω* solebat *b*: vol- *QVP* 20 aestimat ς: exist- *ω*

15 sapiens non vult. Credamus itaque Sextio monstranti pulcherrimum iter et clamanti 'hac

itur ad astra,

hac secundum frugalitatem, hac secundum temperantiam, hac secundum fortitudinem'. Non sunt dii fastidiosi, non
16 invidi: admittunt et ascendentibus manum porrigunt. Miraris hominem ad deos ire? Deus ad homines venit, immo quod est propius, in homines venit: nulla sine deo mens bona est. Semina in corporibus humanis divina dispersa sunt, quae si bonus cultor excipit, similia origini prodeunt et paria iis ex quibus orta sunt surgunt: si malus, non aliter quam humus sterilis ac palustris necat ac deinde creat purgamenta pro frugibus. Vale.

74 SENECA LVCILIO SVO SALVTEM

1 Epistula tua delectavit me et marcentem excitavit; memoriam quoque meam, quae iam mihi segnis ac lenta est, evocavit. Quidni tu, mi Lucili, maximum putes instrumentum vitae beatae hanc persuasionem unum bonum esse quod honestum est? Nam qui alia bona iudicat in fortunae venit potestatem, alieni arbitrii fit: qui omne bonum honesto
2 circumscripsit intra se felix ⟨est⟩. Hic amissis liberis maestus, hic sollicitus aegris, hic turpibus et aliqua sparsis infamia tristis; illum videbis alienae uxoris amore cruciari, illum suae; non deerit quem repulsa distorqueat; erunt quos ipse honor
3 vexet. Illa vero maxima ex omni mortalium populo turba miserorum quam expectatio mortis exagitat undique inpendens; nihil enim est unde non subeat. Itaque, ut in hostili

3 *Verg. Aen. 9. 641; cf. epist. 48. 11.*

5 dî *Vb* 18 beatae vitae δ 21 felix ⟨est⟩ ς: ⟨est⟩ felix *Hense* 22 aliqua sparsis infamia *Q man. rec.*, ς: -quam sparsis -iam *Q*[1]: -qua prorsus -ia (vel parsis *supra v.*) *b*: -quam passis -iam *VP vulg.* 25 vexat *Q*

regione versantibus, huc et illuc circumspiciendum est et ad omnem strepitum circumagenda cervix; nisi hic timor e pectore eiectus est, palpitantibus praecordiis vivitur. Occur- **4** rent acti in exilium et evoluti bonis; occurrent, quod genus egestatis gravissimum est, in divitîs inopes; occurrent naufragi similiave naufragis passi, quos aut popularis ira aut invidia, perniciosum optimis telum, inopinantis securosque disiecit procellae more quae in ipsa sereni fiducia solet emergere, aut fulminis subiti ad cuius ictum etiam vicina tremuerunt. Nam ut illic quisquis ab igne propior stetit percusso similis obstipuit, sic in his per aliquam vim accidentibus unum calamitas opprimit, ceteros metus, paremque passis tristitiam facit pati posse. Omnium animos mala aliena **5** ac repentina sollicitant. Quemadmodum aves etiam inanis fundae sonus territat, ita nos non ad ictum tantum exagitamur sed ad crepitum. Non potest ergo quisquam beatus esse qui huic se opinioni credidit. Non enim beatum est nisi quod intrepidum; inter suspecta male vivitur. Quisquis se multum **6** fortuitis dedit ingentem sibi materiam perturbationis et inexplicabilem fecit: una haec via est ad tuta vadenti, externa despicere et honesto esse contentum. Nam qui aliquid virtute melius putat aut ullum praeter illam bonum, ad haec quae a fortuna sparguntur sinum expandit et sollicitus missilia eius expectat. Hanc enim imaginem animo tuo pro- **7** pone, ludos facere fortunam et in hunc mortalium coetum honores, divitias, gratiam excutere, quorum alia inter diripientium manus scissa sunt, alia infida societate divisa, alia magno detrimento eorum in quos devenerant prensa. Ex quibus quaedam aliud agentibus inciderunt, quaedam, quia

4 evolupti δ 5 est] est et *Q* divitiis ω 7 inopinantis *Q*: -tes γ 9 vicina] vitia *P* (*cf. p. 40. 7*) 11 accedentibus *Q* 15 nos ita γ 21 dispicere *QP* esse contentum *Q*: contentum esse *V*: contemptum esse δ

nimis captabantur, amissa et dum avide rapiuntur expulsa sunt: nulli vero, etiam cui rapina feliciter cessit, gaudium rapti duravit in posterum. Itaque prudentissimus quisque, cum primum induci videt munuscula, a theatro fugit et scit magno parva constare. Nemo manum conserit cum recedente,
8 nemo exeuntem ferit: circa praemium rixa est. Idem in his evenit quae fortuna desuper iactat: aestuamus miseri, distringimur, multas habere cupimus manus, modo in hanc partem, modo in illam respicimus; nimis tarde nobis mitti videntur quae cupiditates nostras inritant, ad paucos perven-
9 tura, expectata omnibus; ire obviam cadentibus cupimus; gaudemus si quid invasimus invadendique aliquos spes vana delusit; vilem praedam magno aliquo incommodo luimus aut †de† fallimur. Secedamus itaque ab istis ludis et demus raptoribus locum; illi spectent bona ista pendentia et ipsi magis pendeant.

10 Quicumque beatus esse constituet, unum esse bonum putet quod honestum est; nam si ullum aliud existimat, primum male de providentia iudicat, quia multa incommoda iustis viris accidunt, et quia quidquid nobis dedit breve est et
11 exiguum si compares mundi totius aevo. Ex hac deploratione nascitur ut ingrati divinorum interpretes simus: querimur quod non semper, quod et pauca nobis et incerta et abitura contingant. Inde est quod nec vivere nec mori volumus: vitae nos odium tenet, timor mortis. Natat omne consilium nec implere nos ulla felicitas potest. Causa autem est quod non

1 expulsa QV^{c}: expulsi γ: excussa *Mur.*, *commendat Axelson* (*conl. pp. 99. 18, 117. 25, dial. 2. 9. 2*) 8–9 modo . . . partem *om.* γ 9 nimis] minus *Qb* 12 invadendique ς: invidendique (-quae *Q*) *QV*: invidentique *P*: *om. b* 13 aliquo] ilico *Q* 14 de *Q*: de aut $V^{1}P$: inde *b*: destituti *Buech.*: subinde *Castiglioni* 16 pendant *Q* 17 bonum esse *Q* 18 aliud] aliud esse *P vulg.* 20 nobis] boni *coni. Haase* 22 divinorum ⟨munerum⟩ *Gertz* (*conl. benef. 2. 29. 1*) 23 abitura $V^{c}b$: hab- $QV^{1}P$

pervenimus ad illud bonum immensum et insuperabile ubi
necesse est resistat voluntas nostra quia ultra summum non
est locus. Quaeris quare virtus nullo egeat? Praesentibus **12**
gaudet, non concupiscit absentia; nihil non illi magnum est
quod satis. Ab hoc discede iudicio: non pietas constabit,
non fides; multa enim utramque praestare cupienti patienda
sunt ex iis quae mala vocantur, multa inpendenda ex iis
quibus indulgemus tamquam bonis. Perit fortitudo, quae **13**
periculum facere debet sui; perit magnanimitas, quae non
potest eminere nisi omnia velut minuta contempsit quae pro
maximis vulgus optat; perit gratia et relatio gratiae si
timemus laborem, si quicquam pretiosius fide novimus, si
non optima spectamus.

Sed ut illa praeteream, aut ista bona non sunt quae vocan- **14**
tur aut homo felicior deo est, quoniam quidem quae cara
nobis sunt non habet in usu deus; nec enim libido ad illum
nec epularum lautitia nec opes nec quicquam ex his hominem
inescantibus et vili voluptate ducentibus pertinet. Ergo aut
credibile est bona deo deesse aut hoc ipsum argumentum est
bona non esse, quod deo desunt. Adice quod multa quae bona **15**
videri volunt animalibus quam homini pleniora contingunt.
Illa cibo avidius utuntur, venere non aeque fatigantur;
virium illis maior est et aequabilior firmitas: sequitur ut
multo feliciora sint homine. Nam sine nequitia, sine frau-
dibus degunt; fruuntur voluptatibus, quas et magis capiunt
et ex facili, sine ullo pudoris aut paenitentiae metu. Con- **16**
sidera tu itaque an id bonum vocandum sit quo deus ab

2 summum ς: -mam ω 5 quod ς: quia ω 6 enim *om.* δ
10–11 pro maximis ς: proximis ω: pro eximiis *vel* pro summis ς (*cf. p. 332. 16*) 11–12 si timemus V^2: si timemur QV^1P: estimaemur *b*: si timetur (labor) *Buech.* 12 laborem ς: labor ω 13 expectamus *Q* 15 cara *Axelson ex* V^2 (*conl. p. 306. 11*): para *QVP*, *sed* paria *et supra v.* vel cara V^2: parata *b vulg.* 17 lautitia *QV*: laetitia *b*: lautitiae *P*, *edd. recc.*
19 credibile ς: incred- ω: non incred- *Hense*[2], *fort. recte*

homine, ⟨homo ab animalibus⟩ vincitur. Summum bonum in animo contineamus: obsolescit si ab optima nostri parte ad pessimam transit et transfertur ad sensus, qui agiliores sunt animalibus mutis. Non est summa felicitatis nostrae in carne ponenda: bona illa sunt vera quae ratio dat, solida ac sempiterna, quae cadere non possunt, ne decrescere quidem **17** ac minui. Cetera opinione bona sunt et nomen quidem habent commune cum veris, proprietas [quidem] in illis boni non est; itaque commoda vocentur et, ut nostra lingua loquar, producta. Ceterum sciamus mancipia nostra esse, non partes, et sint apud nos, sed ita ut meminerimus extra nos esse; etiam si apud nos sint, inter subiecta et humilia numerentur propter quae nemo se attollere debeat. Quid enim stultius **18** quam aliquem eo sibi placere quod ipse non fecit? Omnia ista nobis accedant, non haereant, ut si abducentur, sine ulla nostri laceratione discedant. Utamur illis, non gloriemur, et utamur parce tamquam depositis apud nos et abituris. Quisquis illa sine ratione possedit non diu tenuit; ipsa enim se felicitas, nisi temperatur, premit. Si fugacissimis bonis credidit, cito deseritur, et, ut deseratur, adfligitur. Paucis deponere felicitatem molliter licuit: ceteri cum iis inter quae eminuere labuntur, et illos degravant ipsa quae extulerant. **19** Ideo adhibebitur prudentia, quae modum illis ac parsimoniam inponat, quoniam quidem licentia opes suas praecipitat atque urget, nec umquam inmodica durarunt nisi illa moderatrix ratio conpescuit. Hoc multarum tibi urbium ostendet eventus, quarum in ipso flore luxuriosa imperia ceciderunt, et quidquid virtute partum erat intemperantia corruit. Adversus hos casus muniendi sumus. Nullus autem

1 homo ab animalibus *suppl. Madvig*: ab animalibus homo *supplendum coni. Hense* 5 vera] et vera *Q* 8 quidem *om. ed. Arg.* 16 nostra *Q* 17 tamquam] quam δ 23 adhibebatur (b *alterum punct.*) *Q*

contra fortunam inexpugnabilis murus est: intus instruamur;
si illa pars tuta est, pulsari homo potest, capi non potest.
Quod sit hoc instrumentum scire desideras? Nihil indignetur 20
sibi accidere sciatque illa ipsa quibus laedi videtur ad con-
servationem universi pertinere et ex iis esse quae cursum
mundi officiumque consummant; placeat homini quidquid
deo placuit; ob hoc ipsum ⟨se⟩ suaque miretur, quod non
potest vinci, quod mala ipsa sub se tenet, quod ratione, qua
valentius nihil est, casum doloremque et iniuriam subigit.
Ama rationem! huius te amor contra durissima armabit. 21
Feras catulorum amor in venabula inpingit feritasque et
inconsultus impetus praestat indomitas; iuvenilia nonnum-
quam ingenia cupido gloriae in contemptum tam ferri quam
ignium misit; species quosdam atque umbra virtutis in
mortem voluntariam trudit: quanto his omnibus fortior ratio
est, quanto constantior, tanto vehementius per metus ipsos
et pericula exibit.

'Nihil agitis' inquit 'quod negatis ullum esse aliud honesto 22
bonum: non faciet vos haec munitio tutos a fortuna et in-
munes. Dicitis enim inter bona esse liberos pios et bene
moratam patriam et parentes bonos. Horum pericula non
potestis spectare securi: perturbabit vos obsidio patriae,
liberorum mors, parentum servitus.'

Quid adversus hos pro nobis responderi soleat ponam; 23
deinde tunc adiciam quid praeterea respondendum putem.
Alia condicio est in iis quae ablata in locum suum aliquid
incommodi substituunt: tamquam bona valetudo vitiata in
malam transfert; acies oculorum extincta caecitate nos adficit;
non tantum velocitas perit poplitibus incisis, sed debilitas pro
illa subit. Hoc non est periculum in iis quae paulo ante

4–5 conservationem ς: convers- ω   7 se *add.* ς   15 quando δ   18 ullum esse aliud ς: unum esse alius (aliud V^2) ω   28 transfertur V^2 *edd., sed traditam scripturam recte def. Axelson*   adficit ς: -fecit ω

rettulimus. Quare? si amicum bonum amisi, non est mihi pro illo perfidia patienda, nec si bonos liberos extuli, in illorum
24 locum impietas succedit. Deinde non amicorum illic aut liberorum interitus sed corporum est. Bonum autem uno modo perit, si in malum transit; quod natura non patitur, quia omnis virtus et opus omne virtutis incorruptum manet. Deinde etiam si amici perierunt, etiam si probati respondentesque voto patris liberi, est quod illorum expleat locum. Quid sit quaeris? quod illos quoque bonos fecerat, virtus.
25 Haec nihil vacare patitur loci, totum animum tenet, desiderium omnium tollit, sola satis est; omnium enim bonorum vis et origo in ipsa est. Quid refert an aqua decurrens intercipiatur atque abeat, si fons ex quo fluxerat salvus est? Non dices vitam iustiorem salvis liberis quam amissis nec ordinatiorem nec prudentiorem nec honestiorem; ergo ne meliorem quidem. Non facit adiectio amicorum sapientiorem, non facit stultiorem detractio; ergo nec beatiorem aut miseriorem. Quamdiu virtus salva fuerit, non senties quidquid abscesserit.
26 'Quid ergo? non est beatior et amicorum et liberorum turba succinctus?' Quidni non sit? Summum enim bonum nec infringitur nec augetur; in suo modo permanet, utcumque fortuna se gessit. Sive illi senectus longa contigit sive citra senectutem finitus est, eadem mensura summi boni est,
27 quamvis aetatis diversa sit. Utrum maiorem an minorem circulum scribas ad spatium eius pertinet, non ad formam: licet alter diu manserit, alterum statim obduxeris et in eum in quo scriptus est pulverem solveris, in eadem uterque forma fuit. Quod rectum est nec magnitudine aestimatur

1 rettulimus V^2: retull- V^1: retul- $Q\delta$ 3 illic *Buech.*: illis ω: ille ς 13 abeat ς: habet at QV^1: hebetet V^2: habitat δ 14 amissis V^2: amicis ω 16 adiectio *Madvig*: allecto QV^1b: alecto P: adlecto *et supra v.* adiecto V^2 amicorum (*vel* amici) ς: amico ω 17 detractio δ: -to QV 18 quidquid *Gertz*: quid QVP: qui b: si quid *Beltrami*

nec numero nec tempore; non magis produci quam contrahi
potest. Honestam vitam ex centum annorum numero in quan-
tum voles corripe et in unum diem coge: aeque honesta est.
Modo latius virtus funditur, regna urbes provincias tem- **28**
perat, fert leges, colit amicitias, inter propinquos liberosque
dispensat officia, modo arto fine circumdatur paupertatis
exilii orbitatis; non tamen minor est si ex altiore fastigio in
humile subducitur, in privatum ex regio, ex publico et
spatioso iure in angustias domus vel anguli coit. Aeque **29**
magna est, etiam si in se recessit undique exclusa; nihilo-
minus enim magni spiritus est et erecti, exactae prudentiae,
indeclinabilis iustitiae. Ergo aeque beata est; beatum enim
illud uno loco positum est, in ipsa mente, stabile, grande,
tranquillum, quod sine scientia divinorum humanorumque
non potest effici.

Sequitur illud quod me responsurum esse dicebam. Non **30**
adfligitur sapiens liberorum amissione, non amicorum;
eodem enim animo fert illorum mortem quo suam expectat;
non magis hanc timet quam illam dolet. Virtus enim con-
venientia constat: omnia opera eius cum ipsa concordant et
congruunt. Haec concordia perit si animus, quem excelsum
esse oportet, luctu aut desiderio summittitur. Inhonesta est
omnis trepidatio et sollicitudo, in ullo actu pigritia; honestum
enim securum et expeditum est, interritum est, in procinctu
stat. 'Quid ergo? non aliquid perturbationi simile patietur? **31**
non et color eius mutabitur et vultus agitabitur et artus
refrigescent? et quidquid aliud non ex imperio animi, sed
inconsulto quodam naturae impetu geritur?' Fateor; sed
manebit illi persuasio eadem, nihil illorum malum esse nec

6 circumdatur] concluditur *P*, *edd. recc.* 7–8 ex altiore fastigio in privatum ex regio in humilem (-le ς) subducitur ω: *transp. Axelson* 9 domus] domus suae *Q*V^1 10 etiam] iam *Q* 13 grande stabile *P*, *edd. recc.* 23 in] et in *Q*

32 dignum ad quod mens sana deficiat. Omnia quae facienda erunt audaciter faciet et prompte. Hoc enim stultitiae proprium quis dixerit, ignave et contumaciter facere quae faciat, et alio corpus inpellere, alio animum, distrahique inter diversissimos motus. Nam propter illa ipsa quibus extollit se miraturque contempta est, et ne illa quidem quibus gloriatur libenter facit. Si vero aliquod timetur malum, eo proinde, dum expectat, quasi venisset urguetur, et quidquid
33 ne patiatur timet iam metu patitur. Quemadmodum in corporibus infirmis languorem signa praecurrunt—quaedam enim segnitia enervis est et sine labore ullo lassitudo et oscitatio et horror membra percurrens—sic infirmus animus multo ante quam opprimatur malis quatitur; praesumit illa et ante tempus cadit. Quid autem dementius quam angi futuris nec se tormento reservare, sed arcessere sibi miserias et admovere? quas optimum est differre, si discutere non
34 possis. Vis scire futuro neminem debere torqueri? Quicumque audierit post quinquagesimum annum sibi patienda supplicia, non perturbatur nisi si medium spatium transiluerit et se in illam saeculo post futuram sollicitudinem inmiserit: eodem modo fit ut animos libenter aegros et captantes causas doloris vetera atque obliterata contristent. Et quae praeterierunt et quae futura sunt absunt: neutra sentimus. Non est autem nisi ex eo quod sentias dolor. Vale.

2 audaciter δ: -cter (aucd- *Q*) *QV* (*cf. p. 4. 17*) faciet *Th. Matthias*: -it ω 7 aliquod ς: -quid ω 8 quam si QV^1 urgetur δ 10 infirmis ς: insignis *QP et* (*in ras.*) *V*: -ni *b*: *del. P*, *om.* ς: instantis (languoris) *Brakman et P. Thomas* langore δ: languoris ς, *fort. recte* (*Hense confert dial. 5. 10. 2*) 11 enervis V^2P: nerv- QV^1b 17 possis Q^1: -sit $Q^c\gamma$ 23 sentimus ς: -iamus ω 24 *post* Vale *add.* L. ANNAEI SENECAE AD LVCILIVM MORALIVM LIBER VIII EXPLICIT. INCIPIT EIVSDEM LIBER VIIII *Q*: *om.* γ, *sed paginae quod reliquum est* (*decem versus*) *scriptura vacat in V*

LIBER NONVS

75 SENECA LVCILIO SVO SALVTEM

Minus tibi accuratas a me epistulas mitti quereris. Quis 1 enim accurate loquitur nisi qui vult putide loqui? Qualis sermo meus esset si una desideremus aut ambularemus, inlaboratus et facilis, tales esse epistulas meas volo, quae nihil habent accersitum nec fictum. Si fieri posset, quid 2 sentiam ostendere quam loqui mallem. Etiam si disputarem, nec supploderem pedem nec manum iactarem nec attollerem vocem, sed ista oratoribus reliquissem, contentus sensus meos ad te pertulisse, quos nec exornassem nec abiecissem. Hoc 3 unum plane tibi adprobare vellem, omnia me illa sentire quae dicerem, nec tantum sentire sed amare. Aliter homines amicam, aliter liberos osculantur; tamen in hoc quoque amplexu tam sancto et moderato satis apparet adfectus. Non mehercules ieiuna esse et arida volo quae de rebus tam magnis dicentur (neque enim philosophia ingenio renuntiat), multum tamen operae inpendi verbis non oportet. Haec sit 4 propositi nostri summa: quod sentimus loquamur, quod loquimur sentiamus; concordet sermo cum vita. Ille promissum suum implevit qui et cum videas illum et cum audias idem est. Videbimus qualis sit, quantus sit: unus est. Non 5 delectent verba nostra sed prosint. Si tamen contingere eloquentia non sollicito potest, si aut parata est aut parvo constat, adsit et res pulcherrimas prosequatur: sit talis ut res potius quam se ostendat. Aliae artes ad ingenium totae pertinent, hic animi negotium agitur. Non quaerit aeger 6 medicum eloquentem, sed si ita competit ut idem ille qui

5 desideremus *Q* (*cf. p. 12. 7, dial. 7. 28*): sed- *γ*   19 praepositi *Q*[1]*P*   21 implebit *Q*   22 est (*alterum*) *Madvig*: sit *ω*   28 eloquentem *Q man. rec.*: loqu- *ω*

sanare potest compte de iis quae facienda sunt disserat, boni consulet. Non tamen erit quare gratuletur sibi quod inciderit in medicum etiam disertum; hoc enim tale est quale si
7 peritus gubernator etiam formosus est. Quid aures meas scabis? quid oblectas? aliud agitur: urendus, secandus, abstinendus sum. Ad haec adhibitus es; curare debes morbum veterem, gravem, publicum; tantum negotii habes quantum in pestilentia medicus. Circa verba occupatus es? iamdudum gaude si sufficis rebus. Quando tam multa disces? quando quae didiceris adfiges tibi ita ut excidere non possint? quando illa experieris? Non enim, ut cetera, memoriae tradidisse satis est: in opere temptanda sunt; non est beatus qui scit illa, sed ⟨qui⟩ facit.

8 'Quid ergo? infra illum nulli gradus sunt? statim a sapientia praeceps est?' Non, ut existimo; nam qui proficit in numero quidem stultorum est, magno tamen intervallo ab illis diducitur. Inter ipsos quoque proficientes sunt magna discrimina: in tres classes, ut quibusdam placet, dividuntur.

9 Primi sunt qui sapientiam nondum habent sed iam in vicinia eius constiterunt; tamen etiam quod prope est extra est. Qui sint hi quaeris? qui omnes iam adfectus ac vitia posuerunt, quae erant conplectenda didicerunt, sed illis adhuc inexperta fiducia est. Bonum suum nondum in usu habent, iam tamen in illa quae fugerunt decidere non possunt; iam ibi sunt unde non est retro lapsus, sed hoc illis de se nondum liquet: quod in quadam epistula scripsisse me

26 in quadam epistula *epist. 71. 4.*

---

1 sanare V^2: -ri ω   disserat V^cb: -erant V^1: desserant *P*: disserunt *Q*   5 igitur QV^1P 9 quando tam *Q*: quando quae V^1P: quandoque V^2b 9–10 quando quae V^1b: quandoque QV^cP 10 didiceris . . . ita ut *bis* ω   13 qui *suppl.* ς (*confert Hense pp. 305. 24, 311. 18*)   17 deducitur *Qb*   20 extra ς: ex ora *QV*: ex hora δ   22 erunt QV^1P 24 decidere γ (*cf. p. 356. 23*): dedicere *Q*: recidere *Mur.* (*cf. p. 219. 15, clem. 1. 1. 6, dial. 4. 36. 4, 5. 39. 3 al.*)

memini, 'scire se nesciunt'. Iam contigit illis bono suo frui,
nondum confidere. Quidam hoc proficientium genus de quo **10**
locutus sum ita conplectuntur ut illos dicant iam effugisse
morbos animi, adfectus nondum, et adhuc in lubrico stare,
quia nemo sit extra periculum malitiae nisi qui totam eam
excussit; nemo autem illam excussit nisi qui pro illa sapien-
tiam adsumpsit. Quid inter morbos animi intersit et adfe- **11**
ctus saepe iam dixi. Nunc quoque te admonebo: morbi sunt
inveterata vitia et dura, ut avaritia, ut ambitio; nimio artius
haec animum inplicuerunt et perpetua eius mala esse coe-
perunt. Ut breviter finiam, morbus est iudicium in pravo
pertinax, tamquam valde expetenda sint quae leviter expeten-
da sunt; vel, si mavis, ita finiamus: nimis inminere leviter
petendis vel ex toto non petendis, aut in magno pretio
habere in aliquo habenda vel in nullo. Adfectus sunt motus **12**
animi inprobabiles, subiti et concitati, qui frequentes
neglectique fecere morbum, sicut destillatio una nec adhuc
in morem adducta tussim facit, adsidua et vetus pthisin.
Itaque qui plurimum profecere extra morbos sunt, adfectus
adhuc sentiunt perfecto proximi.

Secundum genus est eorum qui et maxima animi mala et **13**
adfectus deposuerunt, sed ita ut non sit illis securitatis suae
certa possessio; possunt enim in eadem relabi.

Tertium illud genus extra multa et magna vitia est, sed non **14**
extra omnia. Effugit avaritiam sed iram adhuc sentit; iam non
sollicitatur libidine, etiamnunc ambitione; iam non concupi-
scit, sed adhuc timet, et in ipso metu ad quaedam satis firmus
est, quibusdam cedit: mortem contemnit, dolorem reformidat.

3 dicam δ   9–10 nimio artius haec *Rossb. ex* ς (*ubi* nimia): nimia actus haec γ: minia (*corr. man. rec.*) ac vetus et *Q*   11 in] ut δ   15 aliquo QV^{c}: -qua γ   18 pthisin *Vb*: phisin *P*: phitissin (tisin *man. rec.*) *Q*   20 profecto *Qb*   proximi V^{c}: -mis ω   24 extra $V^{c}b^{c}$: extrama b^{1}: extrema $V^{1}P$: est extrema *Q*   26 etiamnunc *P*: et etiamnunc $QV^{1}b$ ambitione V^{2}: -nem ω

15 De hoc loco aliquid cogitemus: bene nobiscum agetur, si
in hunc admittimur numerum. Magna felicitate naturae
magnaque et adsidua intentione studii secundus occupatur
gradus; sed ne hic quidem contemnendus est color tertius.
Cogita quantum circa te videas malorum; aspice quam nullum
sit nefas sine exemplo, quantum cotidie nequitia proficiat,
quantum publice privatimque peccetur: intelleges satis nos
16 consequi, si inter pessimos non sumus. 'Ego vero' inquis 'spero
me posse et amplioris ordinis fieri.' Optaverim hoc nobis
magis quam promiserim: praeoccupati sumus, ad virtutem
contendimus inter vitia districti. Pudet dicere: honesta
colimus quantum vacat. At quam grande praemium expectat,
17 si occupationes nostras et mala tenacissima abrumpimus! Non
cupiditas nos, non timor pellet; inagitati terroribus, in-
corrupti voluptatibus, nec mortem horrebimus nec deos;
sciemus mortem malum non esse, deos malo non esse. Tam
inbecillum est quod nocet quam cui nocetur: optima vi noxia
18 carent. Expectant nos, ⟨si⟩ ex hac aliquando faece in illud
evadimus sublime et excelsum, tranquillitas animi et expulsis
erroribus absoluta libertas. Quaeris quae sit ista? Non
homines timere, non deos; nec turpia velle nec nimia; in se
ipsum habere maximam potestatem: inaestimabile bonum
est suum fieri. Vale.

76 SENECA LVCILIO SVO SALVTEM

1 Inimicitias mihi denuntias si quicquam ex iis quae cotidie
facio ignoraveris. Vide quam simpliciter tecum vivam: hoc
quoque tibi committam. Philosophum audio et quidem

7 peccatur δ 10 miserim *Q* 13 tenacissima *QV*c: tecis- γ
14 inagitati *b*: inagitat in *QP*: inagitati in *V* 16 malo *Hense*: maio
ω: malos *Q man. rec.*, *vulg.* 17 est *om.* δ 18 si *suppl.* ς
26 vide *P*: video *QVb*

quintum iam diem habeo ex quo in scholam eo et ab octava
disputantem audio. 'Bona' inquis 'aetate.' Quidni bona?
quid autem stultius est quam quia diu non didiceris non
discere? 'Quid ergo? idem faciam quod trossuli et iuvenes?' **2**
Bene mecum agitur si hoc unum senectutem meam dedecet:
omnis aetatis homines haec schola admittit. 'In hoc senescamus,
ut iuvenes sequamur?' In theatrum senex ibo et in
circum deferar et nullum par sine me depugnabit: ad philosophum
ire erubescam? Tamdiu discendum est quamdiu ne- **3**
scias; si proverbio credimus, quamdiu vivas. Nec ulli hoc rei
magis convenit quam huic: tamdiu discendum est quemadmodum
vivas quamdiu vivas. Ego tamen illic aliquid et
doceo. Quaeris quid doceam? etiam seni esse discendum.
Pudet autem me generis humani quotiens scholam intravi. **4**
Praeter ipsum theatrum Neapolitanorum, ut scis, transeundum
est Metronactis petenti domum. Illud quidem fartum
est, et ingenti studio quis sit pythaules bonus iudicatur;
habet tubicen quoque Graecus et praeco concursum: at in
illo loco in quo vir bonus quaeritur, in quo vir bonus discitur,
paucissimi sedent, et hi plerisque videntur nihil boni negotii
habere quod agant; inepti et inertes vocantur. Mihi contingat
iste derisus: aequo animo audienda sunt inperitorum
convicia et ad honesta vadenti contemnendus est ipse
contemptus.

Perge, Lucili, et propera, ne tibi accidat quod mihi, ut **5**
senex discas; immo ideo magis propera quoniam id nunc
adgressus es quod perdiscere vix senex possis. 'Quantum'

4 quid ergo . . . iuvenes *Lucilio dedit Schweigh.* 5 dedecet *Pinc.*: decet ω 6 homines aetatis *Q* admittat *Q* 6–7 in hoc . . . sequamur *Lucilio dedit Fick.* 7 sequantur *Q* 8 depugnavit *Q* 10–12 nec ulli . . . -diu vivas *om. Q* 16 petenti ς: -tis *QV*¹: -tes *V*ᶜδ 25 ne tibi *Q*: tibi ne (nec *P*) tibi γ: tibi ne et ipsi *Hense* (*conl. p. 459. 21*) 26 id nunc ς: id non ω: diu non *Buech.* 27 adgressus es ⟨adulescens⟩ *coni. Hense*

6 inquis 'proficiam?' Quantum temptaveris. Quid expectas?
nulli sapere casu obtigit. Pecunia veniet ultro, honor offere-
tur, gratia ac dignitas fortasse ingerentur tibi: virtus in te non
incidet. Ne levi quidem opera aut parvo labore cognoscitur;
sed est tanti laborare omnia bona semel occupaturo. Unum
est enim bonum quod honestum: in illis nihil invenies veri,
7 nihil certi, quaecumque famae placent. Quare autem unum
sit bonum quod honestum dicam, quoniam parum me ex-
secutum priore epistula iudicas magisque hanc rem tibi
laudatam quam probatam putas, et in artum quae dicta sunt
contraham.

8 Omnia suo bono constant. Vitem fertilitas commendat et
sapor vini, velocitas cervum; quam fortia dorso iumenta
sint quaeris, quorum hic unus est usus, sarcinam ferre; in
cane sagacitas prima est, si investigare debet feras, cursus, si
consequi, audacia, si mordere et invadere: id in quoque
9 optimum esse debet cui nascitur, quo censetur. In homine
quid est optimum? ratio: hac antecedit animalia, deos
sequitur. Ratio ergo perfecta proprium bonum est, cetera illi
cum animalibus satisque communia sunt. Valet: et leones.
Formonsus est: et pavones. Velox est: et equi. Non dico, in
his omnibus vincitur; non quaero quid in se maximum habeat,
sed quid suum. Corpus habet: et arbores. Habet impetum ac
motum voluntarium: et bestiae et vermes. Habet vocem:
sed quanto clariorem canes, acutiorem aquilae, graviorem
10 tauri, dulciorem mobilioremque luscinii? Quid est in homine
proprium? ratio: haec recta et consummata felicitatem homi-
nis implevit. Ergo si omnis res, cum bonum suum perfecit,
laudabilis est et ad finem naturae suae pervenit, homini

2 offeretur *ed. Ven. 1492*: effertur *QVP*: aff- *b*   7 autem *Q*: ır *V*: in *b*: *om. P*   10 et] set *coni. Hense*   13 vini *Q*[1]*VP*[c]: vinum *Q man. rec.*, δ   16 id in] id *P*: ad id *b*   18 optimum quid est δ, *fort. recte*   21 formonsus *V*[1]: -osus *rell.* (*cf. p. 94. 21*)   22 quid *om. Q*   23 habet corpus *Q*   26 est *Q*: *om.* γ   28 implebit *Buech.*

autem suum bonum ratio est, si hanc perfecit laudabilis est
et finem naturae suae tetigit. Haec ratio perfecta virtus
vocatur eademque honestum est. Id itaque unum bonum est **11**
in homine quod unum hominis est; nunc enim non quaeri-
mus quid sit bonum, sed quid sit hominis bonum. Si nullum
aliud est hominis quam ratio, haec erit unum eius bonum, sed
pensandum cum omnibus. Si sit aliquis malus, puto in-
probabitur; si bonus, puto probabitur. Id ergo in homine
primum solumque est quo et probatur et inprobatur.

Non dubitas an hoc sit bonum; dubitas an solum bonum **12**
sit. Si quis omnia alia habeat, valetudinem, divitias, imagines
multas, frequens atrium, sed malus ex confesso sit, inprobabis
illum; item si quis nihil quidem eorum quae rettuli habeat,
deficiatur pecunia, clientium turba, nobilitate et avorum
proavorumque serie, sed ex confesso bonus sit, probabis illum.
Ergo hoc unum est bonum hominis, quod qui habet, etiam
si aliis destituitur, laudandus est, quod qui non habet in
omnium aliorum copia damnatur ac reicitur. Quae condicio **13**
rerum, eadem hominum est: navis bona dicitur non quae
pretiosis coloribus picta est nec cui argenteum aut aureum
rostrum est nec cuius tutela ebore caelata est nec quae fiscis
atque opibus regiis pressa est, sed stabilis et firma et iuncturis
aquam excludentibus spissa, ad ferendum incursum maris
solida, gubernaculo parens, velox et non sentiens ventum;
gladium bonum dices non cui auratus est balteus nec cuius **14**
vagina gemmis distinguitur, sed cui et ad secandum subtilis
acies est et mucro munimentum omne rupturus; regula non
quam formosa, sed quam recta sit quaeritur: eo quidque
laudatur cui comparatur, quod illi proprium est. Ergo in **15**
homine quoque nihil ad rem pertinet quantum aret, quantum
feneret, a quam multis salutetur, quam pretioso incumbat
lecto, quam perlucido poculo bibat, sed quam bonus sit.

5 hominis *vulg.*: -ni *ω*   12 malus] magis *Q*   13 retuli *Qb*

Bonus autem est si ratio eius explicita et recta est et ad
16 naturae suae voluntatem accommodata. Haec vocatur virtus, hoc est honestum et unicum hominis bonum. Nam cum sola ratio perficiat hominem, sola ratio perfecte beatum facit; hoc autem unum bonum est quo uno beatus efficitur. Dicimus et illa bona esse quae a virtute profecta contractaque sunt, id est opera eius omnia; sed ideo unum ipsa bonum est
17 quia nullum sine illa est. Si omne in animo bonum est, quidquid illum confirmat, extollit, amplificat, bonum est; validiorem autem animum et excelsiorem et ampliorem facit virtus. Nam cetera quae cupiditates nostras inritant deprimunt quoque animum et labefaciunt et cum videntur attollere inflant ac multa vanitate deludunt. Ergo id unum
18 bonum est quo melior animus efficitur. Omnes actiones totius vitae honesti ac turpis respectu temperantur; ad haec faciendi et non faciendi ratio derigitur. Quid sit hoc dicam: vir bonus quod honeste se facturum putaverit faciet etiam [sine pecunia] si laboriosum erit, faciet etiam si damnosum erit, faciet etiam si periculosum erit; rursus quod turpe erit non faciet, etiam si pecuniam adferet, etiam si voluptatem, etiam si potentiam; ab honesto nulla re deterrebitur, ad
19 turpia nulla invitabitur. Ergo si honestum utique secuturus est, turpe utique vitaturus, et in omni actu vitae spectaturus haec duo, ⟨nec aliud bonum quam honestum⟩ nec aliud malum quam turpe, si una indepravata virtus est et sola permanet tenoris sui, unum est bonum virtus, cui iam accidere ne sit bonum non potest. Mutationis periculum effugit: stultitia ad sapientiam erepit, sapientia in stultitiam non revolvitur.

1 eius *om.* δ 2 naturae] aurae *Q* 4 perfecte *Gruter*: -ta ω
6 contactaque *Lips.* (*cf. p. 217. 2*) 7 ipsum bona δ 13 unum id γ
14 efficietur γ 18 sine pecunia *om.* ς 20 si (*alterum*) *om.* *Q*
24 nec aliud . . . honestum *add.* ς 27 ne ς: nec ω

Dixi, si forte meministi, et concupita vulgo et formidata **20**
inconsulto impetu plerosque calcasse: inventus est qui divitias
proiceret, inventus est qui flammis manum inponeret, cuius
risum non interrumperet tortor, qui in funere liberorum
lacrimam non mitteret, qui morti non trepidus occurreret;
amor enim, ira, cupiditas pericula depoposcerunt. Quod potest
brevis obstinatio animi, aliquo stimulo excitata, quanto magis
virtus, quae non ex impetu nec subito sed aequaliter valet, cui
perpetuum robur est? Sequitur ut quae ab inconsultis saepe **21**
contemnuntur, a sapientibus semper, ea nec bona sint nec
mala. Unum ergo bonum ipsa virtus est, quae inter hanc
fortunam et illam superba incedit cum magno utriusque
contemptu.

Si hanc opinionem receperis, aliquid bonum esse praeter **22**
honestum, nulla non virtus laborabit; nulla enim obtineri
poterit si quicquam extra se respexerit. Quod si est, rationi
repugnat, ex qua virtutes sunt, et veritati, quae sine ratione
non est; quaecumque autem opinio veritati repugnat falsa
est. Virum bonum concedas necesse est summae pietatis erga **23**
deos esse. Itaque quidquid illi accidit aequo animo sustine-
bit; sciet enim id accidisse lege divina qua universa procedunt.
Quod si est, unum illi bonum erit quod honestum; in hoc
enim positum ⟨est⟩ et parere diis nec excandescere ad subita
nec deplorare sortem suam, sed patienter excipere fatum et
facere imperata. Si ullum aliud est bonum quam honestum, **24**
sequetur nos aviditas vitae, aviditas rerum vitam instruen-

1 dixi *epist. 74. 21.*

---

1 et (*prius*) *om.* γ 2–3 inventus . . . proiceret *Q*: *om.* γ 3 inpon- manum γ 4 tortor qui δ: torqui QV^{1}: torqueri V^{2} 5 emitteret ς 6 amor enim *Chatelain*: amor ē in *V*: amore in δ: amor et *Q* 17 qua virtutes] virtute *Q* 21 sciat *Qb* 23 est *suppl. vulg.* dis *Vb* 26 sequeretur *Q*

tium, quod est intolerabile, infinitum, vagum. Solum ergo
bonum est honestum, cui modus est.

25 Diximus futuram hominum feliciorem vitam quam deo-
rum, si ea bona sunt quorum nullus diis usus est, tamquam
pecunia, honores. Adice nunc quod, si modo solutae corpori-
bus animae manent, felicior illis status restat quam est dum
versantur in corpore. Atqui si ista bona sunt quibus per cor-
pora utimur, emissis erit peius, quod contra fidem est, felici-
26 ores esse liberis et in universum datis clusas et obsessas. Illud
quoque dixeram, si bona sunt ea quae tam homini contingunt
quam mutis animalibus, et muta animalia beatam vitam
actura; quod fieri nullo modo potest. Omnia pro honesto
patienda sunt; quod non erat faciendum si esset ullum aliud
bonum quam honestum.

Haec quamvis latius exsecutus essem priore epistula,
27 constrinxi et breviter percucurri. Numquam autem vera tibi
opinio talis videbitur, nisi animum adleves et te ipse inter-
roges, si res exegerit ut pro patria moriaris et salutem omnium
civium tua redimas, an porrecturus sis cervicem non tantum
patienter sed etiam libenter. Si hoc facturus es, nullum aliud
bonum est; omnia enim relinquis ut hoc habeas. Vide quanta
vis honesti sit: pro re publica morieris, etiam si statim facturus
28 hoc eris cum scieris tibi esse faciendum. Interdum ex re
pulcherrima magnum gaudium etiam exiguo tempore ac
brevi capitur, et quamvis fructus operis peracti nullus ad
defunctum exemptumque rebus humanis pertineat, ipsa
tamen contemplatio futuri operis iuvat, et vir fortis ac iustus,

3 diximus *epist. 74. 14 et 16.*

---

4 nullus ς: nullum ω diis] dis *V*: *om. b* 7 versantur *b*: mers- *QVP* atque δ 9 clausas *VP* 10 tam V^c: iam ω 11 mutis Q^cV^c: multis ω 17 adleves et *P*: adlevas et *Vb*: adlevasset *Q* interroges *P*: -as *QVb* 22 honesti QV^c: -tis V^1b: -tas *P* pro re p. γ: propre *Q* (*cf. p. 36. 28*) 23 eris *b*: erit *QVP*

cum mortis suae pretia ante se posuit, libertatem patriae, salutem omnium pro quibus dependit animam, in summa voluptate est et periculo suo fruitur. Sed ille quoque cui **29** etiam hoc gaudium eripitur quod tractatio operis maximi et ultimi praestat, nihil cunctatus desiliet in mortem, facere recte pieque contentus. Oppone etiamnunc illi multa quae dehortentur, dic, 'factum tuum matura sequetur oblivio et parum grata existimatio civium'. Respondebit tibi, 'ista omnia extra opus meum sunt, ego ipsum contemplor; hoc esse honestum scio; itaque quocumque ducit ac vocat venio'.

Hoc ergo unum bonum est, quod non tantum perfectus **30** animus sed generosus quoque et indolis bonae sentit: cetera levia sunt, mutabilia. Itaque sollicite possidentur; etiam si favente fortuna in unum congesta sunt, dominis suis incubant gravia et illos semper premunt, aliquando et inludunt. Nemo ex istis quos purpuratos vides felix est, non magis quam **31** ex illis quibus sceptrum et chlamydem in scaena fabulae adsignant: cum praesente populo lati incesserunt et coturnati, simul exierunt, excalceantur et ad staturam suam redeunt. Nemo istorum quos divitiae honoresque in altiore fastigio ponunt magnus est. Quare ergo magnus videtur? cum basi illum sua metiris. Non est magnus pumilio licet in monte constiterit; colossus magnitudinem suam servabit etiam si steterit in puteo. Hoc laboramus errore, sic nobis inponitur, **32** quod neminem aestimamus eo quod est, sed adicimus illi et ea quibus adornatus est. Atqui cum voles veram hominis aestimationem inire et scire qualis sit, nudum inspice; ponat

4 quod ς: quam ω tractatio V^2: -tati ω maximi et ultimi *Sanctolonius*: -me et -mi Q: -me et -me δ: -mae et -mae V 8 gratia γ respondit γ 9 ergo γ 10 ac vocat] advocat δ 16 inlidunt *vel* elidunt *vulg.*, *sed confert Hense p. 240. 13* 18 clamydem V_c: -idem $Q\delta$ 23 non est *om.* δ 26 eo quod QV^c: eo quo V^1b: aequo P

patrimonium, ponat honores et alia fortunae mendacia, corpus ipsum exuat: animum intuere, qualis quantusque sit,
33 alieno an suo magnus. Si rectis oculis gladios micantes videt et si scit sua nihil interesse utrum anima per os an per iugulum exeat, beatum voca; si cum illi denuntiata sunt corporis tormenta et quae casu veniunt et quae potentioris iniuria, si vincula et exilia et vanas humanarum formidines mentium securus audit et dicit:

> 'non ulla laborum,
> o virgo, nova mi facies inopinave surgit;
> omnia praecepi atque animo mecum ipse peregi.

Tu hodie ista denuntias: ego semper denuntiavi mihi et
34 hominem paravi ad humana.' Praecogitati mali mollis ictus venit. At stultis et fortunae credentibus omnis videtur nova rerum et inopinata facies; magna autem pars est apud imperitos mali novitas. Hoc ut scias, ea quae putaverant aspera
35 fortius, cum adsuevere, patiuntur. Ideo sapiens adsuescit futuris malis, et quae alii diu patiendo levia faciunt hic levia facit diu cogitando. Audimus aliquando voces inperitorum dicentium 'sciebam hoc mihi restare': sapiens scit sibi omnia restare; quidquid factum est, dicit 'sciebam'. Vale.

77 SENECA LVCILIO SVO SALVTEM

1 Subito nobis hodie Alexandrinae naves apparuerunt, quae praemitti solent et nuntiare secuturae classis adventum: tabellarias vocant. Gratus illarum Campaniae aspectus est: omnis in pilis Puteolorum turba consistit et ex ipso genere

9 *Verg. Aen.* 6. *103–5*.

---

2 -que *om.* *Q* 3 rectis *Lips.*: erec- ω 4 et *secl. Castiglioni* an *om.* δ 6 eveniunt *Q* 7 fortitudines δ 9 ulla] nulla *QP* 10 o] omnium *Q* 11 praecepi *V*^c^: -cipi *QV*^1^: -cipit (-cipitantque *P*) δ ipse] ante *Verg.*

velorum Alexandrinas quamvis in magna turba navium
intellegit; solis enim licet siparum intendere, quod in alto
omnes habent naves. Nulla enim res aeque adiuvat cursum **2**
quam summa pars veli; illinc maxime navis urgetur. Itaque
quotiens ventus increbruit maiorque est quam expedit,
antemna summittitur: minus habet virium flatus ex humili.
Cum intravere Capreas et promunturium ex quo

alta procelloso speculatur vertice Pallas,

ceterae velo iubentur esse contentae: siparum Alexandrinarum
insigne [indicium] est.

In hoc omnium discursu properantium ad litus magnam **3**
ex pigritia mea sensi voluptatem, quod epistulas meorum
accepturus non properavi scire quis illic esset rerum mearum
status, quid adferrent: olim iam nec perit quicquam mihi
nec adquiritur. Hoc, etiam si senex non essem, fuerat sentien-
dum, nunc vero multo magis: quantulumcumque haberem,
tamen plus iam mihi superesset viatici quam viae, praesertim
cum eam viam simus ingressi quam peragere non est necesse.
Iter inperfectum erit si in media parte aut citra petitum **4**
locum steteris: vita non est inperfecta si honesta est; ubi-
cumque desines, si bene desines, tota est. Saepe autem et
fortiter desinendum est et non ex maximis causis; nam nec
eae maximae sunt quae nos tenent.

Tullius Marcellinus, quem optime noveras, adulescens **5**
quietus et cito senex, morbo et non insanabili correptus sed
longo et molesto et multa imperante, coepit deliberare de
morte. Convocavit complures amicos. Unusquisque aut, quia

8 *Auctorum inc. frg. 24 p. 359 Baehrens.*

4 urguetur Q^1 7 promunturium Q^1V^1: -muntorium *Q man. rec.*, *b*: -munctorium V^2P quo *om.* *Q* 10 indicium *secl. Mur.*: ⟨et⟩ indicium *Summers, fort. recte* 15 sciendum *Q* 18 simus ς: sumus ω 23 eae *Rossb.*: et ω: hee Q^2: hae ς 25 quietus] vietus *Kronenberg*

timidus erat, id illi suadebat quod sibi suasisset, aut, quia
adulator et blandus, id consilium dabat quod deliberanti
6 gratius fore suspicabatur. Amicus noster Stoicus, homo
egregius et, ut verbis illum quibus laudari dignus est laudem,
vir fortis ac strenuus, videtur mihi optime illum cohortatus.
Sic enim coepit: 'noli, mi Marcelline, torqueri tamquam de
re magna deliberes. Non est res magna vivere: omnes servi
tui vivunt, omnia animalia: magnum est honeste mori,
prudenter, fortiter. Cogita quamdiu iam idem facias: cibus,
somnus, libido—per hunc circulum curritur; mori velle non
tantum prudens aut fortis aut miser, etiam fastidiosus potest.'
7 Non opus erat suasore illi sed adiutore: servi parere nolebant.
Primum detraxit illis metum et indicavit tunc familiam periculum adire cum incertum esset an mors domini voluntaria
fuisset; alioqui tam mali exempli esse occidere dominum
8 quam prohibere. Deinde ipsum Marcellinum admonuit non
esse inhumanum, quemadmodum cena peracta reliquiae
circumstantibus dividantur, sic peracta vita aliquid porrigi
iis qui totius vitae ministri fuissent. Erat Marcellinus facilis
animi et liberalis etiam cum de suo fieret; minutas itaque
summulas distribuit flentibus servis et illos ultro consolatus
9 est. Non fuit illi opus ferro, non sanguine: triduo abstinuit
et in ipso cubiculo poni tabernaculum iussit. Solium deinde
inlatum est, in quo diu iacuit et calda subinde suffusa paulatim defecit, ut aiebat, non sine quadam voluptate, quam
adferre solet lenis dissolutio non inexperta nobis, quos
aliquando liquit animus.

10 In fabellam excessi non ingratam tibi; exitum enim amici
tui cognosces non difficilem nec miserum. Quamvis enim
mortem sibi consciverit, tamen mollissime excessit et vita

15 alioqui Q^1V^1P: -quin *Q man. rec.*, V^cb esse V^c: esset *ω* 18 dividantur *P*: -untur *QVb* 26 experta *Qb* 27 liquit] aliquid *δ* 30 consciverat *Q* vita elapsus Q^cV: vitae lapsus Q^1P: vitae elapsus *b*

elapsus est. Sed ne inutilis quidem haec fabella fuerit; saepe enim talia exempla necessitas exigit. Saepe debemus mori nec volumus, morimur nec volumus. Nemo tam inperitus est **11**
ut nesciat quandoque moriendum; tamen cum prope accessit, tergiversatur, tremit, plorat. Nonne tibi videtur stultissimus omnium qui flevit quod ante annos mille non vixerat? aeque stultus est qui flet quod post annos mille non vivet. Haec paria sunt: non eris nec fuisti; utrumque tempus alienum est. In hoc punctum coniectus es, quod ut extendas, **12**
quousque extendes? Quid fles? quid optas? perdis operam.

Desine fata deum flecti sperare precando.

Rata et fixa sunt et magna atque aeterna necessitate ducuntur: eo ibis quo omnia eunt. Quid tibi novi est? Ad hanc legem natus es; hoc patri tuo accidit, hoc matri, hoc maioribus, hoc omnibus ante te, hoc omnibus post te. Series invicta et nulla mutabilis ope inligavit ac trahit cuncta. Quantus te **13**
populus moriturorum sequetur, quantus comitabitur! Fortior, ut opinor, esses, si multa milia tibi commorerentur; atqui multa milia et hominum et animalium hoc ipso momento quo tu mori dubitas animam variis generibus emittunt. Tu autem non putabas te aliquando ad id perventurum ad quod semper ibas? Nullum sine exitu iter est.

Exempla nunc magnorum virorum me tibi iudicas relatu- **14**
rum? puerorum referam. Lacon ille memoriae traditur, inpubis adhuc, qui captus clamabat 'non serviam' sua illa Dorica lingua, et verbis fidem inposuit: ut primum iussus est fungi servili et contumelioso ministerio (adferre enim vas obscenum iubebatur), inlisum parieti caput rupit. Tam prope **15**

11 *Verg. Aen.* 6. 376.

5 videtur *QP*: videbitur *Vb* 6 flebit . . . vixerit (vixerit *iam* ς) *Madvig* 16 inmutabilis *QV*¹ 18 atque δ 27 servili fungi *P*, *edd. recc.*

libertas est: et servit aliquis? Ita non sic perire filium tuum malles quam per inertiam senem fieri? Quid ergo est cur perturberis, si mori fortiter etiam puerile est? Puta nolle te sequi: duceris. Fac tui iuris quod alieni est. Non sumes pueri spiritum, ut dicas 'non servio'? Infelix, servis hominibus, servis rebus, servis vitae; nam vita, si moriendi virtus abest,
16 servitus est. Ecquid habes propter quod expectes? voluptates ipsas quae te morantur ac retinent consumpsisti: nulla tibi nova est, nulla non iam odiosa ipsa satietate. Quis sit vini, quis mulsi sapor scis: nihil interest centum per vesicam tuam an mille amphorae transeant: saccus es. Quid sapiat ostreum, quid mullus optime nosti: nihil tibi luxuria tua in futuros annos intactum reservavit. Atqui haec sunt a quibus invitus
17 divelleris. Quid est aliud quod tibi eripi doleas? Amicos? scis enim amicus esse? Patriam? tanti enim illam putas ut tardius cenes? Solem? quem, si posses, extingueres: quid enim umquam fecisti luce dignum? Confitere non curiae te, non fori, non ipsius rerum naturae desiderio tardiorem ad moriendum fieri: invitus relinquis macellum, in quo nihil reliquisti.
18 Mortem times: at quomodo illam media boletatione contemnis! Vivere vis: scis enim? Mori times: quid porro? ista vita non mors est? C. Caesar, cum illum transeuntem per Latinam viam unus ex custodiarum agmine demissa usque in pectus vetere barba rogaret mortem, 'nunc enim' inquit 'vivis?' Hoc istis respondendum est quibus succursura mors est:
19 'mori times: nunc enim vivis?' 'Sed ego' inquit 'vivere volo, qui multa honeste facio; invitus relinquo officia vitae, quibus fideliter et industrie fungor.' Quid? tu nescis unum esse ex vitae officiis et mori? Nullum officium relinquis; non enim

7 ecquid ς: et quid ω 11 es ς: est ω 13 atque δ invitis *Q* 14–15 amicos scis enim *Q*: *om.* γ 16 solem? quem *sic dist. Wolters* 20 at *V*: ad *Q*δ media boletatione δ: media belet- V^{1}: mediabulo laet- *Q*: media delect- V^{2}: media oblect- ς 22 non *om. Q* C *Bentley*: t *V*: tullius (iulius *man. rec.*) *Q*: *om.* δ

certus numerus quem debeas explere finitur. Nulla vita est 20
non brevis; nam si ad naturam rerum respexeris, etiam Nestoris et Sattiae brevis est, quae inscribi monumento suo iussit annis se nonaginta novem vixisse. Vides aliquem gloriari senectute longa: quis illam ferre potuisset si contigisset centesimum implere? Quomodo fabula, sic vita: non quam diu, sed quam bene acta sit, refert. Nihil ad rem pertinet quo loco desinas. Quocumque voles desine: tantum bonam clausulam inpone. Vale.

78 SENECA LVCILIO SVO SALVTEM

Vexari te destillationibus crebris ac febriculis, quae longas 1
destillationes et in consuetudinem adductas sequuntur, eo molestius mihi est quia expertus sum hoc genus valetudinis, quod inter initia contempsi—poterat adhuc adulescentia iniurias ferre et se adversus morbos contumaciter gerere—deinde succubui et eo perductus sum ut ipse destillarem, ad summam maciem deductus. Saepe impetum cepi abrumpen- 2
dae vitae: patris me indulgentissimi senectus retinuit. Cogitavi enim non quam fortiter ego mori possem, sed quam ille fortiter desiderare non posset. Itaque imperavi mihi ut viverem; aliquando enim et vivere fortiter facere est.

Quae mihi tunc fuerint solacio dicam, si prius hoc dixero, 3
haec ipsa quibus adquiescebam medicinae vim habuisse; in remedium cedunt honesta solacia, et quidquid animum erexit etiam corpori prodest. Studia mihi nostra saluti fuerunt; philosophiae acceptum fero quod surrexi, quod convalui; illi vitam debeo et nihil illi minus debeo. Multum 4

3 Sattiae] Statiliae *Eras.*^{2} (*cf. Plin. nat. 7. 158, Mart. 3. 93. 20, C.I.L. vi. 9590*) 4 aliquem] -quam ς: aniculam *Mur.* gloriare δ
17 maciem QV^2: aciem γ 22 dixero ς: -eris ω 24 in] et in *Q*
27 illi minus *Qb*: minus illi *V*: minus *P*

autem mihi contulerunt ad bonam valetudinem ⟨et⟩ amici, quorum adhortationibus, vigiliis, sermonibus adlevabar. Nihil aeque, Lucili, virorum optime, aegrum reficit atque adiuvat quam amicorum adfectus, nihil aeque expectationem mortis ac metum subripit: non iudicabam me, cum illos superstites relinquerem, mori. Putabam, inquam, me victurum non cum illis, sed per illos; non effundere mihi spiritum videbar, sed tradere. Haec mihi dederunt voluntatem adiuvandi me et patiendi omne tormentum; alioqui miserrimum est, cum animum moriendi proieceris, non habere vivendi.

5 Ad haec ergo remedia te confer. Medicus tibi quantum ambules, quantum exercearis monstrabit; ne indulgeas otio, ad quod vergit iners valetudo; ut legas clarius et spiritum, cuius iter ac receptaculum laborat, exerceas; ut naviges et viscera molli iactatione concutias; quibus cibis utaris, vinum quando virium causa advoces, quando intermittas ne inritet et exasperet tussim. Ego tibi illud praecipio quod non tantum huius morbi sed totius vitae remedium est: contemne mortem. Nihil triste est cum huius metum effugimus.

6 Tria haec in omni morbo gravia sunt: metus mortis, dolor corporis, intermissio voluptatum. De morte satis dictum est: hoc unum dicam, non morbi hunc esse sed naturae metum. Multorum mortem distulit morbus et saluti illis fuit videri perire. Morieris, non quia aegrotas, sed quia vivis. Ista te res et sanatum manet; cum convalueris, non mortem sed valetudinem effugeris.

7 Ad illud nunc proprium incommodum revertamur: magnos

27 *sqq. Epicur. frg. 446 Us.; cf. epist. 94. 7.*

---

1 autem *Hense et Beltrami*: enim *Q*: *om.* γ   et *add. Hense*   5 me cum *vulg.*: metum ω   6 relinquerem ς: -ere ω   8 tradere *Q man. rec.*: trah- ω   9 alioqui V^1P^1: -quin *rell.*   17 exasperet tussim] ex ea sperrectus sim *P*: ex ea speret cursim *b*   23 salus *Q*, *fort. recte*   26 effugeris ς: -gies ω

cruciatus habet morbus, sed hos tolerabiles intervalla faciunt. Nam summi doloris intentio invenit finem; nemo potest valde dolere et diu; sic nos amantissima nostri natura disposuit ut dolorem aut tolerabilem aut brevem faceret. **8** Maximi dolores consistunt in macerrimis corporis partibus: nervi articulique et quidquid aliud exile est acerrime saevit cum in arto vitia concepit. Sed cito hae partes obstupescunt et ipso dolore sensum doloris amittunt, sive quia spiritus naturali prohibitus cursu et mutatus in peius vim suam qua viget admonetque nos perdit, sive quia corruptus umor, cum desiit habere quo confluat, ipse se elidit et iis quae nimis implevit excutit sensum. **9** Sic podagra et cheragra et omnis vertebrarum dolor nervorumque interquiescit cum illa quae torquebat hebetavit; omnium istorum prima verminatio vexat, impetus mora extinguitur et finis dolendi est optorpuisse. Dentium, oculorum, aurium dolor ob hoc ipsum acutissimus est quod inter angusta corporis nascitur, non minus, mehercule, quam capitis ipsius; sed si incitatior est, in alienationem soporemque convertitur. **10** Hoc itaque solacium vasti doloris est, quod necesse est desinas illum sentire si nimis senseris. Illud autem est quod inperitos in vexatione corporis male habet: non adsueverunt animo esse contenti; multum illis cum corpore fuit. Ideo vir magnus ac prudens animum diducit a corpore et multum cum meliore ac divina parte versatur, cum hac querula et fragili quantum necesse est. **11** 'Sed molestum est' inquit 'carere adsuetis voluptatibus,

1 cruciatus *V*c*b*: -tos *QV*¹*P* 2 intentio ⟨cito⟩ *Stephanus* 3 sit nos amicissima δ 4 ut] vi *P*: in *b* 9 et mutatus] inmutatus *Q* 11 se *om.* *Q* 13 nervorumque ς: et nervorumque (-rum quae *QV*²) ω: et nervorum *ed. Arg.* interquiescit ς: intertia scit *Q*: intentiae (intert- *V*c) scit scit *et in marg.* inter sciscit *V*: interciet scit *P*: intersciet scit *b* 14 hebetavit ς: -abit ω 15 impetus] longior imp- *Q* 18 mehercules ς, *fort. recte, sed cf. p.* 502. 6 21 illud autem . . . desieris (*p.* 252. 6) *ad p.* 254. 27 *post* lauda *traicienda coni. Bartsch* (*idem de* § 11 *iam susp. Haase*), *fort. recte* 24 diducit *V*: ded- *Q*δ

abstinere cibo, sitire, esurire.' Haec prima abstinentia gravia sunt, deinde cupiditas relanguescit ipsis per [se] quae cupimus fatigatis ac deficientibus; inde morosus est stomachus, inde quibus fuit aviditas cibi odium est. Desideria ipsa moriuntur; non est autem acerbum carere eo quod cupere
12 desieris. Adice quod nullus non intermittitur dolor aut certe remittitur. Adice quod licet cavere venturum et obsistere inminenti remediis; nullus enim non signa praemittit, utique qui ex solito revertitur. Tolerabilis est morbi patientia, si contempseris id quod extremum minatur.

13 Noli mala tua facere tibi ipse graviora et te querelis onerare: levis est dolor si nihil illi opinio adiecerit. Contra si exhortari te coeperis ac dicere 'nihil est aut certe exiguum est; duremus; iam desinet', levem illum, dum putas, facies. Omnia ex opinione suspensa sunt; non ambitio tantum ad illam respicit et luxuria et avaritia: ad opinionem dolemus.
14 Tam miser est quisque quam credidit. Detrahendas praeteritorum dolorum conquestiones puto et illa verba: 'nulli umquam fuit peius. Quos cruciatus, quanta mala pertuli! Nemo me surrecturum putavit. Quotiens deploratus sum a meis, quotiens a medicis relictus! In eculeum inpositi non sic distrahuntur.' Etiam si sunt vera ista, transierunt: quid iuvat praeteritos dolores retractare et miserum esse quia fueris? Quid quod nemo non multum malis suis adicit et sibi ipse mentitur? Deinde quod acerbum fuit ferre, tulisse iucundum est: naturale est mali sui fine gaudere. Circumcidenda ergo duo sunt, et futuri timor et veteris incommodi
15 memoria: hoc ad me iam non pertinet, illud nondum. In ipsis positus difficultatibus dicat,

2 per se quae γ: persequere *Q*: se *del. Mur.* 11 ipse *Haase*: ipsi ω 17 credit ς, *sed cf. p. 164. 26* 18 puta *Stephanus* 19 quantam mali *Q* 22 distrahuntur ς: det-ω 25 ferre tulisse *Bartsch*: ferre retul- *Q*: retul- (rett- *V*) γ

forsan et haec olim meminisse iuvabit.

Toto contra ille pugnet animo; vincetur si cesserit, vincet si se contra dolorem suum intenderit: nunc hoc plerique faciunt, adtrahunt in se ruinam cui obstandum est. Istud quod premit, quod inpendet, quod urguet, si subducere te coeperis, sequetur et gravius incumbet; si contra steteris et obniti volueris, repelletur. Athletae quantum plagarum ore, **16** quantum toto corpore excipiunt! ferunt tamen omne tormentum gloriae cupiditate nec tantum quia pugnant ista patiuntur, sed ut pugnent: exercitatio ipsa tormentum est. Nos quoque evincamus omnia, quorum praemium non corona nec palma est nec tubicen praedicationi nominis nostri silentium faciens, sed virtus et firmitas animi et pax in ceterum parta, si semel in aliquo certamine debellata fortuna est. 'Dolorem gravem sentio.' Quid ergo? non sentis si illum **17** muliebriter tuleris? Quemadmodum perniciosior est hostis fugientibus, sic omne fortuitum incommodum magis instat cedenti et averso. 'Sed grave est.' Quid? nos ad hoc fortes sumus, ut levia portemus? Utrum vis longum esse morbum an concitatum et brevem? Si longus est, habet intercapedinem, dat refectioni locum, multum temporis donat, necesse est, ut exsurgat, et desinat: brevis morbus ac praeceps alterutrum faciet, aut extinguetur aut extinguet. Quid autem interest, non sit an non sim? in utroque finis dolendi est.

Illud quoque proderit, ad alias cogitationes avertere **18** animum et a dolore discedere. Cogita quid honeste, quid fortiter feceris; bonas partes tecum ipse tracta; memoriam

1 *Verg. Aen. 1. 203.*

1 iuvabit $V^{2}b$: -avit $QV^{1}P$ 2 ille *Hense*: illa *QV*: illum δ: *del. Castiglioni* 5 urguet QVP^{c}: urget δ 10 patiantur *Q* 20 concitatum ς: cogit- ω 22 ut] et *Madvig* exsurgit *Haase, fort. recte* 23 extinguet] -guit *Q*

in ea quae maxime miratus es sparge; tunc tibi fortissimus
quisque et victor doloris occurrat: ille qui dum varices
exsecandas praeberet legere librum perseveravit, ille qui non
desiit ridere cum hoc ipsum irati tortores omnia instrumenta
crudelitatis suae experirentur. Non vincetur dolor ratione,
19 qui victus est risu? Quidquid vis nunc licet dicas, destillationes
et vim continuae tussis egerentem viscerum partes et febrem
praecordia ipsa torrentem et sitim et artus in diversum
articulis exeuntibus tortos: plus est flamma et eculeus et
lamina et vulneribus ipsis intumescentibus quod illa renovaret
et altius urgueret inpressum. Inter haec tamen aliquis non
gemuit. Parum est: non rogavit. Parum est: non respondit.
Parum est: risit et quidem ex animo. Vis tu post hoc dolorem
deridere?

20 'Sed nihil' inquit 'agere sinit morbus, qui me omnibus
abduxit officiis.' Corpus tuum valetudo tenet, non et animum.
Itaque cursoris moratur pedes, sutoris aut fabri manus inpedit:
si animus tibi esse in usu solet, suadebis docebis, audies di-
sces, quaeres recordaberis. Quid porro? nihil agere te credis si
temperans aeger sis? ostendes morbum posse superari vel
21 certe sustineri. Est, mihi crede, virtuti etiam in lectulo locus.
Non tantum arma et acies dant argumenta alacris animi in-
domitique terroribus: et in vestimentis vir fortis apparet.
Habes quod agas: bene luctare cum morbo. Si nihil te coegerit,
si nihil exoraverit, insigne prodis exemplum. O quam magna
erat gloriae materia, si spectaremur aegri! ipse te specta, ipse
te lauda.

22 Praeterea duo genera sunt voluptatum. Corporales morbus
inhibet, non tamen tollit; immo, si verum aestimes, incitat.

2 dum] cum *Haase, fort. recte* 4 cum] qui *Q* hoc] ob hoc *V*²ς mirati *Eras.*² 6 nunc] non δ 11 urgeret δ 13 hoc] haec ς 14 derideri *Q* 16 tuum *V*²: tum γ: tunc *Q* 17 inpedit *Axelson*: -iet ω 18 disces ς: dic- ω 19 nil *Q* 26 erit *Q* specta ς: ex(s)p- ω

Magis iuvat bibere sitientem, gratior est esurienti cibus; quidquid ex abstinentia contingit avidius excipitur. Illas vero animi voluptates, quae maiores certioresque sunt, nemo medicus aegro negat. Has quisquis sequitur et bene intellegit omnia sensuum blandimenta contemnit. 'O infelicem 23
aegrum!' Quare? quia non vino nivem diluit? quia non rigorem potionis suae, quam capaci scypho miscuit, renovat fracta insuper glacie? quia non ostrea illi Lucrina in ipsa mensa aperiuntur? quia non circa cenationem eius tumultus cocorum est ipsos cum opsoniis focos transferentium? Hoc enim iam luxuria commenta est: ne quis intepescat cibus, ne quid palato iam calloso parum ferveat, cenam culina prosequitur. 'O infelicem aegrum!' Edet quantum concoquat; 24
non iacebit in conspectu aper ut vilis caro a mensa relegatus, nec in repositorio eius pectora avium (totas enim videre fastidium est) congesta ponentur. Quid tibi mali factum est? cenabis tamquam aeger, immo aliquando tamquam sanus.

Sed omnia ista facile perferemus, sorbitionem, aquam 25
calidam, et quidquid aliud intolerabile videtur delicatis et luxu fluentibus magisque animo quam corpore morbidis: tantum mortem desinamus horrere. Desinemus autem, si fines bonorum ac malorum cognoverimus; ita demum nec vita taedio erit nec mors timori. Vitam enim occupare sa- 26
tietas sui non potest tot res varias, magnas, divinas percensentem: in odium illam sui adducere solet iners otium. Rerum naturam peragranti numquam in fastidium veritas veniet: falsa satiabunt. Rursus si mors accedit et vocat, licet inmatura 27
sit, licet mediam praecidat aetatem, perceptus longissimae fructus est. Cognita est illi ex magna parte natura; scit tempore honesta non crescere: iis necesse est videri omnem

12 ferveat] fuerat δ 14–15 relegatus V^2: relig- ω 28 satiabunt *V*: -buntur *Q*δ 29 longissimae *Madvig*: -me ω

vitam brevem qui illam voluptatibus vanis et ideo infinitis metiuntur.

28 His te cogitationibus recrea et interim epistulis nostris vaca. Veniet aliquando tempus quod nos iterum iungat ac misceat; quantulumlibet sit illud, longum faciet scientia utendi. Nam, ut Posidonius ait, 'unus dies hominum eruditorum plus patet
29 quam inperitis longissima aetas'. Interim hoc tene, hoc morde: adversis non succumbere, laetis non credere, omnem fortunae licentiam in oculis habere, tamquam quidquid potest facere factura sit. Quidquid expectatum est diu, levius accedit. Vale.

79 SENECA LVCILIO SVO SALVTEM

1 Expecto epistulas tuas quibus mihi indices circuitus Siciliae totius quid tibi novi ostenderit, et omnia de ipsa Charybdi certiora. Nam Scyllam saxum esse et quidem non terribile navigantibus optime scio: Charybdis an respondeat fabulis perscribi mihi desidero et, si forte observaveris (dignum est autem quod observes), fac nos certiores utrum uno tantum vento agatur in vertices an omnis tempestas aeque mare illud contorqueat, et an verum sit quidquid illo freti turbine abreptum est per multa milia trahi conditum et circa
2 Tauromenitanum litus emergere. Si haec mihi perscripseris, tunc tibi audebo mandare ut in honorem meum Aetnam quoque ascendas, quam consumi et sensim subsidere ex hoc colligunt quidam, quod aliquanto longius navigantibus solebat ostendi. Potest hoc accidere non quia montis altitudo

3 vaca *P. Thomas*: vacando ω: vacato (*et mox* aliquod) *Walter* 4 aliquando δ: -quod *QV* 6 posidonius *V*: poss- *Q*δ 10 lenius *Wolters*, *sed cf. p. 87. 15* 19 aeque ς: atque ω 20 freti] feri δ 25 aliquando *vulg.*, *fort. recte*

descendit, sed quia ignis evanuit et minus vehemens ac
largus effertur, ob eandem causam fumo quoque per diem
segniore. Neutrum autem incredibile est, nec montem qui
devoretur cotidie minui, nec manere eundem, quia non ipsum
⟨ignis⟩ exest sed in aliqua inferna valle conceptus exaestuat
et aliis pascitur, in ipso monte non alimentum habet sed
viam. In Lycia regio notissima est (Hephaestion incolae **3**
vocant), foratum pluribus locis solum, quod sine ullo nascen-
tium damno ignis innoxius circumit. Laeta itaque regio est
et herbida, nihil flammis adurentibus sed tantum vi remissa
ac languida refulgentibus.

Sed reservemus ista, tunc quaesituri cum tu mihi scripseris **4**
quantum ab ipso ore montis nives absint, quas ne aestas
quidem solvit; adeo tutae sunt ab igne vicino. Non est autem
quod istam curam inputes mihi; morbo enim tuo daturus
eras, etiam si nemo mandaret. Quid tibi do ne Aetnam de- **5**
scribas in tuo carmine, ne hunc sollemnem omnibus poetis
locum adtingas? Quem quominus Ovidius tractaret, nihil
obstitit quod iam Vergilius impleverat; ne Severum quidem
Cornelium uterque deterruit. Omnibus praeterea feliciter
hic locus se dedit, et qui praecesserant non praeripuisse mihi
videntur quae dici poterant, sed aperuisse. [Sed] Multum **6**
interest utrum ad consumptam materiam an ad subactam
accedas: crescit in dies, et inventuris inventa non obstant.
Praeterea condicio optima est ultimi: parata verba invenit,
quae aliter instructa novam faciem habent. Nec illis manus

1 minus ς: nimis ω 3 segniore ς: -nior ω 4 devoraretur δ eundem ⟨ignem⟩ *Rossb.*: ⟨ignem⟩ manere *Summers* 5 ignis *hoc loco addidi*, *post* exest *iam Buech.* exest *Haase*: ex eest V^1: ex se est QV^c: exesse δ 7 lycia *V*: licya *Q*δ 9 circumit ς: -iit ω 10 nil δ 16 mandaret. Quid tibi do ne Aetnam describas *Rubenius*: quid mandaret tibi donea etnam describat (-bas V^2) *V*: quid mandaret tibi donec aetnam describar *P*: quid manducare tibi donec ethnam describat *b*: quid mandaret tibi donec ethnam describit *Q* 19 vergilius *V*: virg- *Q*δ 22 sed *secl. Madvig*: et *Castiglioni* 24 ⟨haec⟩ crescit *Summers*

inicit tamquam alienis; sunt enim publica. [Iurisconsulti
7 negant quicquam publicum usu capi.] Aut ego te non novi
aut Aetna tibi salivam movet; iam cupis grande aliquid et
par prioribus scribere. Plus enim sperare modestia tibi tua
non permittit, quae tanta in te est ut videaris mihi retracturus
ingenii tui vires, si vincendi periculum sit: tanta tibi priorum
reverentia est.

8 Inter cetera hoc habet boni sapientia: nemo ab altero
potest vinci nisi dum ascenditur. Cum ad summum perve-
neris, paria sunt; non est incremento locus, statur. Numquid
sol magnitudini suae adicit? numquid ultra quam solet luna
procedit? Maria non crescunt; mundus eundem habitum
9 ac modum servat. Extollere se quae iustam magnitudinem
implevere non possunt: quicumque fuerint sapientes, pares
erunt et aequales. Habebit unusquisque ex iis proprias dotes:
alius erit affabilior, alius expeditior, alius promptior in
eloquendo, alius facundior: illud de quo agitur, quod beatum
10 facit, aequalest in omnibus. An Aetna tua possit sublabi et in
se ruere, an hoc excelsum cacumen et conspicuum per vasti
maris spatia detrahat adsidua vis ignium, nescio: virtutem
non flamma, non ruina inferius adducet; haec una maiestas
deprimi nescit. Nec proferri ultra nec referri potest; sic
huius, ut caelestium, stata magnitudo est. Ad hanc nos co-
11 nemur educere. Iam multum operis effecti est; immo, si
verum fateri volo, non multum. Nec enim bonitas est pessi-
mis esse meliorem: quis oculis glorietur qui suspicetur diem?
Cui sol per caliginem splendet, licet contentus interim sit
12 effugisse tenebras, adhuc non fruitur bono lucis. Tunc animus
noster habebit quod gratuletur sibi cum emissus his tenebris

1–2 iurisconsulti . . . capi *secl. Wolters conl. p. 315. 14, unde huc inlata sunt* 9 cum *Gronovius*: dum ω 14 implere *QP* 18 aequalest *Hense*: aequale ω: aequale est ς in (*prius*) *secl. Wiman* (*conl. p. 521. 18*) 21 inferius] ferius δ 26–27 diem? Cui . . . splendet *dist. Buech.*: diem, cui . . . splendet? *priores*

in quibus volutatur non tenui visu clara prospexerit, sed totum diem admiserit et redditus caelo suo fuerit, cum receperit locum quem occupavit sorte nascendi. Sursum illum vocant initia sua; erit autem illic etiam antequam hac custodia exsolvatur, cum vitia disiecerit purusque ac levis in cogitationes divinas emicuerit.

Hoc nos agere, Lucili carissime, in hoc ire impetu toto, **13** licet pauci sciant, licet nemo, iuvat. Gloria umbra virtutis est: etiam invitam comitabitur. Sed quemadmodum aliquando umbra antecedit, aliquando sequitur vel a tergo est, ita gloria aliquando ante nos est visendamque se praebet, aliquando in averso est maiorque quo serior, ubi invidia secessit. Quamdiu videbatur furere Democritus! Vix recepit **14** Socraten fama. Quamdiu Catonem civitas ignoravit! respuit nec intellexit nisi cum perdidit. Rutili innocentia ac virtus lateret, nisi accepisset iniuriam: dum violatur, effulsit. Numquid non sorti suae gratias egit et exilium suum complexus est? De his loquor quos inlustravit fortuna dum vexat: quam multorum profectus in notitiam evasere post ipsos! quam multos fama non excepit sed eruit! Vides Epicurum quanto- **15** pere non tantum eruditiores sed haec quoque inperitorum turba miretur: hic ignotus ipsis Athenis fuit, circa quas delituerat. Multis itaque iam annis Metrodoro suo superstes in quadam epistula, cum amicitiam suam et Metrodori grata commemoratione cecinisset, hoc novissime adiecit, nihil sibi et Metrodoro inter bona tanta nocuisse quod ipsos illa nobilis Graecia non ignotos solum habuisset sed paene inauditos. Numquid ergo non postea quam esse desierat inventus est? **16**

20 *Epicur. frg. 188 Us.*

2 cum] et eum *Madvig* 9 invitam ς: -ta *ω* 10 sequitur vel *om.* ς [vel] a tergo [est] *Préchac* 16 pereffulsit *Q* 19 in notitiam] innocentiam Q^1V^1b 20 quanto opere QV^1 27 grecia *Q*: graetia *V*: gratia δ

numquid non opinio eius enituit? Hoc Metrodorus quoque
in quadam epistula confitetur, se et Epicurum non satis
enotuisse; sed post se et Epicurum magnum paratumque
17 nomen habituros qui voluissent per eadem ire vestigia. Nulla
virtus latet, et latuisse non ipsius est damnum: veniet qui
conditam et saeculi sui malignitate conpressam dies publicet.
Paucis natus est qui populum aetatis suae cogitat. Multa
annorum milia, multa populorum supervenient: ad illa
respice. Etiam si omnibus tecum viventibus silentium livor
indixerit, venient qui sine offensa, sine gratia iudicent. Si
quod est pretium virtutis ex fama, nec hoc interit. Ad nos
quidem nihil pertinebit posterorum sermo; tamen etiam non
18 sentientes colet ac frequentabit. Nulli non virtus et vivo et
mortuo rettulit gratiam, si modo illam bona secutus est fide,
si se non exornavit et pinxit, sed idem fuit sive ex denuntiato
videbatur sive inparatus ac subito. Nihil simulatio proficit;
paucis inponit leviter extrinsecus inducta facies: veritas in
omnem partem sui eadem est. Quae decipiunt nihil habent
solidi. Tenue est mendacium: perlucet si diligenter inspexeris.
Vale.

80 SENECA LVCILIO SVO SALVTEM

1 Hodierno die non tantum meo beneficio mihi vaco sed spectaculi, quod omnes molestos ad sphaeromachian avocavit. Nemo inrumpet, nemo cogitationem meam inpediet, quae hac ipsa fiducia procedit audacius. Non crepabit subinde ostium, non adlevabitur velum: licebit tuto vadere, quod magis necessarium est per se eunti et suam sequenti viam.

1 *Metrod. frg. 43 Koerte.*

2–3 non satis . . . Epicurum *om.* δ 13 frequentabit *Q man. rec.*, *b*: -avit *Q*¹*VP* 14 rettulit *P*: retulit *QVb* 15 denuntiate δ 23 speromacheian ω 24 inrumpet *V*¹: -pit *rell.* 25 crepabit *von Jan*: crepuit ω 26 tuto *Hense*: uno ω

Non ergo sequor priores? facio, sed permitto mihi et invenire aliquid et mutare et relinquere; non servio illis, sed assentior.

Magnum tamen verbum dixi, qui mihi silentium promitte- **2**
bam et sine interpellatore secretum: ecce ingens clamor ex stadio perfertur et me non excutit mihi, sed in huius ipsius rei contemplationem transfert. Cogito mecum quam multi corpora exerceant, ingenia quam pauci; quantus ad spectaculum non fidele et lusorium fiat concursus, quanta sit circa artes bonas solitudo; quam inbecilli animo sint quorum lacertos umerosque miramur. Illud maxime revolvo mecum: **3**
si corpus perduci exercitatione ad hanc patientiam potest qua et pugnos pariter et calces non unius hominis ferat, qua solem ardentissimum in ferventissimo pulvere sustinens aliquis et sanguine suo madens diem ducat, quanto facilius animus conroborari possit ut fortunae ictus invictus excipiat, ut proiectus, ut conculcatus exsurgat. Corpus enim multis eget rebus ut valeat: animus ex se crescit, se ipse alit, se exercet. Illis multo cibo, multa potione opus est, multo oleo, longa denique opera: tibi continget virtus sine apparatu, sine inpensa. Quidquid facere te potest bonum tecum est. Quid **4**
tibi opus est ut sis bonus? velle. Quid autem melius potes velle quam eripere te huic servituti quae omnes premit, quam mancipia quoque condicionis extremae et in his sordibus nata omni modo exuere conantur? Peculium suum, quod comparaverunt ventre fraudato, pro capite numerant: tu non concupisces quanticumque ad libertatem pervenire, qui te in illa putas natum? Quid ad arcam tuam respicis? emi **5**
non potest. Itaque in tabellas vanum coicitur nomen libertatis, quam nec qui emerunt habent nec qui vendiderunt: tibi des oportet istud bonum, a te petas. Libera te primum metu mortis (illa nobis iugum inponit), deinde metu paupertatis.

3 dixit δ   6 contemplationem ς: contemptio- *QV*: contentio- δ
31 ille *Gemoll*

6 Si vis scire quam nihil in illa mali sit, compara inter se
pauperum et divitum vultus: saepius pauper et fidelius ridet;
nulla sollicitudo in alto est; etiam si qua incidit cura, velut
nubes levis transit: horum qui felices vocantur hilaritas ficta
est aut gravis et suppurata tristitia, eo quidem gravior
quia interdum non licet palam esse miseros, sed inter aeru-
7 mnas cor ipsum exedentes necesse est agere felicem. Saepius
hoc exemplo mihi utendum est, nec enim ullo efficacius
exprimitur hic humanae vitae mimus, qui nobis partes quas
male agamus adsignat. Ille qui in scaena latus incedit et haec
resupinus dicit,

> en impero Argis; regna mihi liquit Pelops,
> qua ponto ab Helles atque ab Ionio mari
> urguetur Isthmos,

8 servus est, quinque modios accipit et quinque denarios. Ille
qui superbus atque inpotens et fiducia virium tumidus ait,

> quod nisi quieris, Menelae, hac dextra occides,

diurnum accipit, in centunculo dormit. Idem de istis licet
omnibus dicas quos supra capita hominum supraque turbam
delicatos lectica suspendit: omnium istorum personata
9 felicitas est. Contemnes illos si despoliaveris. Equum empturus
solvi iubes stratum, detrahis vestimenta venalibus ne qua
vitia corporis lateant: hominem involutum aestimas? Man-
gones quidquid est quod displiceat, id aliquo lenocinio
abscondunt, itaque ementibus ornamenta ipsa suspecta sunt:
sive crus alligatum sive brachium aspiceres, nudari iuberes et

12 *Trag. Rom. frg. inc. 104–6, p. 289 Ribb.*[3]*; cf. Quint. inst. 9. 4. 140.*
17 *Trag. Rom. frg. inc. 27, p. 276 Ribb.*[3]

5 aut] at *Madvig* 6 palam] et palam *Q* 9 minus δ
11 resupino *Q* 12 en *V*: enim *Q*: *om.* δ agris δ regna] sceptra *Quint. loc. cit.* 14 urgetur δ 18 centunculo ς: -tuculo ω
24 id *Q*: *om.* γ

ipsum tibi corpus ostendi. Vides illum Scythiae Sarmatiaeve **10** regem insigni capitis decorum? Si vis illum aestimare totumque scire qualis sit, fasciam solve: multum mali sub illa latet. Quid de aliis loquor? si perpendere te voles, sepone pecuniam, domum, dignitatem, intus te ipse considera: nunc qualis sis aliis credis. Vale.

4 quid *vulg.*: quod *ω* 6 *post* Vale *add.* ANNAEI SENECAE AD LVCILIVM LIBER VIIII EXPLICIT. INCIPIT LIBER X EIVSDEM *Q*: *om.* *γ*, *sed tres versus vacuos reliquit V*

LIBER DECIMVS

81 SENECA LVCILIO SVO SALVTEM

1 Quereris incidisse te in hominem ingratum: si hoc nunc
primum, age aut fortunae aut diligentiae tuae gratias. Sed
nihil facere hoc loco diligentia potest nisi te malignum; nam
si hoc periculum vitare volueris, non dabis beneficia; ita ne
apud alium pereant, apud te peribunt. Non respondeant
potius quam non dentur: et post malam segetem serendum
est. Saepe quidquid perierat adsidua infelicis soli sterilitate
2 unius anni restituit ubertas. Est tanti, ut gratum invenias,
experiri et ingratos. Nemo habet tam certam in beneficiis
manum ut non saepe fallatur: aberrent, ut aliquando hae-
reant. Post naufragium maria temptantur; feneratorem non
fugat a foro coctor. Cito inerti otio vita torpebit, si relin-
quendum est quidquid offendit. Te vero benigniorem haec ipsa
res faciat; nam cuius rei eventus incertus est, id ut aliquando
procedat saepe temptandum est.

3 Sed de isto satis multa in iis libris locuti sumus qui de
beneficiis inscribuntur: illud magis quaerendum videtur,
quod non satis, ut existimo, explicatum est, an is qui profuit
nobis, si postea nocuit, paria fecerit et nos debito solverit.
Adice, si vis, et illud: multo plus postea nocuit quam ante
4 profuerat. Si rectam illam rigidi iudicis sententiam quaeris,
alterum ab altero absolvet et dicet, 'quamvis iniuriae prae-
ponderent, tamen beneficiis donetur quod ex iniuria superest'.

18 locuti sumus *benef. 1. 1. 9 sqq.*

---

5 nil δ   10 invenies *Q*   14 coctor *cf. benef. 4. 26. 3*   20 is qui ς: id quod ω   23 iudicis P^2: -cii *QV*: -cio *fort.* P^1, -tio *b*   24 dicit δ, *corr.* P^2 25 quod] tamen quod QVP^1

Plus nocuit, sed prius profuit; itaque habeatur et temporis
ratio. Iam illa manifestiora sunt quam ut admoneri debeas **5**
quaerendum esse quam libenter profuerit, quam invitus
nocuerit, quoniam animo et beneficia et iniuriae constant.
'Nolui beneficium dare; victus sum· aut verecundia aut
instantis pertinacia aut spe.' Eo animo quidque debetur quo **6**
datur, nec quantum sit sed a quali profectum voluntate
perpenditur. Nunc coniectura tollatur: et illud beneficium
fuit et hoc, quod modum beneficii prioris excessit, iniuria
est. Vir bonus utrosque calculos sic ponit ut se ipse circum-
scribat: beneficio adicit, iniuriae demit. Alter ille remissior
iudex, quem esse me malo, iniuriae oblivisci iubebit, officii
meminisse. 'Hoc certe' inquis 'iustitiae convenit, suum **7**
cuique reddere, beneficio gratiam, iniuriae talionem aut
certe malam gratiam.' Verum erit istud cum alius iniuriam
fecerit, alius beneficium dederit; nam si idem est, beneficio
vis iniuriae extinguitur. Nam cui, etiam si merita non
antecessissent, oportebat ignosci, post beneficia laedenti
plus quam venia debetur. Non pono utrique par pretium: **8**
pluris aestimo beneficium quam iniuriam. Non omnes esse
grati sciunt: debere beneficium potest etiam inprudens et
rudis et unus e turba, utique dum prope est ab accepto,
ignorat autem quantum pro eo debeat. Uni sapienti notum
est quanti res quaeque taxanda sit. Nam ille de quo loquebar
modo stultus, etiam si bonae voluntatis est, aut minus quam
debet aut ⟨alio quam debet⟩ tempore aut quo non debet loco
reddit; id quod referendum est effundit atque abicit.

Mira in quibusdam rebus verborum proprietas est, et **9**
consuetudo sermonis antiqui quaedam efficacissimis et officia

1 prius *Pinc. et sic ut vid.* P^2: plus *QVb* 2 ut *om.* *Qb* 7 sit sed V^2: sit nec QV^1P: nec *b* 12 iubebit *Gertz*: deb- *ω* 13 inquis *ς*: inquam *ω* 20 esse *Q*: *om.* *γ* 22 e *om.* δ, *suppl.* P^2 23 eo *om.* δ 26 alio quam debet *suppl. Buech.* aut tempore quo non debet aut loco *Madvig* 29 efficacissimis VP^2: -imi (-ima *Q man. rec.*) *Q*δ

docentibus notis signat. Sic certe solemus loqui: 'ille illi
gratiam rettulit'. Referre est ultro quod debeas adferre.
Non dicimus 'gratiam reddidit'; reddunt enim et qui re-
poscuntur et qui inviti et qui ubilibet et qui per alium. Non
dicimus 'reposuit beneficium' aut 'solvit': nullum nobis
10 placuit quod aeri alieno convenit verbum. Referre est ad
eum a quo acceperis rem ferre. Haec vox significat volun-
tariam relationem: qui rettulit, ipse se appellavit. Sapiens
omnia examinabit secum, quantum acceperit, a quo, ⟨quare,⟩
quando, ubi, quemadmodum. Itaque negamus quemquam
scire gratiam referre nisi sapientem, non magis quam bene-
ficium dare quisquam scit nisi sapiens—hic scilicet qui magis
11 dato gaudet quam alius accepto. Hoc aliquis inter illa
numerat quae videmur inopinata omnibus dicere (παράδοξα
Graeci vocant) et ait, 'nemo ergo scit praeter sapientem
referre gratiam? ergo nec quod debet creditori suo reponere
quisquam scit alius nec, cum emit aliquam rem, pretium
venditori persolvere?' ⟨Ne⟩ nobis fiat invidia, scito idem
dicere Epicurum. Metrodorus certe ait solum sapientem
12 referre gratiam scire. Deinde idem admiratur cum dicimus,
'solus sapiens scit amare, solus sapiens amicus est'. Atqui et
amoris et amicitiae pars est referre gratiam, immo hoc magis
vulgare est et in plures cadit quam vera amicitia. Deinde
idem admiratur quod dicimus fidem nisi in sapiente non esse,
tamquam non ipse idem dicat. An tibi videtur fidem habere
13 qui referre gratiam nescit? Desinant itaque infamare nos
tamquam incredibilia iactantes et sciant apud sapientem esse

19 *Metrod. frg.* 54 *Koerte.*

---

2 retulit *Qb* 6 acri *vulg.*: aere *ω* 7 rem ferre *P*[2]: referre *ω* 8 rettulit *V*: retulit *Qδ* 9 quare *suppl. Axelson* (*conl. p.* 383. 2, *benef.* 2. 16. 1, *nat.* 2. 48. 2) 14 ΠΑΡΑΔΟΞΑ *V*: ita ΓΑΡΑΔΟΖΛ *Q*: ΠΑΡΛΟΞΑ *P*: zaza (za *alterum punct.*) *b* 18 ne *suppl. P*[2]

ipsa honesta, apud vulgum simulacra rerum honestarum et
effigies. Nemo referre gratiam scit nisi sapiens. Stultus
quoque, utcumque scit et quemadmodum potest, referat;
scientia illi potius quam voluntas desit: velle non discitur.
Sapiens omnia inter se comparabit; maius enim aut minus **14**
fit, quamvis idem sit, tempore, loco, causa. Saepe enim hoc
⟨non⟩ potuere divitiae in domum infusae quod opportune
dati mille denarii. Multum enim interest donaveris an succur-
reris, servaverit illum tua liberalitas an instruxerit; saepe quod
datur exiguum est, quod sequitur ex eo magnum. Quantum
autem existimas interesse utrum aliquis quod daret a se [quod
praestabat] sumpserit an beneficium acceperit ut daret?

Sed ne in eadem quae satis scrutati sumus revolvamur, **15**
in hac comparatione beneficii et iniuriae vir bonus iudicabit
quidem quod erit aequissimum, sed beneficio favebit; in hanc
erit partem proclivior. Plurimum autem momenti persona **16**
solet adferre in rebus eiusmodi: 'dedisti mihi beneficium in
servo, iniuriam fecisti in patre; servasti mihi filium, sed
patrem abstulisti'. Alia deinceps per quae procedit omnis
conlatio prosequetur, et si pusillum erit quod intersit,
dissimulabit; etiam si multum fuerit, sed si id donari salva
pietate ac fide poterit, remittet, id est si ad ipsum tota per-
tinebit iniuria. Summa rei haec est: facilis erit in com- **17**
mutando; patietur plus inputari sibi; invitus beneficium per
compensationem iniuriae solvet; in hanc partem inclinabit,
huc verget, ut cupiat debere gratiam, cupiat referre. Errat
enim si quis beneficium accipit libentius quam reddit:
quanto hilarior est qui solvit quam qui mutuatur, tanto
debet laetior esse qui se maximo aere alieno accepti benefici

5 inter se omnia δ 6 hoc enim *Q* 7 non *suppl. vulg.* 11 daret a se *Madvig*: derata sed V^1P: dederat sed *Qb*: ded- et V^2: deerat a se *Haase* 11–12 quod praestabat *secl. Mur.*: quod praesto erat *Lips.*, *Madvig* 13 cruciati δ 15–16 hac erit parte *Q* 19 patrem *vulg.*: -tri *QVb*: -triam *in ras.* P^2 29 benefici *V*: -cii *Q*δ

18 exonerat quam qui cum maxime obligatur. Nam in hoc
quoque falluntur ingrati, quod creditori quidem praeter sor-
tem extra ordinem numerant, beneficiorum autem usum
esse gratuitum putant: et illa crescunt mora tantoque plus
solvendum est quanto tardius. Ingratus est qui beneficium
reddit sine usura; itaque huius quoque rei habebitur ratio,
cum conferentur accepta et expensa.

19 Omnia facienda sunt ut quam gratissimi simus. Nostrum
enim hoc bonum est, quemadmodum iustitia non est (ut vulgo
creditur) ad alios pertinens: magna pars eius in se redit.
Nemo non, cum alteri prodest, sibi profuit, non eo nomine
dico, quod volet adiuvare adiutus, protegere defensus, quod
bonum exemplum circuitu ad facientem revertitur (sicut
mala exempla recidunt in auctores nec ulla miseratio con-
tingit iis qui patiuntur iniurias quas posse fieri faciendo
docuerunt), sed quod virtutum omnium pretium in ipsis est.
Non enim exercentur ad praemium: recte facti fecisse merces
20 est. Gratus sum non ut alius mihi libentius praestet priori
inritatus exemplo, sed ut rem iucundissimam ac pulcherri-
mam faciam; gratus sum non quia expedit, sed quia iuvat.
Hoc ut scias ita esse, si gratum esse non licebit nisi ut videar
ingratus, si reddere beneficium non aliter quam per speciem
iniuriae potero, aequissimo animo ad honestum consilium per
mediam infamiam tendam. Nemo mihi videtur pluris aesti-
mare virtutem, nemo illi magis esse devotus quam qui boni
21 viri famam perdidit ne conscientiam perderet. Itaque, ut dixi,
maiore tuo quam alterius bono gratus es; illi enim vulgaris et
cotidiana res contigit, recipere quod dederat, tibi magna et
ex beatissimo animi statu profecta, gratum fuisse. Nam si
malitia miseros facit, virtus beatos, gratum autem esse virtus

1 maxime δ: maximo *Q*: eo maxime *V* 4 grauitum δ, *corr.* b^2 8 sumus δ, *corr. P* 12 quod ς: quo *QVb*: qui *P* 25 illis *b et fort.* P^1 qui *om. Q* 28 quod] quam *Q*: qui *P*

est, rem usitatam reddidisti, inaestimabilem consecutus es,
conscientiam grati, quae nisi in animum divinum fortuna-
tumque non pervenit.

[In] Contrarium autem huic adfectum summa infelicitas
urget: nemo sibi gratus est qui alteri non fuit. Hoc me putas
dicere, qui ingratus est miser erit? non differo illum: statim
miser est. Itaque ingrati esse vitemus non aliena causa sed **22**
nostra. Minimum ex nequitia levissimumque ad alios redun-
dat: quod pessimum ex illa est et, ut ita dicam, spississimum,
domi remanet et premit habentem, quemadmodum Attalus
noster dicere solebat, 'malitia ipsa maximam partem veneni
sui bibit'. Illud venenum quod serpentes in alienam per-
niciem proferunt, sine sua continent, non est huic simile: hoc
habentibus pessimum est. Torquet se ingratus et macerat; **23**
odit quae accepit, quia redditurus est, et extenuat, iniurias
vero dilatat atque auget. Quid autem eo miserius cui beneficia
excidunt, haerent iniuriae? At contra sapientia exornat
omne beneficium ac sibi ipsa commendat et se adsidua eius
commemoratione delectat. Malis una voluptas est et haec **24**
brevis, dum accipiunt beneficia, ex quibus sapienti longum
gaudium manet ac perenne. Non enim illum accipere sed
accepisse delectat, quod inmortale est et adsiduum. Illa
contemnit quibus laesus est, nec obliviscitur per neglegentiam
sed volens. Non vertit omnia in peius nec quaerit cui inputet **25**
casum, et peccata hominum ad fortunam potius refert. Non
calumniatur verba nec vultus; quidquid accidit benigne
interpretando levat. Non offensae potius quam offici meminit;
quantum potest in priore ac meliore se memoria detinet,
nec mutat animum adversus bene meritos nisi multum male
facta praecedunt et manifestum etiam conivent discrimen

4 in *ras. P*, *del. Madvig* 5 urguet *Q* 5–6 qui alteri . ingratus est *Q*: *om.* γ 14 ingratus se γ 19 commemoratio *Q* 21 illum *vulg.*: illud ω 27 officii ω 30 coniventi ς: contu- ω

est; tunc quoque in hoc dumtaxat, ut talis sit post maiorem
iniuriam qualis ante beneficium. Nam cum beneficio par est
26 iniuria, aliquid in animo benivolentiae remanet. Quemad-
modum reus sententiis paribus absolvitur et semper quid-
quid dubium est humanitas inclinat in melius, sic animus
sapientis, ubi paria maleficiis merita sunt, desinit quidem
debere, sed non desinit velle debere, et hoc facit quod qui post
tabulas novas solvunt.

27 Nemo autem esse gratus potest nisi contempsit ista propter
quae vulgus insanit: si referre vis gratiam, et in exilium
eundum est et effundendus sanguis et suscipienda egestas et
ipsa innocentia saepe maculanda indignisque obicienda ru-
28 moribus. Non parvo sibi constat homo gratus. Nihil carius
aestimamus quam beneficium quamdiu petimus, nihil vilius
cum accepimus. Quaeris quid sit quod oblivionem nobis
acceptorum faciat? cupiditas accipiendorum; cogitamus non
quid inpetratum sed quid petendum sit. Abstrahunt a recto
divitiae, honores, potentia et cetera quae opinione nostra cara
29 sunt, pretio suo vilia. Nescimus aestimare res, de quibus non
cum fama sed cum rerum natura deliberandum est; nihil
habent ista magnificum quo mentes in se nostras trahant
praeter hoc, quod mirari illa consuevimus. Non enim quia con-
cupiscenda sunt laudantur, sed concupiscuntur quia laudata
sunt, et cum singulorum error publicum fecerit, singulorum
30 errorem facit publicus. Sed quemadmodum illa credidimus,
sic et hoc eidem populo credamus, nihil esse grato animo ho-
nestius; omnes hoc urbes, omnes etiam ex barbaris regionibus
gentes conclamabunt; in hoc bonis malisque conveniet.
31 Erunt qui voluptates laudent, erunt qui labores malint;

5 animus ς: animo γ: in animo *Q* 6 desinit ς: -et ω desinet . . . desinet *vulg.* 7 post] potest δ 9 gratus esse δ 15 accipimus *Q* 16–17 numquid δ 26 eidem P^2: fidem ω (*cf. p. 154. 8*)

erunt qui dolorem maximum malum dicant, erunt qui ne
malum quidem appellent; divitias aliquis ad summum bonum
admittet, alius illas dicet malo vitae humanae repertas,
nihil esse eo locupletius cui quod donet fortuna non invenit:
in tanta iudiciorum diversitate referendam bene merentibus
gratiam omnes tibi uno, quod aiunt, ore adfirmabunt. In hoc
tam discors turba consentiet, cum interim iniurias pro bene-
ficiis reddimus, et prima causa est cur quis ingratus sit si satis
gratus esse non potuit. Eo perductus est furor ut periculosis- **32**
sima res sit beneficia in aliquem magna conferre; nam quia
putat turpe non reddere, non vult esse cui reddat. Tibi habe
quod accepisti; non repeto, non exigo: profuisse tutum sit.
Nullum est odium perniciosius quam e beneficii violati
pudore. Vale.

82 SENECA LVCILIO SVO SALVTEM

Desii iam de te esse sollicitus. 'Quem' inquis 'deorum **1**
sponsorem accepisti?' Eum scilicet qui neminem fallit,
animum recti ac boni amatorem. In tuto pars tui melior est.
Potest fortuna tibi iniuriam facere: quod ad rem magis
pertinet, non timeo ne tu facias tibi. I qua ire coepisti et in
isto te vitae habitu compone placide, non molliter. Male **2**
mihi esse malo quam molliter— ⟨'male'⟩ nunc sic excipe
quemadmodum a populo solet dici: dure, aspere, laboriose.
Audire solemus sic quorundam vitam laudari quibus in-
videtur: 'molliter vivit'; hoc dicunt, 'mollis est'. Paulatim
enim effeminatur animus atque in similitudinem otii sui et
pigritiae in qua iacet solvitur. Quid ergo? viro non vel

2 appellant $V^1P^1b^1$ 13 e *P*: me *QVb* 14 pudore *P*: pudere *QVb* 16 desi V^1b: desî *Rossb.* 19 fortuna] fortitudinem *Q* 20 i *V*: *om.* *Q*δ 22 male nunc *Mur.*: nunc ω: hoc ς accipe ς, *sed cf.* *p.* 27. 25 23 dicit δ

obrigescere satius est? * * * deinde idem delicati timent,
[morti] cui vitam suam fecere similem. Multum interest inter
3 otium et conditivum. 'Quid ergo?' inquis 'non satius est vel
sic iacere quam in istis officiorum verticibus volutari?'
Utraque res detestabilis est, et contractio et torpor. Puto,
aeque qui in odoribus iacet mortuus est quam qui rapitur
unco; otium sine litteris mors est et hominis vivi sepultura.
4 Quid deinde prodest secessisse? tamquam non trans maria nos
sollicitudinum causae persequantur. Quae latebra est in
quam non intret metus mortis? quae tam emunita et in
altum subducta vitae quies quam non dolor territet? quacum-
que te abdideris, mala humana circumstrepent. Multa extra
sunt quae circumeunt nos quo aut fallant aut urgeant, multa
5 intus quae in media solitudine exaestuant. Philosophia
circumdanda est, inexpugnabilis murus, quem fortuna mul-
tis machinis lacessitum non transit. In insuperabili loco
stat animus qui externa deseruit et arce se sua vindicat;
infra illum omne telum cadit. Non habet, ut putamus,
fortuna longas manus: neminem occupat nisi haerentem sibi.
6 Itaque quantum possumus ab illa resiliamus; quod sola
praestabit sui naturaeque cognitio. Sciat quo iturus sit, unde
ortus, quod illi bonum, quod malum sit, quid petat, quid
evitet, quae sit illa ratio quae adpetenda ac fugienda dis-
cernat, qua cupiditatum mansuescit insania, timorum
7 saexitia conpescitur. Haec quidam putant ipsos etiam sine
philosophia repressisse; sed cum securos aliquis casus expertus
est, exprimitur sera confessio; magna verba excidunt cum
tortor poposcit manum, cum mors propius accessit. Possis

1 *aliquid ante* deinde *intercidisse recte susp. Hense* 2 morti (-te V^2) γ: morti est *Q*: *secl. Madvig*: mori *vel* mortem ς 4 in ς: et γ: et ex *Q* 11 quocumque ς 13 circumeunt ς: circum in γ: circum (-ca Q^1) QV^c quo ς: quae ω 14 sollicitudine *Q* 20 in quantum *b*, *Préchac* 21 cognitio ς: conditio (-dicio *P*) ω 23 discernit *coni. Hense dub.* 25 quidam ς: quidem ω 28 propius ς: potius ω

illi dicere, 'facile provocabas mala absentia: ecce dolor, quem tolerabilem esse dicebas, ecce mors, quam contra multa animose locutus es; sonant flagella, gladius micat;

nunc animis opus, Aenea, nunc pectore firmo'.

Faciet autem illud firmum adsidua meditatio, si non verba **8** exercueris sed animum, si contra mortem te praeparaveris, adversus quam non exhortabitur nec attollet qui cavillationibus tibi persuadere temptaverit mortem malum non esse. Libet enim, Lucili, virorum optime, ridere ineptias Graecas, quas nondum, quamvis mirer, excussi. Zenon noster hac **9** conlectione utitur: 'nullum malum gloriosum est; mors autem gloriosa est; mors ergo non est malum'. Profecisti! liberatus sum metu; post hoc non dubitabo porrigere cervicem. Non vis severius loqui nec morituro risum movere? Non mehercules facile tibi dixerim utrum ineptior fuerit qui se hac interrogatione iudicavit mortis metum extinguere, an qui hoc, tamquam ad rem pertineret, conatus est solvere. Nam et ipse interrogationem contrariam opposuit ex eo **10** natam quod mortem inter indifferentia ponimus, quae *ἀδιάφορα* Graeci vocant. 'Nihil' inquit 'indifferens gloriosum est; mors autem gloriosum est; ergo mors non est indifferens.' Haec interrogatio vides ubi obrepat: mors non est gloriosa, sed fortiter mori gloriosum est. Et cum dicis 'indifferens nihil gloriosum est', concedo tibi ita ut dicam nihil gloriosum esse nisi circa indifferentia; tamquam indifferentia esse dico (id est nec bona nec mala) morbum, dolorem, paupertatem, exilium, mortem. Nihil horum per se gloriosum est, nihil **11**

4 *Verg. Aen. 6. 261; cf. epist. 95. 33.* 11 *Zeno Stoic. frg. 196 ab Arnim.*

---

8 temperaverit *Q* 26 malo nec bono (-na *Q*[c]) *Q*: mala nec bona *Beltrami* (*cf. p. 274. 17–18*)

tamen sine his. Laudatur enim non paupertas, sed ille quem
paupertas non summittit nec incurvat; laudatur non exilium,
sed ille [Rutilius] qui fortiore vultu in exilium iit quam
misisset; laudatur non dolor, sed ille quem nihil coegit dolor;
nemo mortem laudat, sed eum cuius mors ante abstulit
12 animum quam conturbavit. Omnia ista per se non sunt
honesta nec gloriosa, sed quidquid ex illis virtus adiit tracta-
vitque honestum et gloriosum facit: illa in medio posita sunt.
Interest utrum malitia illis an virtus manum admoverit; mors
enim illa quae in Catone gloriosa est in Bruto statim turpis est
et erubescenda. Hic est enim Brutus qui, cum periturus
mortis moras quaereret, ad exonerandum ventrem secessit
et evocatus ad mortem iussusque praebere cervicem, 'prae-
bebo', inquit 'ita vivam'. Quae dementia est fugere cum retro
ire non possis! 'Praebebo', inquit 'ita vivam'. Paene adiecit
'vel sub Antonio'. O hominem dignum qui vitae dederetur!

13 Sed, ut coeperam dicere, vides ipsam mortem nec malum
esse nec bonum: Cato illa honestissime usus est, turpissime
Brutus. Omnis res quod non habuit decus virtute addita
sumit. Cubiculum lucidum dicimus, hoc idem obscurissimum
14 est nocte; dies illi lucem infundit, nox eripit: sic istis quae
a nobis indifferentia ac media dicuntur, divitiis, viribus,
formae, honoribus, regno, et contra morti, exilio, malae
valetudini, doloribus quaeque alia aut minus aut magis per-
timuimus, aut malitia aut virtus dat boni vel mali nomen.
Massa per se nec calida nec frigida est: in fornacem coniecta
concaluit, in aquam demissa refrixit. Mors honesta est per

1–2 sed ille quem paupertas (sed ille quem *iam* ς, sed quem paup- V^2) *Haase*: sed ille non paup- *Q*: *om.* γ 2 nec ς: sed ω 3 sed ille . . . exilium *Q*: *om.* γ Rutilius *recte susp. Hense* iit *Q*: ut γ 7 adiit] adtigit *Kronenberg* (*conl. p. 182. 29*) 8 illa] ipsa *coni. Hense* (*conl. v. 17*) 9 an virtus. Nam vitus *Q* 10 in (*prius*) *om.* δ 14–15 quae . . . vivam *om. Q* 17 vides *ed. Rom. 1475*: ut des ω 27 demissa *Haase*: rem- ω

illud quod honestum est, id ⟨est⟩ virtus et animus externa contemnens.

Est et horum, Lucili, quae appellamus media grande discri- **15**
men. Non enim sic mors indifferens est quomodo utrum
capillos pares ⟨an inpares⟩ habeas: mors inter illa est quae
mala quidem non sunt, tamen habent mali speciem: sui
amor est et permanendi conservandique se insita voluntas
atque aspernatio dissolutionis, * * * quia videtur multa nobis
bona eripere et nos ex hac cui adsuevimus rerum copia edu-
cere. Illa quoque res morti nos alienat, quod haec iam novi-
mus, illa ad quae transituri sumus nescimus qualia sint, et
horremus ignota. Naturalis praeterea tenebrarum metus est,
in quas adductura mors creditur. Itaque etiam si indifferens **16**
mors est, non tamen ea est quae facile neglegi possit: magna
exercitatione durandus est animus ut conspectum eius acces-
sumque patiatur. Mors contemni debet magis quam solet;
multa enim de illa credidimus; multorum ingeniis certatum
est ad augendam eius infamiam; descriptus est carcer infer-
nus et perpetua nocte oppressa regio, in qua

ingens ianitor Orci
ossa super recubans antro semesa cruento
aeternum latrans exsangues terreat umbras.

Etiam cum persuaseris istas fabulas esse nec quicquam defun-
ctis superesse quod timeant, subit alius metus: aeque enim
timent ne apud inferos sint quam ne nusquam. His adversan- **17**
tibus quae nobis offundit longa persuasio, fortiter pati mor-
tem quidni gloriosum sit et inter maxima opera mentis

20 *Versus contaminati ex Verg. Aen. 6. 400–1 et 8. 296–7.*

---

1 honestum ς: -ta ω est *suppl.* ς externa ς: extrema ω 3 est V^2: sunt ω 5 an inpares *suppl. Koch* 8 atque *ed. Ven. 1492*: aeque ω *ante* quia videtur *lacunam statuit Haupt* 11 ad quae] atque QPb^1 17 credimus *b*, *sed cf. p. 164. 26*

humanae? Quae numquam ad virtutem exsurget si mortem malum esse crediderit: exsurget si putabit indifferens esse. Non recipit rerum natura ut aliquis magno animo accedat ad id quod malum iudicat: pigre veniet et cunctanter. Non est autem gloriosum quod ab invito et tergiversante fit; nihil
18 facit virtus quia necesse est. Adice nunc quod nihil honeste fit nisi cui totus animus incubuit atque adfuit, cui nulla parte sui repugnavit. Ubi autem ad malum acceditur aut peiorum metu, aut spe bonorum ad quae pervenire tanti sit devorata unius mali patientia, dissident inter se iudicia facientis: hinc est quod iubeat proposita perficere, illinc quod retrahat et ab re suspecta ac periculosa fugiat; igitur in diversa distrahitur. Si hoc est, perit gloria; virtus enim concordi animo decreta peragit, non timet quod facit.

Tu ne cede malis, sed contra audentior ito
quam tua te fortuna sinet.

19 Non ibis audentior si mala illa esse credideris. Eximendum hoc e pectore est; alioqui haesitabit impetum moratura suspicio; trudetur in id quod invadendum est.

Nostri quidem videri volunt Zenonis interrogationem veram esse, fallacem autem alteram et falsam quae illi opponitur. Ego non redigo ista ad legem dialecticam et ad illos artificii veternosissimi nodos: totum genus istuc exturbandum iudico quo circumscribi se qui interrogatur existimat et ad confessionem perductus aliud respondet, aliud putat. Pro veritate simplicius agendum est, contra metum
20 fortius. Haec ipsa quae involvuntur ab illis solvere malim et

15 *Verg. Aen.* 6. 95–96.

1 exurget *et sic mox* δ 7 nisi cui . . . adfuit *om. Q* 8 ad *om. Q* 9 ad quae V^2: atque ω 12 fuget *Pinc.* 16 quam *sic* ω 18 alioqui Q^1V^1: -quin *Q man. rec.*, V^2: aliqui δ 24 circumscribis cum interr- *Q* 25 respondens *Q* 27 involvuntur *Summers* (*cf. pp.* 397. *12*, 465. *2*): volv- ω

expandere, ut persuadeam, non ut inponam. In aciem edu-
cturus exercitum pro coniugibus ac liberis mortem obiturum
quomodo exhortabitur? Do tibi Fabios totum rei publicae
bellum in unam transferentes domum. Laconas tibi ostendo
in ipsis Thermopylarum angustiis positos: nec victoriam
sperant nec reditum; ille locus illis sepulchrum futurus est.
Quemadmodum exhortaris ut totius gentis ruinam obiectis **21**
corporibus excipiant et vita potius quam loco cedant? Dices
'quod malum est gloriosum non est; mors gloriosa est; mors
ergo non malum'? O efficacem contionem! Quis post hanc
dubitet se infestis ingerere mucronibus et stans mori? At ille
Leonidas quam fortiter illos adlocutus est! 'Sic', inquit 'con-
militones, prandete tamquam apud inferos cenaturi.' Non in
ore crevit cibus, non haesit in faucibus, non elapsus est mani-
bus: alacres et ad prandium illi promiserunt et ad cenam.
Quid? dux ille Romanus, qui ad occupandum locum milites **22**
missos, cum per ingentem hostium exercitum ituri essent, sic
adlocutus est: 'ire, conmilitones, illo necesse est unde redire
non est necesse'. Vides quam simplex et imperiosa virtus sit:
quem mortalium circumscriptiones vestrae fortiorem facere,
quem erectiorem possunt? frangunt animum, qui numquam
minus contrahendus est et in minuta ac spinosa cogendus
quam cum ⟨ad⟩ aliquid grande conponitur. Non trecentis, **23**
sed omnibus mortalibus mortis timor detrahi debet. Quo-
modo illos doces malum non esse? quomodo opiniones totius
aevi, quibus protinus infantia inbuitur, evincis? quod auxi-
lium invenis [quid dicis] inbecillitati humanae? quid dicis
quo inflammati in media pericula inruant? qua oratione
hunc timendi consensum, quibus ingenii viribus obnixam
contra te persuasionem humani generis avertis? verba mihi

1 expandere Qb^{1} (*cf. T.L.L. v. 2. 1599. 33 sqq., 55 sqq.*): expend- VPb^{c} 10 contentionem QP^{1} 23 ad *suppl. Russell* 27 quid dicis *secl. Gertz* 28 quo] quod δ

captiosa componis et interrogatiunculas nectis? Magnis telis
24 magna portenta feriuntur. Serpentem illam in Africa saevam et Romanis legionibus bello ipso terribiliorem frustra sagittis fundisque petierunt: ne Pythio quidem vulnerabilis erat. Cum ingens magnitudo pro vastitate corporis solida ferrum et quidquid humanae torserant manus reiceret, molaribus demum fracta saxis est. Et adversus mortem tu tam minuta iacularis? subula leonem excipis? Acuta sunt ista quae dicis: nihil est acutius arista; quaedam inutilia et inefficacia ipsa subtilitas reddit. Vale.

83 SENECA LVCILIO SVO SALVTEM

1 Singulos dies tibi meos et quidem totos indicari iubes: bene de me iudicas si nihil esse in illis putas quod abscondam. Sic certe vivendum est tamquam in conspectu vivamus, sic cogitandum tamquam aliquis in pectus intimum introspicere possit: et potest. Quid enim prodest ab homine aliquid esse secretum? nihil deo clusum est; interest animis nostris et cogitationibus medius intervenit—sic 'intervenit' dico tam-
2 quam aliquando discedat. Faciam ergo quod iubes, et quid agam et quo ordine libenter tibi scribam. Observabo me protinus et, quod est utilissimum, diem meum recognoscam. Hoc nos pessimos facit, quod nemo vitam suam respicit; quid facturi simus cogitamus, et id raro, quid fecerimus non cogitamus; atqui consilium futuri ex praeterito venit.

3 Hodiernus dies solidus est, nemo ex illo quicquam mihi eripuit; totus inter stratum lectionemque divisus est; mini-

4 pithyo *P*: pithio *QVb*: pilo ς 4–6 erat. Cum ingens . . . reiceret, molaribus *dist. Barker*: erat, cum ingens . . . reiceret: molaribus *ceteri, vix recte* 7 tu tam ς: totam ω 10 redditur δ 15 introspicere *Hense*: prosp- ω: insp- *vulg.* 17 clausum *Q* 18 medius *scripsi* (*cf. p. 36. 25*): mediis ω 23 sumus δ 23–24 et id . . . cogitamus *Q*: *om.* γ 24 atqui *V*: atque δ: aut quod *Q* 26 in te δ

mum exercitationi corporis datum, et hoc nomine ago gratias senectuti: non magno mihi constat. Cum me movi, lassus sum; hic autem est exercitationis etiam fortissimis finis. Progymnastas meos quaeris? unus mihi sufficit Pharius, **4** puer, ut scis, amabilis, sed mutabitur: iam aliquem teneriorem quaero. Hic quidem ait nos eandem crisin habere, quia utrique dentes cadunt. Sed iam vix illum adsequor currentem et intra paucissimos dies non potero: vide quid exercitatio cotidiana proficiat. Cito magnum intervallum fit inter duos in diversum euntes: eodem tempore ille ascendit, ego descendo, nec ignoras quanto ex his velocius alterum fiat. Mentitus sum; iam enim aetas nostra non descendit sed cadit. Quomodo tamen hodiernum certamen nobis cesserit **5** quaeris? quod raro cursoribus evenit, hieran fecimus. Ab hac fatigatione magis quam exercitatione in frigidam descendi: hoc apud me vocatur parum calda. Ille tantus psychrolutes, qui kalendis Ianuariis euripum salutabam, qui anno novo quemadmodum legere, scribere, dicere aliquid, sic auspicabar in Virginem desilire, primum ad Tiberim transtuli castra, deinde ad hoc solium quod, cum fortissimus sum et omnia bona fide fiunt, sol temperat: non multum mihi ad balneum superest. Panis deinde siccus et sine mensa pran- **6** dium, post quod non sunt lavandae manus. Dormio minimum. Consuetudinem meam nosti: brevissimo somno utor et quasi interiungo; satis est mihi vigilare desisse; aliquando dormisse me scio, aliquando suspicor. Ecce circensium obstre- **7** pit clamor; subita aliqua et universa voce feriuntur aures meae, nec cogitationem meam excutiunt, ne interrumpunt quidem. Fremitum patientissime fero; multae voces et in

3 est *om.* δ fortissimus δ 4 progymnasitas *V*: -gymnasias *Q*: -gimnasias δ pharius ς: pharuius *QV*: faruius δ 6 chrisin γ
10 inter diversos δ 14 hieran fecimus *cf. L.S.J. s.v.* ἱερός *iv.* 7
24 nostri *Q*¹δ

unum confusae pro fluctu mihi sunt aut vento silvam verbe-
rante et ceteris sine intellectu sonantibus.
8 Quid ergo est nunc cui animum adiecerim? dicam. Super-
est ex hesterno mihi cogitatio quid sibi voluerint prudentis-
simi viri qui rerum maximarum probationes levissimas et
perplexas fecerint, quae ut sint verae, tamen mendacio si-
9 miles sunt. Vult nos ab ebrietate deterrere Zenon, vir maxi-
mus, huius sectae fortissimae ac sanctissimae conditor. Audi
ergo quemadmodum colligat virum bonum non futurum
ebrium: 'ebrio secretum sermonem nemo committit, viro
autem bono committit; ergo vir bonus ebrius non erit'.
Quemadmodum opposita interrogatione simili derideatur
adtende (satis enim est unam ponere ex multis): 'dormienti
nemo secretum sermonem committit, viro autem bono
10 committit; vir bonus ergo non dormit'. Quo uno modo
potest Posidonius Zenonis nostri causam agit, sed ne sic
quidem, ut existimo, agi potest. Ait enim 'ebrium' duobus
modis dici, altero cum aliquis vino gravis est et inpos sui,
altero si solet ebrius fieri et huic obnoxius vitio est; hunc a
Zenone dici qui soleat fieri ebrius, non qui sit; huic autem
neminem commissurum arcana quae per vinum eloqui possit.
11 Quod est falsum; prima enim illa interrogatio conplectitur
eum qui est ebrius, non eum qui futurus est. Plurimum
enim interesse concedes et inter ebrium et ebriosum: potest
et qui ebrius est tunc primum esse nec habere hoc vitium,
et qui ebriosus est saepe extra ebrietatem esse; itaque id
intellego quod significari verbo isto solet, praesertim cum ab
homine diligentiam professo ponatur et verba examinante.
Adice nunc quod, si hoc intellexit Zenon et nos intellegere

10 *Zeno Stoic. frg. 229 ab Arnim.*

---

3 nunc *om.* Q   6 fecerunt ς, *edd. plerique*   15 dormiet V^2
16 possidonius ω   24 et (*prius*) *exp.* V

noluit, ambiguitate verbi quaesiit locum fraudi, quod faciendum non est ubi veritas quaeritur. Sed sane hoc senserit: **12**
quod sequitur falsum est, ei qui soleat ebrius fieri non committi sermonem secretum. Cogita enim quam multis militibus non semper sobriis et imperator et tribunus et centurio tacenda mandaverint. De illa C. Caesaris caede, illius dico qui superato Pompeio rem publicam tenuit, tam creditum est Tillio Cimbro quam C. Cassio. Cassius tota vita aquam bibit, Tillius Cimber et nimius erat in vino et scordalus. In hanc rem iocatus est ipse: 'ego' inquit 'quemquam feram, qui vinum ferre non possum?'.

Sibi quisque nunc nominet eos quibus scit et vinum male **13**
credi et sermonem bene; unum tamen exemplum quod occurrit mihi referam, ne intercidat. Instruenda est enim vita exemplis inlustribus, nec semper confugiamus ad vetera. L. Piso, urbis custos, ebrius ex quo semel factus est fuit. **14**
Maiorem noctis partem in convivio exigebat; usque in horam sextam fere dormiebat: hoc eius erat matutinum. Officium tamen suum, quo tutela urbis continebatur, diligentissime administravit. Huic et divus Augustus dedit secreta mandata, cum illum praeponeret Thraciae, quam perdomuit, et Tiberius proficiscens in Campaniam, cum multa in urbe et suspecta relinqueret et invisa. Puto, quia bene illi cesserat Pisonis **15**
ebrietas, postea Cossum fecit urbis praefectum, virum gravem, moderatum, sed mersum vino et madentem, adeo ut ex senatu aliquando, in quem e convivio venerat, oppressus inexcitabili somno tolleretur. Huic tamen Tiberius multa sua manu scri-

1 voluit *b*, *Hense* 5 sobriis] ebriis *Q* 8 Tillio Cimbro *Mur.*: illi cimbro *V*: illic imbro *Qb*: illinc imbro *P* 9 Tillius *Mur.*: tull- *ω* 10 in] et in *Q* iocatus *Mur.*: locutus *ω* 15 nec *E. Schwartz*: ne *Q*: non *γ*, *def. Hense* 17 partem noctis *P*: partis noctem *b* 23 illi bene δ 25 mersum vino et madentem *Q man. rec.*, V^c: mersum et vino et mad- Q^1V^1: mersum et vino emad- *P*: mersum et vino mad- *b*

psit quae committenda ne ministris quidem suis iudicabat: nullum Cosso aut privatum secretum aut publicum elapsum est.

16 Itaque declamationes istas de medio removeamus: 'non est animus in sua potestate ebrietate devinctus: quemadmodum musto dolia ipsa rumpuntur et omne quod in imo iacet in summam partem vis caloris eiectat, sic vino exaestuante quidquid in imo iacet abditum effertur et prodit in medium. Onerati mero quemadmodum non continent cibum vino redundante, ita ne secretum quidem; quod suum alienumque

17 est pariter effundunt.' Sed quamvis hoc soleat accidere, ita et illud solet, ut cum iis quos sciamus libentius bibere de rebus necessariis deliberemus; falsum ergo est hoc quod patrocinii loco ponitur, ei qui soleat ebrius fieri non dari tacitum.

Quanto satius est aperte accusare ebrietatem et vitia eius exponere, quae etiam tolerabilis homo vitaverit, nedum perfectus ac sapiens, cui satis est sitim extinguere, qui, etiam si quando hortata est hilaritas aliena causa producta longius,

18 tamen citra ebrietatem resistit. Nam de illo videbimus, an sapientis animus nimio vino turbetur et faciat ebriis solita: interim, si hoc colligere vis, virum bonum non debere ebrium fieri, cur syllogismis agis? Dic quam turpe sit plus sibi ingerere quam capiat et stomachi sui non nosse mensuram, quam multa ebrii faciant quibus sobrii erubescant, nihil aliud esse ebrietatem quam voluntariam insaniam. Extende in plures dies illum ebrii habitum: numquid de furore dubitabis?

19 nunc quoque non est minor sed brevior. Refer Alexandi Macedonis exemplum, qui Clitum carissimum sibi ac fidelissimum inter epulas transfodit et intellecto facinore mori voluit, certe debuit. Omne vitium ebrietas et incendit et detegit, obstantem malis conatibus verecundiam removet; plures enim pudore peccandi quam bona voluntate prohibitis

24 extende *ed. Ven. 1492*: -di *ω* 29 debuit *Lips.*: deruit *ω*: meruit *Gruter*

abstinent. Ubi possedit animum nimia vis vini, quidquid mali **20**
latebat emergit. Non facit ebrietas vitia sed protrahit: tunc
libidinosus ne cubiculum quidem expectat, sed cupiditatibus
suis quantum petierunt sine dilatione permittit; tunc in-
pudicus morbum profitetur ac publicat; tunc petulans non
linguam, non manum continet. Crescit insolenti superbia,
crudelitas saevo, malignitas livido; omne vitium laxatur et
prodit. Adice illam ignorationem sui, dubia et parum expla- **21**
nata verba, incertos oculos, gradum errantem, vertiginem
capitis, tecta ipsa mobilia velut aliquo turbine circumagente
totam domum, stomachi tormenta cum effervescit merum ac
viscera ipsa distendit. Tunc tamen utcumque tolerabile est,
dum illi vis sua est: quid cum somno vitiatur et quae ebrietas
fuit cruditas facta est? Cogita quas clades ediderit publica **22**
ebrietas: haec acerrimas gentes bellicosasque hostibus tradidit,
haec multorum annorum pertinaci bello defensa moenia
patefecit, haec contumacissimos et iugum recusantes in
alienum egit arbitrium, haec invictos acie mero domuit.
Alexandrum, cuius modo feci mentionem, tot itinera, tot **23**
proelia, tot hiemes per quas victa temporum locorumque
difficultate transierat, tot flumina ex ignoto cadentia, tot
maria tutum dimiserunt: intemperantia bibendi et ille
Herculaneus ac fatalis scyphus condidit. Quae gloria est **24**
capere multum? cum penes te palma fuerit et propinationes
tuas strati somno ac vomitantes recusaverint, cum superstes
toti convivio fueris, cum omnes viceris virtute magnifica et
nemo vini tam capax fuerit, vinceris a dolio. M. Antonium, **25**
magnum virum et ingeni nobilis, quae alia res perdidit et in
externos mores ac vitia non Romana traiecit quam ebrietas
nec minor vino Cleopatrae amor? Haec illum res hostem rei

7 laxatur *Lips.*: tax- *Q̃VP*: tex- *b* 13 cum] curo δ 16 pertinaci ς: -cia *Q̃b*: -tia *VP* pertinacia [bello] *Buech.* 28 ingenii ω

publicae, haec hostibus suis inparem reddidit; haec crudelem fecit, cum capita principum civitatis cenanti referrentur, cum inter apparatissimas epulas luxusque regales ora ac manus proscriptorum recognosceret, cum vino gravis sitiret tamen sanguinem. Intolerabile erat quod ebrius fiebat cum haec faceret: quanto intolerabilius quod haec in ipsa ebrietate **26** faciebat! Fere vinolentiam crudelitas sequitur; vitiatur enim exasperaturque sanitas mentis. Quemadmodum ⟨morosos⟩ difficilesque faciunt diutini morbi et ad minimam rabidos offensionem, ita ebrietates continuae efferant animos; nam cum saepe apud se non sint, consuetudo insaniae durat et vitia vino concepta etiam sine illo valent.

27 Dic ergo quare sapiens non debeat ebrius fieri; deformitatem rei et inportunitatem ostende rebus, non verbis. Quod facillimum est, proba istas quae voluptates vocantur, ubi transcenderunt modum, poenas esse. Nam si illud argumentaberis, sapientem multo vino non inebriari et retinere rectum tenorem etiam si temulentus sit, licet colligas nec veneno poto moriturum nec sopore sumpto dormiturum nec elleboro accepto quidquid in visceribus haerebit eiecturum deiecturumque. Sed si temptantur pedes, lingua non constat, quid est quare illum existimes in parte sobrium esse, in parte ebrium? Vale.

1 reddit Q 7 vitiatur *Haupt*: villatur ω: titill- *in marg.* V^2: viol- Q^2 *vulg.* 8 quemadmodum ς: quem ω morosos (*vel* iniquos) *supplendum coni. Hense*: ut querulos (*om.* quemadmodum) *Madvig* 9 rabidos ς: radios ω 11 sint ς: sunt ω durat et *Wolters*: durata (-acta *P*) ω: durat ac ς 16 argumentaberis *Eras.*^{2}: -aueris ω 17 non *om.* γ 23 *post* Vale *add.* EXPLICIT LIBER X. INCIPIT LIBER XI *Q*: *om.* γ, *sed in V reliqua pagina vacua est et folium proximum incipit ab* Itinera *sed ut duo versus scriptura careant. Librorum XII et XIII initia in codd. non signata sunt.*

LIBER VNDECIMVS

84 SENECA LVCILIO SVO SALVTEM

Itinera ista quae segnitiam mihi excutiunt et valetudini 1
meae prodesse iudico et studiis. Quare valetudinem adiuvent
vides: cum pigrum me et neglegentem corporis litterarum
amor faciat, aliena opera exerceor. Studio quare prosint
indicabo: a lectionibus ⟨non⟩ recessi. Sunt autem, ut existimo,
necessariae, primum ne sim me uno contentus, deinde ut,
cum ab aliis quaesita cognovero, tum et de inventis iudicem
et cogitem de inveniendis. Alit lectio ingenium et studio
fatigatum, non sine studio tamen, reficit. Nec scribere tantum 2
nec tantum legere debemus: altera res contristabit vires et
exhauriet (de stilo dico), altera solvet ac diluet. Invicem hoc
et illo commeandum est et alterum altero temperandum, ut
quidquid lectione collectum est stilus redigat in corpus. Apes, 3
ut aiunt, debemus imitari, quae vagantur et flores ad mel
faciendum idoneos carpunt, deinde quidquid attulere disponunt ac per favos digerunt et, ut Vergilius noster ait,

> liquentia mella
> stipant et dulci distendunt nectare cellas.

De illis non satis constat utrum sucum ex floribus ducant qui 4
protinus mel sit, an quae collegerunt in hunc saporem mixtura
quadam et proprietate spiritus sui mutent. Quibusdam enim
placet non faciendi mellis scientiam esse illis sed colligendi.

15 Apes, ut aiunt *hinc incipiens partem huius epistulae in usum suum convertit Macrobius, sat. praef. 5–10.* 5 *Verg. Aen. 1. 432–3.*

---

5 me ς: viae ω 6 studia δ 7 non *suppl.* ς 9 tunc *Q* 11 nec] non *Q* 12 contristavit *Q*¹*V*¹*b* 13 deluet δ 18 digerunt] dividunt *Macr. sat. praef.* 5 vergilius *V*: virg- *Q*δ

Aiunt inveniri apud Indos mel in arundinum foliis, quod aut ros illius caeli aut ipsius arundinis umor dulcis et pinguior gignat; in nostris quoque herbis vim eandem sed minus manifestam et notabilem poni, quam persequatur et contrahat animal huic rei genitum. Quidam existimant conditura et dispositione in hanc qualitatem verti quae ex tenerrimis virentium florentiumque decerpserint, non sine quodam, ut ita dicam, fermento, quo in unum diversa coalescunt.

5 Sed ne ad aliud quam de quo agitur abducar, nos quoque has apes debemus imitari et quaecumque ex diversa lectione congessimus separare (melius enim distincta servantur), deinde adhibita ingenii nostri cura et facultate in unum saporem varia illa libamenta confundere, ut etiam si apparuerit unde sumptum sit, aliud tamen esse quam unde sumptum est appareat. Quod in corpore nostro videmus sine ulla opera
6 nostra facere naturam (alimenta quae accepimus, quamdiu in sua qualitate perdurant et solida innatant stomacho, onera sunt; at cum ex eo quod erant mutata sunt, tunc demum in vires et in sanguinem transeunt), idem in his quibus aluntur ingenia praestemus, ut quaecumque hausimus non patiamur
7 integra esse, ne aliena sint. Concoquamus illa; alioqui in memoriam ibunt, non in ingenium. Adsentiamur illis fideliter et nostra faciamus, ut unum quiddam fiat ex multis, sicut unus numerus fit ex singulis cum minores summas et dissidentes conputatio una conprendit. Hoc faciat animus noster: omnia quibus est adiutus abscondat, ipsum tantum ostendat
8 quod effecit. Etiam si cuius in te comparebit similitudo quem admiratio tibi altius fixerit, similem esse te volo quomodo filium, non quomodo imaginem: imago res mortua est. 'Quid

9 abducar ς: add- ω 12 adhibita *Q*: abhinita *P*: abibita *b*: habita *V* 13 si ⟨quid⟩ *Macr. ibid. 6* 16 accipimus Q^{1}ς *Macr. ibid. 7* 17 perseverant *Macr.* 18 tum *P Macr.* 19 et in] et *Macr.* 21 alioqui *VP*: -quin *Qb Macr.* 25 comprendit *V*: -prehendit *Q*δ noster animus *Macr. ibid. 8* 26 tantum] tamen *Macr.*

ergo? non intellegetur cuius imiteris orationem? cuius argumentationem? cuius sententias?' Puto aliquando ne intellegi quidem posse, si magni vir ingenii omnibus quae ex quo voluit exemplari traxit formam suam inpressit, ut in unitatem illa conpetant. Non vides quam multorum vocibus chorus **9** constet? unus tamen ex omnibus redditur. Aliqua illic acuta est, aliqua gravis, aliqua media; accedunt viris feminae, interponuntur tibiae: singulorum illic latent voces, omnium apparent. De choro dico quem veteres philosophi noverant: **10** in commissionibus nostris plus cantorum est quam in theatris olim spectatorum fuit. Cum omnes vias ordo canentium implevit et cavea aeneatoribus cincta est et ex pulpito omne tibiarum genus organorumque consonuit, fit concentus ex dissonis. Talem animum esse nostrum volo: multae in illo artes, multa praecepta sint, multarum aetatum exempla, sed in unum conspirata.

'Quomodo' inquis 'hoc effici poterit?' Adsidua intentione: **11** si nihil egerimus nisi ratione suadente, nihil vitaverimus nisi ratione suadente. Hanc si audire volueris, dicet tibi: relinque ista iamdudum ad quae discurritur; relinque divitias, aut periculum possidentium aut onus; relinque corporis atque animi voluptates, molliunt et enervant; relinque ambitum, tumida res est, vana, ventosa, nullum habet terminum, tam sollicita est ne quem ante se videat quam ne secum, laborat invidia et quidem duplici. Vides autem quam miser sit si is cui invidetur et invidet. Intueris illas potentium domos, illa **12**

1 intellegeretur *Qb* 3 vir ingenii ς (*cf. p. 481. 9*): viri nicenii *Q*: viri necenii (necenii *in ras.*, *superscr.* necessarii V^2) *V*: viri nec enim δ 4 voluit *Rubenius*: velut ω: velit *Kronenberg* exemplari ς: -aria ω in unitatem QV^c: invitatem V^1b: invitantem *P* 5 conpetant ς: -tat ω non *om. Macr. ibid. 9* 6 una ς *Macr.* 8 illi datent *P*: illi dant *b* 12 aenatoribus *Buech.* 18 nisi (*prius*)] fusi *V*: fisi *b* suadenti δ 18–19 nihil vit- . . . suadente *Q*: *om.* γ 20 atque *QP* 22 voluptates *V*: volunt- *Q*δ 24 secum *Q*: se γ

tumultuosa rixa salutantium limina? multum habent contumeliarum ut intres, plus cum intraveris. Praeteri istos gradus divitum et magno adgestu suspensa vestibula: non in praerupto tantum istic stabis sed in lubrico. Huc potius te ad sapientiam derige, tranquillissimasque res eius et simul
13 amplissimas pete. Quaecumque videntur eminere in rebus humanis, quamvis pusilla sint et comparatione humillimorum exstent, per difficiles tamen et arduos tramites adeuntur. Confragosa in fastigium dignitatis via est; at si conscendere hunc verticem libet, cui se fortuna summisit, omnia quidem sub te quae pro excelsissimis habentur aspicies, sed tamen venies ad summa per planum. Vale.

85 SENECA LVCILIO SVO SALVTEM

1 Peperceram tibi et quidquid nodosi adhuc supererat praeterieram, contentus quasi gustum tibi dare eorum quae a nostris dicuntur ut probetur virtus ad explendam beatam vitam sola satis efficax. Iubes me quidquid est interrogationum aut nostrarum aut ad traductionem nostram excogitatarum conprendere: quod si facere voluero, non erit epistula sed liber. Illud totiens testor, hoc me argumentorum genere non delectari; pudet in aciem descendere pro dis hominibusque susceptam subula armatum.

2 'Qui prudens est et temperans est; qui temperans est, et constans; qui constans est inperturbatus est; qui inperturbatus est sine tristitia est; qui sine tristitia est beatus est; ergo prudens beatus est, et prudentia ad beatam vitam satis est.'

3 Huic collectioni hoc modo Peripatetici quidam respondent, ut inperturbatum et constantem et sine tristitia sic interpre-

8 adeantur δ 10 licet *Q* 16 prohibetur *Q* 23–24 ⟨est⟩ et constans *Hense*: et constans ⟨est⟩ ς

tentur tamquam inperturbatus dicatur qui raro perturbatur
et modice, non qui numquam. Item sine tristitia eum dici
aiunt qui non est obnoxius tristitiae nec frequens nimiusve
in hoc vitio; illud enim humanam naturam negare, alicuius
animum inmunem esse tristitia; sapientem non vinci maerore,
ceterum tangi; et cetera in hunc modum sectae suae respon-
dentia. Non his tollunt adfectus sed temperant. Quantulum **4**
autem sapienti damus, si inbecillissimis fortior est et maestissi-
mis laetior et effrenatissimis moderatior et humillimis maior!
Quid si miretur velocitatem suam Ladas ad claudos debiles-
que respiciens?

> Illa vel intactae segetis per summa volaret
> gramina nec cursu teneras laesisset aristas,
> vel mare per medium fluctu suspensa tumenti
> ferret iter, celeres nec tingueret aequore plantas.

Haec est pernicitas per se aestimata, non quae tardissimorum
conlatione laudatur. Quid si sanum voces leviter febricitan-
tem? non est bona valetudo mediocritas morbi. 'Sic' inquit **5**
'sapiens inperturbatus dicitur quomodo apyrina dicuntur non
quibus nulla inest duritia granorum sed quibus minor.'
Falsum est. Non enim deminutionem malorum in bono viro
intellego sed vacationem; nulla debent esse, non parva; nam
si ulla sunt, crescent et interim inpedient. Quomodo oculos
maior et perfecta suffusio excaecat, sic modica turbat. Si das **6**
aliquos adfectus sapienti, inpar illis erit ratio et velut torrente
quodam auferetur, praesertim cum illi non unum adfectum
des cum quo conluctetur sed omnis. Plus potest quamvis
mediocrium turba quam posset unius magni violentia. Habet **7**

12 *Verg. Aen.* 7. 808–11.

---

10 Ladas *corr. Lips. ex* ς: laudans ω 13 teneras cursu *Verg.*
19 apyrina ς: aprina *QVP*: aprima *b* 21 deminutionem *V*: dim- *Q*δ
27 des ς: sed ω

pecuniae cupiditatem, sed modicam; habet ambitionem, sed non concitatam; habet iracundiam, sed placabilem; habet inconstantiam, sed minus vagam ac mobilem; habet libidinem, sed non insanam. Melius cum illo ageretur qui unum vitium integrum haberet quam cum eo qui leviora quidem, sed
8 omnia. Deinde nihil interest quam magnus sit adfectus: quantuscumque est, parere nescit, consilium non accipit. Quemadmodum rationi nullum animal optemperat, non ferum, non domesticum et mite (natura enim illorum est surda suadenti), sic non sequuntur, non audiunt adfectus, quantulicumque sunt. Tigres leonesque numquam feritatem exuunt, aliquando summittunt, et cum minime expectaveris exasperatur torvitas mitigata. Numquam bona fide vitia
9 mansuescunt. Deinde, si ratio proficit, ne incipient quidem adfectus; si invita ratione coeperint, invita perseverabunt. Facilius est enim initia illorum prohibere quam impetum regere.

Falsa est itaque ista mediocritas et inutilis, eodem loco habenda quo si quis diceret modice insaniendum, modice
10 aegrotandum. Sola virtus habet, non recipiunt animi mala temperamentum; facilius sustuleris illa quam rexeris. Numquid dubium est quin vitia mentis humanae inveterata et dura, quae morbos vocamus, inmoderata sint, ut avaritia, ut crudelitas, ut inpotentia [impietas]? Ergo inmoderati sunt
11 et adfectus; ab his enim ad illa transitur. Deinde, si das aliquid iuris tristitiae, timori, cupiditati, ceteris motibus pravis, non erunt in nostra potestate. Quare? quia extra nos sunt quibus inritantur; itaque crescent prout magnas habuerint minoresve causas quibus concitentur. Maior erit

4 sed *om.* γ   13 mit(t)igat δ   15 perseverabunt] separabunt *Q*   23 inmoderata] inveterata δ   24 inpotentia ς: innocentia γ: noc- *Q*   impietas *secl. Madvig*   26 motibus ς: moribus ω   28–29 habuerint ς: -erunt ω

timor, si plus quo exterreatur aut propius aspexerit, acrior
cupiditas quo illam amplioris rei spes evocaverit. Si in nostra **12**
potestate non est an sint adfectus, ne illud quidem est, quanti
sint: si ipsis permisisti incipere, cum causis suis crescent tan-
tique erunt quanti fient. Adice nunc quod ista, quamvis
exigua sint, in maius excedunt; numquam perniciosa servant
modum; quamvis levia initia morborum serpunt et aegra
corpora minima interdum mergit accessio. Illud vero cuius **13**
dementiae est, credere quarum rerum extra nostrum arbi-
trium posita principia sunt, earum nostri esse arbitrî
terminos! Quomodo ad id finiendum satis valeo ad quod
prohibendum parum valui, cum facilius sit excludere quam
admissa conprimere?

Quidam ita distinxerunt ut dicerent, 'temperans ac pru- **14**
dens positione quidem mentis et habitu tranquillus est,
eventu non est. Nam, quantum ad habitum mentis suae, non
perturbatur nec contristatur nec timet, sed multae extrin-
secus causae incidunt quae illi perturbationem adferant.'
Tale est quod volunt dicere: iracundum quidem illum non **15**
esse, irasci tamen aliquando; et timidum quidem non esse,
timere tamen aliquando, id est vitio timoris carere, adfectu
non carere. Quod si recipitur, usu frequenti timor transibit
in vitium, et ira in animum admissa habitum illum ira carentis
animi retexet. Praeterea si non contemnit venientes extrin- **16**
secus causas et aliquid timet, cum fortiter eundum erit
adversus tela, ignes, pro patria, legibus, libertate, cunctanter
exibit et animo recedente. Non cadit autem in sapientem
haec diversitas mentis. Illud praeterea iudico observandum, **17**
ne duo quae separatim probanda sunt misceamus; per se
enim colligitur unum bonum esse quod honestum, per se
rursus ad vitam beatam satis esse virtutem. Si unum bonum

3 quanti V^2: -to ω 10 arbitrii ω 22 recipitur V^2: -pit ω 27 ibit *Koch*

est quod honestum, omnes concedunt ad beate vivendum
sufficere virtutem; e contrario non remittetur, si beatum
18 sola virtus facit, unum bonum esse quod honestum est. Xeno-
crates et Speusippus putant beatum vel sola virtute fieri
posse, non tamen unum bonum esse quod honestum est.
Epicurus quoque iudicat, cum virtutem habeat, beatum
esse, sed ipsam virtutem non satis esse ad beatam vitam, quia
beatum efficiat voluptas quae ex virtute est, non ipsa vir-
tus. Inepta distinctio: idem enim negat umquam virtutem
esse sine voluptate. Ita si ei iuncta semper est atque insepara-
bilis, et sola satis est; habet enim secum voluptatem, sine
19 qua non est etiam cum sola est. Illud autem absurdum est,
quod dicitur beatum quidem futurum vel sola virtute, non
futurum autem perfecte beatum; quod quemadmodum
fieri possit non reperio. Beata enim vita bonum in se per-
fectum habet, inexsuperabile; quod si est, perfecte beata est.
Si deorum vita nihil habet maius aut melius, beata autem vita
20 divina est, nihil habet in quod amplius possit attolli. Praeter-
ea, si beata vita nullius est indigens, omnis beata vita
perfecta est eademque est et beata et beatissima. Numquid
dubitas quin beata vita summum bonum sit? ergo si sum-
mum bonum habet, summe beata est. Quemadmodum sum-
mum bonum adiectionem non recipit (quid enim supra
summum erit?), ita ne beata quidem vita, quae sine summo
bono non est. Quod si aliquem 'magis' beatum induxeris,
induces et 'multo magis'; innumerabilia discrimina summi
boni facies, cum summum bonum intellegam quod supra se
21 gradum non habet. Si est aliquis minus beatus quam alius,

3 *Xenocr. frg. 91 Heinze.* 6 *Epicur. frg. 508 Us.*

---

4 putabant *Q* 6 cum] qui *coni. Hense dub.*: eum qui ς 8 beatam ς
15 reperio V^1: repp- *rell.*

sequitur ut hic alterius vitam beatioris magis concupiscat quam suam; beatus autem nihil suae praefert. Utrumlibet ex his incredibile est, aut aliquid beato restare quod esse quam quod est malit, aut id illum non malle quod illo melius est. Utique enim quo prudentior est, hoc magis se ad id quod est optimum extendet et id omni modo consequi cupiet. Quomodo autem beatus est qui cupere etiamnunc potest, immo qui debet?

Dicam quid sit ex quo veniat hic error: nesciunt beatam **22** vitam unam esse. In optimo illam statu ponit qualitas sua, non magnitudo; itaque in aequo est longa et brevis, diffusa et angustior, in multa loca multasque partes distributa et in unum coacta. Qui illam numero aestimat et mensura et partibus, id illi quod habet eximium eripit. Quid autem est in beata vita eximium? quod plena est. Finis, ut puto, edendi **23** bibendique satietas est. Hic plus edit, ille minus: quid refert? uterque iam satur est. Hic plus bibit, ille minus: quid refert? uterque non sitit. Hic pluribus annis vixit, hic paucioribus: nihil interest si tam illum multi anni beatum fecerunt quam hunc pauci. Ille quem tu minus beatum vocas non est beatus: non potest hoc nomen inminui.

'Qui fortis est sine timore est; qui sine timore est sine **24** tristitia est; qui sine tristitia est beatus est.'

Nostrorum haec interrogatio est. Adversus hanc sic respondere conantur: falsam nos rem et controversiosam pro confessa vindicare, eum qui fortis est sine timore esse. 'Quid ergo?' inquit 'fortis inminentia mala non timebit? istuc dementis alienatique, non fortis est. Ille vero' inquit 'moderatissime timet, sed in totum extra metum non est.' Qui hoc **25** dicunt rursus in idem revolvuntur, ut illis virtutum loco sint minora vitia; nam qui timet quidem, sed rarius et minus, non caret malitia, sed leviore vexatur. 'At enim dementem puto

4 illo ς: illa ω   21 hoc *om.* γ

qui mala inminentia non extimescit.' Verum est quod dicis, si mala sunt; sed si scit mala illa non esse et unam tantum turpitudinem malum iudicat, debebit secure pericula aspicere et aliis timenda contemnere. Aut si stulti et amentis est mala

26 non timere, quo quis prudentior est, hoc timebit magis. 'Ut vobis' inquit 'videtur, praebebit se periculis fortis.' Minime: non timebit illa sed vitabit; cautio illum decet, timor non decet. 'Quid ergo?' inquit 'mortem, vincula, ignes, alia tela fortunae non timebit?' Non; scit enim illa non esse mala sed

27 videri; omnia ista humanae vitae formidines putat. Describe captivitatem, verbera, catenas, egestatem et membrorum lacerationes vel per morbum vel per iniuriam et quidquid aliud adtuleris: inter lymphatos metus numerat. Ista timidis timenda sunt. An id existimas malum ad quod aliquando

28 nobis nostra sponte veniendum est? Quaeris quid sit malum? cedere iis quae mala vocantur et illis libertatem suam dedere, pro qua cuncta patienda sunt: perit libertas nisi illa contemnimus quae nobis iugum inponunt. Non dubitarent quid conveniret forti viro si scirent quid esset fortitudo. Non est enim inconsulta temeritas nec periculorum amor nec formidabilium adpetitio: scientia est distinguendi quid sit malum et quid non sit. Diligentissima in tutela sui fortitudo est et eadem patientissima eorum quibus falsa species malorum est.

29 'Quid ergo? si ferrum intentatur cervicibus viri fortis, si pars subinde alia atque alia suffoditur, si viscera sua in sinu suo vidit, si ex intervallo, quo magis tormenta sentiat, repetitur et per adsiccata vulnera recens demittitur sanguis, non timet? istum tu dices nec dolere?' Iste vero dolet (sensum enim hominis nulla exuit virtus), sed non timet:

8 ignis *Q* 13 transtuleris *Q* lymphaticos ς 15 vivendum *Q* quid *P*: quod *QVb* 21 quid δ: quod *QV* 22 quid *P*: quod *QVb* in tutela sui ς: in tutela (-lae V^2) vi γ: intuta telavi *Q* 27 vulnera *Gronovius*: viscera ω dimittitur δ 28 dicis *Q*

invictus ex alto dolores suos spectat. Quaeris quis tunc animus illi sit? qui aegrum amicum adhortantibus.

'Quod malum est nocet; quod nocet deteriorem facit; **30**
dolor et paupertas deteriorem non faciunt; ergo mala non sunt.'

'Falsum est' inquit 'quod proponitis; non enim, si quid nocet, etiam deteriorem facit. Tempestas et procella nocet
gubernatori, non tamen illum deteriorem facit.' Quidam e **31**
Stoicis ita adversus hoc respondent: deteriorem fieri gubernatorem tempestate ac procella, quia non possit id quod proposuit efficere nec tenere cursum suum; deteriorem illum in arte sua non fieri, in opere fieri. Quibus Peripateticus 'ergo' inquit 'et sapientem deteriorem faciet paupertas, dolor, et quidquid aliud tale fuerit; virtutem enim illi non eripiet,
sed opera eius inpediet'. Hoc recte diceretur nisi dissimilis **32**
esset gubernatoris condicio et sapientis. Huic enim propositum est in vita agenda non utique quod temptat efficere, sed omnia recte facere: gubernatori propositum est utique navem in portum perducere. Artes ministrae sunt, praestare debent quod promittunt, sapientia domina rectrixque est; artes serviunt vitae, sapientia imperat.

Ego aliter respondendum iudico: nec artem gubernatoris **33**
deteriorem ulla tempestate fieri nec ipsam administrationem artis. Gubernator tibi non felicitatem promisit sed utilem operam et navis regendae scientiam; haec eo magis apparet quo illi magis aliqua fortuita vis obstitit. Qui hoc potuit dicere, 'Neptune, numquam hanc navem nisi rectam', arti satis fecit: tempestas non opus gubernatoris inpedit sed
successum. 'Quid ergo?' inquit 'non nocet gubernatori ea **34**
res quae illum tenere portum vetat, quae conatus eius inritos efficit, quae aut refert illum aut detinet et exarmat?' Non

8 e *om.* δ 9 stoici *Qb* 26 quo V^{c}: quod ω 27 rectam] rectam obrues *Q*, *sed cf. Teles rel. p. 62. 2 H.*², *Haupt opusc. ii, pp. 319 sqq.*

tamquam gubernatori, sed tamquam naviganti nocet: alio-
qui ⟨gubernator ille non est.⟩ Gubernatoris artem adeo non
inpedit ut ostendat; tranquillo enim, ut aiunt, quilibet
gubernator est. Navigio ista obsunt, non rectori eius, qua
35 rector est. Duas personas habet gubernator, alteram com-
munem cum omnibus qui eandem conscenderunt navem:
ipse quoque vector est; alteram propriam: gubernator est.
Tempestas tamquam vectori nocet, non tamquam guber-
36 natori. Deinde gubernatoris ars alienum bonum est: ad eos
quos vehit pertinet, quomodo medici ad eos quos curat:
⟨sapientis⟩ commune bonum est: ⟨est⟩ et eorum cum quibus
vivit et proprium ipsius. Itaque gubernatori fortasse noceatur
cuius ministerium aliis promissum tempestate inpeditur:
37 sapienti non nocetur a paupertate, non a dolore, non ab aliis
tempestatibus vitae. Non enim prohibentur opera eius omnia,
sed tantum ad alios pertinentia: ipse semper in actu est, in
effectu tunc maximus cum illi fortuna se opposuit; tunc enim
ipsius sapientiae negotium agit, quam diximus et alienum
bonum esse et suum.

38 Praeterea ne aliis quidem tunc prodesse prohibetur cum
illum aliquae necessitates premunt. Propter paupertatem
prohibetur docere quemadmodum tractanda res publica sit,
at illud docet, quemadmodum sit tractanda paupertas. Per
totam vitam opus eius extenditur. Ita nulla fortuna, nulla res
actus sapientis excludit; id enim ipsum agit quo alia agere
prohibetur. Ad utrosque casus aptatus est: bonorum rector
39 est, malorum victor. Sic, inquam, se exercuit ut virtutem tam
in secundis quam in adversis exhiberet nec materiam eius
sed ipsam intueretur; itaque nec paupertas illum nec dolor

1 alioquin V^2b 2 gubernator ille non est *suppl. Hense* 11 ⟨sapientis⟩ . . . ⟨est⟩ *Russell Hensium secutus* 12 noceatur *Schweigh.*: -eat *ω* 13 aliis *ς*: ab iis *VP*: ab his *Qb* 14 a (*alterum*) *om. Q* 17 enim *om.* δ 20 aliis] dis *Q* 26 aptus δ (*cf. p. 193. 9*)

nec quidquid aliud inperitos avertit et praecipites agit prohibet. Tu illum premi putas malis? utitur. Non ex ebore **40** tantum Phidias sciebat facere simulacra; faciebat ex aere. Si marmor illi, si adhuc viliorem materiam obtulisses, fecisset quale ex illa fieri optimum posset. Sic sapiens virtutem, si licebit, in divitiis explicabit, si minus, in paupertate; si poterit, in patria, si minus, in exilio; si poterit, imperator, si minus, miles; si poterit, integer, si minus, debilis. Quamcumque fortunam acceperit, aliquid ex illa memorabile efficiet. Certi sunt domitores ferarum qui saevissima animalia et ad **41** occursum expavescenda hominem pati subigunt nec asperitatem excussisse contenti usque in contubernium mitigant: leonis faucibus magister manum insertat, osculatur tigrim suus custos, elephantum minimus Aethiops iubet subsidere in genua et ambulare per funem. Sic sapiens artifex est domandi mala: dolor, egestas, ignominia, carcer, exilium ubique horrenda, cum ad hunc pervenere, mansueta sunt. Vale.

86 SENECA LVCILIO SVO SALVTEM

In ipsa Scipionis Africani villa iacens haec tibi scribo, **1** adoratis manibus eius et ara, quam sepulchrum esse tanti viri suspicor. Animum quidem eius in caelum ex quo erat redisse persuadeo mihi, non quia magnos exercitus duxit (hos enim et Cambyses furiosus ac furore feliciter usus habuit), sed ob egregiam moderationem pietatemque, quam magis in illo admirabilem iudico cum reliquit patriam quam cum defendit. Aut Scipio Romae esse debebat aut Roma in

3 phydias γ 11 expavescenda *Gertz*: -centia ω subigunt *von Jan*: sub iugum ω 13 leonis faucibus *E. Fraenkel*: leonibus ω 17 cum *om.* δ 20 africam δ 21 arca ς 24 cambises δ 26 iudico *om.* δ 27 deesse δ debeat *Q*

2 libertate. 'Nihil' inquit 'volo derogare legibus, nihil institutis;
aequum inter omnes cives ius sit. Utere sine me beneficio meo,
patria. Causa tibi libertatis fui, ero et argumentum: exeo, si
3 plus quam tibi expedit crevi.' Quidni ego admirer hanc
magnitudinem animi, qua in exilium voluntarium secessit et
civitatem exoneravit? Eo perducta res erat ut aut libertas
Scipioni aut Scipio libertati faceret iniuriam. Neutrum fas
erat; itaque locum dedit legibus et se Liternum recepit tam
suum exilium rei publicae inputaturus quam Hannibalis.

4 Vidi villam extructam lapide quadrato, murum circum-
datum silvae, turres quoque in propugnaculum villae utrim-
que subrectas, cisternam aedificiis ac viridibus subditam quae
sufficere in usum vel exercitus posset, balneolum angustum,
tenebricosum ex consuetudine antiqua: non videbatur maiori-
5 bus nostris caldum nisi obscurum. Magna ergo me voluptas
subiit contemplantem mores Scipionis ac nostros: in hoc
angulo ille 'Carthaginis horror', cui Roma debet quod tantum
semel capta est, abluebat corpus laboribus rusticis fessum.
Exercebat enim opere se terramque (ut mos fuit priscis) ipse
subigebat. Sub hoc ille tecto tam sordido stetit, hoc illum
pavimentum tam vile sustinuit: at nunc quis est qui sic lavari
6 sustineat? Pauper sibi videtur ac sordidus nisi parietes ma-
gnis et pretiosis orbibus refulserunt, nisi Alexandrina marmora
Numidicis crustis distincta sunt, nisi illis undique operosa
et in picturae modum variata circumlitio praetexitur, nisi
vitro absconditur camera, nisi Thasius lapis, quondam rarum
in aliquo spectaculum templo, piscinas nostras circumdedit,

17 *Lucr. 3. 1034.*

---

1 derogari *Q* 3 fui ero *V*: fuero *QP*: fu *spat. rel. b* 8 soliternum *P*: saliterum (silit -b^2) *b* 10 instructam *P*: strictam *b*: structam *vulg.* (*cf. p. 135. 13*) 15 voluntas *Q* 17 Carthaginis horror *haec verba Lucretii esse monuit Axelson* 26 camara Q^1Vb

in quas multa sudatione corpora exsaniata demittimus, nisi
aquam argentea epitonia fuderunt. Et adhuc plebeias fistulas 7
loquor: quid cum ad balnea libertinorum pervenero? Quantum statuarum, quantum columnarum est nihil sustinentium sed in ornamentum positarum impensae causa! quantum aquarum per gradus cum fragore labentium! Eo deliciarum pervenimus ut nisi gemmas calcare nolimus.

In hoc balneo Scipionis minimae sunt rimae magis quam 8
fenestrae muro lapideo exsectae, ut sine iniuria munimenti lumen admitterent; at nunc blattaria vocant balnea, si qua non ita aptata sunt ut totius diei solem fenestris amplissimis recipiant, nisi et lavantur simul et colorantur, nisi ex solio agros ac maria prospiciunt. Itaque quae concursum et admirationem habuerant cum dedicarentur, ea in antiquorum numerum reiciuntur cum aliquid novi luxuria commenta est
quo ipsa se obrueret. At olim et pauca erant balnea nec ullo 9
cultu exornata: cur enim exornaretur res quadrantaria et in usum, non in oblectamentum reperta? Non suffundebatur aqua nec recens semper velut ex calido fonte currebat, nec
referre credebant in quam perlucida sordes deponerent. Sed, 10
di boni, quam iuvat illa balinea intrare obscura, et gregali tectorio inducta, quae scires Catonem tibi aedilem aut Fabium Maximum aut ex Corneliis aliquem manu sua temperasse! Nam hoc quoque nobilissimi aediles fungebantur officio intrandi ea loca quae populum receptabant exigendique munditias et utilem ac salubrem temperaturam, non hanc quae nuper inventa est similis incendio, adeo quidem ut convictum in aliquo scelere servum vivum lavari oporteat. Nihil mihi videtur iam interesse, ardeat balineum an caleat.

1 exaniata *Qb* dimittimus *Qb* 9 et sectae δ 11 apta *Q* (*cf. p. 193. 9*) 14 ea *scripsi*: et ω: haec ς: ⟨devitantur⟩ et *vel* ⟨declinantur⟩ et *Hense*, *sim. alii* 16 quo Q^cV^c: quod ω 21 balinea Q^1V^1b: balnea *Q man. rec.*, V^2: balneae *P* gregali QV^2: grecali γ 29 balneum V^cδ

11 Quantae nunc aliqui rusticitatis damnant Scipionem quod non in caldarium suum latis specularibus diem admiserat, quod non in multa luce decoquebatur et expectabat ut in balneo concoqueret! O hominem calamitosum! nesciit vivere. Non saccata aqua lavabatur sed saepe turbida et, cum plueret vehementius, paene lutulenta. Nec multum eius intererat an sic lavaretur; veniebat enim ut sudorem illic
12 ablueret, non ut unguentum. Quas nunc quorundam voces futuras credis? 'Non invideo Scipioni: vere in exilio vixit qui sic lavabatur.' Immo, si scias, non cotidie lavabatur; nam, ut aiunt qui priscos mores urbis tradiderunt, brachia et crura cotidie abluebant, quae scilicet sordes opere collegerant, ceterum toti nundinis lavabantur. Hoc loco dicet aliquis: 'liquet mihi inmundissimos fuisse'. Quid putas illos oluisse? militiam, laborem, virum. Postquam munda balnea inventa
13 sunt, spurciores sunt. Descripturus infamem et nimiis notabilem deliciis Horatius Flaccus quid ait?

Pastillos Buccillus olet.

Dares nunc Buccillum: proinde esset ac si hircum oleret, Gargonii loco esset, quem idem Horatius Buccillo opposuit. Parum est sumere unguentum nisi bis die terque renovatur, ne evanescat in corpore. Quid quod hoc odore tamquam suo gloriantur?

14 Haec si tibi nimium tristia videbuntur, villae inputabis,

18 *Hor. sat. 1. 2. 27 et 4. 92* (*ubi* Rufillus).

---

1 aliqui V^c: -quis ω   damnat ς   3 expectabat *vulg.*: spect- ω   4 nesciit *Gothofredus*: -cit ω   7 an ς: ac ω   9 scipionis δ   11 verbis δ   13 aliquis ς: aliquotis V^1: aliquoties (-iens *man. rec.*) *Q*: aliquo δ: aliquis: 'olim *Hense*: aliquis: 'hoc *Summers*   14 inmundissimos V^c: -mas γ: inundissimas (mund- Q^c) *Q*   16 nimiis *Lips.*: nimis ω   18 buccillus Q^2δ: -los Q^1V: rufillus *supra. v.* Q^2ς, *et sic Hor. sat. 1. 2. 27 et 4. 92*

in qua didici ab Aegialo, diligentissimo patre familiae (is enim nunc huius agri possessor est) quamvis vetus arbustum posse transferri. Hoc nobis senibus discere necessarium est, quorum nemo non olivetum alteri ponit, †quod vidi illud arborum trimum et quadrimum fastidiendi fructus aut deponere.† Te quoque proteget illa quae 15

tarda venit seris factura nepotibus umbram,

ut ait Vergilius noster, qui non quid verissime sed quid decentissime diceretur aspexit, nec agricolas docere voluit sed legentes delectare. Nam, ut alia omnia transeam, hoc 16
quod mihi hodie necesse fuit deprehendere, adscribam:

vere fabis satio est; tunc te quoque, Medica, putres
accipiunt sulci, et milio venit annua cura.

An uno tempore ista ponenda sint et an utriusque verna sit satio, hinc aestimes licet: Iunius mensis est quo tibi scribo, iam proclivis in Iulium: eodem die vidi fabam metentes, milium serentes.

Ad olivetum revertar, quod vidi duobus modis positum: 17
magnarum arborum truncos circumcisis ramis et ad unum redactis pedem cum rapo suo transtulit, amputatis radicibus, relicto tantum capite ipso ex quo illae pependerant. Hoc fimo tinctum in scrobem demisit, deinde terram non adgessit tantum, sed calcavit et pressit. Negat quicquam esse hac, 18
ut ait, pisatione efficacius. Videlicet frigus excludit et ven-

7 *Verg. georg.* 2. 58. 12 *Verg. georg.* 1. 215–16.

1 patrifamilias *P* (*cf. p.* 122. 22) 4–6 quod vidi . . . deponere *corruptum* 4 ⟨quid⟩ quod *Rossb.* illud] illum *vulg.* 5 arborum] arbustum *Eras.*^{2}: arboretum *Mur.* ⟨haud⟩ fastidiendi *Eras.*^{2}: ⟨non⟩ fastid- *Madvig* aut deponere] autumno ponere ς: avide ponere *Madvig* 6 protegit *Q* 8 vergilius *Q*V^{1}: virg- V^{c}δ 10 legentis V^{1} 12 satio; tum *Verg.* 14 an uno ς: annuo ω 15 unius δ 18 positum *Löfstedt*: disp- ω 24 pisatione *QV*: positione *P*: pissanone *b*: spissatione ς

tum; minus praeterea movetur et ob hoc nascentes radices prodire patitur ac solum adprendere, quas necesse est cereas adhuc et precario haerentes levis quoque revellat agitatio. Rapum autem arboris antequam obruat radit; ex omni enim materia quae nudata est, ut ait, radices exeunt novae. Non plures autem super terram eminere debet truncus quam tres aut quattuor pedes; statim enim ab imo vestietur nec magna pars eius quemadmodum in olivetis veteribus arida et retorrida
19 erit. Alter ponendi modus hic fuit: ramos fortes nec corticis duri, quales esse novellarum arborum solent, eodem genere deposuit. Hi paulo tardius surgunt, sed cum tamquam a planta processerint, nihil habent in se abhorridum aut triste.
20 Illud etiamnunc vidi, vitem ex arbusto suo annosam transferri; huius capillamenta quoque, si fieri potest, colligenda sunt, deinde liberalius sternenda vitis, ut etiam ex corpore radicescat. Et vidi non tantum mense Februario positas sed etiam Martio exacto; tenent et conplexae sunt non suas
21 ulmos. Omnes autem istas arbores quae, ut ita dicam, grandiscapiae sunt, ait aqua adiuvandas cisternina; quae si prodest, habemus pluviam in nostra potestate.

Plura te docere non cogito, ne quemadmodum Aegialus me sibi adversarium paravit, sic ego parem te mihi. Vale.

87 SENECA LVCILIO SVO SALVTEM

1 Naufragium antequam navem ascenderem feci: quomodo acciderit non adicio, ne et hoc putes inter Stoica paradoxa

2 cereas (*vel* teneras) ς: ceteras ω 3 haerentis QV^2 revellat ς: revelat (rebellat *fort.* V^1) ω 4 rapum *von Jan*: parum ω radit *Pinc.*: radix ω 8 eius *om.* γ 11 adplanta *QP* 12 abhorridum] horridum *vel* aut horridum ς 16 radicescat Q^cV^2: -cit Q^1V^1P: radiscescit *b* 17 etiam δ: iam *QV* 19 grandiscapiae δ: grandi scabiae *V*: grandes capite *Q* cisterninas *P*: -ternas *b* 25 non] nunc *Summers*

ponendum, quorum nullum esse falsum nec tam mirabile quam prima facie videtur, cum volueris, adprobabo, immo etiam si nolueris.

Interim hoc me iter docuit quam multa haberemus supervacua et quam facile iudicio possemus deponere quae, si
quando necessitas abstulit, non sentimus ablata. Cum paucis- 2
simis servis, quos unum capere vehiculum potuit, sine ullis
rebus nisi quae corpore nostro continebantur, ego et Maximus meus biduum iam beatissimum agimus. Culcita in terra iacet, ego in culcita; ex duabus paenulis altera stragulum,
altera opertorium facta est. De prandio nihil detrahi potuit; 3
paratum fuit †non magis hora†, nusquam sine caricis, numquam sine pugillaribus; illae, si panem habeo, pro pulmentario sunt, si non habeo, pro pane. Cotidie mihi annum novum faciunt, quem ego faustum et felicem reddo bonis cogitationibus et animi magnitudine, qui numquam maior est quam ubi aliena seposuit et fecit sibi pacem nihil timendo,
fecit sibi divitias nihil concupiscendo. Vehiculum in quod 4
inpositus sum rusticum est; mulae vivere se ambulando testantur; mulio excalceatus, non propter aestatem. Vix a me obtineo ut hoc vehiculum velim videri meum: durat adhuc perversa recti verecundia, et quotiens in aliquem comitatum lautiorem incidimus invitus erubesco, quod argumentum est ista quae probo, quae laudo, nondum habere certam sedem et immobilem. Qui sordido vehiculo erubescit pretioso
gloriabitur. Parum adhuc profeci: nondum audeo frugalita- 5
tem palam ferre; etiamnunc curo opiniones viatorum.

Contra totius generis humani opiniones mittenda vox erat: 'insanitis, erratis, stupetis ad supervacua, neminem aestimatis

12 non agminis cura *Summers*: non magiri cura *H. Georgii* 14 annum novum faciunt *cf. Ov. fast. 1. 185 sqq., Mart. 8. 33. 11, 13. 27. 1* 16–17 maior est] maiorem δ 21 velim *superscr.* V^2: nolim ω mecum *Q* 24–25 sedem et] sed et *Q*: fidem et *Q man. rec.*, *b*

suo. Cum ad patrimonium ventum est, diligentissimi conputatores sic rationem ponitis singulorum quibus aut pecuniam credituri estis aut beneficia (nam haec quoque iam 6 expensa fertis): late possidet, sed multum debet; habet domum formosam, sed alienis nummis paratam; familiam nemo cito speciosiorem producet, sed nominibus non respondet; si creditoribus solverit, nihil illi supererit. Idem in reliquis quoque facere debebitis et excutere quantum pro-7 prii quisque habeat.' Divitem illum putas quia aurea supellex etiam in via sequitur, quia in omnibus provinciis arat, quia magnus kalendari liber volvitur, quia tantum suburbani agri possidet quantum invidiose in desertis Apuliae possideret: cum omnia dixeris, pauper est. Quare? quia debet. 'Quantum?' inquis. Omnia; nisi forte iudicas interesse utrum ali-8 quis ab homine an a fortuna mutuum sumpserit. Quid ad rem pertinent mulae saginatae unius omnes coloris? quid ista vehicula caelata?

> Instratos ostro alipedes pictisque tapetis:
> aurea pectoribus demissa monilia pendent,
> tecti auro fulvum mandunt sub dentibus aurum.

Ista nec dominum meliorem possunt facere nec mulam.
9 M. Cato Censorius, quem tam e re publica fuit nasci quam Scipionem (alter enim cum hostibus nostris bellum, alter cum moribus gessit), cantherio vehebatur et hippoperis quidem inpositis, ut secum utilia portaret. O quam cuperem illi nunc occurrere aliquem ex his trossulis, in via divitibus, cursores et Numidas et multum ante se pulveris agentem! Hic sine dubio cultior comitatiorque quam M. Cato videretur, hic qui inter illos apparatus delicatos cum maxime

18 *Verg. Aen.* 7. 277–9.

3 aut *b*: ad *QVP* 8 et *om.* δ 11 kalendari *V*: -ii *Q*δ 16 quid] cum *Q* 21 mulum *Q*: malum *b* 29 delicatos ς: -tus ω

dubitat utrum se ad gladium locet an ad cultrum. O quantum 10
erat saeculi decus, imperatorem, triumphalem, censorium, quod super omnia haec est, Catonem, uno caballo esse contentum et ne toto quidem; partem enim sarcinae ab utroque latere dependentes occupabant. Ita non omnibus obesis mannis et asturconibus et tolutariis praeferres unicum illum equum ab ipso Catone defrictum?

Video non futurum finem in ista materia ullum nisi quem 11
ipse mihi fecero. Hic itaque conticiscam, quantum ad ista quae sine dubio talia divinavit futura qualia nunc sunt qui primus appellavit 'inpedimenta'. Nunc volo paucissimas adhuc interrogationes nostrorum tibi rèddere ad virtutem pertinentes, quam satisfacere vitae beatae contendimus.

'Quod bonum est bonos facit (nam et in arte musica quod 12
bonum est facit musicum); fortuita bonum non faciunt; ergo non sunt bona.'

Adversus hoc sic respondent Peripatetici ut quod primum proponimus falsum esse dicant. 'Ab eo' inquiunt 'quod est bonum non utique fiunt boni. In musica est aliquid bonum tamquam tibia aut chorda aut organum aliquod aptatum ad usus canendi; nihil tamen horum facit musicum.' His respon- 13
debimus, 'non intellegitis quomodo posuerimus quod bonum est in musica. Non enim id dicimus quod instruit musicum, sed quod facit: tu ad supellectilem artis, non ad artem venis. Si quid autem in ipsa arte musica bonum est, id utique musicum faciet.' Etiamnunc facere istuc planius volo. Bonum 14
in arte musica duobus modis dicitur, alterum quo effectus musici adiuvatur, alterum quo ars: ad effectum pertinent instrumenta, tibiae et organa et chordae, ad artem ipsam non

2 *post* imperatorem *dist. Axelson* 3 ⟨et⟩ quod ς, *sed confert Axelson nat. 4a. praef. 2* 9 conticescam Q^cV^cP 21 his *Q*: hic γ 26 istuc *Hense*: isme V^1: hisme *Q*δ: meis V^2 27–28 alterum . . . alterum] altrum . . . alterum *P*: -ero . . . -ero *QVυ*

pertinent. Est enim artifex etiam sine istis: uti forsitan non potest arte. Hoc non est aeque duplex in homine; idem enim est bonum et hominis et vitae.

15 'Quod contemptissimo cuique contingere ac turpissimo potest bonum non est; opes autem et lenoni et lanistae contingunt; ergo non sunt bona.'

'Falsum est' inquiunt 'quod proponitis; nam et in grammatice et in arte medendi aut gubernandi videmus bona
16 humillimis quibusque contingere.' Sed istae artes non sunt
magnitudinem animi professae, non consurgunt in altum nec fortuita fastidiunt: virtus extollit hominem et super cara mortalibus conlocat; nec ea quae bona nec ea quae mala vocantur aut cupit nimis aut expavescit. Chelidon, unus ex Cleopatrae mollibus, patrimonium grande possedit. Nuper Natalis, tam inprobae linguae quam inpurae, in cuius ore feminae purgabantur, et multorum heres fuit et multos habuit heredes. Quid ergo? utrum illum pecunia inpurum effecit an ipse pecuniam inspurcavit? quae sic in quosdam
17 homines quomodo denarius in cloacam cadit. Virtus super
ista consistit; suo aere censetur; nihil ex istis quolibet incurrentibus bonum iudicat. Medicina et gubernatio non interdicit sibi ac suis admiratione talium rerum; qui non est vir bonus potest nihilominus medicus esse, potest gubernator, potest grammaticus tam mehercules quam cocus. Cui contingit habere rem non quamlibet, hunc non quemlibet
18 dixeris; qualia quisque habet, talis est. Fiscus tanti est
quantum habet; immo in accessionem eius venit quod habet. Quis pleno sacculo ullum pretium ponit nisi quod pecuniae in eo conditae numerus effecit? Idem evenit magnorum dominis patrimoniorum: accessiones illorum et appendices

2–3 idem enim est] idem enim *P*: id est enim *b*   8 videbimus *γ*   9 istae *om. Q*   17 purum *Mur.*   22 admirationem Q^cV^cb (*cf. p. 49. 18*)

sunt. Quare ergo sapiens magnus est? quia magnum animum
habet. Verum est ergo quod contemptissimo cuique contingit
bonum non esse. Itaque indolentiam numquam bonum dicam: 19
habet illam cicada, habet pulex. Ne quietem quidem et mo-
lestia vacare bonum dicam: quid est otiosius verme? Quaeris
quae res sapientem faciat? quae deum. Des oportet illi divi-
num aliquid, caeleste, magnificum: non in omnes bonum cadit
nec quemlibet possessorem patitur. Vide 20

> et quid quaeque ferat regio et quid quaeque recuset:
> hic segetes, illic veniunt felicius uvae,
> arborei fetus alibi atque iniussa virescunt
> gramina. Nonne vides, croceos ut Tmolus odores,
> India mittit ebur, molles sua tura Sabaei,
> at Chalybes nudi ferrum?

Ista in regiones discripta sunt, ut necessarium mortalibus 21
esset inter ipsos commercium, si invicem alius aliquid ab alio
peteret. Summum illud bonum habet et ipsum suam sedem;
non nascitur ubi ebur, nec ubi ferrum. Quis sit summi boni
locus quaeris? animus. Hic nisi purus ac sanctus est, deum
non capit.

'Bonum ex malo non fit; divitiae [autem fiunt] fiunt autem 22
ex avaritia; divitiae ergo non sunt bonum.'

'Non est' inquit 'verum, bonum ex malo non nasci; ex sacrilegio enim et furto pecunia nascitur. Itaque malum quidem est sacrilegium et furtum, sed ideo quia plura mala facit quam bona; dat enim lucrum, sed cum metu, sollicitudine,

9 *Verg. georg.* 1. 53–58.

---

4 illam Q^cV^c: illum Q^1V^1P: *om. b* 5 *verba* quaeris . . . existimo (*p. 309. 28*) *folio avulso desunt in P* 12 ut tmolus *V*: utimolos *Q*: *om. b* 13 mittit $Q^1\varsigma$ *Verg.*: -at $Q^c\gamma$ 15 discripta *Hense*: des- *ω* 21 divitiae fiunt autem *Gemoll*: divitiae autem fiunt. fiunt autem *Q*: divitiae fiunt. fiunt autem *γ sunt qui legunt*

23 tormentis et animi et corporis.' Quisquis hoc dicit, necesse est recipiat sacrilegium, sicut malum sit quia multa mala facit, ita bonum quoque ex aliqua parte esse, quia aliquid boni facit: quo quid fieri portentuosius potest? Quamquam sacrilegium, furtum, adulterium inter bona haberi prorsus persuasimus. Quam multi furto non erubescunt, quam multi adulterio gloriantur! nam sacrilegia minuta puniuntur,
24 magna in triumphis feruntur. Adice nunc quod sacrilegium, si omnino ex aliqua parte bonum est, etiam honestum erit et recte factum vocabitur, †nostra enim actio est† quod nullius mortalium cogitatio recipit. Ergo bona nasci ex malo non possunt. Nam si, ut dicitis, ob hoc unum sacrilegium malum est, quia multum mali adfert, si remiseris illi supplicia, si securitatem spoponderis, ex toto bonum erit. Atqui maxi-
25 mum scelerum supplicium in ipsis est. Erras, inquam, si illa ad carnificem aut carcerem differs: statim puniuntur cum facta sunt, immo dum fiunt. Non nascitur itaque ex malo bonum, non magis quam ficus ex olea: ad semen nata respondent, bona degenerare non possunt. Quemadmodum ex turpi honestum non nascitur, ita ne ex malo quidem bonum; nam idem est honestum et bonum.

26 Quidam ex nostris adversus hoc sic respondent: 'putemus pecuniam bonum esse undecumque sumptam; non tamen ideo ex sacrilegio pecunia est, etiam si ex sacrilegio sumitur. Hoc sic intellege. In eadem urna et aurum est et vipera: si aurum ex urna sustuleris, non ideo sustuleris quia illic et vipera est; non ideo, inquam, mihi urna aurum dat quia viperam habet, sed aurum dat, cum et viperam habeat. Eodem modo ex sacrilegio lucrum fit, non quia turpe et

4 portentosius *vulg.* (*cf. pp. 353. 7, 482. 13, dial. 3. 15. 2*) quamquam *Gruter*: quam ω 10 nostra enim actio est *secl. Gemoll*: honesta enim actio ⟨recta actio⟩ est *coni. Hense* 12 si] sic γ dicis ς 17–18 ex malo bonum *Eras.*[2]: ex bono malum ω: ex malo bonum neque ex bono malum ς 26 non ideo sustuleris *Q*: *om.* γ

sceleratum est sacrilegium, sed quia et lucrum habet. Quemadmodum in illa urna vipera malum est, non aurum quod cum vipera iacet, sic in sacrilegio malum est scelus, non lucrum.' A quibus ⟨dissentio⟩; dissimillima enim utriusque **27** rei condicio est. Illic aurum possum sine vipera tollere, hic lucrum sine sacrilegio facere non possum; lucrum istud non est adpositum sceleri sed inmixtum.

'Quod dum consequi volumus in multa mala incidimus, id **28** bonum non est; dum divitias autem consequi volumus, in multa mala incidimus; ergo divitiae bonum non sunt.'

'Duas' inquit 'significationes habet propositio vestra: unam, dum divitias consequi volumus, in multa nos mala incidere. In multa autem mala incidimus et dum virtutem consequi volumus: aliquis dum navigat studii causa, naufragium fecit, aliquis captus est. Altera significatio talis est: per **29** quod in mala incidimus bonum non est. Huic propositioni non erit consequens per divitias nos aut per voluptates in mala incidere; aut si per divitias in multa mala incidimus, non tantum bonum non sunt divitiae sed malum sunt; vos autem illas dicitis tantum bonum non esse. Praeterea' inquit 'conceditis divitias habere aliquid usus: inter commoda illas numeratis. Atqui eadem ratione ⟨ne⟩ commodum quidem erunt; per illas enim multa nobis incommoda eveniunt.' His quidam hoc **30** respondent: 'erratis, qui incommoda divitîs inputatis. Illae neminem laedunt: aut sua nocet cuique stultitia aut aliena nequitia, sic quemadmodum gladius neminem occidit: occidentis telum est. Non ideo divitiae tibi nocent si propter divitias tibi nocetur.' Posidonius, ut ego existimo, melius, qui **31** ait divitias esse causam malorum, non quia ipsae faciunt aliquid, sed quia facturos inritant. Alia est enim causa efficiens,

4 dissentio *add.* ς 5 hic] illic *b alii codd. stirpis* δ 19 divitiae non sunt *b alii codd. stirpis* δ 22 atqui *vulg.*: atque ω ne *suppl.* ς 24 commoda γ divitiis ω 28 possidonius ω

quae protinus necessest noceat, alia praecedens. Hanc prae-
cedentem causam divitiae habent: inflant animos, superbiam
pariunt, invidiam contrahunt, et usque eo mentem alienant
32 ut fama pecuniae nos etiam nocitura delectet. Bona autem
omnia carere culpa decet; pura sunt, non corrumpunt animos,
non sollicitant; extollunt quidem et dilatant, sed sine tumore.
Quae bona sunt fiduciam faciunt, divitiae audaciam; quae
bona sunt magnitudinem animi dant, divitiae insolentiam.
Nihil autem aliud est insolentia quam species magnitudinis
33 falsa. 'Isto modo' inquit 'etiam malum sunt divitiae, non
tantum bonum non sunt.' Essent malum si ipsae nocerent, si,
ut dixi, haberent efficientem causam: nunc praecedentem
habent et quidem non inritantem tantum animos sed adtra-
hentem; speciem enim boni offundunt veri similem ac pleris-
34 que credibilem. Habet virtus quoque praecedentem causam
ad invidiam; multis enim propter sapientiam, multis propter
iustitiam invidetur. Sed nec ex se hanc causam habet nec
veri similem; contra enim veri similior illa species hominum
animis obicitur a virtute, quae illos in amorem et admira-
tionem vocet.

35 Posidonius sic interrogandum ait: 'quae neque magni-
tudinem animo dant nec fiduciam nec securitatem non sunt
bona; divitiae autem et bona valetudo et similia his nihil
horum faciunt; ergo non sunt bona'. Hanc interrogationem
magis etiamnunc hoc modo intendit: 'quae neque magni-
tudinem animo dant nec fiduciam nec securitatem, contra
autem insolentiam, tumorem, arrogantiam creant, mala sunt;
a fortuitis autem in haec inpellimur; ergo non sunt bona'.

36 'Hac' inquit 'ratione ne commoda quidem ista erunt.'

1 necessest *coni. Hense*: necesse est *γ*: necesse *Q* noceat *V^{2}*: nocet *ω* 5 omni *Eras.*[1] 10 falsa *P*: -sae *QV*: -se *b* 17 nec ex se *ς*: necesse *ω* 21 posidonius *Pb^{c}*: poss- *QVb^{1}* 22 dant *V*: non dant *Qδ* 27 creant] hereant *Q* 28 in *om. Q*

Alia est commodorum condicio, alia bonorum: commodum est quod plus usus habet quam molestiae; bonum sincerum esse debet et ab omni parte innoxium. Non est id bonum quod plus prodest, sed quod tantum prodest. Praeterea commodum 37
et ad animalia pertinet et ad inperfectos homines et ad stultos. Itaque potest ei esse incommodum mixtum, sed commodum dicitur a maiore sui parte aestimatum: bonum ad unum sapientem pertinet; inviolatum esse oportet.

Bonum animum habe: unus tibi nodus, sed Herculaneus 38
restat: 'ex malis bonum non fit; ex multis paupertatibus divitiae fiunt; ergo divitiae bonum non sunt'.

Hanc interrogationem nostri non agnoscunt, Peripatetici et fingunt illam et solvunt. Ait autem Posidonius hoc sophisma, per omnes dialecticorum scholas iactatum, sic ab Antipatro refelli: 'paupertas non per possessionem dicitur, 39
sed per detractionem' (vel, ut antiqui dixerunt, orbationem; Graeci *κατὰ στέρησιν* dicunt); 'non quod habeat dicit, sed quod non habeat. Itaque ex multis inanibus nihil impleri potest: divitias multae res faciunt, non multae inopiae. Aliter' inquit 'quam debes paupertatem intellegis. Paupertas enim est non quae pauca possidet, sed quae multa non possidet; ita non ab eo dicitur quod habet, sed ab eo quod ei deest.'

Facilius quod volo exprimerem, si Latinum verbum esset 40
quo *ἀνυπαρξία* significaretur. Hanc paupertati Antipater adsignat: ego non video quid aliud sit paupertas quam parvi possessio. De isto videbimus, si quando valde vacabit,

15 *Antip. Stoic. frg. 54 ab Arnim.*

9 habe ς: habere ω, *W. A. Baehrens*; *sed confert Hense p. 451. 1 (cf. p. 53. 24)* 13 possidonius *Q* 15 possionem Q^1*b* 16 ⟨per⟩ orbationem ς 17 dicit] dicitur *vulg., fort. recte* 22 quod (*prius*) *Q*: ꝙ *V*: quia *P*: qui *b* 25 ΑΝΗΥΠΑΡΞΙΑ *γ*: ΑΝΝΙΤΥΛΡΞΙΑ *Q* significatur *γ*

quae sit divitiarum, quae paupertatis substantia; sed tunc quoque considerabimus numquid satius sit paupertatem permulcere, divitiis demere supercilium quam litigare de
41 verbis, quasi iam de rebus iudicatum sit. Putemus nos ad contionem vocatos: lex de abolendis divitîs fertur. His interrogationibus suasuri aut dissuasuri sumus? his effecturi ut populus Romanus paupertatem, fundamentum et causam imperii sui, requirat ac laudet, divitias autem suas timeat, ut cogitet has se apud victos repperisse, hinc ambitum et largitiones et tumultus in urbem sanctissimam temperatissimam inrupisse, nimis luxuriose ostentari gentium spolia, quod unus populus eripuerit omnibus facilius ab omnibus uni eripi posse? Haec satius est suadere, et expugnare adfectus, non circumscribere. Si possumus, fortius loquamur; si minus, apertius. Vale.

88 SENECA LVCILIO SVO SALVTEM

1 De liberalibus studiis quid sentiam scire desideras: nullum suspicio, nullum in bonis numero quod ad aes exit. Meritoria artificia sunt, hactenus utilia si praeparant ingenium, non detinent. Tamdiu enim istis inmorandum est quamdiu nihil animus agere maius potest; rudimenta sunt nostra, non
2 opera. Quare liberalia studia dicta sint vides: quia homine libero digna sunt. Ceterum unum studium vere liberale est quod liberum facit, hoc est sapientiae, sublime, forte, magnanimum: cetera pusilla et puerilia sunt. An tu quicquam in istis esse credis boni quorum professores turpissimos omnium

1 tunc ⟨hoc⟩ *Haase*   5 contentionem δ   divitiis ω   8 laudet ς: -des ω   9 victos V^c: -tores ω   10 temperantissimam V^c, *edd. recc.* (*cf. p.* 47. 20)   13 haec *vulg.*: hanc ω   suadere ⟨re⟩ *Hense*   14 possimus *Q*   19 praeparant QV^c: -ent γ   24 sapientia sublimem fortem *Q*

ac flagitiosissimos cernis? Non discere debemus ista, sed
didicisse.

Quidam illud de liberalibus studiis quaerendum iudica-
verunt, an virum bonum facerent: ne promittunt quidem
nec huius rei scientiam adfectant. Grammatice circa curam **3**
sermonis versatur et, si latius evagari vult, circa historias,
iam ut longissime fines suos proferat, circa carmina. Quid
horum ad virtutem viam sternit? Syllabarum enarratio et
verborum diligentia et fabularum memoria et versuum lex
ac modificatio—quid ex his metum demit, cupiditatem ex-
imit, libidinem frenat? Ad geometriam transeamus et ad **4**
musicen: nihil apud illas invenies quod vetet timere, vetet
cupere. Quae quisquis ignorat, alia frustra scit.

* * * utrum doceant isti virtutem an non: si non docent, ne
tradunt quidem; si docent, philosophi sunt. Vis scire quam non
ad docendam virtutem consederint? aspice quam dissimilia
inter se omnium studia sint: atqui similitudo esset idem docen-
tium. Nisi forte tibi Homerum philosophum fuisse persuadent, **5**
cum his ipsis quibus colligunt negent; nam modo Stoicum
illum faciunt, virtutem solam probantem et voluptates refugi-
entem et ab honesto ne inmortalitatis quidem pretio receden-
tem, modo Epicureum, laudantem statum quietae civitatis et
inter convivia cantusque vitam exigentis, modo Peripateticum,
tria bonorum genera inducentem, modo Academicum, omnia
incerta dicentem. Apparet nihil horum esse in illo, quia
omnia sunt; ista enim inter se dissident. Demus illis Home-
rum philosophum fuisse: nempe sapiens factus est antequam
carmina ulla cognosceret; ergo illa discamus quae Homerum

5 grammatice *Mynors*: -cus *ω* 11–13 ad geometriam . . . frustra scit *secl. Bartsch* (ad geo- . . . cupere *iam Haase*), *non sine causa* (*cf.* §§ *9–10*); *sed haec verba Senecae non esse vix crediderim. Maior fortasse lacuna post* frustra scit *statuenda est* 13 quae *om. γ* 14 videndum *suppl. ς*, *sed cf. supra* 19 colligent *Q* 24 tria] t. *spat. rel.* (terrenorum *V*²) *V*: *om. Qδ* 25 qui *Qb*

6 fecere sapientem. Hoc quidem me quaerere, uter maior
aetate fuerit, Homerus an Hesiodus, non magis ad rem
pertinet quam scire, cum minor Hecuba fuerit quam Helena,
quare tam male tulerit aetatem. Quid, inquam, annos
Patrocli et Achillis inquirere ad rem existimas pertinere?
7 Quaeris Ulixes ubi erraverit potius quam efficias ne nos
semper erremus? Non vacat audire utrum inter Italiam et
Siciliam iactatus sit an extra notum nobis orbem (neque enim
potuit in tam angusto error esse tam longus): tempestates
nos animi cotidie iactant et nequitia in omnia Ulixis mala in-
pellit. Non deest forma quae sollicitet oculos, non hostis;
hinc monstra effera et humano cruore gaudentia, hinc in-
sidiosa blandimenta aurium, hinc naufragia et tot varietates
malorum. Hoc me doce, quomodo patriam amem, quomodo
uxorem, quomodo patrem, quomodo ad haec tam honesta
8 vel naufragus navigem. Quid inquiris an Penelopa inpudica
fuerit, an verba saeculo suo dederit? an Ulixem illum esse
quem videbat, antequam sciret, suspicata sit? Doce me quid
sit pudicitia et quantum in ea bonum, in corpore an in
animo posita sit.

9 Ad musicum transeo. Doces me quomodo inter se acutae
ac graves consonent, quomodo nervorum disparem redden-
tium sonum fiat concordia: fac potius quomodo animus
secum meus consonet nec consilia mea discrepent. Monstras
mihi qui sint modi flebiles: monstra potius quomodo inter
adversa non emittam flebilem vocem.

10 Metiri me geometres docet latifundia potius quam doceat
quomodo metiar quantum homini satis sit; numerare docet
me et avaritiae commodat digitos potius quam doceat nihil

3 cum minor Q^1P: cuminor V^1: am minor *b*: utrum minor V^2: an minor *Q man. rec.*, ς 9 errores sed *P*: errores seu *b* 11 non hostis *lacunam hic susp. Summers* 21–22 acutae ac graves *cf. T.L.L. i. 466. 29 sqq.* 22 ac] et *Axelson dub.* graves ⟨voces⟩ ς 23 fac] dic *Gemoll* 24 monstra δ 28 me docet *Q*

ad rem pertinere istas conputationes, non esse feliciorem
cuius patrimonium tabularios lassat, immo quam supervacua
possideat qui infelicissimus futurus est si quantum habeat per
se conputare cogetur. Quid mihi prodest scire agellum in **11**
partes dividere, si nescio cum fratre dividere? Quid prodest
colligere subtiliter pedes iugeri et conprendere etiam si quid
decempedam effugit, si tristem me facit vicinus inpotens et
aliquid ex meo abradens? Docet quomodo nihil perdam ex
finibus meis: at ego discere volo quomodo totos hilaris
amittam. 'Paterno agro et avito' inquit 'expellor.' Quid? **12**
ante avum tuum quis istum agrum tenuit? cuius, non dico
hominis, sed populi fuerit potes expedire? Non dominus isto,
sed colonus intrasti. Cuius colonus es? si bene tecum agitur,
heredis. Negant iurisconsulti quicquam usu capi publicum:
hoc quod tenes, quod tuum dicis, publicum est et quidem
generis humani. O egregiam artem! scis rotunda metiri, in **13**
quadratum redigis quamcumque acceperis formam, intervalla
siderum dicis, nihil est quod in mensuram tuam non cadat: si
artifex es, metire hominis animum, dic quam magnus sit,
dic quam pusillus sit. Scis quae recta sit linea: quid tibi
prodest, si quid in vita rectum sit ignoras?

Venio nunc ad illum qui caelestium notitia gloriatur: **14**

> frigida Saturni sese quo stella receptet,
> quos ignis caeli Cyllenius erret in orbes.

Hoc scire quid proderit? ut sollicitus sim cum Saturnus et Mars ex contrario stabunt aut cum Mercurius vespertinum faciet occasum vidente Saturno, potius quam hoc discam,

23 *Verg. georg.* 1. 336–7.

2 tabularios ς: -ius ω 6 comprehendere *Qb* 7 decem pedem *b*: decimum pedem *Q* 7 potens Q^{c}ς, *sed cf. dial.* 2. 6. 1 10 quid] numquid *Q* 12 expedire potes (-est *b*) γ 15 hoc quod . . . publicum *Q*: *om.* γ 16 rotundam δ 24 caelo *Verg.*

15 ubicumque sunt ista, propitia esse nec posse mutari? Agit illa continuus ordo fatorum et inevitabilis cursus; per statas vices remeant et effectus rerum omnium aut movent aut notant. Sed sive quidquid evenit faciunt, quid inmutabilis rei notitia proficiet? sive significant, quid refert providere quod effugere non possis? Scias ista, nescias: fient.

16 Si vero solem ad rapidum stellasque sequentes
ordine respicies, numquam te crastina fallet
hora, nec insidiis noctis capiere serenae.

Satis abundeque provisum est ut ab insidiis tutus essem. 17 'Numquid me crastina non fallit hora? fallit enim quod nescienti evenit.' Ego quid futurum sit nescio: quid fieri possit scio. Ex hoc nihil deprecabor, totum expecto: si quid remittitur, boni consulo. Fallit me hora si parcit, sed ne sic quidem fallit. Nam quemadmodum scio omnia accidere posse, sic scio et non utique casura; itaque secunda expecto, malis paratus sum.

18 In illo feras me necesse est non per praescriptum euntem; non enim adducor ut in numerum liberalium artium pictores recipiam, non magis quam statuarios aut marmorarios aut ceteros luxuriae ministros. Aeque luctatores et totam oleo ac luto constantem scientiam expello ex his studiis liberalibus; aut et unguentarios recipiam et cocos et ceteros voluptatibus
19 nostris ingenia accommodantes sua. Quid enim, oro te, libe-

7 *Verg. georg. 1. 424–6.*

1 propitianda non esse *Summers* nec] non *Vb, fort. recte* 6 fiant *Q* 7 stellasque] lunasque *Verg.* 8 fallat *Q* 9 neque *Verg.* serante δ 13 deprecabor *Axelson*: desperabo ω: deprecor *Maehly*: desse sperabo *Préchac* 14 premittitur *Q* sic Vb^{c}: si δ: *om. Q* 16 itaque *Schweigh.*: utique ω 23 ceteros ς: -ris ω 24 commodantes *Gruter* (*quod Mureto tribuit*), *sed cf. p. 473. 24, dial. 4. 23. 1*

rale habent isti ieiuni vomitores, quorum corpora in sagina, animi in macie et veterno sunt? An liberale studium istuc esse iuventuti nostrae credimus, quam maiores nostri rectam exercuerunt hastilia iacere, sudem torquere, equum agitare, arma tractare? Nihil liberos suos docebant quod discendum esset iacentibus. Sed nec hae nec illae docent aluntve virtutem; quid enim prodest equum regere et cursum eius freno temperare, adfectibus effrenatissimis abstrahi? quid prodest multos vincere luctatione vel caestu, ab iracundia vinci?

20 'Quid ergo? nihil nobis liberalia conferunt studia?' Ad alia multum, ad virtutem nihil; nam et hae viles ex professo artes quae manu constant ad instrumenta vitae plurimum conferunt, tamen ad virtutem non pertinent. 'Quare ergo liberalibus studiis filios erudimus?' Non quia virtutem dare possunt, sed quia animum ad accipiendam virtutem praeparant. Quemadmodum prima illa, ut antiqui vocabant, litteratura, per quam pueris elementa traduntur, non docet liberales artes sed mox percipiendis locum parat, sic liberales artes non perducunt animum ad virtutem sed expediunt.

21 Quattuor ait esse artium Posidonius genera: sunt vulgares et sordidae, sunt ludicrae, sunt pueriles, sunt liberales. Vulgares opificum, quae manu constant et ad instruendam vitam occupatae sunt, in quibus nulla decoris, nulla honesti simulatio est. Ludicrae sunt quae ad voluptatem oculorum atque **22** aurium tendunt; his adnumeres licet machinatores qui pegmata per se surgentia excogitant et tabulata tacite in sublime crescentia et alias ex inopinato varietates, aut dehiscentibus quae cohaerebant aut his quae distabant sua sponte coeuntibus aut his quae eminebant paulatim in se residentibus. His inperitorum feriuntur oculi, omnia subita quia causas non novere mirantium. Pueriles sunt et aliquid habentes **23**

17 docet *QV*[c]: decet γ   20 possidonius *Q*   26 tacite] tam cito *Busche, sed cf. nat. 3. 26. 1*

liberalibus simile hae artes quas ἐγκυκλίους Graeci, nostri
autem liberales vocant. Solae autem liberales sunt, immo, ut
dicam verius, liberae, quibus curae virtus est.
24 'Quemadmodum' inquit 'est aliqua pars philosophiae na-
turalis, est aliqua moralis, est aliqua rationalis, sic et haec
quoque liberalium artium turba locum sibi in philosophia
vindicat. Cum ventum est ad naturales quaestiones, geo-
metriae testimonio statur; ergo eius quam adiuvat pars est.'
25 Multa adiuvant nos nec ideo partes nostri sunt; immo si
partes essent, non adiuvarent. Cibus adiutorium corporis
nec tamen pars est. Aliquod nobis praestat geometria mini-
sterium: sic philosophiae necessaria est quomodo ipsi faber,
26 sed nec hic geometriae pars est nec illa philosophiae. Praeter-
ea utraque fines suos habet; sapiens enim causas naturalium
et quaerit et novit, quorum numeros mensurasque geometres
persequitur et supputat. Qua ratione constent caelestia, quae
illis sit vis quaeve natura sapiens scit: cursus et recursus et
quasdam obversationes per quas descendunt et adlevantur ac
speciem interdum stantium praebent, cum caelestibus stare
27 non liceat, colligit mathematicus. Quae causa in speculo
imagines exprimat sciet sapiens: illud tibi geometres potest
dicere, quantum abesse debeat corpus ab imagine et qualis
forma speculi quales imagines reddat. Magnum esse solem
philosophus probabit, quantus sit mathematicus, qui usu
quodam et exercitatione procedit. Sed ut procedat, inpe-
tranda illi quaedam principia sunt; non est autem ars sui iuris
28 cui precarium fundamentum est. Philosophia nil ab alio

1 simile (-lae V^{1}) *V*: similes (simeles Q^{1}) *Q*δ ЄNKIKꭤIOΥC *Q*: ЄNKΥKAIOΥC *V*: ЄNKΥKΛICΥC *P*: CN.KΥ.KΛ.IO.ΥC *b* 2 autem *Q*: ħ *V*: his δ 8 eius *Q et sic superscr.* V^{2}: ∍ V^{1}: *om.* δ 9 nostri *Madvig*: -trae ω 11 aliquid nob- prae- geometriae ministerium γ, *probat Hense* 12 ipsi ς: ipse ω 17 et (*alterum*) *om.* *Q* 18 obversationes *Bonnet*: observ- ω 19 stantium *P*: instantium *QVb* 21 sciens δ

petit, totum opus a solo excitat: mathematice, ut ita dicam,
superficiaria est, in alieno aedificat; accipit prima, quorum
beneficio ad ulteriora perveniat. Si per se iret ad verum, si
totius mundi naturam posset conprendere, dicerem multum
conlaturam mentibus nostris, quae tractatu caelestium cre-
scunt trahuntque aliquid ex alto.

Una re consummatur animus, scientia bonorum ac malo-
rum inmutabili; nihil autem ulla ars alia de bonis ac malis
quaerit. Singulas lubet circumire virtutes. Fortitudo con- 29
temptrix timendorum est; terribilia et sub iugum libertatem
nostram mittentia despicit, provocat, frangit: numquid ergo
hanc liberalia studia corroborant? Fides sanctissimum humani
pectoris bonum est, nulla necessitate ad fallendum cogitur,
nullo corrumpitur praemio: 'ure', inquit 'caede, occide: non
prodam, sed quo magis secreta quaeret dolor, hoc illa altius
condam'. Numquid liberalia studia hos animos facere possunt?
Temperantia voluptatibus imperat, alias odit atque abigit,
alias dispensat et ad sanum modum redigit nec umquam ad
illas propter ipsas venit; scit optimum esse modum cupitorum
non quantum velis, sed quantum debeas sumere. Humanitas 30
vetat superbum esse adversus socios, vetat amarum; verbis,
rebus, adfectibus comem se facilemque omnibus praestat;
nullum alienum malum putat, bonum autem suum ideo maxi-
me quod alicui bono futurum est amat. Numquid liberalia
studia hos mores praecipiunt? non magis quam simplicitatem,
quam modestiam ac moderationem, non magis quam fruga-
litatem ac parsimoniam, non magis quam clementiam, quae
alieno sanguini tamquam suo parcit et scit homini non esse
homine prodige utendum.

'Cum dicatis' inquit 'sine liberalibus studiis ad virtutem 31

4 conprehendere δ 6 alto *Gruter*: alio *QVP*: aliquo *b* 9 lubet *Mur.*: habet ω 11 dispicit *Q* 15 hoc *om.* *Q* 21 amarum *Haase*: avarum ω 22 comem ς: communem ω

non perveniri, quemadmodum negatis illa nihil conferre virtuti?' Quia nec sine cibo ad virtutem pervenitur, cibus tamen ad virtutem non pertinet; ligna navi nihil conferunt, quamvis non fiat navis nisi ex lignis: non est, inquam, cur aliquid putes eius adiutorio fieri sine quo non potest fieri.
32 Potest quidem etiam illud dici, sine liberalibus studiis veniri ad sapientiam posse; quamvis enim virtus discenda sit, tamen non per haec discitur. Quid est autem quare existimem non futurum sapientem eum qui litteras nescit, cum sapientia non sit in litteris? Res tradit, non verba, et nescio an certior
33 memoria sit quae nullum extra se subsidium habet. Magna et spatiosa res est sapientia; vacuo illi loco opus est; de divinis humanisque discendum est, de praeteritis de futuris, de caducis de aeternis, de tempore. De quo uno vide quam multa quaerantur: primum an per se sit aliquid; deinde an aliquid ante tempus sit sine tempore; cum mundo coeperit an etiam
34 ante mundum quia fuerit aliquid, fuerit et tempus. Innumerabiles quaestiones sunt de animo tantum: unde sit, qualis sit, quando esse incipiat, quamdiu sit, aliunde alio transeat et domicilia mutet in alias animalium formas aliasque coniectus, an non amplius quam semel serviat et emissus vagetur in toto; utrum corpus sit an non sit; quid sit facturus cum per nos aliquid facere desierit, quomodo libertate sua usurus cum ex hac effugerit cavea; an obliviscatur priorum et illinc nosse se incipiat unde corpori abductus in sublime secessit.
35 Quamcumque partem rerum humanarum divinarumque conprenderis, ingenti copia quaerendorum ac discendorum fatigaberis. Haec tam multa, tam magna ut habere possint liberum hospitium, supervacua ex animo tollenda sunt. Non

5 eius *Q* : ∋ *V* : cum *b* : *om. P* 15 an (*alterum*) *V* : in δ : *om. Q* 18 *verba* -biles quaestiones . . . supervacua scire (*p. 322. 28*) *folio avulso desunt in P* 20 in *Koch*: ad (at *Q*[1]) ω coniectus *Q*: -iectas *b*: -gectus *V*[1]: -gestus *V*[2] 24 illinc *Hense*: illine ω 27 comprehenderis *Qb* 28 fatigaberis *vulg.*: -averis ω

dabit se in has angustias virtus; laxum spatium res magna
desiderat. Expellantur omnia, totum pectus illi vacet.
'At enim delectat artium notitia multarum.' Tantum 36
itaque ex illis retineamus quantum necessarium est. An tu
existimas reprendendum qui supervacua usibus comparat et
pretiosarum rerum pompam in domo explicat, non putas
eum qui occupatus est in supervacua litterarum supellectile?
Plus scire velle quam sit satis intemperantiae genus est. Quid 37
quod ista liberalium artium consectatio molestos, verbosos,
intempestivos, sibi placentes facit et ideo non discentes
necessaria quia supervacua didicerunt? Quattuor milia libro-
rum Didymus grammaticus scripsit: misererer si tam multa
supervacua legisset. In his libris de patria Homeri quaeritur,
in his de Aeneae matre vera, in his libidinosior Anacreon an
ebriosior vixerit, in his an Sappho publica fuerit, et alia quae
erant dediscenda si scires. I nunc et longam esse vitam nega!
Sed ad nostros quoque cum perveneris, ostendam multa 38
securibus recidenda. Magno inpendio temporum, magna
alienarum aurium molestia laudatio haec constat: 'o homi-
nem litteratum!' Simus hoc titulo rusticiore contenti: 'o
virum bonum!' Itane est? annales evolvam omnium gentium 39
et quis primus carmina scripserit quaeram? quantum tem-
poris inter Orphea intersit et Homerum, cum fastos non
habeam, conputabo? et Aristarchi notas quibus aliena
carmina conpunxit recognoscam, et aetatem in syllabis con-
teram? Itane in geometriae pulvere haerebo? adeo mihi
praeceptum illud salutare excidit: 'tempori parce'? Haec
sciam? et quid ignorem? Apion grammaticus, qui sub 40
C. Caesare tota circulatus est Graecia et in nomen Homeri

3 delectet *Q* 4–5 an tu ... comparat *adscripta sunt in P in imo margine f. 127*^{v} 5 reprendendum $Q^{c}V$: -entium Q^{1}: reprehendendum δ usibus] usu ibi *b*: usu sibi *P* 12 didimus *Qb* 16 i nunc] in hunc *Q* 22 quaeram *om. Q* 24 notas *QV*: neptis *b*: ineptias ς 25 carmina conpunxit *obscurum* 29 circulatus ς: circum- ω

ab omnibus civitatibus adoptatus, aiebat Homerum utraque
materia consummata, et Odyssia et Iliade, principium adie-
cisse operi suo quo bellum Troianum conplexus est. Huius
rei argumentum adferebat quod duas litteras in primo versu
posuisset ex industria librorum suorum numerum continen-
41 tes. Talia sciat oportet qui multa vult scire.

Non vis cogitare quantum temporis tibi auferat mala vale-
tudo, quantum occupatio publica, quantum occupatio
privata, quantum occupatio cotidiana, quantum somnus?
42 Metire aetatem tuam: tam multa non capit. De liberalibus
studiis loquor: philosophi quantum habent supervacui,
quantum ab usu recedentis! Ipsi quoque ad syllabarum dis-
tinctiones et coniunctionum ac praepositionum proprietates
descenderunt et invidere grammaticis, invidere geometris;
quidquid in illorum artibus supervacuum erat transtulere in
suam. Sic effectum est ut diligentius loqui scirent quam
43 vivere. Audi quantum mali faciat nimia subtilitas et quam
infesta veritati sit. Protagoras ait de omni re in utramque
partem disputari posse ex aequo et de hac ipsa, an omnis res
in utramque partem disputabilis sit. Nausiphanes ait ex his
44 quae videntur esse nihil magis esse quam non esse. Parmenides
ait ex his quae videntur nihil esse †universo†. Zenon Eleates
omnia negotia de negotio deiecit: ait nihil esse. Circa eadem
fere Pyrrhonei versantur et Megarici et Eretrici et Academici,
45 qui novam induxerunt scientiam, nihil scire. Haec omnia in
illum supervacuum studiorum liberalium gregem coice; illi
mihi non profuturam scientiam tradunt, hi spem omnis
scientiae eripiunt. Satius est supervacua scire quam nihil.

4 rei *om. Q* 7 vis *om. γ* 9 somnus] onus *Q* 22 universo *vix sanum*: ⟨nisi⟩ universum *Gronovius*: ab uno (unius *Hauck*, uni *Beltrami*) diversum *Schweigh.*, *ut adnot. Eras.*[2] *in marg.*: ⟨uno excepto⟩ universo *Kalbfleisch* 22 elaites *V*: elagites *Q*: elactes *b* 23 ait *b*: et ait *QV* 24 Eretrici *Lips.*: cretici *ω* 26 illi *ς*: illa *Q^cV*: illam *Q^1b*

Illi non praeferunt lumen per quod acies derigatur ad verum, hi oculos mihi effodiunt. Si Protagorae credo, nihil in rerum natura est nisi dubium; si Nausiphani, hoc unum certum est, nihil esse certi; si Parmenidi, nihil est praeter unum; si Zenoni, ne unum quidem. Quid ergo nos sumus? quid ista 46
quae nos circumstant, alunt, sustinent? Tota rerum natura umbra est aut inanis aut fallax. Non facile dixerim utris magis irascar, illis qui nos nihil scire voluerunt, an illis qui ne hoc quidem nobis reliquerunt, nihil scire. Vale.

1 praeferunt] proferunt *Q*: praefertur *P* 2 Protagorae credo *hic desinit man. antiqua in b* 9 *post* Vale *add.* L. ANNAEI SENECAE EPISTVLARVM MORALIVM LIBER TERTIVS DECIMVS EXPLICIT *Q*: *om.* γ

Katharina Kaspers
WS 2006/07